存诚子 ◎ 编著

理法精要

内丹实修

华夏出版社
HUAXIA PUBLISHING HOUSE

图书在版编目（CIP）数据

内丹实修理法精要 / 存诚子编著. —北京：华夏出版社，2015.4
（2023.4 重印）

ISBN 978-7-5080-8409-1

Ⅰ. ①内… Ⅱ. ①存… Ⅲ. ①内丹－中医学 Ⅳ. ①B95 ②R2

中国版本图书馆 CIP 数据核字（2015）第 058644 号

内丹实修理法精要

编　著	存诚子	
责任编辑	梅　子　阿　修	

出版发行	华夏出版社有限公司	
经　销	新华书店	
印　刷	三河市少明印务有限公司	
装　订	三河市少明印务有限公司	
版　次	2015 年 4 月北京第 1 版	
	2023 年 4 月北京第 7 次印刷	
开　本	710×1000　　1/16 开	
印　张	28	
字　数	370 千字	
定　价	68.00 元	

华夏出版社有限公司　　地址：北京市东直门外香河园北里 4 号　　邮编：100028
网址：www.hxph.com.cn　　电话：（010）64663331（转）

若发现本版图书有印装质量问题，请与我社营销中心联系调换。

前　言

研身心内真学问　做天地间妙文章

一

人生的意义与目的是什么？答案是多种多样的：东方与西方、古时与现代、各行与各业、警察与小偷……各吹各的号，各唱各的调。其实，六经之首的《周易》早已给出了答案，"参赞天地之化育"，"弥纶天地之道"！也就是说，人生的意义与目的在于补宇宙之缺、培天地之德，参与和推动天地化生万物，使宇宙不断地繁荣昌盛——天行健！

在这方面，女娲堪称榜样：全靠她炼玄石而补天漏。

要具有女娲那样的补天手段，光靠说是不行的，正如一位著名禅师所言："机锋转语如何好，没有定力总不行！"不管是步天道还是行人道，一定要有强健的身体，强大的内功，圆明的智光，愿力加慧力。否则，一旦到了需要你行大善、积大德、立大功做点扎扎实实的实事之时，就会心有余而力不足，"看见飞鸿指示人"，岂不遗憾！"只修性，不修命"，此修行第一病的患者们，不就是如此么？

二

真修道者，必须福慧俱全，身心共炼，性命双修，不能只做半边功夫；否则不但补不了天漏，可能连地漏、人漏也补不了，反而会被漏下的污泥浊浪冲到爪哇国而望漏兴叹。

鉴于此，笔者不揣冒昧、粗陋，以己辛苦的补漏筑基、自救自益的某些体验，以及多年来写的一些东西，与同修相互交流。既有正面的经验和反面的教训，也有师尊的谆谆教诲……梳理后形之于笔端，整理成册，愿为入门修真、探索生命奥秘者提供一些方便。

笔者主张炼己为先、先命后性，性命双修地实修实证，故而所述内容均着重实践经验的"小道"，不说那些宏大的空话，没有漫无边际无谓空谈之"大道"，以免误导入门者而断人慧命。

三

关于本书。

"上编"在于明理。

1. 老子之道"气"解

秦汉以前，诸子百家共奉一道——形而上恍惚之道与形而下器用之道。

形而下器用之道，可道之"道"、一阴一阳之谓"道"的"道"，亦即太极之"道"——具体之道。就修证这个具体之道而言，老子在此既言道之体用，也讲了入道功夫。老子之道，尽在于此。其余五千余言，皆系围绕《道德经》"第一课"进一步的讲述和展开。

常言道：万物自得以道，宇宙统一于气，"道因气而立，气遵道而行"，道与气是密不可分的辩证关系。

凡宇宙之物有体必有用——道是体，气是用；道为源，气为流；道之体虚而隐存，无象无形，"形潜莫睹，在智犹迷"；道之用（气）青青翠竹，郁郁黄花，"象显可征，虽愚不惑"。体在用上见——道由气可识，所以我们可以溯流识源，从用见体，以"气"证道。这样一来，形而下的宇宙具体之道不是别的，乃是宇宙不生不灭、生灭自在的原始造化"宇宙元气"及其运动变化之象，包括隐在的虚相。

人类个体就是由宇宙元气与心识阴阳和合凝聚而成，成为大道宇宙杰作中的杰作——天之骄子！

2. 简论道与德

单说大宇宙本体曰道，单说其功用曰德，体用同说曰道德；故道之与德，一体一用，体用同功——没有先后之分，只有体用之别。

人们经常说，道为万物之本原，德系万物之本性。套用现代哲学名词，道系宇宙绝对真理，德即相对真理；全德即道，无数相对真理之合就是绝对真理。故道化为德，化成宇宙万物时，就同时赋予与它相应的能量流之"气"与编码指令信息结构序之"数"——大道的复制品！

由于道赋"编码指令信息结构序"的不同，宇宙万物因而呈现出五光十色、纷繁万状，而且时显时隐，变化莫测。显时虽愚不惑，隐则在智犹迷。

朴德自身不能产生能量流之"气"，那是道的专利。它只能按照道赋之"数"的阴阳五行数理神机而展开其固有的运化程序，同时使用道赋的能量流之"气"，以完成自己的功德。

一旦功德圆满，"气竭数尽"，朴德就叶落归根，太极归无极而"归根复命"，休息休息，或再领新命。

对于人这个道化之物、载道之器、承道之躯、了道之身，就修真证道而言，仅修德性是不够的。德性好的人，只是气化有序而已，可以活到寿终正寝。要想自主性命，超越阴阳五行，自编自我生命的"指令程序"，以跳出三界之外、不受五行之拘，则必须修道——炼精化炁，炼炁化神，炼神还虚，炼虚合道。这样才能全德合道，隐显自在。对此，吕祖洞宾早已指出："只修性（德），不修命（炁），此是修行第一病……"目不识丁的王善人说得更为直截了当："有道无德，道中之魔；有德无道（炁），一座空庙！"

德以善为用，善以德为本。

3. 为精气神正名

道，生天命之性，是先天性命本原。性，生生命之神，是后天生命主宰，俗谓之灵魂。神有气（能量流）则灵，神无气则归性；气竭数尽，叶落归根，归向来时的性海本原，完成一次生命的循环——天道好还。

万物有灵，万物有神。气离不开神，而神有时则可以离气。

德国著名汉学家、中医药学专家满晰博教授在访华时指出：中医现在面临危机，但同时在走向全球化方面又面临机遇，中国应抓住这个机遇。他与英国汉学泰斗李约瑟博士志同道合，曾经共同就中医哲学思想的方法论和认识论做过深入的探讨，在全世界关于中医是否科学的论战中，他同李约瑟力排众议、独树一帜，坚持认为中医不但是经验医学，而且是成熟的、完整的科学体系，是一切科学的典范。

国外也有学者认为：中国的中医学与道家的养生功夫是人类健康保障的最后希望！

至于不但能够强身健体，而且还可以开发智慧、自主性命的传统内丹学，外国学者也在大力钻研。

满晰博教授说，同世界对中医的巨大需求相比，中医未能很好地抓住机遇，应对挑战，在许多方面不尽如人意；中国的中医专业杂志总体状况不佳，数量减少，质量下降，理论性不强；外国人学习中医的需求是迫切的，但他们苦于找不到理想的学校和教师。

作为一个研究中医基础理论和方法论的学者，满教授最关心的是"中医的科学核心和精髓处于被淹没的危险中"、"中医理论的高深及表达方式令人难懂，仍是世人深入了解中医的障碍"。

笔者认为，中医的理论核心是人体精、气、神的相互生化或转化，其中核心的核心是"气"——生命能量流。就治病疗疾而言，传统医学是"任凭病浪起，稳坐元气论"，以不变而应万变。故而对"气"的认知、探索和界定显得十分迫切和重要。

人体生命过程，实际上就是一个能量流之"气"的运化过程。中华传统医学与养生学名此生命能量流曰"气"，非常确切，但绝非离了"唯物论"就活不下去之现代学者们所滥用的所谓"精微物质"。

很显然，这个"气"不是物质性的空气之气，或所谓的"精微物质"，而是禀赋生命信息的"能量流"，其能级与效应极其奥妙！它内蕴的生命信息，包括了人类后天生命的现象与宇宙先天性命的本元，其内涵之丰富、效应之殊胜，大大超出常人的想象。不弄清生命能量流之"气"的奥与妙，我们总是在中医学、养生学及内丹学面前显得寸步难行。以己之昏昏，又怎能使他人昭昭？

然而，现代的中医学从教材到文献总是将能量流之"气"解说为"精微物质"，而自生障碍，令洋学生们更是一头雾水。因此，"为精、气、神正名"已到非正不可的时候了。

"道因气而立，气遵道而行"，"气"无以明，"道"难以行。为"气"正名，名正则言顺，神与精的意义与疑云则自然迎刃而解。

* 阴阳结构是宇宙万物的根本结构

* 太极图——宇宙道德文化的始点与终点

* 阴阳大化之道与现代科学真理

* 病灶的阴阳结构与疾患的标本兼治

凡形而下宇宙之物皆系太极、阴阳结构——最初结构与最终结构，可由太极图来表征、图解之。

物物有一太极，人人有其太极；太极中复有太极。"物无阴阳，违天背元"；"孤阴不生，独阳不化"。强身健体也罢，治病疗疾也罢，延年益寿也罢，修真证道也罢……都应该把握阴阳两边而行于中道，沿着理想的太极曲线不断向上攀登、升华，达至那没有边界的究竟境界，与太上老子共享道果。

病灶也系阴阳结构，治病则应标本兼治，尤应着重治本，以免疾患的反复发作。

丹田经络与玄关现象、丹田粗探、经络内景隧道及其在修持中的变化，完全依据常人未能启用的"返观内照"，此时，自我既是认知的主体，也是被认知的客体，主客一体地自己剖析自己、认知自己，不是仅解剖躯体，而是直视活生生的生命过程。由于没有仪器中介，因此不会产生错觉和曲解，故所获结果皆系第一义谛，是绝对真理。包括上、中、下三个丹田的功能特点，以及在内炼过程中人体经络内气的运化内景，及其在实际修炼进入甚深层次后经络系统的变化、升华情景，和中脉系统与黑白二脉系统的相互融合，最后连成一片而达至：人身寸寸皆经穴，此体无处不丹田。这些，也只有在"返观内照"中才可得以认知，而非天下文章一大抄的泛泛之论。

修真证道者不惜跋山涉水，朝山拜庙，希望能得到"高人"点化——为其点明玄关、玄窍与玄牝。翻遍古今丹书，此"三玄"妙窍的玄奥之旨，皆不著于书，或仅偶露一鳞半爪，让人摸不着头脑，终身只能在道门之外徘徊。本书根据实修者们的真实体验，结合经典的披露，以及师尊的指点，尽量深入浅出地将其阐述明白，以利修真悟道者们参考与验证。包括天人合发的无字真言——咒语、慧眼观气等，皆系甚深层次修持者们必备的知识。

对于幻觉或幻境，系较深层次的炁化现象。每当修真证道者进入较高阶段，内炁在对人体生理与心理进行不断的大扫除时，几乎都会出现各种幻象。认识和泯灭这些幻象，为日后进达更高的"空灵"境界创造前提。此时修持者如果正念不坚，认幻为真，就有可能出现偏差，乃至堕入魔境而难以自拔。本文对此进行了较为深入的探讨，并列举了许多当代修持者的实例作证，以示警策。

在"中编"中，主要介绍了祛病健身的方便法门。

动炼脊柱青春常驻、站桩精义、静功初步、退病现象与长功反应，打通中脉人天同息等式简效实的方便法门，修持者依序锻炼，可以较快地祛病健身而"补漏筑基"。总的原则是，经过有为法门的习练，从而疏通经络，培补元气——"先生于内"，待内气充实、经络畅通，由"气"的层次进入"炁"的境界后，即可跳出小天地，去见大世界；"再取于外"，而"外为我用"，升华自己——也就是《阴符经》"天地，万物之盗；万物，人之盗……"的理和法之具体实施，为日后修持金丹大道打下可靠而扎实的基础。

"下编"是自主性命的慈航与天梯——金丹正道。

金丹正道一般追根溯源于广成子，至老子《道德经》、魏伯阳《周易参同契》才稍有眉目。但真正的从下手、转手到了手的具体修持模式，只有到了《钟吕传道记》提出的"仙有五等，法有三成"时才得以完善，成为修持金丹正道的范式而流传下来：炼精生真气——小成人仙；炼气化阳神——中成神仙；炼神合大道——大成天仙。此传统金丹正道"三成全法"的经典修持模式，千百年以来的实践证实，凡是遵此模式进行真修者，皆得大的成就；反之，欲走捷径而另搞"修正主义"者，到头来皆一事无成。

传统仙家丹道养生学一般皆从轩辕黄帝问道于上仙广成子算起，至李涵虚、黄元吉止。笔者遵此顺序依次做简单介绍，脉络分明，以利于修真证道者避开旁门左道而直趋蓬莱峰顶。

性命双修金丹正道的基本大法——清净法门，笔者做了专门介绍。

"师传虽一，悟解有别。"数千年来除了金丹正道以外，还出了不少的"旁门左道"——旁门亦门，左道亦道；更有诱人的"歪道"、"邪道"，我们不可不慎！"清净法门"乃金丹正道的基本大法，历代仙真率皆依此清净法门以修成人仙、神仙和天仙。钟离、吕祖将此法门具体化为"三成全法"而居功至伟。从历史的经验看，只有遵循清净法门而清净到底，才可能真有大的成就。例如，近代伍冲虚真人、柳华阳禅师，还有离我们不远的清末的黄元吉、李涵虚真人，他们都是依此而修成，然后倒驾慈航驶出果海，把他们的宝贵经验写成著作《伍柳仙宗》，包括《伍柳天仙法脉》《道德经讲义》《圆峤内篇》等，为后来的修真证道者提供方便。

"最基础的，也是最高级的。""把握呼吸"系修持任一法门的入手功夫，道、佛、儒、医、武的"不二法门"、基本功夫。其中"家贼难防"，游思杂念难伏。此是修真证道的第一关。为了降服此一家贼，或此一家贼为何难以制服，本书对其进行了多角度分析，也提供了一些方便法门。

金丹大道从不入书的、最大的密中之秘，一个是玄关、玄牝与玄窍，一个是小周天河车搬运的程限规则。当然，还有本门派传承的口诀。所谓的"百日筑基"，就是指小周天炼精化炁而言，筑基不牢，其他免谈。而小周天炼精化炁河车搬运的程限规则，自汉之许旌阳老祖披露以后，向来秘而不宣，直到伍冲虚、柳华阳才把它公开于世，但非衣钵弟子，其关键的卦象爻数仍不肯说穿。放眼现存的古今丹经著作所述"进阳火、退阴符"，对其火候"息数"的理解，大都是错的；如《大成捷要》、王沐教授的《丹道养生功法指要》等权威著作，都系如此。程限规则不明，只能是盲修瞎练，自然劳而无功，这样就把大批求道者挡在道门之外。对此，我曾同师尊争论不已，如此下去道树何以成林？师尊说：玄门命功九道坎，坎坎都是鬼门关！不是那个材料，承不了道，过不了关，成不了器，反而走火入魔，出偏致残，乃至丢掉性命者，历史上屡见不鲜；与其传之不果，不如不传。因此说，道不轻传，乃是不得已矣！这也是过来人对求道者的高度负责。

按传统说法，"所传非人，必遭天谴"，据传张紫阳真人三传非人，就吃了大亏。笔者仍然坚持："祖师何必惧天谴，广开道门刮道风。"故在文中把小周天河车搬运程限规则的最后窗户纸予以捅破，不迷信所谓"天谴"之说，相信得道的仙真们是慈悲、爱憎分明的，不会随意谴责一心修真求道的后来人。

金丹大道修持过程中多次提到"防危虑险"，主要是指在大周天炼炁化神时，上鹊桥（鼻腔处）和下鹊桥（谷道处）容易发生的"漏精走丹"现象。

小周天河车搬运时在黄道（任督二脉——实为脊柱）中运行的是轻清之炁——内丹药材，过关穿窍比较容易，几乎不会发生走漏。而大周天运行的是经去矿留精、提纯浓缩的"内药"，"似炁块，如汤浇"（李涵虚真人语），运行于黄道之时阻碍较大，易从谷道漏泄而致前功尽弃。《伍柳天仙法脉》一书中就例举了伍祖师的师傅曹还阳等仙师，其他丹书中也提到过吕祖走漏三次、邱祖失败四次的教训。我的师尊静虚子也是在五龙捧圣时于下鹊桥走漏的，只得重新筑基。本书中对此类现象进行了深入分析，提出了一些防止走漏的措施，以供将要过此大关的修习者参考。

……

值此21世纪，开始觉醒、向道的人越来越多。科学的辉煌掩盖着精神的贫困，鸟瞰地球村的各家文化，唯中华传统道家日新又日新，犹如长生久视的"婴儿文化"，行证并重，一枝独秀，置之万年亦不易，当仁不让地受到了科学家、哲学家及修炼家们的青睐，吸引着越来越多的人加入其中，当然也一定不会令他们失望！

正是：

玄之又玄众妙门，入门便把老子寻；
他老高高山顶立，我等深深海底行！

欲海横流觅砥柱，老子道柱自擎天。

法航本是度人舟，有缘之士请上船！

存诚子（曾庆余）　于成都存诚斋

2015 年 02 月

序

道家养生学
——天人性命本来之学

宇宙是以性命为中心，人类生命系宇宙性命的杰作。

人人憧憬未来，未来风光怎样？

人类既是宇宙的杰作，也是未来的主角，未来的人群怎样，未来的宇宙就会怎样！无论宇宙怎样千变万化，都离不开其中心——人类。

古人曰："凡人之心一正，则天地之心亦正；凡人之气一顺，则天地之气亦顺。"反之亦然，人心不正，戾气横溢，天行不健，人类将遭难。

以《黄帝内经》、老子《道德经》为代表的中华传统仙道家们的长生久视之道，是甚深层次的人类大生命科学——生命科学、生死科学、性命科学，是人天合一、天人一体的绝学。它全面地追索了宇宙伟大的物质存在和同样伟大的精神存在，和人类生命的昨天、今天与明天，众生生命的来龙与去脉；以及人类如何实现健康延年，长生久视，并向上升华、主动进化，造就未来宇宙的理想境界。

《黄帝内经》的真人之道和老子的长生久视之道，也就是中华传统仙道家们的养生大道，它既关心我们的身，更关心我们的心，心身并重；其终极目标则是使人们心身互化，生生不已，向上升华，主动进化成为天地之"真人"：具百病难侵的金刚之体，有济世度人的博大胸怀，成修证一致、超越生死的"逍遥神仙"，从而获得大自由，享大自在——身自在，心自在，业自在，无不自在！

现实的宇宙结构是多层次的，其最高层次为生命现象。而人类生命现象则为宇宙生命现象的中心，其"品质"既影响着人类自身的未来，也影响着人类赖以生存的宇宙的未来。宇宙的运化看似自然，但也受着人类活动的严重影响，它随宇宙众生"共业"（众生共同的心念行为）所产生的"业力"（精神意识能量运作的惯性）的牵引而发生变化。

"业力不灭，万法实有"是宇宙不朽的精神（乾、阳）与不灭的物质（坤、阴）阴阳和合，创生并丰富着我们的三千大千世界，其中精神是主导（"乾知大始"），物质为基础（"坤作成物"），二者不可偏废。未来的人类倘能在更高层面上返璞归真，回归生命的元真本性，普遍遵道而行，宇宙就光辉灿烂，就是天堂，人类就得以共享仙福与天趣；反之，人类如果现在、将来仍然是这样物欲泛滥、精神堕落，终会导致恶能盛，宇宙就破败坏损，天堂遂化为苦海，人类只得共饮自酿的苦酒。

东方慧眼悟证的大生命学家们与西方文明的实证科学家们，几乎同时深切地认识到：当前人类手握锐利的物质武器，毫无节制地自我扩张下去，人类未来的前途、宇宙未来的前境将十分堪忧。现代人类正在大力发掘宇宙物质世界，竭力吸取地球母亲体内的精髓（金银铜铁、煤炭石油……），乃致不顾后果地杀鸡取卵，如此则人类无异于是在自毁根基，自掘坟墓。泛滥的物欲对人类精神世界的侵蚀，其后果是不堪设想的，现代物质文明的发展而导致了人类的心、身病灶——人人为自己、上帝为大家。西方的唯物哲学与物理医学都束手无策，于是人们把希望的目光投向了东方。英国著名学者、世界及中国古代科技史研究专家李约瑟博士，对比了整个东西方科学技术史之后写道："谁知身心相关的未来，将在医学中要怎样进一步发展呢？在这方面，中国传统科学思想的复合体，在现代科学发展面临决定性阶段的时刻，将发挥大于人们所愿意承认的大得多的作用。""人类将如何来对付科学与技术的潘多拉盒子？我再一次要说：按东方见解行事。……事实上，中国文化从来没有像今天这样富有生命力。"（《中国科学技术史》第5卷，科学出版社，2011）并批评了那些认为只有西方物质科学才是唯一科学的观点，是犯了"欧洲痴呆病""物质与精神分裂症"。目光敏锐的某些西方科学家们业已认识到这一点，就医学科学而言，他们提出的新的医学科学模式，已经开始脱离纯物理医学模式的束缚，向着心身相关乃至天人相关的整体医学模式转化。西方医学科学绕了一个大弯，正逐渐向中国传统医学整体原则的心身一体观趋近。传统中医热、道家养生热已扩展至全世界，在西方发达国家尤其红火。东方传统医学与道家养生学如此受到西方医疗保健人士与深层次生命现象探索者们的高度重视，可谓势所必然。

按照天人一体观、心身整体观、身病源于心病观，人类大多数疾病的产生，首先是由于人们心理的失衡（五志失常、七情失控）导致生理的失序（心烦则气乱）而罹病。治病求本的法则就在于"身病还得心药医"。如果"心药"对某些病症仍然无能为力，还有道家的"灵丹妙药"——人体"生物原子能"的先天之炁；正所谓"一炁疗万病，不假药方多"。所以当今西方不少人士把人类健康的最后希望寄托于东方的中医学与道家养生学，也就不足为奇了。

是真佛只谈家常。平常心是道。我们仅从人们日常生活的衣、食、住、行，来看看人们生活的日常行止对人体心身、当前社会与环境的影响。

西方标准的现代文明人，循物欲观生活准则的现代人，其衣必称"包装"，珠光宝气，名牌盛装；其食讲究精美，山珍海味，蜗牛蛆虫——从天上吃到地下，结果却是既损伤脾胃又危害生灵。说到住所，洋房别墅，网场泳池，活着就尽量地多吃多占。行则不论远近，皆以名车代步，处优养尊，自视高人一等……如此这般的现代物质文明人，天厌对其污染，地厌吸其血汗！

新型传统文明人应是提挈天地，完善身心，性命双修，德慧具足。

大多数宗教传统文明，奉身心并炼与性命双修，凡修持有成、觉悟有加者，摆脱了精神的束缚与物质的羁绊，守着绝对，把握相对；心怀大道，手执权法；抱吾法身，修己色身；勇猛精进，日久功深，一般都能够成就炁足不思食，精足不思欲，神足不思眠；自然素食，与人为善；忠于职守，勇于登攀；淡薄名利，随遇而安；不但自觉，而且觉他；功境至此，皆能功成德就，让星星之火火势燎原！

展望未来，大道之行也天下为公，公心必将行遍天下。遵大道而行的中国传统仙道养生家们，宗奉《黄帝内经》的真人之道和老子《道德经》的长生久视之道，其养生理法的慧风正遍吹神州大地，拂过五洲四海，吹去精神的贪婪，抚平物欲的浊浪，人人高尚情操，个个坚持正念，物质为精神服务，精神给物质开道；环境爱我，我护环境；人天一气，天人同趣；木石皆友，花草皆亲；和蛙鼓吹，与蝉共鸣；地球村的村民们将普遍以心灵之美为美，以人我共乐为乐，从此天空不再污染，地球放心自转，西方极乐世界，东方蓬莱仙境，自然现前。

由此可见，人类的前景是如此光辉灿烂，以老子为代表的祖师们早已为我们造就、架好了通天灵梯，我们应该跟随道祖的脚步，一步一印地向着理想境界——道乡登攀。

正是：

死死生生生复死，来来去去去还来；

截断去路与来路，生死来去自安排！

目 录

下　编

（一）金丹正道　235

（二）下手立基　通天有路　325

后记　428

上编

道眼分明　直趋峰顶

第一章 道与德

第一节 老子之道"气"解

一 诸子百家 共奉一道

秦汉以前，诸子百家共奉一道——形而上恍惚之道与形而下器用之道。

形而上恍惚之道，不可道之"道"，约有五义：（1）宇宙真宰：大道真宰令宇宙生出天地万物，独让地球山清水秀、人物繁衍，在两千五百年前的东、西两方还空降一大批圣贤，对打杀不休的愚氓们进行教育启发，可惜我们至今没几个听话；（2）朱子曰："道犹路也。"有脚就有路；而"道"则是通向宇宙究竟境界的唯一之路——心悟之路；（3）"离有离无之谓道"的不可道之"常名大道"，或曰无极○；（4）宇宙"心物一元"、"互生互化"的大法则、大规律——普遍规律；（5）人们行为起止的准则。

形而下器用之道，可道之"道"；"一阴一阳之谓道"的"道"，太极之道，具体之道。就修证具体之道而言，老子在此既言道之体用，也讲了入道功夫。老子之道，尽在于此。其余五千余言，皆系进一步的讲述和展开。

二 太上本元之道与太极造化之气

圣人之所以是圣人，是他们"独具慧眼"，能三目齐观（肉眼＋慧眼），能够把握阴阳，透视虚实，洞察显隐，妙知心物，真参造化，深入了义，故而所获圣果皆系第一义谛，或曰"绝对真理"。故此《易经》《道德经》《黄帝内经》……等经典所证之道理、天理、人理、医理……一经建立，便放之四海而皆准，置之万年亦不易，"任凭风浪起，稳坐道气论"，以不变（道、气）而应万变（事、物），其经其理其用，数千年前如此，数千年来如此，数千年、数万年后仍会如此。此乃先贤所示绝对真理千古常新的究竟气势，我们后来人真是望尘莫及。

美国著名的物理学家奥本海默深研佛、道的传统经典之后，十分感慨地说了一句经常被人们引用的名言：我们的发现，不过是东方古代哲学的例证、促进和精确化而已。

古代先贤开示的是宇宙真理第一义谛之绝对真理，当今贤人发见的乃宇宙真理之一部分——相对真理，"此两者同出而异名"，我们不应去此取彼而自生障碍。

古圣们独具慧眼，掌握绝对而把握相对，所以头头是道，左右逢源。今人则只具肉眼，或偏于唯心，或执于唯物，细玩溪流回环，囿于瞎子摸象，不识庐山真面，故而是非蜂起，说法百端。

西方求真务实的哲学家、科学家们，以他们的肉眼加上其延伸工具——三大镜（放大镜、显微镜、望远镜），一直不停地在探索宇宙的生成与演化规律，苦苦找寻导致宇宙运转的最初原因、第一推动力。大科学家牛顿说：宇宙的架构本来就存在着，上帝伸手一推，宇宙就运转起来了。此后百余年来，科学家们终于找到了导致宇宙运转之真正的上帝——力、能。

万物自得于太上老子之道，宇宙统一于太极混沌之气、宇宙元始造化能之"元始祖炁"。

宇宙元气既包含了无情无义的"物理场力"，更融入了有爱有恨的"生理场力"，它应该是"有情无情共一炉"的"大统一场力"之究竟场力。

三　道因气而立　气遵道而行

凡宇宙之物有体必有用。道是体，气是用；道为源，气为流；道乃未始之始的无极之道，气系有始之始的太极之气。道之体虚而隐存，无象无形，"形潜莫睹，在智犹迷"；道之用（气）青青翠竹，郁郁黄花，"象显可征，虽愚不惑"。体在用上见，道由气可识。所以我们可以溯流识源，从用见体，以气证道，以道驭气。这样一来，形而下具体宇宙之道不是别的，乃是宇宙不生不灭、生灭自在的宇宙元炁及其运动变化之象，包括隐在的虚相。

人类个体就是由宇宙元炁与心识，阴阳和合凝聚而成，也是大道宇宙杰作中的杰作——天之骄子。

人是小宇宙，宇宙乃大人身，人是大宇宙的缩影。我们只要把自身小宇宙的奥秘弄清楚，溯流而识源，宇宙大人身的奥妙也就昭然若揭了。

天意从来高难问。我们还是去问太上老子吧。

老子告诉我们，"天下大事作于易"，我们可以从人体小宇宙自身的玄关窍开、玄牝体立中去寻找蛛丝马迹。从研读老子《道德经》之第一课开始，我们去探索宇宙性命及人体生命的谜、迷、密、秘。

《道德经》第一课：

道（无极〇），可道（太极☉），非常道；名，可名（器物），非常名。（以上言道之体）

无名天地之始，有名万物之母。（言道之用）

故常无欲（虚）以观其妙；常有欲（妄）以观其徼。（言入道功夫）

此两者同出而异名，同谓之玄。（奥妙）

玄之又玄，众妙之门。（道门）

道，可道，非常道。

诗曰：道犹路也通天路，一条心路各自悟。鸿蒙未判悬太空，天地辟后在何处？

宇宙运化，井井有条；万物繁衍，欣欣向荣；谁为主宰？就是从古至今古今贤圣都喊"不知道"的那个"道"。老子名之曰"真常之道"，宇宙的真宰。它虚而无形，灵而有象——无象之相；无象则无名，强名之曰"道"；故真常之道，可以叫它"道"，也可以不叫它"道"。

虚灵的先天大"道"，名"道"字"无极○"。

静为无极（○体），动即太极（☉用），动静一如。故天下万物生于有，生于太极☉；有来自无，来自无极○。

太极☉，宇宙"干能量、干细胞"，但它是心物混沌一元的"干能量、干细胞"。

太极☉之义深、远、玄，不可思议。不是不能思议，更不是不准思议，而是思之不及，议之不得，只能像老子、庄子那样，在深深的定境中去慧而悟。

虚灵的无极之道○不能总是处于先天的本寂状态（道体），它的本智功能在因缘会聚之时终归是要起用的，无极而太极☉（道用），化而为一，即"道生一"之"一"，亦即太极混沌之气的元始祖气（炁）——可道之道。气聚、精凝、形成，生出后天的天地万物及人间万事；万物、万事历经生、长、化、收、藏之后，复又叶落归根，归根复命，回归到无极道海○，修生养息，等待新命。

这就是老子"至虚极，守静笃"，在深深的定境之中，游心于万物生发之初所观察、悟证到道化万物、万物归道的全过程。

道何以要化生不灭的物质（阴）与不朽的精神（阳），同时又给它们提供生生不息的能量流之气（炁），以及令阴阳交媾而产生日月星辰和它的杰作"人"……乃至天灾地难，病祸苦痛呢？

还是那句老话："天意从来高难问！"对此老子未予论述。他的传人庄子予以说明："六合之外，存而不论。"

与老子同时现身的佛祖，也遇到过同样的事情，外道向佛祖提出了十四个宇宙现象的根本问题，佛祖也未予回答，称为十四无记。比如"时间有没有开端？""宇宙有没有边际？"……佛祖只是笑了一下，笑而不答。

诗曰：日日颂读仍是雾，大道微妙赖心悟；真到若有所悟时，却嫌语言欠功夫。

名，可名，非常名。

诗曰：一气流注宇宙间，化生天地与万物。呼它是啥就叫啥，化尽收藏虚名录。

可名者万物，常名者大道——宇宙元炁。

万物有生则有灭，灭则名存而实亡，故非常名。常名曰道，字气，它不生不灭，生灭自在，深入于万物之中，独立于天地之外，任凭万物、万名怎样变来化去，宇宙元炁的"常名"则永恒不变。

童心是道：大道道心本平常，像我粗布花衣裳。七嘴八舌议论多，哎呀说坏我的娘！（作者注：古人曰：道本无言，被人说坏。）（以上言道之体）

无（○）名天地之始；有（☉）名万物之母。（言道之用）

诗曰：无极之道难把捉，万物之母有实凭。高处着眼低处修，不觉修进玄妙门。

"有物混成，先天地生。""有为众形之始，无在元化之先。"无形无象、虚而且灵的宇宙元始祖气（炁），乃是未有天地万物之先、却能生起天地万物的未始之始的"元天尊"，天尊姓"无"，强名无极；或曰宇宙大统一场能，统精神物质于一体。

无极而太极。无极的虚灵之道化而为太极混沌之气（炁），无形有质，宇宙元精，是能够生起天地万物的始基精微，或曰"宇宙干能量、干细胞"，仍然是无象之相，无状之状，天地之始，万物之母，宇宙有始之始的"始天尊"，天尊姓"有"，太极混沌之气（炁），常处形而上下间，下可化生天地万物，上则回归无极道海。这位始天尊怀抱无极之道的阴阳数理神机，内蕴大宇无穷消息，来到人间意欲何为？

诗曰：有是道来无是道，天地万物两个抱。无能生有有还无，有无循环显道妙。

故常无欲以观其妙。（以下言入道功夫）

诗曰：丹经道书多假（喻）话，假话背后藏玄机。老子妙道无中有，玄之又玄上天梯。

"至虚极，守静笃，万物并作，吾以观其复。"修真证道，日久功深，无思无欲，深入虚静，自后天而返先天，"道眼"洞开，大慧生起，神光朗彻，智照无碍，"一念不生全体现"，过去、现在、未来，十方世界，天堂地狱，历历显现在"道眼"之前，就能游心于万物发生之初，彻观道生一、一生二、二生三、三生万物之微妙的道化过程，以及无中生有之玄、归根复命之奥、有无相生循环不已之妙，即宇宙演化的绝对真理、第一义谛从而显现无余。

诗曰：道本无言法本空，空中走来一灵童。无心拨动没弦琴，声声天籁醒痴聋。

常有欲以观其微。

诗曰：所可道者道之迹，言夫名非道之真。实中之虚无中有，悟解有别是非生。

常人为习惯所囿，总想表现自己后天的聪明才智和欲望，便不能进入虚极静笃的甚深境界，"道眼"难以开启，只能依靠自我的主观心智之用，其视界被限制在三维之内，则能见度极为有限，即使观察到天地间万事、万物的生、长、化、藏，和人类个体的生、老、病、死……也只知其然，而不知其所以然，仅能认知宇宙运化一段时空、节序中的"相对真理"。

诗曰：通天大道只一条，登天路标何其多？左道右道都是道，走向邪道莫怪我！（作者注：古人曰：道本无言，非言不显；言有不达，道无以明。）

此两者同出而异名。

诗曰：太极判而阴阳生，阴阳分兮善恶出。祸福于焉相往来，有人笑兮有人哭。

无思无欲时道眼开启而妙观到的宇宙绝对真理，与有作有为时肉眼功能发挥而认识到的宇宙相对真理，同为宇宙真理，皆来自老子之道，以境界不同致名称各异而已。

无为而无不为的元天尊和有为而有以为的始天尊，同为天地构成、万物演化、生命繁衍的元始天尊，两者相互依存，彼此互为其根，并同根于道——出而异名。

诗曰：仰之弥高钻弥深，韦编三绝读道经。豁然心领神会时，顽铁有望化为金。

同胃之玄。

诗曰：无上天机天已泄，河图洛书太极图。知此道者二三子，道德五千用心读。

有为法的有欲观徼，玄而且妙；无为法的无欲观妙，妙而且玄：两者都叫做"玄"。

"玄"者，原也，源也，元也，道也。有为法在表面观玄，门外观玄；无为法在道里观玄，门内观玄；有为法观的是万物泉源之玄，无为法观的是宇宙本元之玄。所以两者同谓之玄，同谓之道。故而，"无"是道，"有"是道，天地万物两个抱。

诗曰：氤氲混元太和气，流行宇宙育群生。天变地变它不变，元天尊兮始天尊。

玄之又玄，众妙之门。

诗曰：玄之又玄众妙门，入门便把老子寻。他在高高山顶立，我等深深海底行！

"玄之又玄"，道玄之，德又玄，道成德立，玄之又玄；无玄之，有又玄，无中生有，玄之又玄；天玄之，地又玄，人居天地之间，玄之又玄。玄知大道生化，生生不息，引导修真悟道者沿着理想的太极曲线，螺旋式地向上不断攀升、升华，就能玄入大道之门、众妙之门。从而回归久违了的道乡，得以欣赏究竟境界。

修道悟到玄，悟道证到妙；始知不悟道时妙而玄，悟道之后玄而妙；要知玄妙真消息，除了修道、悟道、证道别无它途。

诗曰：大道全凭静中悟；大象得从心死后；大智若愚默如雷；大音希声彻宇宙。

第二节 简论道与德

"道因气而立，气遵道而行。"——道气一体，出而异名。

"本无乾坤与坎离，一气流行天地间。"——环宇皆气。

"万物自得以道，宇宙统一于气。""气化万物。"——宇宙万物皆自气化、精凝而成形；"化不易气"。——无论万物怎样变化，气自身不变（生灭）。

"化不易气"、"气化万物"，如此井然有序，一定有一个"元始天尊"在暗地里发号施令，它深入于万物之中，独立于天地之表，偶露一鳞半爪，谁也说不明白，只好勉强给它安一个名字曰："道！""道"因气而立。

老子曰："道生一，一生二，二生三，三生万物。万物负阴而抱阳，冲气以为和。"钟祖、吕仙阐释曰："一为体，二为用，三为造化。体用不离于阴阳，造化皆因于交媾。"阴阳交媾，变化万千，生生不息，化化无穷。这就是宇宙的自然状态、自我本然状态及演化真经。

乾坤坎离、化不易气、缘生性空、三生万物……生来化去都是"有情无情共一炉"的宇宙"大统一场能"，宇宙元始自造自化能"元始祖气（炁）"的杰作。就在这道化万物的同时，大道的庐山真面目也就逐渐显露出来。"道"，就是宇宙元始自造自化能元始祖气（炁）及其运动变化之象，包括隐在的虚相。

尽管如此，也只是道化之轨迹，远非大道之本体，大道本体之表象谓之"德"！

道与德，即体与用。大凡宇宙及宇宙之物，有体必有用；反之亦然，宇宙中没有无用之体，体从用上见，道由德可识。因此我们就可以从流溯源而自用见体，依德识道。

单说大宇宙本体曰道，单说其功用曰德，体用同说曰道德；故道之与德，源流，体用，体用同功，没有先后之分，只有体用之别。道是形而上，德是形而下。虚无无形谓之道（乾、阳），化育万物谓之德（坤、阴）。

天之大德曰生（孕），地之大德曰长（育）。故此没有道，就没有宇宙万物；没有德，宇宙万物就失其本性。

或曰大道为无极，系本寂之体，朴德是太极，为本智之用，而体用同功。它们虽不是一个东西，但也不是两个东西，是一体之两面，非谁生了谁。所以古圣在论述道与德、无极与太极的关系时，常用"尊道而贵德"、"无极而太极"这一表述；亦即无极就是太极，太极就是无极，即道就是德，德也是道。显象时道在德中，德就是道；归根时德回道体，道就是德。

大道这位宇宙真宰休闲时不干活（以孕育生机），大家呼它为无极之"道"（静）；休息之后起来干活（化生天地万物），人们又叫它太极之"德"（动）。

天下万物生于有，生于太极；有来自无，无极之道。这位名道、字德的宇宙真宰，后人有时统而称之，有时分而名之，皆系勉强可道之方便道。

"朴德"依大道所编的程序，即阴阳五行数理神机之"编码结构序"而起用，故有天德、地德、人德、物德……之谓。"天地之大德曰生"，而且生生不息，并且生而不宰，故又曰玄德。

德离不开道，道则可以离德，道是独来独往，无古无今，自古以存。东方之德如果也像西方上帝那样，干六天要休息一天，需星期天，该天不化不生，"朴德"即"失业"而自然回归无极之道，从而导致星期天无德——这是西方的故事。东方之道或德则无休，故而朴德永远都是老黄牛！

"道为万物之本原，德系万物之本性。"套用现代哲学语言，道为绝对真理，德即相对真理；全德即道，无数相对真理之合就是绝对真理。故而道化为德（宇宙万物）时，就同时赋予了与它相应的"能量流"之气与数"编码指令信息结构序"——大道的复制品。由于道赋"编码指令信息结构序"的不同，宇宙万物因其所禀赋"指令信息"的差别，而显得五光十色，纷繁万状，而且时显时隐，变化莫测。显时虽愚不惑，隐则在智犹迷。

朴德自身不能产生能量流之气，那是道的专利，它只能按道赋之"数"的神机而展开其固有的运化程序，而使用道赋的能量流之气，以完成自己的功德。一旦功德圆满"气竭数尽",朴德就叶落归根,太极归无极而"归根复命",休息休息,或者再领新命。

人,这个道化之物,载道之器,承道之躯,了道之身,就修真证道而言,光修德性是不够的。德性好的人,只是气化有序而已,可以活到寿终正寝。要想自主性命,超越阴阳五行,自编"指令程序",以跳出三界之外,不拘五行之中,则必须修道——炼精化炁、炼炁化神,炼神还虚,炼虚合道,如此才能全德合道,与道一体,而生死自在。对此,吕祖早已给我们指出了:"只修性(德),不修命(炁),此是修行第一病……"目不识丁的王善人说得更为直截了当:"有道无德,道中之魔;有德无道(炁),一座空庙!"

第三节　德以善为用　善以德为本

前人云:对修真了道者来说,"重德"是一门技术。是技术那就要求时时磨炼,精益求精,精入虚无。

老子曰:"高以下为基。"低处起修,高处自到;或曰最基础的,就是最高级的。我们就从眼前的微德入手,积微德为小德,积小德为中德、大德。先自利,积有利于个人身心健康的微德、小德,再利他,积有利于他人、众人身心健康的中德;进一步积有利于推动社会和谐进步、全人类身心健康的大德;终极目标则是为推动大宇宙向前发展得更加完善,而做出个人贡献的上德,以期达到人天合一的"人行健"、"地行健"、"天行健"而人天双赢之玄德境界。

前人又说,行善积德最好是行大善、积大德。其下手功夫或"秘诀"就是"八字真言":首先搞好本职工作!干一行,爱一行,钻一行,精一行。如果连本职工作尚且做不好,就不必侈谈什么行善、积德。

  道家三千六百法门，佛家八万四千方便，儒家半日读书、半日静坐，皆归宗于"以德为本"。《易经》讲天德；儒家重品德；佛家崇福德；道家尚功德：莫不尊道而贵德！

  修真了道的入门下手功夫，首先"三调"——调身、调息、调心；重点应该放在"调心"方面！谚曰："道如天上月，心是一盆水；心清水现月，心动月无影。"

  "有德者天助，为善者心安。"为了培育个人的德心、德性，能够安心练功，说到底，还是要从行善积德着手。

  "善以德为本，德以善为用。"一个人的德性，简单而具体地说就表现为自己是否具有善念，具备善行。修真了道者如果没有与人为善之德性与德行，便不会有相应的德报和德果，便难以登攀无上大道的台阶，开智生慧自然也无门。我们一旦生起了善念，具备了善行，时时处处与人为善，善心常切则善道大开，襟怀坦荡，心无芥蒂，如此则心平气和，自然容易放松入静，练功的效益、功境的升华，不言而喻。

  有了慈悲心肠，善性善行，随时善念四射，反馈回来，获得之善意、善能必然倍增，也就是常说的善有善报！还愁功夫上不去？

第四节　老子慧学之光光耀世界群星

一　道眼悟证之学与肉眼实证科学

道与靈

  道，分为形而上不可道的无体之道；与可道的平常之道、太极之道——形而下阴阳大化的具体之道。

道不虚生，名不虚拟，道以言表，以字解道。

道字由"首"字与走之"辶"组合而成。"首"初两点非两点，古写较平、为阴爻"– –"之意，下一横乃阳爻"—"之义；阴爻"– –"之气重浊常下降，阳爻"—"之气清轻宜上升，阴与阳二气两相交媾而成"地天泰"、万物生，而且生生不息。下面的"自"字，以表形而下宇宙阴阳二气自相交媾、自孕自育、自然演化之机；走之"辶"表"天行健"，生生不已，宇宙从此就热闹起来。

靈，道之代表；天命元神。如果说道是体、是源，则靈是用、是流，是道的复制品。我们可以以用而见体，从流而溯源，参见道的本来面目。

靈，雨字头，雨从天降，乾天也，内蕴大宇宙生化的无穷消息。下面是三个"口"，即三只眼；左右二口为肉眼，以认知三维世界内之事物；正中乃"天眼"，"道眼、慧眼"，能认知四维至十维世界的无状之状、无象之相。下面的"巫"字即"巫师"，古代的生命学家，能够沟通人天，认识生命的来龙去脉。

一目了然

"一目了然"这一成语，其本义是指人类大脑前额两眉中间的那只"天眼"、"道眼"，它具"全视"功能，能够透视虚实，洞察隐显，故而能够把握阴阳，深参造化，"常无欲以观其妙"，能够观察到宇宙的道化奥妙。

对于司空见惯的宇宙众生的生命现象，古圣们启开慧目道眼，虚实皆观，质能共参，把自体当作被认知、被研究的客体，同时自我又是进行认知的主体，主客一致地自己解剖自己、认知自己，认知活灵灵的生命过程，不用仪器中介，因而不会产生错觉和曲解，从而能够清晰地认知活鲜生命体的精微物质结构之"精"，以及在生命精微物质之间运化不息的生命能量流之"气"，与"脾黄、肝青、肺白……"等生命能量流之"气"的形态与色彩，并进一步认知到令生命能量流之"气"运行有序的主宰、生命之"神"——现代生命科学之"生物钟"略略近其义；高推圣境，直入先天，还可悟知到为生命之"神"编制吾人生命元码的天命元神之"性"，"道生天命之性"。所有这些奥妙的生命层次，西方生命科学可能连猜都猜想不到。到现在为止，它们也仅能猜到反宇宙、反能量、反物质，或曰隐秩序、暗物质、暗能量，黑洞、白洞等，皆不敢、哪怕是稍微涉及精神与生命形态的奥妙方面。

就人们熟知的中医学而论，在掌握了究竟真谛——阴阳大化之道的《易经》《黄帝内经》《道德经》指导下，所建构的中医理法模式，其中的核心"精气神、阴阳、五行、生克制化"等生化原理，"望闻问切"、"八纲辩证"、"辩证论治"等诊治理法，"汗吐清补"、"君臣佐使"等治疗原则，一经建立，便是绝对真理，数千年前如此，数千年来如此，数千年后仍将如此，"任凭病浪起，稳坐元气论"，以不变而应万变，整体调治，标本兼治。这就是东方传统文化绝对真理的绝对优势。

二 老子《道德经》与西方文明

1. 老子西行

笔者曾做楼观台诗："经已讲完愿已了，有无相生没玄妙。牛鞭一甩说再见，关外去传德和道。"

曹金洪先生主编的《道德经》一书中《老子——西方文明的先知》说（第 711 ~ 729 页，北京燕山出版社，2011 年）。

老子骑牛西行，有人说去了印度，也有人说去的是欧洲。老子最早的欧洲"弟子"乃 18 世纪法国的弗朗索瓦·魁奈，他得到了真传，把老子的无为翻译为"自由放任"，并依据老子的自然法则创立了重农经济学。同期，另一位得到老子真传的欧洲弟子为苏格兰经济学家亚当·斯密，他依据老子无为而治的思想发表了划时代的旷世佳作《国富论》，阐述了自由经济原理。小小的岛国不列颠，第一个采纳老子自由经济理论治国，成为日不落帝国。有趣的是，一些新教徒逃亡到了新大陆，完全依照老子的自由经济思想依样画葫芦，使一穷二白的美利坚成了当今世界的霸主。

老子《道德经》在西方的传播，实际上经历了四个阶段，首先是1275年意大利人马可·波罗的中国游记；其次是明清时期的来华传教士，推动了"东学西输"；再次是清末鸦片战争后，国门大开，传教士、学者、商人等涌入中国，同期西方国家也设立汉学，推动了老子思想西进；最后是改革开放，国门再次洞开，同期马王堆帛书《老子》、郭店楚简《老子》等考古新发现，推动了老子研究。西方社会、自然、物理、宇宙等研究结果一再被老子预测到了，再加生态危机等因素，世界性的老子热一浪高过一浪。

英国的李约瑟博士从20世纪60年代开始陆续编著出版了多卷本《中国科学技术史》，他的著作和观点使人们耳目一新，所以我们有必要从新认识中国的道家和道教文化。

传教士时期，特别是正在兴起的启蒙运动时期，欧洲传教士们为了成功地在华传教，积极从中国的典籍中寻找《圣经》教义的依据，对中国典籍进行基督教比较研究，从而推动了道家思想的传播。进一步发现儒家学说的封闭性和老子学说的普适性，才开始将目光转向《道德经》，并视其为东方智慧的泉源。

法国是欧洲的汉学中心，法兰西学院于1814年设立了欧洲第一个汉学讲座。第一位中文讲席教授雷慕沙（Jean Pierri Abel Remusat，1788～1832），被视为法国新派汉学始祖。他称老子的思想与稍后的毕达哥拉斯和柏拉图学派所提出的"学说有不可争辩的共同之处"。他的高徒儒莲（Stanislas Julien，1797～1873）在1842年完成了老师的生前嘱托，出版了全译法文本《道德经》，书名为《关于道和德的书》，参考了至少七种注本，包括河上公、王弼注本，被汉学家们公认为最佳译本。

英文译本以自学成才的东方学家亚瑟·韦利（Arthur David Weley，1889～1956）于1934年出版的王弼《老子注》译本最为典型：《道德经及其力量》。

最著名的汉学家，当是毕生研究中国科学技术史的李约瑟博士（1900～1995），自称"名誉道家"，姓李名约瑟，字"丹耀"，号"十宿道士"，又号"胜冗子"已出版五卷本《中国科学技术史》，以发现了道教（家）思想的世界意义而闻名世界，被世界科学家联合会授予"乔治·沙顿奖章"，并被聘担任国际科学史研究院院士、中国科学院和中国社会科学院名誉教授。他指出："说道家思想是宗教的和诗人的，诚然不错，但是它至少也同样强烈地是方术的、科学的、民主的，并且在政治上是革命的。"……

德国虽是汉学的后起之秀，但德国是欧洲哲学的故乡，老子的思想在德国已经融入人们的生活之中，《道德经》被称为"汉学中的汉学"，在这点上可以说老子故乡的中国远不如德国。《人民日报》海外版曾有一篇题为"老子在一个德国人眼中"的文章中说："在联邦德国几乎大小书店都有老子著作的翻译本。如果有人要找中国书籍，那么他最先接触到的可能是老子的名著《道德经》。"

荷兰有欧洲最古老的莱顿大学，附设有历史悠久的汉学研究院，前院长许理和（Erik·Zurcher）教授说："《道德经》在西方人眼中，无论从任何西方的思想派别来看，都是最重要的哲学典籍，也最富于中国智慧，或甚至更广泛而言——东方智慧。但其中许多的研究并不完全是哲学性的，例如有些人用福音的语词来解读老子；有些将老子的'道'与叔本华的'世界魂'，或柏格森的'生命冲力'，或是印度的'大梵天'相比拟。虽看法各有不同，但都表示出对老子《道德经》的重视。最初西方人推崇儒家思想，后转为重视道家。西方人对老子的理解，随着他们对中国观点的变化而变化，而往往只是把老子作为他们的观点的一种外在见证罢了，每一个时代都能利用老子作为灵感的泉源。"

俄罗斯汉学家比丘林，1842 年在《祖国之子》杂志上发表的《老子及其学说》，第一个较系统地译介老子学说，该文认为老子与宗教没有任何关系，后世老子的继承者脱离了老子的思想方式，构建新原理，进而创立了道教。

大文豪列夫·托尔斯泰（1828 ~ 1910）从 1877 年起开始阅读和研究老子的著作，并准备翻译《道德经》，后同波波夫一起根据德文译本进行了翻译。1910 年他又出版了自己选编的《中国贤人老子语录》，在这本书里，他还写了《论老子学说的真髓》一文。托尔斯泰非常欣赏老子的"道"和"无为"的思想，后来他就把它发展成为"不用暴力抵抗邪恶"的理论，主张用"无为"来对待一切事物。由于托尔斯泰的名望，使《道德经》在俄国得以广泛传播。

2. 西方对老子《道德经》的注译与传播

1997 年，克鲁特·沃尔夫教授第四版《西方道教书目》统计，从雷慕沙 1823 年选译《道德经》起，到 1995 年德国汉学家汉斯·格奥尔格·穆勒出版马王堆帛书本《道德经》德译本止，182 年间共出 363 种外文译本，涉及 23 种语言。截至 2007 年，据中国道协统计，《道德经》外文译本已近 500 种，涉及 30 多种语言。

《环球时报》2007 年 3 月 22 日在"道德经风靡欧洲"一文中说："几百年来，《道德经》的西文译本总数近 500 种，涉及 17 种欧洲文字，在译成外国文字的世界文化名著发行量上，《圣经》排第一，《道德经》高居第二，由此可见老子及其思想在西方受欢迎的程度。"

日本早在 7 世纪中叶就开始了对《道德经》等道家著作的研究，目前可见各种版本的日文《道德经》典籍多达 399 种。

三　老子——西方文明的先知

1. 西方的老子热不是出于偶然

目前，世界性的"老子热"、"大道热"，不是偶然，而是老子道德文化的真理光辉的现实再现。老子道家文化不仅有着无与伦比的精神力量，亦蕴含着伟大的科学智慧与物质力量，是中华传统文化的源头活水，也是西方文明的源头活水。萨顿奖得主李约瑟博士认为道家思想具有重大的世界性意义，他说："老子似乎用惊人的洞察力看透个体的人和整个人类的最终命运。"

老子凭其思想的科学性、统一性、远瞻性，敢于同最先进的文明成果对话，启迪拓展人们的智力潜能，成为西方文明真正的先知。当西方人陶醉在自由经济创造的巨大财富中时，英国学者指出，其实自由经济思想来源于老子的《道德经》；当人们为系统科学高歌猛进而欢呼时，三位自组织理论大师普利高津、哈肯、托姆都谦虚地承认，他们的研究成果与老子是相通的；当人们走在信息化高速路上时，其二进制理论发明人莱布尼茨承认，我这个二进制来源于中国道家；与爱因斯坦齐名的大物理学家玻尔谦虚地说："我不是个理论的创立者，我只是个（道家的）得道者。"当创立互补理论、自足理论、质朴理论、混沌理论、场理论等一批物理宇宙学大师们，到了中国一看，发现他们那一套东西，老子 2500 年前就有了，有些讲的比他们还要细、还要深。

此类事例举不胜举，当前的生态危机、文明冲突，以及自然哲学、粒子物理、宇宙演化等科学理论进展，都再次证明，老子是个预言家，是个先知。下面仅选政治经济学、系统科学、物理宇宙学三个方面的主要理论发展，来证明老子的先知功能——绝对真理的绝对优势。

2. 道家学说在社会科学及其政治经济学中的应用

道家理论在中国古代政治史上有过短暂的辉煌……与此相反，老子所倡导的无为而治理念，在西方世界却一再得到发扬光大，许多学者从不同的角度阐述了道家"无为而无不为"的神奇效果，如魁奈的重农经济学论证了自然法则是财富之源，亚当·斯密的《国富论》阐述了自由经济是财富之源，萨伊法则论证了自由市场是经济发展之本，洛克的《政府论》阐明了"有限政府"是最好的政府，哈耶克阐述自由是秩序之源。这些作为西方文明奠基石的理论，不仅与道家思想一脉相通，而且大都还是受了道家思想的启发才创立的，这就更让人扼腕三思了。

美国学者邓正莱（Jarmes A. Don），1998 年发表《中国的前景：市场社会主义或是市场道家？》一文指出："《道德经》就是中国的自由宪章。老子关于天道、自由与无为的思想，跟亚当·斯密一样，既是道德的，又是实用的；说它是道德的，是因为它建立在美德基础上；说它是实用的，因为它能导向繁荣。按照天道所演化的秩序就是哈耶克所阐发的那种自发秩序。"他又说：天道思想，一传到西方，也很快得到了西方自由主义者的高度认同。许多西方的古典自由主义对老子和天道思想十分推崇，并把天道思想视为人类共同的自由大传统的一个重要组成部分。包雅士的《古典自由主义精粹》一书中，称老子是古典自由主义第一人。

（1）魁奈与重农经济学

魁奈（Francois Qesnay，1694 ~ 1774），18 世纪法国政治经济学家，重农经济学派的创始人和领袖；被马克思誉为现代政治经济学始祖。他第一个将中国老子的"无为"思想，译成"自由放任"（Laissezfaire）。有学者认为，魁奈一生受自然道家的影响极深，崇尚自然主义——"自然秩序的科学"。如果人们认识自然秩序并按其准则来制定人为秩序，这个社会就处于健康状态；反之，如果人为秩序违背了自然秩序，社会就处于疾病状态。重农学派以自然秩序为最高信条。

（2）老子思想与自由经济理论

1999年6月10日，香港《远东经济评论》总编辑撰文《意义重大的思想》，认为西方自由市场原理源于《道德经》。西方不少汉学家与哲学家认为，道家"无为"思想与自由经济理论是相通的；中国2500多年前的老子就阐述了自由经济思想。

3. 道家学说在系统科学及其自组织理论中的应用

老子的核心思想是"道常无为而无不为"，但2500多年以来，这种"无为而无不为"的思想一直蒙着一层神秘的面纱……原来这种表现无为、结果有为的神秘思想，其实与现代自组织理论有异曲同工之妙。自组织理论的三位创始人，都认为他们的理论同中国古代道家思想相通。这岂不令人深思？

对自组织理论研究最深、最好的是比利时学者普利高津（Prigogine）创立的耗散结构理论，清楚地阐明了自组织条件、过程、机制等，普利高津因此获得了诺贝尔奖。

（1）道家思想与耗散结构论

1969年普利高津（Prigogine）教授在国际"理论物理与生物学会议"上，发表"结构·耗散和生命"一文，提出了这一理论，荣获1977年诺贝尔化学奖。

对于老子、庄子的道家思想与耗散结构理论的关系，普利高津认为"老庄的道都是'无所为'的，这与'自组织'理论何其相似"。他在《从存在到演化》一书中指出：耗散结构理论"对自然界的描述非常接近中国关于自然界中的自组织与和谐的传统观点"。他在《从混沌到有序》中文版序言（上海译文出版社，1987年）中说："中国道家对人类、社会和自然之间有着深刻的理解，这对西方哲学家和科学家始终是个启迪和泉源"，新的自然观"将把西方传统连同它对实验的强调和定量的表达，同以自发组织世界观为中心的中国传统结合起来"。普利高津 1986 年在他的《探索复杂性》一书中指出，"在开放系统中由无序到有序的自组织现象是普遍的，它正在走向以中国'自发形成'、'整体和谐'为理想的新自然主义"。他还在书中引用了老子的论述，说明自然界自发运动机制："大道泛兮，其可左右。万物恃之以生而不辞，功成而不有，衣养万物而不为主。常无欲，可名于小；万物归焉而不为主，可名为大。以其终不为其大，故能成其大。"（《老子》第 34 章）。他还引用《庄子》的论述："天其运乎？地其处乎？日月其争其所乎？孰主张是？孰维纲是？孰居无事推而行是？意者其有机缄而不得已邪？意者其运转而不能自止邪？"

（2）道家思想与协同论

协同学（Synergetics）的创立者、德国著名物理学家哈肯（Haken）先后发表了《协同学导论》《协同学——大自然构成的奥秘》……从而创立了协同学。

协同学是研究不同事物共同特征及其协同机理的新兴科学，是近十几年来获得发展并被广泛应用的综合性学科。它着重探讨各种系统从无序变为有序时的相似性；同时又是研究由许多不同的学科进行合作，来发现自组织系统的一般原理；可以用于找出影响系统变化的控制因素，进而发挥系统内子系统间的协同作用。

老子之道，"尊道而贵德"，崇尚自然，并强调大自然的统一性，其基点就是和谐协同；尊道贵德就和谐，反之则失谐。

协同论创始人哈肯在《协同学——自然成功的奥秘》一书的序言中说："协同学含有中国基本思维的一些特点。事实上，对自然的整体理解是中国哲学的一个核心部分。"

（3）道家思想与突变论

法国数学家托姆于 1972 年系统考察了自然界和社会生活中从一种稳定状态到另一种稳定状态的跃迁，如水突然沸腾、细胞分裂、市场崩溃等，他在《结构稳定性和形态发生学》一书中阐述了突变理论，荣获国际数学界最高奖——菲尔兹奖章。突变论的出现，引起各方面的重视，被称之为"是牛顿和莱布尼茨发明微积分三百年以来数学上最大的革命"。

突变论的创始人托姆认为，在老子的理论中，有很大一部分是关于突变理论的启蒙论述，他的突变理论起源于中国老子的古典哲学，在他的《转折点》一文中说："在老子的理论中，有很大一部分是关于突变理论的启蒙论述。我相信今天中国许多喜欢这个学说的科学天才，会了解突变理论是如何证实这些发源于中国的古老学说的。"

（4）道家学说在哲学及其物理宇宙学中的应用

在物理学和宇宙学上，道家"道生万物"、"无中生有"……与现代万物创生说、宇宙虚无说和空间说、混沌论、测不准理论等近代物理宇宙学的潮流也是合拍的。

德国伟大的哲学家、数学家、物理学家、"欧洲唯一的全才"莱布尼茨（1646～1716），他虽未到过中国，却通过来华的传教士了解并积累了有关中国的知识，如《易经》《道德经》、伏羲八卦、阴阳五行等，受到极大的启发，以致托朋友向康熙皇帝申请加入中国籍。他第一次将中国的阴阳学说命名为"辩证法"。

1716 年莱布尼茨出版了《论中国人的自然神学》，认为中国人有一种基于"道"、"理"、"太极"、"太一"的"自然神学"，在此之上有"自然道德"。中国人的人性按照自然规律做"向善"的追求，而不是按照基督教的律令来"去恶"。

对于现代电脑数理基础的二进制，也是莱布尼茨的伟大发明，并赋予了宗教内涵，他在写给在中国的法国耶稣会牧师布维的信中说："只有当我们仅仅用 0 和 1 来表达这个数字时，才能理解，为什么第七天才最完美，为什么 7 是神圣的数字。特别值得注意的是它（第七天）的特征（写作二进制的111）与三位一体的关联。""0 是自然，1 是上帝。""虚无生万有，用一就足够了。"

莱布尼茨在他临终的那一年，在致德雷蒙先生的信中坦然地承认："这个二进制，就是源于中国！我之所以要说出来，是为了要证明古代的中国人比现代人聪明得多！"——应该说"智慧"得多！

丹麦物理学家，哥本哈根学派的创始人，与爱因斯坦并称 20 世纪物理学双雄的诺贝尔奖获得者玻尔（Niels Henrik Dayid Bohr 1885 ~ 1962），1937 年 5 ~ 6 月间，曾经到过我国访问讲学。

1928 年玻尔首次提出了互补性观点，试图回答当时关于物理学研究及一些哲学问题："互斥"又"互补"——这恰好像中国成语"相反相成"。玻尔认为他的这个互补原理是一条无限广阔的哲学原理。

玻尔在 1937 年访问中国时，惊讶地发现他最为得意的互补原理，在中国古代文明中早就有了鲜明的表述，那就是道家的太极图。后来玻尔干脆把自己称为是道家的得道者。

玻尔 1947 年设计了他的哥本哈根学派研究所图徽，其中心是中国的"太极图"，他认为这形象地表示了他的"互补理论"。1949 年他被王室授予勋章时说："我不是个理论的创立者，我只是个得道者。"而且要求把太极图作为荣誉证书的背景图，"我们在这里面临着人类地位所固有的和令人难忘的表现，在中国古代哲学中的一些互补关系"，"与一种伟大真理相对应的，可能是另一种同样伟大的真理"。

从玻尔开始，现代物理学与老子的思想就结下了不解之缘。

霍金，人称小爱因斯坦，1982 年提出了"无中生有"的宇宙自足理论；

1988 年他推出了科普著作《时间简史：从大爆炸到黑洞》，阐明其宇宙自足论。

霍金教授曾先后三次访问中国，最后一次是 2006 年。

霍金的量子宇宙论，把宇宙定义为一个"自足自给的无开端也无终结的自在者"；而宇宙本身是从无中生有而来。而"道"则是"独来独往，无古无今"，"自古以存"。

关于大爆炸前的宇宙蛋，霍金认为是"非空非有，亦空亦有"的黑洞奇点。其实老子《道德经》讲述得更为详细："有物混成，先天地生。寂兮寥兮，独立而不改，周行而不殆，可以为天地母。"

美国当代物理学家约翰·惠勒提出了质朴性原理，认为物理学是从一无所有的基础上发展起来的，他还首创"黑洞"一词。惠勒在访问中国时，突然发现他所倡导的质朴性原理，早已出现在中国古代文明中了。惠勒在学术演讲中鼓励着台下的学子："我想在你们中间会出现这样的人，他们的伟大发现将高过玻尔和爱因斯坦。物理学并没有结束，它正在开始。"

日本物理学家汤川秀树提出了介子说，于 1949 年获得诺贝尔物理学奖。他笃好古籍，研读过《庄子》。他说："我幼年时候读过《西游记》，后来读了《庄子》，读这些作品使我得到一个印象，即中国人是有高度想象力的。""我特别喜欢庄子；他的作品充满了比喻和佯谬，揭示在我们面前的是个充满幻想的广阔世界。"

汤川秀树说他的粒子物理学上的"混沌"说，是受到《庄子·应帝王》中关于"混沌"的一则寓言的启发。他进一步说明，他在寻找基本粒子的过程中，转向混沌学说："我研究基本粒子已有多年，而且，至今已发现了 30 多种不同的基本粒子，每种基本粒子都带来某种谜一样的问题。……我们不得不深入一步考虑这些粒子的背后到底有什么东西。""用惯用的话来说，这种东西也许就是一种'混沌'。正是当我按这样的思想思考问题时，我想起了庄子的寓言。"

汤川秀树对老子极为推崇："老子是两千多年前就预见并批判今天人类文明缺陷的先知。老子似乎用惊人的洞察力看透个体的人和整个人类的最终命运。"

（以上资料摘编自曹金洪主编《道德经》之《老子文化与东西方文明》章节）

这些顶尖的科学家们几乎都一致认为，每一个时代、每一个领域、每一门学科……都能够利用《老子》作为灵感的泉源。

华人诺贝尔奖获得者杨振宁和李政道，对四书五经都有相当深入的研究。科学史专家萨顿早在1930年科尔沃的演讲《东方和西方》中断言："新的启示可能会，并且一定会来至东方。"

未结束语

"冲开脑门一只眼，阴阳虚实一串穿。"再加上左右两只肉眼及延长工具三大镜，我们就能够对宇宙万物、万事进行正反齐观，洞察隐显，把握阴阳，深参造化，对宇宙万物的成、住、坏、空，对人类生命的生、长、化、藏……皆能"一目了然"；不但知其然，而且知其所以然，从而掌握绝对真理。依靠绝对真理，就能够更好地把握不断涌现的相对真理；"宇宙在乎手，万化生乎身"，就可以改造现有某些相对真理的只知一、不知二的片面性，使之更加完善，从而推动宇宙万物的运化循着自然规律法则滚滚向前——"大仃健"。

第五节　道佛原无二　只为世见差

老子之道，鸿蒙未判，宇宙洪荒，圆融混沌：独来独往，无古无今！

佛祖出世，左右七步，一手指天，一手指地：天上天下，唯我独尊！

道家兼有无而论道，论无能生有，有还归无；无不能生有，则为断无，旁门是也。

佛家超有无而言空，言空生妙有，万有归空；空不能生有，则为顽空，外道是也。

道家说：天地与我一体，万物与我齐一；天地大人身，人身小宇宙；宇宙在乎手，万化生乎身。

佛家曰：心生种种法生，法生种种心生，心法互生；心能转物，即同如来。

道家的宇宙名片太极图，一阴一阳，阴阳交媾，变化生起，生出太极图坐标轴内的金、木、水、火四象，其中心节点——坐标原点为第五象、宇宙肚脐眼"土"——四象不离土；土生万物。五象又叫五行，五个在宇宙中行行不已的行者。

万物归类于五行，五行衍源于阴阳，阴阳合抱于太极，太极肇始于无极——无极本无（空），太极始有（色）；无极（空）乃天地之始，太极（色）为万物之母。

佛家的宇宙名片卐字符，竖丨横—交错，一色（有）一空（无），即色即空，旋转变化，卐化而为其坐标轴内的地、水、火、风四大，卐的中心节点——坐标原点则为第五大、宇宙肚脐眼"真空"，内蕴宇宙的无尽资粮，以滋养四大——真空（无极）生妙有（太极），有复归空，宇宙从此生生不息。

业力不灭，万法实有；有又归空，空生万有……空有圆融，是为中道了义。

道尊静笃于恍兮惚兮境界中游心于万物发生之初，发见道生一，一生二，二生三,三生万物，万物负阴而抱阳，冲气以为和的宇宙演化之枢机。

佛祖深入于甚深禅定之中而大彻大悟，悟缘生性空，性空缘生，因果连锁，了知宇宙结构、人生性命之至理。

道尊曰，无极而太极，太极归无极；无极即太极，太极即无极；无极众形之始，太极万物之母；两者同来至道，出而异名。

佛祖说，色不异空，空不异色；色即是空，空即是色；受想行识，亦复如是；揭谛揭谛，波罗揭谛。

成就万物之"无"；能产生妙有之"空"；通天下一气之"气"；不生不灭、不增不减、不来不去的自性；本来面目，宇宙真宰；以现代科学眼光来看，何物可以当之？

寻寻觅觅勉强答曰：宇宙永恒不灭的元初能量"大统一场""略近"其义！

无极、宇宙元炁，真空、无量寿光——宇宙永恒存在的元初大统一场；太极、色法——宇宙永恒不灭的基本粒子。色不异空、太极亦无极，空不异色、无极亦太极；色即是空、太极即无极，空即是色、无极即太极；现代高能物理学中场粒二象性之场与粒、能与质，"略近"其义。

但是佛道二家的场与粒、能与质，是"心物一元"的宇宙高深智慧境界活灵灵的事物；而现代科学的场与粒、能与质仅是非牛命领域宇宙粗浅层次死板板的东西；这是二者之间天差地别的本质所在！

站在道、佛更高层面上俯瞰，能量（真空、无极）乃运动着的物质，物质（色法、太极）是凝聚着的能量；二者虽不是一个东西，能量是能量（空、无），物质是物质（色、有）；但也不是两个东西，它们之间可以相互转化，有爱因斯坦的质、能关系式为证 $E = mc^2$，为我们证明了色不异空、太极亦无极，空不异色、无极而太极；色即是空、太极即无极，空即是色、无极即太极。然而更重要的第一义谛"生命"呢？——生命惟有道、佛知！！！

正是：到家原来无一事，能、质空争是与非！

道家性命双修为教内真传，自广成、老、庄，魏伯阳，到钟、吕制定"三成全法"模式，下手功夫系阳生采药，武火炼精，炼精化气，金丹乃成。伍冲虚、柳华阳说：必须性命双修、佛道双了，才能究竟！

佛家性命双修系教外别传，由初祖迦叶尊者传出，经菩提达摩传来东土，下手功夫为：情来精至，以性摄情；情能归性，舍利乃成。故达摩老祖曰："三家法一般，莫作两样看，性命要双修，乾坤不朽烂。"

有人问一位大禅师：儒释道三家为同为异？大禅师答曰：大器者用之即同，小根人执之为异。迷悟由人，不在教之异同。

就宗教而言，道教指明，人皆可以为尧舜，个个都系道种，都可以超凡入圣；谁苦修谁得，不修者不得！

佛教认为，心、佛、众生，一律平等，人人皆可成佛，包括一阐提！

西方宗教，认为上帝只有一个，永远高高在上，世人只能俯首听命；最后接受末日审判！

由此可见：道佛原无二，只为世见差。

第二章　为精、气、神正名

第一节　神——生化之理　不息之机

一　形而下宇宙演化经

儒家称自然规律"道"为"天理"，变化特性为"天德"。尽人道合天理——率性之谓道。

道生天命之性，即先天的生命本原。性生生命之神，为后天的生命主宰，俗谓之"灵魂"。神有气（能量流）则灵，神无气则归性，气竭数尽，叶落归根，归向来时的性海本原。

气离不开神，神有时则可以离气。

慧远禅师对生命之"神"有过精彩的描述："神也者圆尽无生（无生则无灭），妙尽无名（强名曰神）。感物而动，假（借）数而行。感物而（神）非物，故物化而（神）不灭；假数而（神）非数，故数尽而（神）不穷。"

明代医家张景岳将人体生命之"神"定义为："神即生化之理，不息之机也。"

二　神——人体小宇宙的主宰

万物有灵，万物有神。

我们的身体是由血肉之躯的"肉身"与精神结构的"心灵","因缘和合"而成。想认识吾人生命现象的奥妙，就必须身、心齐观，人、天共参。

人体的物质结构"身"相较简单，"象显可征，虽愚不惑"；而人体的精神结构"心"系"虚在隐存"，"形潜莫睹，在智犹迷"，非具大智慧者难以透识。

仙道家、医家之"神"，儒家曰"心"，即俗谓之"灵魂"。没有心神或灵魂的人，不成其为人，而是"行尸走肉"；没有形体的"人"，也不成其为人，称为"野鬼孤魂"；只有兼备形、神二物为一体者，才是一个堂堂正正的人。

要透彻认知宇宙及众生的生命现象，必须首先认识人。要真正地认识人，只剖析其肉身是不够的，口是心非之人多的是。除非对人的精神结构"心"、"神"有比较深刻的了解、认知，否则你就无法正确把握人这个生命体，包括自我与他人，以及人体生命现象的来龙去脉，更难以认知更高一级的宇宙生命现象，从而导致人类似乎聪聪明明、实则糊糊涂涂地过一生……难以翻身。

三 儒家之神——德神

人体中相对独立的精神主宰之"神"，乃天命之性（道）的代表，亦即万物有灵之"灵"——"德神"。

"天地之大德曰生"，且生生不息。《正蒙·神化》："天下之动，神鼓之也。"张载进一步说明："唯神能变化，以一（统一）天下之动。"

现代哲学的"客观规律"这一名词略近于这位"德神"之义。体现宇宙客观规律的"德神"，按照天道编制的宇宙演进程序——阴阳五行数理天干地支神机——而"鼓动"着宇宙万象（包括隐在的虚相）的千变万化，质、能听用，随之显、隐，从而统一、整合着宇宙万物的运动变化，这是形而下阴阳大化之道。这位"德神"，也许就是西方宇宙科学家们苦苦追求的宇宙演化的第一推动力——第一因吧。

《荀子·天论》："列星随旋，日月递照，四时代御，阴阳大化，风雨博施，万物各得其和以生，各得其养以成，不见其事而见其功，夫是谓之神（德化）。"

谭峭《化书》："……宇宙万物，其异者形，其同者神。"小自万物生养，大到列星随旋，无一不是虚在隐存的客观规律"德神"在其中鼓动、斡旋、导演。

儒家经典《易经》对神的功能有着两段精辟的论述，"神无方而易无体"，"阴阳不测之谓神"。"神无方"，德神显在虚存，或曰无处不在，其小无内，其大无外，十方世界它都管。"易无体"，易以道阴阳，阴极则阳生，阳极则阴生，阴阳互为体用，或曰以太极为体。宇宙万物阴阳之互化，精气之互变，乃德神导演之下一气之流注。"阴成形"（质），阴成就万物之形；"阳化气"（能），阳化为万物之气。形之与气，一阴一阳，互化互生，而"神"则超乎阴阳之上而可驾驭阴阳，或令气聚精生（阴）以接骨生肌，或教精化为气（阳）而软坚化结；之所以化，之所以聚，或为阳，或为阴，皆赖"神"的指令；故曰"阴阳不测之谓神"。

易道"德神"之功能大也哉！

四 医家之神——心神

对于人这个小宇宙的主宰，世界著名的神经生理学家 D.huber 曾经猜测说：像大脑这样复杂而灵敏的系统，必然存在一个全面的控制中心。D.huber 猜对了，人体大脑确有一个这样的全面控制中心，以及主持这个中心工作的主宰，它就是医家心目中之神心神。只不过心神不住在大脑，而是在心舍，"心为神之舍"：大脑只是它的档案资料库或参谋部。中国有心理学家通过实验之后认为，脑心耦合是人的认知基础，其耦合系数接近黄金分割数 0.618。

清代医家徐文弼对"神"有过形象的描述："人之身如国。神如君，气如民，精如财……君良则国治……"

张景岳对神的生理功能则高度概括为："神即生化之理，不息之机也。"

《黄帝内经》对医家之神曾从多个方面进行过论述，"得神者生，失神者死"；"心藏神"、"心主神明"；"心者，五脏六腑之大主也，精神之所舍也；其脏坚固，邪弗能容也，容之则心伤，心伤则神去，神去则死也"。心神于形体具有相对的独立性，可来可去，心伤则去。

《列子·汤问》篇记载了古代名医扁鹊曾经做过世界首例"心脏互换"大手术，换心之后两人性格迥变，闹到对簿公堂，最后请来扁鹊作证，才得以圆满收场。1993 年《参考消息》报道，美国有位外科医生，前后分别给两个性格内向、文静的患者植换了心脏，康复之后，一个突然爱好起音乐、舞蹈；另一个则在家里老是待不住，总想外出去东游西逛。如此的异变，令这位外科医生百思不得其解。后经了解，前者的心脏得自一位作曲家，后者的心脏为一位旅行家因意外伤亡所捐出——皆事出有因。《读者》杂志 1997 年 6 月刊报道，47 岁的女戏剧教师西尔维亚，患肺原性高血压，经心肺移植后，性格大异。她从不喝啤酒，然术后第一句话：真想喝一杯啤酒！原来其器官捐赠者乃 18 岁的男青年蒂姆·那米南特，生前喜喝啤酒。

有人对器官移植者进行过调查，接受心脏移植的人中，有 34% 的人觉察有"性格转移"的迹象和体验。而且器官移植有极强的"排他性"。世界上约进行了 1000 余例心脏移植，至今存活下来的仅 50 人。西尔维亚是存活时间最长者之一。现代科学对器官移植后发生的"排他性"与"心理变异"，尚未做出明确的解释。我们先来看古人对此是怎样论述的。

《道生旨》说："元神如主（主生物钟），千神如臣（分生物钟）……能生其三魂七魄及诸体之神。"《黄庭经》："泥丸百节皆有神。"人体内共有三万六千神。

现代科学中的"生物钟"其义近似我们心中之"神"。这个学说认为，人的生命过程乃是人体生物钟对 DNA 上的生命密码进行有序的阅读。人体除主生物钟以外，各级生理组织、各类细胞器还有其分生物钟，数量达三万余种之多，恰好为古人的三万六千"神"做出了一个现代的科学注脚。

心的君神与各位臣神之间，君臣佐使，各司其职，井然有序，管理得人体生命王朝富强繁荣。如今"心脏移植"，身国发生了"流血政变"，换了新君。新君施新政，生命王朝能否继续繁荣，得看各位臣神是否愿意听从新君的号令。假设臣佐使诸神不服，当下一起造反，新君垮台，身国立即完蛋，同归于尽——手术失败。现代医学科学将这种现象，归结于人体生理组织的固有禀性的"排他性"。如果臣佐使要等着瞧，新君还颇为年轻，先看一看再说，手术就可能获得成功，如西尔维亚。

神不同，人不同，一母生九子，九子各不同，一家有贤愚，一门有忠奸。弟兄姐妹中有天才也有庸人，即使孪生兄妹，性格也不同，命运亦各异，遗传学说说明不了什么。历史的事实展示给我们：有的人"天生"胆大敢为，有的人"天生"谨小慎微；有的人天生热衷政治、经济，有的人天生喜欢科学、文艺；朱元璋放牛都在想着当皇上，顺治帝却不爱江山爱美人。如此等等，都是其人心中之神"天生禀性"展现的结果。而这样的天生禀性，道家的命理学与佛家的唯识学研究得十分深透，这里无须赘述。需要强调的是，我们讨论生命现象及生命体如何向上升华，就是要发挥我们的主观能动性，来改造吾人天生禀性的错谬与不足之处，使之由庸人而变为贤人，恶人转化为善人，常人升华为贤人、圣人，这是中华传统大生命科学养生学的重要任务。

五　道家之神——元神

中华传统大生命养生学，不但深细入微地追索了人体生命的元神，还悟证了赋予元神生命信息元码、固定工作程序"天命之性"，即后天生命现象的先天本原。

天地万物，一性同体，故人与宇宙信息同源，能量同一，物质同宗，节奏相应。我们是天之骄子，天地是我们的伟大母亲，我们把自己弄清楚，识透人体生命之秘，才有资格去揭示宇宙的生命之谜。

《性命圭旨》对人体生命现象的后天与先天，性于神，命与气进行了多方面论述："生之理，具于命，觉之灵，本于性，性成命立，其中有神。""性者神也，命者气也，精者形也。""性为神之主，神为气之主，气为形之主，形为生之主。""性而心也，而一神之中炯，命而身也，而一气之周流，故身心，精神之所舍也；而精神，性命之根也。""以其凝聚，谓之精，以其流行，谓之气，以其妙用，谓之神。"

性，即"天理"，是生命演化规律的必然性、当然性、自然性，大宇宙永不生灭的先天精神生命，我们后天生命现象的先天本原。后天人道众生的必然性谓"命"，或曰"人理"，由天命元神代表显示。

性为无极，本寂之体；神即太极，本智之用，由天命之性派生无极而太极。性，乃神中之灵，没有外化启用的神；神系外化起用之性，天道的代表或特派员。性为体，神为用，天命之性的必然性由心神的起用——命运的展开来加以体现，故曰"性无命不立"。由此可见，"道寓象中，象外无道"，没有五彩缤纷的后天生命现象，无极之道将是一个有体无用的东西——而无用之体在大宇宙中是不存在的！反之亦然，"命无性不成"，各级层面上的生命现象，都是天道演化至一定阶段、时序上必然要发生的相对真理、形而下器，包括地球生命与外星生命，否则后天生命现象就成了无本之木、无源之水——宇宙中没有无本之木、无源之水！

《阴符经》:"天人合发，万化定基，天发其机，以性赋人。"天命之性将其天机，即阴阳五行数理神机、生命方程式，通过元神赋予人这个生命体而规范其"命"，成为人体的"生化之理，不息之机"。元神按照道赋的生命方程式展开其"气数"止所当止，行所当行，实施个人的命运。在实施过程中，命运会产生增值，为善增正值，为恶增负值；正负加减，从而又导致人们的命运变化不定。总的看来，"人禀阴阳以生，岂有逃其数者"，没有不死的人。"气数"运转完毕，我们就寿终正寝，神则复归本性、归根复命；或者再领新命，天道好还。

中国传统的道家养生家们不愧为伟大的大生命学家，他们最伟大之处在于精通生命的大辩证法，并不总是听天由命，而是要与天争衡。经过人的身体力行，古圣们不但窥破了"天机"，而且还摸索出一条通过主观努力主动改造气数、重建命理而自主性命，开辟出了超越生死的通天大道。其理其法就是传统性命之学的金丹正道——天地人大生命科学体系：小而试之，祛病延年；大而用之，超凡入圣。

先天的天命之性化为后天的生命之神意欲何为？古人答曰：重铸性命，再立乾坤，积功累德，学会做人。人成即道成。学会了，只来人间这一遭；没学会，下一期生命继续学，直至成为完人，升华为仙，觉悟成圣，画上圆满生命的半个句号。再超圣入凡，济世度人，共同升华，补上圆满生命的另半个句号，以实现人生生命的大圆满。

第二节　精与气

一　走向世界的中医学与内丹学

德国著名汉学家、中医药学专家满晰博教授在访华时指出，中医现在面临危机，但同时在走向全球化方面又面临机遇，中国应抓住这个机遇。他与英国汉学泰斗李约瑟志同道合，曾经共同就中医哲学思想的方法论和认识论做过深入的探讨，在全世界关于中医是否科学的论战中，他同李约瑟力排众议、独树一帜，坚持认为中医不但是经验医学，而且是成熟的、完整的科学体系，是一切科学的典范。国外已有学者认为：中国的中医与道家养生术是人类健康保障的最后希望。

至于不但能够强身健体而且还可开发智慧的传统内丹学，国外学者也在大力钻研。

满晰博教授认为，同世界对中医的巨大需求相比，中医未能很好地抓住机遇，应付挑战，在许多方面不尽如人意；中国的中医专业杂志总体状况不佳，数量减少，质量下降，理论性不强；外国人学习中医的需要是迫切的，但他们往往苦于找不到理想的学校和教师。

作为一个研究中医基础理论和方法论的学者，满教授最关心的是"中医的科学核心和精髓处于被淹没的危险中"，"中医理论的高深及表达方式令人难懂，仍是世人深入了解中医的障碍"。

笔者认为，中医的理论核心是人体精气神的相互生化或转化的规律，其中核心的核心是"气"的功用。就治病疗疾而言，传统医学是"任凭病浪起，稳坐元气论"，以不变而应万变！故而对"气"的认知、探索和界定显得十分重要而迫切。

现代科学经过数百年的探索发现："能量"才是宇宙的真正上帝。科学家们正在大力研究"暗能量"，这也许就是《道德经》中万物未始之始的"无"吧！但是《道德经》之"无"和"有"都包括阴与阳，即物质和生命；而现代科学的重点却偏重物质，不够重视生命。

单以物理能量而言，其能级已然十分丰富：势、热、声、光、电、磁……还有能级更高的原子能、核能等；当然还得加上科学家们正在探索的暗能量。能级不同，效应悬殊。

人体生命过程，实际上也是一个能量（气）运作的过程。中华传统医学与养生学名此生命能量流曰"气"。但这个"气"不是物质性的"空气"之气，而是内涵生命信息的"能量流"，其能级与效应极其奥妙，非区区没有生命信息之电磁能、原子能、核能……所能比拟。

不弄清生命能量流之"气"的奥妙，我们在中医学、养生学和内丹学面前，总是寸步难行！"道因气而立，气遵道而行"。"气"无以明，"道"难以行，包括医道与丹道等医疗和养生之道。

二 为"气"正名刻不容缓

中华传统大生命科学体系的生命之学、上上之学、生死之学、养生之学、升华之学，在专攻气学、气机、气化现象方面，除了中医家之外，还有仙道内丹术家。他们各有侧重，各有所长，各有所获，各有境界，各有终极目标，对"气"认知的深度与广度也各不相同，从而使"气（炁）"及其运动变化之机的内涵更加丰富多彩。

中华传统大生命科学体系认为，人是精气神一体、天地人一统、先后天一脉的灵妙结构，是性命之道的大辩证法。

国外早就有人提问：在生与死的边界上，生比死多了什么？同理，死比生又少了什么？依现代科学物质生命观来看，生人与死者几乎没有重大差别，后者只是没有了"生机"，也就是少了人活一口气的"气"——"生命信息能量流"。

令人费解的是，当代的各类权威词典及辞典、医学书刊（包括正统教材）都毫无例外将这一生命信息能量流之"气"说成是"物质"的："始基物质"、"本原物质"、"精微物质"，竟然没有一个说到痛处：能量流。基本观念一错，必然满盘皆错，而且一错到底！距离古人对"气"之元义的论断越来越远！以己（国人）之昏昏，自然难使人（外人）昭昭。这是国内学子大喊中医基础理论难懂、国外学人更难懂的根本原因所在。

传统中医学、仙家内丹学既已大步走向世界，为其理论基础核心的精气神"正名"，早已到非"正"不可的时候了！

"唯心"、"唯物"等名词都是从西方来的舶来品，使用近百年之后人们发现，它们几乎都是机械的、片面的、死板的。这个"唯"尤其有问题。一方面唯唯诺诺，唯命是从；一翻脸就不认人而唯我独尊，总是喜欢争第一。这个"唯"姓的毛头小子哪里知道，宇宙事物都是阴阳结构，好事成双，因为"孤阴不生，独阳不长"。可它不识宇宙规律、不谙中国国情，总是把圆满和谐太极之家的阴与阳、夫与妻、精神与物质割裂开来，进行独立的认知，搞片面主义，把认识论引向不左就右的歧途。其实"唯物"这个名称也是"唯心"创制的，但却常被"唯物"打翻天印。

东方哲学的"三界唯心"之"心"是"心生种种法生，法生种种心生"的"心法互生"之"心"，乃"心物一元"的太极结构，非常宝贵，与西方的"唯心"大相径庭。

在恩格斯看来，哲学是更高的、悬浮于空中的思想领域。既如此，我们应该深探心、物本元，不要搞要么唯心、要么唯物的片面主义。如此则在哲学领域使用"唯"字比较恰当。

"唯"古为"惟"，本义是思考，竖心为旁——心之官则思，属于"更高的悬浮于空中的思想领域"，用在哲学认识论方面可谓恰到好处。"唯物"，即细细观察；"唯心"，为深深思考；先物悟（格物致知），再理悟（心物共识），最后物悟＋理悟＋智悟而大彻大悟——悟到往来唯一气（道），心物空争是与非。

"唯物"是必然的，"唯心"是必须的，无心者乃行尸走肉。心是主导（乾），物为基础（坤），乾始坤成，元亨利贞。二者如闹独立，彼此互不相让，要么"唯物"，要么"唯心"，各自为阵，必致乾息坤消，阴阳决绝，不生不化，长冬无春，生命息而宇宙毁。

三 "气"的本义——生命信息能量流

生我者道，活我者神，用我者气。一口气不来，命非我有。一旦流布大宇宙之"气"是"能量流"的本义或基本观念被认知而确定下来，辩证的"唯道（气）主义"建立起来，并广为人知，糊兮涂兮、争兮斗兮、混兮乱兮的生命哲理界，将从混沌走向有序，化干戈为玉帛，变隔阂为融洽，从而共同开辟人类认识生命之秘和揭示宇宙生命之谜的新纪元。

广义的气为哲理之气。比较权威的解释如：

《辞源》：中国哲学"常指构成万物的物质"。

《辞海》："通常指构成宇宙万物的物质。"

《中国哲学史大辞典》："构成天地万物的始基物质。"

《新编哲学大辞典》："指构成宇宙本原和万物的始基物质。"

《简明自然辩证法辞典》："中国哲学概念，通常指极细微的物质。"

中国传统学问之"气"，明明是一种能量流形态，其大无外、其小无内的能量场结构，可是这些却被"唯物"的大学者们将能量流之"气"定义为"物质"，也就是将"活宝"变成"死物"，使之合乎了"唯物"。

我们翻一翻历史的篇章，追溯一下古哲们眼中的广义之"气"。

西周伯阳父说："天地之气，不失其序。"这是最早提到的宇宙元始造化能量流之气，其运来化去是有规律可循的，"不失其序"。

老子《道德经》："万物负阴而抱阳，冲气以为和。"冲气，阴阳冲和、无过不及、虚而且灵的太和元气。

《庄子》："人之生，气之聚。聚则为生，散则为死……故曰：通天下一气耳。"他认为万物包括生命之生灭乃一气之变化；气自身虽变化而无生灭。

但是物质包括精微物质则是生灭（变化）无常的。

《荀子·王制》："水火有气而无生（生命信息），草木有生而无知，禽兽有知而无义，人有气有生有知亦有义，故最为天下贵也。"

王充《论衡·自然》："天地合气，万物自生。""气也，恬澹无欲无为无事者也。"在王充看来，气在本然状态下乃一中性能量流，视天道的"编码结构序"而显示其性质，随"程序"的展开而发生变化。

北宋的张载为"气学"专家，建树颇丰。他认为气之本体是不坏不灭的，一气而万形，有变化而无生灭："气之为物，散入无形，适得吾体；聚而有象，不失吾常……聚亦吾体，散亦吾体；知死之不亡者，可与言性也。"王夫之继承其说，著《正蒙注·太和篇》："凡虚空皆气也，聚则显，显则人谓之有；散则隐，隐则人谓之无。"

如将上述古哲们有关"气"的论述、"能"的概念，换以现代辞典的"物质"作解，不但物理不通，文理亦不通。而将"气"作"能"之义正解，则豁然贯通——贯通古今中外、诸子百家、科学与史哲，乃至胜者与败者。

狭义之气为中医学、气功学及丹道学之"气"，或曰"生命元气"，生命信息能量流。另外还有仙道内丹家们的"灵丹妙药"之气，称为先天之气——"炁"，其内涵尤其奥妙。

中医教材、辞典中都把医家之"气"解释成"精微物质"，构成和维持人体生命活动的最基本的物质，也许由于它太过精微，难以用肉眼直接观察。

"气乃无形之血，血为有形之气"、"气行血行，气滞血瘀"……"肾的蒸腾气化"、"三焦气化"等无一不是能量效应，后世子孙们怎么这样蠢，似乎离开了物质寸步难行。

当然，站在更高层面上看，物质为凝固着的能量，能量乃运动着的物质，它们不是两个东西，但也不是一个东西。在一般层面上，能量是能量，物质是物质，尚不可混肴。

《内经·素问》："气始而生化，气散而有形，气布而蕃育，气终而象变，其致一也。"能量流之气的运化，贯彻于物生、物变、物散的始终。

金元四大名医第一位的刘完素说："气盛即物壮，气弱即物衰，气正即物和，气乱即物病，气绝即物死。"如果此处将"气"换作"物质"，则笑话百出。

明代著名医学家张景岳说："气之在人，和则为正气，不和则为邪气。"气有正（有序）、邪（失序）之分，未闻物质有正、邪之别。

明代御医龚信云："气属阳，有余便是火。"物质有余不过胖一点而已，不会"燃"起来。

四　精为形之基

"精为形之基"，"精为有形之祖"；宇宙最基本的基本粒子，或曰构造形而下器的宇宙之砖，这是广义之精。现代高能物理学证实，能、质之间可以互化互生，有爱因斯坦的质能关系式为证。这正好为古人的"精气互化"的论断做出了现代科学的注脚，尽管迟到了两三千年。宋代阐述道教义理及丹道法则的《性命圭旨》一书载："以其流行，谓之气；以其凝聚，谓之精；以其妙用，谓之神。"精气神三者密不可分，三生万物、三生人。怀抱天赋生命软件的天命元神，有了精、气这两根拐杖，才得以走向人间。

在生命学领域，古哲们早就深知，生命物质（精气）为凝聚着的能量，生命能量（神气）乃运动着的"物质"——古代的"生态量子场论"——其变其化，皆赖"神"的指令；或令气聚精生成形以显，或命精化为气而隐。故而古人在论述"精"的情状时总是与神、气联系在一起，不像现代物质哲学那样搞割裂、片面认识论。《易·系辞（上）》："精气（魄）为物，游魂（神）为变，是故知鬼神（功能）之情状。"《管子·内业》："精也者，气之精者也。""思之复思之，思之而不通，鬼神将通之；非鬼神之力也，精气之极也。""下生五谷，上为列星，流行天地之间，谓之鬼神。"管子眼中的鬼神（功能），也就是易道德神之妙用。

精气为太极结构，分阴分阳。《大戴礼记·曾子天圆》："阳之精气曰神（善变化），阴之精气曰灵（多妙用）。"与《易》理一致："乾（阳）知大始，坤（阴）作成物。"亦即乾纲信息使万物发生（"大哉乾元，万物资始"），坤阴物质令万物生长（"至哉坤元，万物资生"），乾始坤成，元亨利贞。

狭义之精即中医学之精，"精微物质"在这里正好派上用场，现代医学的"干细胞"略近其义。中医之精，粗分为"先天之精"、生殖之精与"后天之精"。

先天之精，《灵枢·决气》："两神相搏，合而成形，常先身生，是谓精。"即先天元精。后天之精，精从口入，即五谷精华。先天之精运化后天，后天之精滋养先天，彼此互生互化，互化互生，生生不息，化化无穷，生命力旺盛。

五 医家后天之气与道家先天之炁

（一）

大道不离精气（炁）神，三家相见结姻亲。

上（形而上天道）药三品，神与炁精，即元神、元炁、元精。

下（形而下人道）药三品，神与气精，亦即识神、谷气、凡精。

（二）

炁与天同道，形而上大宇统一场能，充塞天地而无象。

气与人同欲，形而下构形的太素之质，凝聚为精微而生形。

炁虚而灵，不生不灭，能生能灭（变化），生灭自在，常作用于善的种子，恒与净通，系智慧高能，寂中自显，能成就无上功德，为修仙了道之基。

气质而实，生灭（变化）不已，善恶通用，多与欲连，乃生物高能（生物高能三磷酸腺苷 ATP 略近其义），随心识起用，气聚精凝成形而为载道之器。

气聚为精，精凝成形，成为精微的生命物质："精气为物"，"象显可征，虽愚不惑"。

炁乃能量场，虚而无形，乃智慧高能："游魂为变"，"形潜莫睹，在智犹迷"。

（三）

后天之气系强身健体之能，集聚在下丹田，流注于经络穴位，滋养着五脏六腑，四肢百骸，吟唱着动人的生命进行曲。

先天之炁具脱胎换骨之功，潜藏于炁穴、玄关。冲开玄关，地覆天翻，可将生命体升华成百病难侵的金刚不坏之体。

有为法门人"练"气，练之时气行，不练时气停，一日练，一日功，一日不练十日空，有为而有以为。

无为境界炁"炼"人，炁气混融，冲关过隘，周流不息，不练而自炼，行住坐卧，都有这个（炁机），炁自己主动做功，无为而无不为。无为（炁）为要妙，有作（气）是根基。

（四）

后天之气的气机，一呼一吸（外呼吸），有进有出，有动有静，有生有灭。

先天之炁的炁机，不呼不吸（内呼吸），亦动亦静，动静一如，或曰胎息。

好个胎息，不呼不吸；不呼不吸，不生不灭；呼吸乃炁之余绪。

元炁不能自超，必用呼吸气以成其能。

（五）

清代宫廷御医吴谦云："后天之气得先天之炁，则生生不息；先天之炁得后天之气，始化化无穷。"

明代大医家张景岳云："先天者，真一之炁，炁化（生）于虚，因炁化（生）形，此炁从虚无（恍惚、静定）中来；后天者，血气之气（"气为无形之血，血为有形之气"），气化（生）于谷，因形化气，此气从调摄中来。"

明代道人王道渊曰："藏则为炁，形则为气。出生之后，炁落丹田，为呼吸之根。人呼吸时，先天元始祖炁，未尝不充溢其中。非后天之气，无以见先天一炁之流行；非先天之炁，无以见后天一气之主宰。"

唐代著名丹家崔希范《入药镜》曰："先天炁，后天气，得之者，常似醉。"

先天之炁是司令，后天之气为士兵。有炁无气，光杆司令；有气无炁，游勇散兵；先天炁壮，后天气足；国富民强，军威雄盛。

第三章　阴阳结构是宇宙万物的根本结构

第一节　太极图——宇宙道德文化的始点与终点

盘占魂魄　宇宙名片　无言之言　叮道之道

一　太极图——形而下具体宇宙的具体真理

道生一，阴阳合一之真一，太极混沌之炁，乃形而下具体宇宙的具体真理，圆陀陀、光灼灼，先天一点灵光，下化天地万物，上赅无极之道，处于形而上下间；它就是"天下万物生于有"之"有"，形而下后天具体宇宙的无言之言，可道之道——宇宙名片太极图！

二　太极结构乃宇宙万物的根本结构——最初结构与最终结构

静为无极○（孕），先天道体，无为而无不为；动即太极⊙（育），后天道用，有为而有以为。就宇宙精神、生命现象而言，无极○乃本寂之体（孕），天命之性；太极⊙为本智之用（育），生命之神，天命元神。

道生天命之性，性生生命之神，神有气则灵；神无气则归性，气竭数尽，归根复命。

万物归类于五行，五行衍源于阴阳，阴阳合抱于太极⊙，太极⊙肇始于无极○。无极○本无，太极⊙始有。

太极⊙阴阳，名殊体同。太极乃形而下具体宇宙全息大统一的象征，后天形而下道之代表："天下万物生于有"，生于太极⊙。

阴阳为宇宙结构的总纲 XY 轴，万物即 XY 轴诸象限中的无尽网眼（虚、隐）或节点（实、显）。

古哲们对此深不可测、奥不可议、妙不可言之形而上下间道境，勉强以可测、可议、可言之太极图（体）来形象之、图解之：纳千言万语于不语之中，含千义万理于一理之内，集千经万典于一典之下，状千物万体于一体之构，聚千征万象于一象之属，毕千符万图于一图之上，汇千科万学于本学——精气神一体、天地人一统、先后天一脉的性命之学——之门，以表形而下具体宇宙阴阳大化之道，一分为二又合二为一、既对立复统一的心物大辩证法至理，尽显阴阳交泰、变化万千，化化无穷、生生不息的阴阳演化之机。故此太极·阴阳结媾是宇宙及宇宙万物的根本结构——最初结构与最终结构。

儒家的太极·阴阳结构为—丨组成的十字——十全十美。

佛家的太极·阴阳结构为卍字符。

耶稣基督的太极·阴阳结构为十字架。

希腊罗马的太极·阴阳结构为爱和恨：爱令宇能聚合，而恨则使其分散。

　　道家形而下宇宙的太极·阴阳结构为阴阳鱼，总纲 XY 轴，其四个象限分别为金、木、水、火，轴心的十字节点、坐标原点为宇宙的肚脐"土"，内蕴丰富的精神与物质资粮，以化生并滋养金、木、水、火四象——四象不离土；土生万物。

　　佛家形而下宇宙的太极·阴阳结构为卍字符，其四个象限分别为地、水、火、风，轴心的十字节点、坐标原点为宇宙的肚脐眼"空"；"真空"生妙有；顽空则一无所有，宇宙死寂，长冬无春。卍字符性空缘生，因缘聚合，四大运转不息，缘生宇宙万物。然而有生必有灭，因尽缘散，散而归空——缘生性空。

　　由此可见，无极之道〇乃宇宙万物之本原，或曰"绝对真理"；太极之德⊙为宇宙万物的本性，或曰"相对真理"；无数相对真理之合就是绝对真理——全德即道。

　　德离不开道，道则可以离德—— 无极之道〇独来独往，无古无今，无对无应，自古以存。

　　如来：如，如如不动。道也、静也。来，来来往往，德也、动也。如来即道德，随缘而起用。"天上天下，唯我独尊。"

　　形而下具体宇宙的道种太极之珠，圆陀陀、光灼灼，先天一点灵光，生生化化，与天地终；负阴抱阳，冲气为用，蕴含大宇无穷消息；常处形而上下间，为万物万象未始之始的"元始天尊"；静归无极之道，动化万物之器。

　　人人皆系一太极，物物各具其太极；"太极中复有太极"，鱼眼亦系太极结构。事如此，物如此，人更如此。向上望，我们为先辈的一个鱼眼，把握阴阳，承先启后；朝下看，鱼眼之中有太极，子又生孙，生生不息——大道繁衍生生化化之太极原理。

　　圆满和谐的太极之家，阴阳相需，神仙伴侣，乾始坤成，元亨利贞。我们应当遵道而行，沿着理想的太极曲线，一个螺旋接着一个螺旋不断向上攀升，一直攀向那没有究竟的究竟境界升华而去，超凡入圣；然后再超圣入凡，和光同尘，替天行道，入世济人，在济世度人中获的自度，以实现生命的大圆满：人人得道，个个成圣——道成佛成，人皆尧舜；而且与道为一，人天双赢。

如此上乐之道，其乐无穷，何乐而不为之。

正是：天道行先人道行，人道全处天道灵，时时痛饮长生酒，杯杯醉倒过来人！

第二节　阴阳大化之道与现代科学真理

一　东方慧眼悟证之学与西方肉眼实证科学

人类世界在其自身发展进程中，从历史、地理、政治、经济、宗教、哲学、科学、文学、医学、文化思想、生活习俗等方面，都自然、客观地形成了各具特色的东方文明和西方文化两大体系。如果说我们的地球村是一个大太极图（体），东方文化体系和西方文化体系恰好构成了东西合璧、相反相成的一对美丽活泼的阴阳鱼，相互追逐、互相生化，化化无穷、生生不已。阴阳鱼白中有黑，黑中有白，东方文明中有西方文化的闪光，西方文化中有东方文明的灵气，彼此阴阳互补，辉映成趣。

在探索大宇宙终极真理、生命现象方面，东西方两种文化体系彼此也走着截然相反的各自的道路：西方析物言理的"原子论"与东方观象（包括隐在的虚相）穷理的"元气论"。一个重物质粒子的组成（阴），一个重信息能量流的运化（阳）；一个偏结构（静），一个偏运行（动）。两种思维方法及哲理恰好构成了巧妙的阴阳互补，以全"道"理——"一阴一阳之谓道，一动一静道之机。"如此奇妙的文化现象，正如西方大科学家以太极图作族徽的玻尔教授所言：与一种伟大真理相对应的，可能是另一种同样伟大的真理。可谓见"道"之言！

西方科技界从其科学始祖牛顿起，就一直在寻找推动宇宙运化的"第一因"或"原始推动力"，结果找而未果。"弦论99"研讨会在德国召开时，当代科技精英们集中研讨了能够解释宇宙现象的"万物至理"（theory of everything）。英国著名的理论物理学家霍金曾期望用二十年时间争取使这一理论获得某些重大突破。现在他说："尽管二十年里我们取得了重大的进步，但看来我们并没有更加接近实现我们的目标。"他认为实现这一目标还需要二十年。

无论现代的场论、弦论，未来的 X 论、Y 论，如果科学家们在追寻万物至理时只是在"阴之道"（阴成形）的物质结构上去下功夫，始终不联系超前于物质结构而存在的"阳之道"（信息能量场运化）而"一意阴行"，恐怕永远也难以把握住"万物至理"。

东方的古代圣哲们则不然，他们独具慧眼，具"全视"能力，能够洞察阴阳，透视虚实，把握隐显，人天共参，不但正视宇宙伟大的物质存在（精气），同时也深究宇宙同样伟大的精神存在（神炁），一开始就全面地把握住了宇宙结构的究竟真谛：构成宇宙的元素（精气）是永恒的——物质不灭，产生生命的"基因（神炁）"也是永存的——精神不朽。正是不朽的精神（乾、阳）与不灭的物质（坤、阴）因缘和合、阴阳互化，而创生了并日益丰富着我们的大千世界、宇宙万物和芸芸众生。

"易"、"道"的"阴阳大化之道"和佛家"中道了义"的"佛法无边"，都是全面而彻底的大辩证法，指示我们在认知宇宙万物时要两面彻观：不执空边，不忘有边；不偏于心，不弃于物；不着无为，不住有为；应心怀空理，手执权法。守着绝对，把握相对，才能头头是道，无往不顺，才不会犯片面、偏激的错误：只知其一，不知其二；只知阴，不知阳；只知实，不知虚；只知现象，不明本质；只知物质，不晓精神；只认识相对真理（即一段时空条件下的具体真理），不把握绝对真理（即真理的全部）；在大生命科学领域，只知物质的形精而解剖死尸，难知信息能量流的神气活灵；即使在"气学"方面，也只知后天之气的生物能，不识先天之炁的高智慧信息能；在认知主体上，仅认识显意识的识神，不了解潜意识的元神，如此等等。在个人，元神先天本有的慧能被覆盖于识神后天的小聪明覆层之下，难显其自性的光辉；在人类，宇宙终极真理的慧光被淹没于相对真理的识浪之中，没有出头之日。立基于"唯物论"、"原子论"的西方物质科学，一开始就沿着相对真理的路途走来，依着其"假说"，习惯成自然，导致出现一幕幕"真理"否定"真理"的闹剧。昨天的"科学真理"被今天的"科学真理"否定：昨天一度作为科学真理的牛顿"绝对时空"、"经典物理学"，被今天爱因斯坦、波尔的"相对论"、"量子力学"否定……看来一个相对真理在一定时空条件下它是真理，只能流行一段时期。反观中华传统认识论，掌握了究竟真谛、阴阳大化之道的《易经》《黄帝内经》《道德经》为指导的大生命科学体系，就治病疗疾、养生延年、生命体向上升华等方面所建构的理论框架，其中的精华"精气神、阴阳、五行、生克制化"等生化原理，"八纲辩证"、"辩证论治"等诊治理法，"汗吐清补"、"君臣佐使"等治疗原则，一经建立，便是真谛，数千年前如此，数千年来如此，数千年后仍将如此："任凭病浪起，稳坐元气论"，以不变而应万变。由此可见，中华传统的慧眼悟证大生命科学体系，一经建立起来便万古长青，放之四海而皆准，置之万年亦不易，成为世界独具的"婴儿文化"，随岁月的流逝而愈显年轻。

当代诺贝尔奖得主、耗散结构论创建者普利高津教授就认为，中国的科学传统能够给现代科学家以灵感，与现代科学更加合拍："现代科学的发展，近十年数学和物理学的研究，如托姆的突变论、重整化群、多支点理论等，都更符合中国的哲学思想。"

这些世界著名的科学家们的由衷之言，证明了中国传统学术究竟至理的究竟优势，而且这一优势在若干年内（以百年计）还将继续保持下去。同时也启迪我们，在从事传统慧眼悟证之学与现代实证科学必然接轨的过程中，不要把关系弄颠倒了：不要把探索宇宙甚深层次结构的慧眼悟证之学进行削足适履，硬往现成的某些实证科学原理的框子里塞，而应当高瞻远瞩，深入究竟，荡起阴阳的双桨，渡过迷茫的中流，驶向理想的彼岸。

二　阴阳结构与科学真理

老子《道德经》曰："万物负阴而抱阳。"这是宇宙的具体真理。阴阳结构是形而下宇宙的根本结构——最初结构与最终结构，或宇宙结构总纲的 XY 轴。"物无阴阳，违天背元"（魏伯阳真人语）。宇宙万物不过是 XY 阴阳二轴诸象限内无尽的网眼或节点。大宇自身既系阴阳结构，凡宇宙之物当然皆具阴阳，物如此，人亦如此；生理现象如此，病理现象也必然如此；具体事物如此，抽象理论亦应当然如此。由此我们似乎可以得出一个经典性的推论：在古今中外的重大科学原理中，凡是与阴阳大化之道相悖者，迟早会被更新的符合阴阳结构的科学原理加以替代；反之亦然，凡是与阴阳大化之道合拍的科学原理或理论，现在可以、将来也能够继续在科学探索中站稳足根！在人们熟知的光物理学原理中，有光的波动性原理（阳）和光的粒子性原理（阴），二者长期阴阳隔拒，谁也不服谁，都能够拿出实验数据来为己作证，这一科学官司打了两百余年，弄得教授们不得不上午讲光的波动性原理，下午讲光的粒子性原理。不知是否读了中国的《易经》或老子的《道德经》而受到启发，豁然而悟，他们从此遵循阴阳互化之道，终于将光物理现象归结于"波粒二象性原理"，即既对立又统一的"太极原理"而皆大欢喜。同理，现代科学原理中的"实物与场双重构造原理""量子场论"……皆具阴阳结构，场粒互化、虚实互生，成为当之无愧的科学真理。我们由此还可以进一步推断，应用宇宙根本结构的阴阳结构原理去检验某些"孤阴"、"独阳"类的"刚愎科学原理",从而发现其错谬,修补其缺陷,缝合其裂痕,推动其更新,乃至从中发掘出更新的符合阴阳互化之道的更深层次的科学真理,从而推动现代科学更快地飞跃式前进。

第三节　病灶的阴阳结构与疾患的标本兼治

一　物无阴阳　违天背元

老子曰:"万物负阴而抱阳。"魏伯阳真人也说:"物无阴阳,违天背元。"凡宇宙具体之物,皆系阴阳结构,人如此,物如此。生理现象如此,病理现象也必然如此,因为具体的大宇宙自身即如此!

阴、阴精,精微物质,生命分子,"干细胞";精为形之基,有形之祖。阳、阳气,生命信息能量流(场)。"阴成形,阳化气。"阴成就万物之形,阳化为万物之气。"阴以实为质",虽愚不惑,"阳以虚为用",在智犹迷。

二　病灶也系阴阳结构

英国学者罗伯特·谢尔德雷克(Rupert Sheldrake)研究了"隐形的组织场结构及其场能变化"。他在《生命新科学》(社会科学文献出版社,2004年)一书中写道:人体的所有系统,不仅受到已知的能量和物质因素的调节,同时也受到"隐形的组织场"的调节,他称此"隐形的组织场"为能够超前于物质结构存在的"形态发生场",先有超前的"形态发生场"的发生,物质粒子则"依场构造"成具体之物;对生命体来说,就是依场构造成正常的生理物或非正常的病理物。

前苏联克城的电气技师塞·科利安研制出一架可调的高频电场显微观察仪,利用其摄影术,可以直接观测非生命物与有机生命体的二元结构——

物体及其场结构，包括直视生命体内生命能量流（气）活灵灵的变化场景。一片刚摘下的树叶，置于高频电场中，即出现一个充满无数能量点的世界。环绕叶片的周围，树叶特有的那些脉络通道闪射着青绿色和橙黄色的光焰；半凋谢和已凋谢的树叶，其情景却大不相同，"健康叶片上的能量活动是强劲有力的；半凋谢的叶片次之；枯死的叶片就完全没有能量活动了"。在高频电场中还观测到，一片树叶切去三分之一，一个完整的叶片信息能量场图景仍然存在。看来树叶的物质结构部分可以用物质手段予以切除，但是树叶虚在的"形态组织场"的"场结构"（"灵魂"、"生命蓝图"）是以整体为单位的"全息结构"，以常规物理手段是切不坏的。一个截指之人的情况也是这样，被截手指的"结构力场"、"生命蓝图"（经络结构）在高频电场显微仪下仍然清晰可见，像影子一样与残存的指根形影不离。

无独有偶，《经络学》教材中也有相关的叙述。针灸治疗中经常发现，截肢残疾人在接受针刺时产生经络感传后，觉得感传一直流注到那早已不复存在的腿足上去了。由此看来，腿足实体虽已被截去，但其虚在的经络结构依然存在，并能产生感传及感传回流。

科利安还多次拍摄到有机生命体死亡时刻的情景。当某一植物或动物实体在逐步走向死亡的过程中，看到了亮斑光焰不断地向四周空间迸发散射，游离而去，并最终从视线中消失。最后，死亡的动物或植物身上不再出现任何光斑亮点。《黄帝内经》上说："人之生，气之聚也，聚则以生，散则以死。"科氏的观察结果，对此作出了科学的证明。

据记载，一次因为有位大人物要来视察，科利安心情紧张地调试着仪器，并以自己的手指作为观察对象，当时其能量流场景呈现出一片混乱而模糊；而当他妻子伸手过来一试，能量场景却十分清晰。这再次为中医学的"惊则气乱"的著名论断找到了一个精彩的科学注脚。同时，也证明了传统中医"百病生于气也（气机逆乱）"的论断也是完全正确的。

现代医学科学也认识到,人类大多数疾病的产生,首先是由于人们的心理失衡（阳）导致生理失序（阴）而罹病。这方面病理学科学实验的例证多多。如人在盛怒之下,其血液里的毒素猛增,将此人此时的血液抽出少许,注射入小白鼠体内,小鼠很快死亡。好消息令人体大脑分泌出快乐物质内腓肽,坏信息则使体内产生毒性物质去甲肾上腺素。

物乃自在之物,没有正、邪之别与善、恶之分,而人的思维意识却有正有邪,有善有恶,物质对生命体有益或有害,主要视其内蕴的"隐性组织场"之性质而定。

正是：悟到往来唯"信灵",心物空争是与非。

三 现在的艾滋病与未来的超艾病

西方科技界经过深入的探索之后认为,艾滋病的病原体来自非洲中西部的黑猩猩。

科学家们的推断大有问题。因为艾滋病首先出现、爆发、蔓延的地域,不是在"愚昧"的非洲,而是在"高度文明"的美国。在20世纪六七十年代,好变尚怪、追奇逐异的美国青年一代,扯下遮羞布,提倡性解放,大搞同性恋,超级性病艾滋病便不请自来。美国艾滋病患者中,男性同性恋者占了70%左右便是证明。

性解放,有悖人伦常理;同性恋,违反阴阳之道。"从阴阳则生,逆之则死。"《黄帝内经》在两千多年前就已经有了结论。"精神（信息）是主导","身病缘于心病"。人这个生命体一旦在其"异态精神"意识信息"主导编码"之下产生相应的"异态组织能量场"之后,必定"人毒"丛生,孕育怪病。在性解放先导下,出现艾滋病可谓势所必然。

人类若不自爱,还会不断出现各种"准艾病"、"超艾症"。超级性病或超级艾滋病的出现,是在教训那些敢于违逆阴阳大化之道的冒险家们,谁敢种下苦果，谁就得自己吞下。

四　把握阴阳　治病求本

病症皆系阴阳结构——病灶（物质结构）及其病理场（信息结构）。脾黄、肝青、肺白……是人体正常的生理组织（阴）及其正常的生理场象（阳）。若其正常的生理组织场象由于"内忧外患"而异变得灰蒙蒙、黑漆漆，则系原有的正常生理场象遭遇了不良信息能量的"侵袭"、"污染"而发生了异变，久之即转化成异常的病理组织场象，从而使人体生命过程首先出现功能性改变。有经验的中医师从患者的望诊、脉象中即能感之。此类先兆性生理组织能量场的异常改变，现代科学仪器尚难以测查，一旦测查出患者已出现某些病理指标时，其病理过程已从人体功能性改变导致器质性病变而发展到中晚期了。

对于具体的治病疗疾，中医倡导的整体治疗原则是："急则治标，缓则治本。"最终标本皆治而达整体康复。病灶既系阴阳结构，即物质病灶及其病理组织场，它们何者是标？何者为本？答曰：物质病灶（阴）是标，病理信息组织场（阳）为本。所谓标本兼治就是，既要治理物质病灶，如肿瘤的手术切除；又要彻底转化其异常的病理信息组织场为正常的生理信息组织场，否则疾患容易反复复发；如肿瘤手术治疗的屡切屡长就比较典型。因为手术只能切除物质病灶（阴），却不能使已变异了的病理场恢复成正常的生理场，实物粒子仍然可以"依场构造"成新的肿瘤，从而埋下了疾患反复复发的"病囚"。

五　21世纪未来大医学的发展方向展望

19世纪的重大疾病为肺结核，20世纪是癌症、艾滋病，21世纪的则在上述顽症的基础上再添新症：精神病及现代文明病。现代医学科学的实践是"药高一尺，病高一丈"。对如此众多的新、老顽疾的治疗，动辄花费几万、几十万……百万富翁也经不起这些顽疾的折腾。不少人因病致贫，因病复贫。多少年来，绞尽医学精英们的脑汁也把这些病魔无可奈何！

其实，中国古代道家养生家们早就发现，除了"外来药物"之外，人体自身就潜存着与生俱来的"内药"——"先天之炁"，也就是人们常说的"灵丹妙药"，潜在的智慧高能，足以把人体炼成金刚不坏之体，区区病魔何足道哉！

两位西方心理学大师弗洛伊德和荣格（后者读过翻译成拉丁文的吕祖著作《太乙金华宗旨》，并为之作序）提出的"潜意识"、"集体无意识"勉强挨得上边，逐渐接近这一"潜能"领域。西方大师们一直在寻找打开人类这一潜在高智慧能量宝库的金钥匙，以便将其开发利用。可惜他们一直找而未得，荣格先生因而感慨万分："与自然界黑夜完全不同的一种黑暗仍在大地上游荡。这种精神的原始黑夜，今天和亿万年来一直是一样的。"荣格先生读过的道家著作仅此一本，所以他不知道中国丹道养生家们在两三千年前就已经铸造成这样的金钥匙了。

21世纪的大医学，应该是中医、西医与道医相互取长补短，各自发挥所长，共同努力，方有望对威胁人类的新老病魔战而胜之，根而除之。

第四章　丹田、经络与玄关现象

第一节　丹田粗探

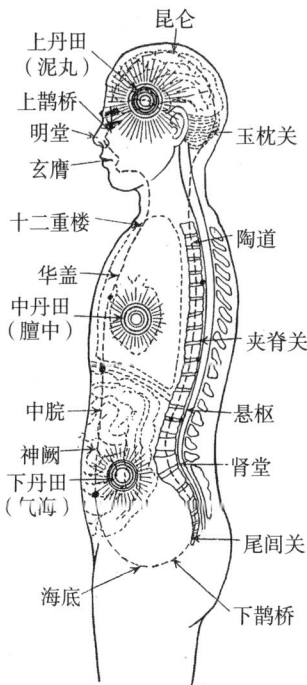

内气周天运行图

林培年绘制

上丹田（泥丸）
昆仑
上鹊桥
明堂
玉枕关
玄膺
十二重楼
陶道
华盖
中丹田（膻中）
夹脊关
中脘
悬枢
神阙
肾堂
下丹田（气海）
尾闾关
海底
下鹊桥

子时　气起尾闾　阴阳气化为　☰☰（复）
丑时　气到肾堂　阴阳气化为　☰☰（临）
寅时　气到悬枢　阴阳气化为　☰☰（泰）
卯时　气到夹脊　阴阳气化为　☰☰（大壮）
辰时　气到陶道　阴阳气化为　☰☰（夬）
巳时　气到玉枕　阴阳气化为　☰☰（乾）
午时　气到泥丸　阴阳气化为　☰☰（姤）
未时　气到明堂　阴阳气化为　☰☰（遁）
申时　气到膻中　阴阳气化为　☰☰（否）
酉时　气到中脘　阴阳气化为　☰☰（观）
戌时　气到神阙　阴阳气化为　☰☰（剥）
亥时　气归气海　阴阳气化为　☰☰（坤）

关窍位置
尾闾关：脊椎尾骨下端，肛门后上方。
肾堂：骶椎上1/5处相当于第一骶椎处。
又名精门、肾关。
悬枢：脊椎第一、二腰椎之间。
夹脊关：脊椎第七、八胸椎之间。
陶道：脊椎第一、二胸椎之间。
玉枕关：脊椎第一颈椎与颅内相接处。
泥丸：又名上丹田，位于颅内。以同身寸计量，两眉之间却入一寸为明堂（道家气穴名称），二寸为洞房，三寸为泥丸宫。同身寸之三寸相当于本人四横指宽。
明堂：医家体表部位名称，指鼻端正中部。
膻中：又名中丹田，位于胸骨体后，相当于两乳之间水平。
中脘：位于脐到胸骨剑突之间连接的中心。
神阙：腹部脐中。
气海：又名下丹田。位于脐下一寸半水平，距腹表四横指（三寸）处。
上鹊桥：眉间至鼻孔之间的鼻棱骨内面。
下鹊桥：肛门至尾椎骨之间。
海底：会阴穴。昆仑：头顶百会穴处。
玄膺：舌下金津玉液穴之间。
十二重楼：气管。
华盖：胸骨内面，胸骨柄与胸骨体相交界水平。

（参见《内气周天运行图》）

马济人

内气周天运行节律

一 古人论丹田

最早论述丹田部位的文献为《难经·六十六难》："脐下肾间动气者，人之性命也，十二经之根本也。"杨玄超注："脐下肾间动气者，丹田也。丹田者，人之根本也。"

动气，即阴精。

肾间动气即禀之于父精母血的生命元气，以及五谷之精微阴精，蕴含人体生命信息元码及相应的生命原动力，沿经络系统流注而输布全身内外，以维持人体生命功能的正常发挥。

新生命体诞生之后，自我生命元气"炁沉丹田"为呼吸之根，是经络内气的动力中枢、"发电厂"，命门则是"配电站"，经络系统就是输电网络。

丹田一词，如不特别说明，一般皆指下丹田而言。

丹田有三处。《钟吕传道记》："丹田有三，上田神舍，中田气府，下田精区。精中生气，气在中丹；气中生神，神在上丹；真水真气，合而成精，精在下丹。"

仙家丹道内炼的三个基本阶段：初关下手炼精化炁，中关转手炼炁化神，上关了手炼神还虚，也就是在三个丹田处分别进行。下丹田为入手炼精化炁、补漏筑基之处，中丹田是转手炼炁化神、孕育道胎之所，上丹田乃了手泥丸养婴、炼神还虚之地。三关三窍：上丹田乃心源性海之窍——天谷穴、泥丸穴；中丹田为黄中正位之窍——夹脊穴、双关穴；下丹田名关元、气海之窍——尾闾穴、太玄。

二 医道的下丹田与丹道之正丹田

人这个阴阳结构体系，阴的物质结构部分有生有灭，阳的精神结构部分（俗称"灵魂"）有来有去。物质部分的生理依靠"元精元气"，而精神部分的慧理则依赖"元神元炁"，然皆以丹田为基地。

最早指明丹田具体部位者为东汉荀悦（148～209）所撰《申鉴》一书："邻脐二寸谓之关，关者，所以关藏呼吸之气，以禀受四体也。"这里的关者，即后来之谓的丹田。稍后晋代的皇甫谧（214～280）所撰《甲乙经》中已正式将其称名为"丹田"："石门，三焦募也……一名丹田，一名命门，在脐下三寸，任脉气所发。"丹田一旦停止翕张，意味着丹田经络波不再波动，则元气停运，人即寿终正寝。

作为人的精神支柱之先天元神、元炁的居所为下丹田虚在的玄关、炁穴，丹家称之为"正丹田"，即采药炼丹处所，它是"无中生有"之物，来自先天——虚极静笃时的道源无极O，或曰气穴、炁穴。

吕祖说：玉清留下逍遥诀，只要"凝神入气"穴。是说下手兴工，在下丹田处"意守"、"凝神入气"，气抱住神，神聚敛气，达"意息相融"时，则"无中生有"而形成窍穴，即正丹田气穴，"以气为穴而神凝之"形成的气穴，以混融后天性命"意息"。

在后天性命意息混融形成气穴的基础上，继续修持，日久功深而人造一个"道源无极O"，恍兮惚兮、惚兮恍兮，无极而太极，玄关窍开，先天元炁冲关而出，在气穴中与先天元神混沌而混融先天性命，神炁混融，以期先、后天性命和合为一而形成炁穴，即玄关一窍。"得其一（窍），万事毕"，从此下手有基，通天有路。

三　下丹田觅真

下丹田的具体部位、形态，由于修习者根器的不同，所契入功境层次上的差异，以及指导思想上的区别，所感受到的丹田形态和部位不大一致，是正常的，不必强求统一。丹田、窍穴是虚在的功能性结构，有一定的自由度，它的具体部位有言脐下一寸三分者，有言三寸、四寸者，或三横指、四横指者，亦有言脐下实为脐内者，对于下手练功而言都无所谓，认为那里有一个"虚无窟子"而意守之即可，这正如古人所言："前对脐轮后对肾，中间有个真金鼎"，大致在脐部"前七后三"之处。赵鼎台《脉望》云："脐下一寸三分者，谓仰卧而取之，入里一寸三分为是，即肾前也。"又云，"元气从气穴中生成，从双肾间缕缕透出。"

《丹田部位探测的实验研究》（《中华气功》杂志，1986 第 2 期）一文，用科学方法探测证明"丹田在脐内"，至于几寸几分则与人体胖瘦相关。在实验中，针刺神阙穴（脐中），"可以引出以下三类感传线：一是纵行的主干，循任脉通督脉；二是由神阙穴横行的环行路线，沟通着神阙穴与命门的一条捷径；三是由神阙穴向胸腹部斜行的放射路线。"当针刺脐下的气海穴、石门穴、关元穴时，"除激发循任脉灌注的感传线外，并无其他感传路线引出"。

婴儿在胚胎期，通过肚脐与母体相连，吸取母体精髓而生长发育。肚脐是人体生长发育的中心，也是中医学的中焦营气与下焦卫气的分界点；二气同源异流，营行脉中而荣五脏六腑，卫行脉外以抵御外邪入侵。

现代生理学发现，人体内分泌系统是人体生理的重要调节系统，它依靠腺体分泌激素来对人体功能进行调节，已发现的人体内分泌激素已达 54 种之多。各种激素与人体的生长、发育、免疫、生殖等生理过程密切相关，其中很重要的一种为生殖激素，故有人推测气功学中的"精"可能就是指生殖激素而言，而其中"顺则凡"的"凡精"几乎肯定就是性激素；"先天之精"又当别论。现代生理学对这些五光十色的激素之秘密还远未弄得十分清楚。

分泌生殖激素的器官有肾脏（肾上腺）、前列腺、精囊腺、睾丸（女子卵巢、子宫）等，它们都位于肚脐附近。故不论从先天（胚胎）还是后天（出生后）来说，肚脐都是人体机能的一个关键部位。

宋继明在《脐对生命的重要作用》一文中，以自己的练功实践体验，对脐的深层次功能结构及其气化效应，进行了"主客合一"的"返观内视"，发现肚脐虚在的"功能结构"总的看来形状像一条金鱼，身尾在右下。脐的右上方有一个开口，形状像蜗牛，也像漏斗，且称"脐斗"；脐的后左下方也有一个开口，像弯曲的烟斗，有拇指粗细，向外喷气，暂称"喷斗"。"通过内视，发现有手指粗细的两束乳白色液体流入脐斗，一进一停，快慢同呼吸一致，呼时流进，吸时停顿。同时发现，喷斗也随着这一节奏喷出乳白色气体入下丹田。"他认为：（1）肚脐是炼精化气场所；（2）通过肚脐将气喷入下丹田；（3）脐运动的节奏与呼吸一致。（《东方气功》杂志，1989 年第 4 期）

宋继明还观察到，"聚津生精"唾液增多，咽津而下，不是咽入胃内，咽下的乃是"髓"，直入肚脐。这些精髓来自脑部和胸骨一带，大约 10 秒钟一次；另一股精髓产生于脑后，聚集在燕窝顶部，像珍珠似的一粒粒流入脊髓，然后跟踪体验，在尾椎流出一股粗细如细毛线的乳白色液体经小腹入脐斗。这说明：各器官提炼精髓供给脐斗，脐斗化精为气，通过丹田供给各器官，这就是真气的循环过程。他这一论述为中医学中"五脏真精乃元气之分体"、"五脏精满藏之于肾府"的论断做了极为生动的注脚。其文虽系一家之言，然系亲身自证的第一手材料，故不可忽视。

山西大学李有甫测定了丹田翕张的"丹田经络波"之"拍"的频率与心搏同步的情况，以及当时脑电波的变化。发现：（1）无论功前、功中和功后，丹田的经络波与脑电图波均是明显的同频同步活动；（2）丹田经络波显现振幅强弱呈周期性的"拍"，拍频与心搏同步，用周期角 β 为指标，测得拍的清晰度为：功中大于功前，功后大于功中，差异具有显著意义；（3）在功中和功后，由入静状态而导致额区出现慢节律 α 波或超慢的 θ 波的相应波长、相同频率的"拍"内主峰波；（4）与功前比较，练功组（站桩）和普通组在功中和功后脑电图额区 θ 波和顶枕区 α 波振幅明显升高，二者都具显著意义。（《中华气功》，1988 年第 2 期）

功中的丹田经络波和功前比较，由于练功时丹田气壮，"拍"的弱振幅强化，强振幅略有升高，周期角较功前减小，节律不清晰。他认为这也许是由于内气"量"的增强而内部自发产生的扰动现象。

该文提出，"无论功前、功中和功后，丹田经络波的拍频都与心搏同步，证明了脑心偶合是思维活动的基础。

我们从李有甫的实验研究中可以看出，丹田经络波这个"拍"频发生之处，是丹田及其经络波的波动中心，或丹田之"田"的十字中心点。我们仰卧于床，呼出余气，屏住呼吸，以指腹按压在脐部及其附近移动体会，能够清晰地找到这个波源。另一只手的指头扣住该手的寸口，便能体察到丹田波动与心搏同步的实感。这也许就是我们的下丹田中心。

关藏"天地有坏，它也不坏"的先天元气（炁）之玄关、炁穴，也在下丹田的"正丹田"内。

五　中丹田探妙——心之官则思

中丹田乃心神的居舍。"心之官则思"，即思维意识中枢；现代科学认为这个中枢在大脑，真是无知。人凡遇重大刺激时首先是心惊肉跳，然后才头昏脑胀，此乃常识也。

人体生物钟、寿命钟、命运钟也挂靠在中丹田。"乾坤交媾罢，一点落黄庭。"培育道胎，亦在此处。

《黄帝内经》："心者，五脏六腑之大主也，精神之所舍也；其脏坚固，邪弗能容也，容之则心伤，心伤则神去，神去则死也。"也就是说，挂靠在心舍的现代生物钟一旦失去动力，气竭数尽丹田停止波动，不再给心舍提供能量，人即寿终正寝。由此可见中丹田的重要性。

传统养生学与中医学都明确指出，"神"是人体生命的主宰。现代生理学中相当于生命之神的东西叫做人体生物钟，它独立地控制着人体生命的进程，故而它也是寿命钟；而且各类细胞器官又有各自的分生物钟，总共约有三万余个。有趣的是，公元288年的道家经典之一的《黄庭经》就说过"泥丸百节皆有神"，人体内共有三万六千神，比现代生物钟数量更为具体。

现代生命科学研究认为，人的主观意识无法对人体生物钟、寿命钟施加影响。事实上人们的行为（为善或为恶）所产生信息能量的"惯性"（"业力"）却对生物钟运转的快慢影响甚大：为善者心安，心安则生物钟放慢，寿命延长；反之，为恶者心狠，生物钟狂摆，寿命缩短。

担纲人体"生化之理、不息之机"的天命元神下面有三位主管之神颇为重要：舍于肝的阳神"魂"，主管人体心理方面工作；住于肺的阴神"魄"主管人体生理方面工作；喜欢抛头露面的是据之于心区的"识神"，主管处理外界人、事、物等诸多信息，它具有极大的可塑性，近墨则黑，近赤则朱，易被污染，故其性质变化不定。

依据佛家的研究，人的"天生禀性"、"世界观"、"人生观"等并非天赋，而系人为，是由自我历劫以来生生世世积累起来的信息能量之惯性（业力）总汇而成，以"识神"（第七末那识即老子我）形态潜藏于心舍，成为心中之心，即气禀之性、人生观观主，并在这里发号施令。

六　换心术——身国"政变"奇观

"将我心，换你心，方知我爱你有多么深！"如果我们把中丹田"心舍"连同心神相互置换一下，人体思维意识定势会发生什么样的变化？

《列子·汤问篇》记载了古代名医扁鹊曾经做过的世界首例"换心"大手术。患者鲁公扈，脸白肌瘦，然双目有神；另一位叫赵齐婴，面黑体健，却智迷言僵。闻扁鹊医术超群，特来求治。扁鹊亲配麻药酒，令二人饮之，三日不省人事，经开胸剖腹，将二人之心脏交换移植，敷药缝合。二人醒后服药月余，功能则相互取长补短，恢复健康，但却神志大变：鲁公扈径直走向赵齐婴家，时赵妻正在纺线，见进来一黑脸大汉，表情亲昵，吓得大叫，惊动四邻，将其扭送官府。而赵齐婴呢？也径往鲁家，演了一场同样的闹剧。最后闹到了官府，派人请来扁鹊，此事才得以圆满收场。

1985 年，前苏联外科医生洛斯陀夫，曾经花了 33 小时做了一次成功的"换头"大手术，将癌症患者米克哈尔的头移植到被处决的罪犯身躯上，该人存活了三年，后死于心脏病。米氏术后半年没有记忆，后来恢复了记忆，保持了固有的性格，却继承了罪犯的"左撇子"习惯。这使科学家们非常意外，因为大家以前一致认为左右手的习惯是由大脑控制的，实际上却听罪犯"心"的指挥。但是这个现象却与我们老祖宗的论断颇相一致："灵机记性在于脑，举手投足在于心。"（《文摘报》，1998.12.20）

七　胸腺与人体免疫功能

从现代内分泌学说来看，胸腺属于中丹田范围，它是控制人体衰老的内分泌器官，所分泌的胸腺素是一种长寿素。胸腺还产生 T 淋巴细胞，以增强人体免疫功能。人出生时，胸腺重约 13 克，到性成熟年龄可达 35 克，性成熟后即停止生长，以后逐渐萎缩，到了老年它的重量比出生时还小，此时性功能衰退，这是人体衰老的早期信号之一，也是衰老的标志。仙家内丹术的实践证明，静极生动下玄关冲开，先天元气（炁）启用，冲关过隘，周流不息，炼精化炁功成，可以迅速恢复胸腺的内分泌功能而重返青春。特别是女性练功，以静功修习为主者，可以中丹田作为入手之基，意到气到，令胸腺的内分泌功能不衰，以推迟衰老的到来。

八　黄庭与玄关

丰祖曰："功莫糊涂为隐秘，黄庭便是真玄关。不识玄关端的处，真铅采来何处安？""乾坤交媾罢，一点落黄庭。"

中关炼炁化神的"十月怀胎"与"三年乳哺"时光，都是在中丹田黄庭内院进行。

九　上丹田探奥——脑为元神之府

"脑为元神之府"，是人体潜在的高智慧中枢，上关炼神还虚、泥丸养婴之处。中医学称之为奇恒之府。现代科学研究表明，物质大脑由两个半球组成，中间由胼胝体联结。两个半球一阴一阳，功能互补，且阴中有阳，阳中有阴，切除一个半球，另一半球可以代行一部分功能。大脑左半球为语言中枢，具思维意识、逻辑认知功能；右半球则为潜意识中枢，主管人体的空间活动与形象思维。

大脑是人体充满高耗能细胞的"硅谷"，其脑细胞的重量虽只占体重的2%，却消耗了人体20%左右的能量，是人体诸子系统中的耗能大户。

"肾藏精，精生髓"、"脑为髓海"、"要得不老，还精补脑"，大脑的主管之神为元神，本具"五眼六通"的潜在功能，只要能量具备便可立即启用。中关炼炁化神成功，得到纯阳真炁为用，神通立显。所以，过来人云：上丹田的"神"是不需要修的，它怀抱着大宇宙的无穷消息和先天智慧，不修不会减少，修了也不会增多；需要修的是下丹田的精炁，通过炼精化炁化为纯阳真炁，点化元神成为纯阳之神，清净法身而了道成真，道通则万法皆通。

佛祖在《楞严经》中明确指出："神通本宿因，何关法分别。"神通不是可以应用某种方法可以修成的，而是能量具备了即自然启用。吕祖也批评：
"只修性（神），不修命（炁），此是修行第一病。"不少糊涂人跟着糊涂师盲修瞎炼，修炼所谓"大法、秘法"希望"通神"、"通灵"；大法、秘法的修持过程，是一个耗能的过程，使用更加耗能。故而一心修持这类"身外求法"的旁门左道小法小术者，其结果往往是"神通未得得神经"，走火入魔的例子不胜枚举，希学修秘法者思之，再思之！

那些未遇真师不明真道的"盲修瞎炼"者，不一心艰苦筑基，却尽全力去修神、通灵，希望有朝一日天上掉馅饼，遇见一位"神仙"提携一下子就上去了。佛祖说：心外求法，乃外道也。只有经过自己苦修而得者，才是最可靠的，谁也拿不去，而且运用自如。

上丹田元神性光，是修炼内丹的主宰，以"冷光"的形态显现。它的光源来自"太极真种"剖分时的"阴鱼"；有人说来自"松果体"，实际上松果体只是一个物质工具而已。

松果体随年龄的增长，不断地往上堆积"灰尘"而逐渐老化。9岁以下呈像能力强，15岁以后就退化了。而事实上，深层次的大脑"性光"的显现与年龄无关，花甲、古稀照显无碍。无可讳言，在开发功能方面，青少年当然是得天独厚。

慧目开启，灵光闪亮，通过小脑"后天镜"反照（即"内视功能"），经络穴位，五脏六腑，历历在慧目，初为黑白，且不够稳定；日久功深，升华为彩色——本色。慧光通过前额"先天镜"向外放射、回收，则可呈现透视、遥感、预知等多种功能。

先人谆谆告诫我们，有了功能要慧而不用，慧而慎用，慧而少用，以免损功耗能。因为"性光"是修炼金丹的主宰，乱用乱耗，很快光灭神散，必将遗恨终身。

第二节　经络内景隧道及其在修炼中的变化

一　神

神为生化之理、不息之机。

现代生命科学从人体的物质结构入手，依据人体各级生理组织的功能特点，将它们划分为神经系统、运动系统、消化系统、生殖系统……以及后来居上、尚未完全弄清的内分泌系统。至于对人体生理过程有着重大影响的"心识系统"、传统中医的"神—气—经络"系统，因现代生命科学视之不见，没法提上议事日程。

现代生理学认为，人体生理组织各子系统之间功能的平衡，主要由处于领导地位的神经系统来执行，具体执行者为躯体神经、植物神经、加上内分泌腺体等三员大将，由中枢神经来加以协调。

我国学者依据中医的元气学说及气化理论认为，经络系统也是调节体表与内脏之间功能平衡的一个重要系统，从而提出人体生理整体功能的协调平衡是由经络系统、神经系统和内分泌系统彼此密切合作而共同完成。参见下表：

第一平衡系统：躯体神经	100 米 / 秒（传导）	快速安式平衡
第二平衡系统：植物神经	1 米 / 秒（传导）	内脏活动平衡
第三平衡系统：经络系统	0.1 米 / 秒（感传）	体表内脏间平衡
第四平衡系统：内分泌系统	以分钟记（作用）	全体慢平衡

当然，经络系统的功能，绝非表上那一点点作用。仅就耳针、头针、手针（第二掌骨侧）的功能特点而言，都能调治全身疾患和整体功能平衡。我们暂且约定人体生理过程完全受上述四大平衡系统制约，那么它们的"总统"是谁？现代生理学没有回答。著名的神经生理学家 D.Huber 进行了天才的猜测：像人脑这样复杂而灵敏的系统，必然存在一个全面控制中心。

这个控制中心在大脑何处？其精微结构如何？谁在那里发号施令？无人回答，包括 D.huber。

历史倒转回两千多年前，我们的老祖宗早就指出了，主宰人体生命系统全面工作（即生理、心理与慧理）的"总统"不是别人，就是道家传统养生文化、中医学中的精气神之"神"。

"人之身如国。神如君，君良则国治；气如民，民聚则国强；精如财，财蓄则国富。""心主神明。""肾中生气，心中生神，神气交而成精。"精气之间的相互生化，皆赖"神"的指令。"神"发布生生不息的生理指令信息，由"气"负载循经络系统把生命信息能量传递给各级生理组织，包括神经组织与内分泌组织加以执行，从而维系生命系统的正常运化。

我们在"反观内视"之中"亲证"到，除了如江河般的经脉以外，还有迷如蛛网般的万千孙络、浮络黏附于肌肉、血管、神经干、腺体等各级生理组织之上。由此看，为神气服务的经络系统于"神令"统一指挥之下，在四大生理平衡系统中发挥着"暗中"的领导作用。

二 经络系统粗观

依据祝总骧教授等人的研究，不但人体有经络，动物、植物也有经络。经络是为神气游走服务的网络系统，凡是有神气游走的地方，就有神气游走的通道——经络系统的存在；神气需要游走到哪里，经络就延伸到那里。所以，经络系统也是在变化发展着的，并非一成不变；在高深层次修持中表现得非常明显。按佛密理法程式修持，体内能够形成三脉四轮的"中脉系统"，有的仙道修持者后背上还呈现出盘绕、交叉而上的黑白二脉系统等。

现代生命科学研究认为，有机生命体系中的原始生命体是微生物，接着是植物、动物……最后是人。原始生物、植物、动物，其生命信息能量流（气）的传输，皆依赖于古老的经络系统。神经系统、特别是中枢神经系统，是生物进化到某一阶段才出现的调节系统。像语言中枢这样的神经系统，只有在人身上才得以发展到高度完善。所以神经系统在人体生命调节系统中只能是"小字辈"，但却后来居上。

经络系统一开始就随生命体的诞生而出现，随生命体的进化而演进，将来还要继续演化下去由凡而仙。仙家的内炼之道就是自我主动向上进化，体内的经络系统在内炼过程中其形态也必然跟随着变化。由此可见，经络系统的历史比人体内其他任何调节系统的历史都要古老得多，由它和它的主管之"神"来担当人体生理平衡系统的"领导系统"，可谓当仁不让。

有人认为，经络系统确系人体内在的古老的信息传输系统，但却是属于退化了的、只起辅助作用的功能系统，这未免有点数典忘祖的味道。

神经系统确系后来居上的人体生理的调节系统，特别是发达而完善的中枢神经系统。经络系统则和它的"元神"一起，早已习惯于像老黄牛一样辛勤而默默地耕耘着，从不争功。比如夜晚，显在的意识系统连同它的中枢神经系统忙乱了一天，带着无限的疲惫进入梦乡。元神则指挥元气、经络系统迅速理顺被白天工作打乱了的生理次序，并给各级生理组织补充必要的能量（气）……如此这般，第二天醒来，人们才能够精力饱满地进行工作。现代生理学也探测到，脑细胞的大多数，在晚上工作得更加活跃而有序。

三　经络系统的基本功能

《灵枢·经脉》指出："经脉者，所以决生死，处百病，调虚实，不可不通。"中医教育说：经络系统在生理方面，有运行气血、协调阴阳的功能；在病理方面，有抗御病邪、反映症候的功能；在防治疾患方面，有传导感应、调整虚实的功能。

《素问》："邪客于皮则腠理开，开则邪客于络脉，络脉满则注于经脉，经脉满则舍于脏腑也。"皮、络、经、腑、脏，为病邪侵入的传变层次。

流注于脉外的卫气分布于腠理、皮肤、体表，运行不息，在正常情况下病邪难以侵入。接近体表的穴位为"脉气所发"、"神气之所以游行出入"之区，储备有充足的能量，也能够有效地抵御病邪。流行的有为法门的气功锻炼（桩功、动功），可以促进血液循环，血旺化气，故能祛邪出体，健体强身。

深层次的仙家丹道内炼，活子时到脐下火发，玄关窍开，丹田炁动，此时高智慧潜能"人体原子能"发动启用，冲关过窍，炁气并行，沿经络流注，人体内能即从"生物能"（气）层次跨越入"原子能"（炁）境界而"脱胎换骨"，能够使修持者成就百邪难侵的金刚不坏之体——仙体。

现代科学对经络现象进行了深入的观察和研究。自新中国成立以来，中医学与经络学说重新受到重视，政府曾经号召"西医学习中医"，中医、西医相互结合，共同促进医学的发展。为了解开人体经络现象的秘与迷，国内学者曾经对一些"经络敏感型人"进行过大规模的研究、观察，发现人体"经络感传"的走向与古书记载大体相同。国外也有学者在研究人体经络现象。日本的长滨善夫和丸山昌朗，在一例经络感传显著者身上系统地对十二正经和奇经八脉进行了循经感传的观测，并在此基础上写出了《经络之研究》一书。国内在 20 世纪 70 年代数省进行合作协同组织，对一些经络敏感型人进行了系统的观察，其结果引起了医学界、科技界普遍的重视。之后，全国二十多个省、市议定了统一的标准和方法，调查了近 20 万人，统计了 6 万余人，发现感传率相差很大，为 6‰ ~ 45‰：病人敏感，健康人迟钝。例如北京地区调查了 1000 余人，年龄 15 ~ 60 岁，1/3 为病人，2/3 是健康人，结果感传显著者 13 人，为 13‰。安徽的四省协作组普查了 12000 人，年龄 14 ~ 63 岁，结果感传显著者 50 人，为 4‰（李鼎主编，《经络学》，上海科技出版社，1984 版）。

调查结果，在四肢部其感传线与古代的经络线大体一致；在胸腹部则不大一致；头部则大部不一致——是否由于现代人思维意识的复杂化而衍生了新的经络及新的感传路线？

四 感传现象特点

1. 双向传导。在躯体上任何一穴给予刺激，一般均可自该穴位发生两个相反方向的感传。

2. 感传的宽度有粗有细。在四肢多较细，约 0.2 ~ 2.0 厘米之间。多数反映为琴弦状或电线状；进入躯干后，可变宽达 10 厘米以上。

3. 感传速度较慢。比植物神经慢，比躯体神经更慢，自感速度约在 10 厘米 / 秒以下。

4. 感传可以阻断。各经线的阻断压力在 500 克 / 平方厘米左右。

5. 感传能回流。当感传发生后，走到任一方向终点，均发生回流现象，这种回流感走到原刺激点即自行消失。

6. 感传有停顿点。即感传不是均速行走，而是走停、走停……停顿的地方多为有穴位处。

7. 感传有趋病性。气至病所。一例心脏病患者，不同经线发生感传后，都有趋向心脏集中的现象，与古书"气至病所"相符。

8. 存在隐性感传。用现代技术手段已测出感传走向，本人却无感传知觉。

所以，经络感传现象：（1）与分布地区无关；（2）与民族无关；（3）与性别无关；（4）与年龄也基本无关。

自 20 世纪五六十年代以来，国内外学者对经络的"内在机制"进行了比较研究，但他们大多立足于"神经中心论"，故皆不得要领。例如，他们在截肢患者身上用针刺激发感传后，截肢患者仍然感到感传走到已被截去的肢体上去了。学者们认为这是大脑皮层中出现的"幻象"，甚至认为经络活动的实质是大脑中的神经活动。其实这就是硬把甚深层次的"神气"生命现象，往现存的僵硬物理的理论框子里塞，进行可笑的"科学"解释。

在一例腰麻和持续硬膜外麻醉条件下，刺激气户穴，感传仍能向下循行进入全部感觉机能消失区，并继续下行至脚趾端。也有的实验报告与上述情况相反。魏庆善报道：给外周神经功能丧失的人体区域刺激，无论给予怎样的刺激，患者都不能产生得气感，更不能产生经络感传，持针者针下也难以出现沉紧的感觉。他认为，麻醉药物阻断了神经干，该神经干支配的区域之经络活动便随之消失（可能是该处经络已完全阻塞。作者注）；特异功能人透视发现，此区域经络线路消失了，整个区域一片灰暗（人体之间差异极大，"天差地别"确非虚语，上述经络研究可见一斑；故所选样板不同，结果大异，也属必然。作者注）。

刚截肢下来的肢体上，仍有经络活动存在着。

将猴子的大脑全部破坏，其躯体的经络活动依然如故。而深度麻醉的脊髓段所支配的人体区域，其经络活动完全消失。学者们认为经络中枢必然位于大脑皮层下。

林海等人用光子数量测定仪，对经络气血24小时的运行状态进行研究，初步看到，当气血运行到肺经寅时，左右肺经光子发射数量是对称的，而在其他时辰则不对称；其他经络的光子数量测定与此类似，并呈周期性反映。这一实验结果为经络气血随时间变化而盛衰的理论提供了一定的科学依据。一般人光子发射量为8.000光子量/秒；特异功能者施功时可达20.000～40.000光子/秒，高出了数倍。

李有甫测定，对于练站桩功者，穴位上的低频机械波呈正弦样或尖样波形，主峰与心搏同步，其频率为7～12波/秒。

经络的感传，与人之动态或静态相关。一般情况下难以入静的儿童，主观上难以观测经络感传现象，当诱导他们入静后，经络感传发生率增至85%。

不少报告提到，神经系统出现疾患或损伤时，更容易出现循经感传现象，而且神经损伤可以通过经络将其治愈。

国内外学者进行多年研究、观察后发现经络系统有如下特点：经络线是高温线，高发光线，声波信息线，低频机械波线，低电阻线，同位素示踪原子扩散线，高音频传导线，生物电子流线等；经络场属于生物电磁场。有的报告提到，经络的主要机能是通过共振效应产生高频电流；从动物尸体上的经络中就导出了高频电流。周建树的文章说：人是依赖生物钟的运行而活着，生物钟是靠经络来传导命令的，它指导着全身各器官进行工作。

杨干熙在文章中说：在针刺前没有经络电出现，只有在"得气"出现感传以后，才有经络电出现。这种经络电只能从针刺本经感传线上导出，在离开本经两侧 3 厘米处则不能导出。还观察到经络电有循子午流注规律而变动等现象（1993.12.20《气功与科学》）。

经络电与脑电、心电、肌电的规律、波形、频率均不相同。经络生物电频率每秒 5 ~ 6Hz，波幅 0.1 ~ 0.7mV，波形较钝，多呈尖顶波、圆顶波。

神经系统传递的是神经冲动、生理信息，不能被人感知。经络系统中流注的是神气，是生命信息能量流，当针刺而循经流注时，有明显的能量效应，经络敏感型人（经络天生宽粗者。作者注）能够清晰地感之。

总的来看，神经系统左右两侧分功明确，各不相干，而经络系统则上下左右相互关联。如针灸、点穴治疗过程是常采用上病下治、左病右治法则。例如针刺麻醉实验中，患者右侧胁下须作手术，针刺左侧相关穴位同样起到了镇痛作用，手术遂而顺利完成。

在人体的躯干部，经络主要呈纵行分布，而神经主要呈横行分布，似乎没有一根神经干的走向能够完全符合经络路线的走向。从两者具体的分布与功能来看，彼此又有一定联系：督脉线路联系于脊髓神经；任脉线路联系于自主神经；带脉联系于肾脏神经；阳维、阴维联系于大脑、小脑和间脑神经；阴跷、阳跷联系于生殖神经。当然，资深的经络系统要比小字辈神经系统奥妙得多：神经系统在最好的情况下不过维持身体内、外环境的稳定平衡，而经络系统则为神气服务，除了维系生命的正常运行以外，更主要的功能是使人这个生命体，主动进化而向上升华。

五　经络内景隧道的返观内视

现代科技不知要发展到哪一天才能窥见经络内景的庐山真面目？直到目前，经络内景的细部结构正如大医药学家李时珍所言："经络内景隧道，唯返观者能照察之。"也即是说，是"慧眼独具"的古代圣人应用"道眼"能够透视虚实、洞察显隐的"全视"功能，观象而得。今人如果想要进一步探索经络之秘，以目前的科技水平尚难以直观经络现象，只好仍走老祖宗的路子，按照吕祖的"三成全法"、"炼精生真气，炼气化阳神，炼神合大道"，到"炼气化神"成功，"神眼"自开，隐显、虚实，就能洞观无碍。

返观内视功能强者，不但能内视自我，透视他人，还具"剖视"、"放大微视"功能。不但能观察经络系统，也能观察炁、气的运行：后天谷气为白色雾状；先天真炁系光雾或光子流；神炁乃各种色泽的高能量冷光；金丹、明点、灵珠，非色非空，光华四射。病灶邪气则灰蒙蒙、黑漆漆；病情越重，晦黑程度越浓。

人体经络因人而异，有粗有细，有宽有窄，在 1 ~ 10 毫米之间。宽粗者似一条条闪光的亮带，属经络敏感型人；对邪气尤其敏感，故极易罹病，往往旧病未愈，新病又起。经络细小者似一根根发亮的银丝，为迟钝性人，不易受邪气侵袭，或虽受到邪气侵扰时亦不易传变入里，故而大都身康体健。坚持长年练功（如站桩），经络会逐渐拓宽，并由迟钝渐趋敏感。

经络宽粗者，穴位也大，大如蚕豆，似一等星，闪闪发光。经络细窄者，穴位也小，小如绿豆。经络上的穴位和内气的运行，服从子午流注规律，与天相应。值时的经络、穴位精气饱满，亮度也高；不值时的经络，精气微弱，色泽暗淡。故从事针灸、点穴的治疗师，必须熟悉子午流注规律。被邪气侵入的经络、阻塞而无精气流注的经络、与病变组织相关的经络，它们大都干瘪无光。练功者收工后的经络，那些练功有素者、自然辟谷者的经络，里面注满了精气，饱满闪光，不受子午流注规律束缚。

随地域的迁移，如从南到北，经络线会发生细微飘移。

经脉、络脉随练功的进展而逐渐变粗、拓宽。丹产珠圆、人天合一之后，天人一体，宇宙甚深层次能量不断地摄入，经络系统亦随之不断地拓宽，逐渐展阔而终至连成一片，只见神光遍体流转，已看不见具体的经络路线。这正如古人所言，功夫至此："人身寸寸皆经穴，此体无处不丹田。"

下面摘录几位练功者"返观内视"自体经络隧道细部结构实景。

"按经络练功，觉得一条白丝线从中府开始，直通各腧穴。白线每到一个穴位就形成碎米大一个白点。每当一遍功做完后，就像几十个白点在全身闪闪放光。"

"呼气到气海穴，意守中府穴和少商穴，便明显感到热气沿着手太阴肺经流动。用天目内视此经络，路线十分清晰，并由暗到明，显现出一条带有白光的线路。其他经络也同样，是先发热，后发光。……真气运行到穴位时，有气旋、热胀、舒适感，穴位上的光热胀感和旋转的光圈比较强。"

"气进入毛细血管和四梢时只有热胀之感。游离在脏腑之间的内气，则是内动则动、内静则静，并无发现有运动轨迹。"

"经络是存在于器官组织细胞间的不同层次上的特定间隙，仅是一种通行隧道，没有固定边界，不具规则的形态学特点。"

另一位练功多年、具返观内视功能的张效嫱同郑春元医生合作，多次用灵龟八法按时辰在她身上取穴针刺，她同时进行返观内视：经络的存在形态以液体形态存在，返观时以光的形式出现，光即"炁"。我所见到的经络是人体皮肤、肌肉、内脏即筋膜组织间隙通道里流动的液体。在未受外力刺激时它流动缓慢，并不显象，因为它是与天地共震、共日月同呼吸的圆周运动，相对某时某分钟来说，此一时某段经络它的流速看起来似乎是静止的，其实不然。

当针刺某一穴位时，该穴位受到刺激在短时间内"炁"聚膨胀，活跃起来，使那一经那股液体流速加快，并有一亮点亦即"炁"带动，推动液体在经络通道中流动。遇到穴位表现出稍停顿一下，该穴位像一颗亮星闪过光亮之后，液体又向前流动。总的来说其特点是：（1）经络存在于人体内不同深度、不同层次；（2）经络粗细因人而异；（3）经络粗细因时而异，同一经络在身体不同段落不是等粗的……刺激穴位时因手法的不同，经络内闪现不同的粗细状态和不同的流动速度；针刺手法强时流动得快，反之则慢；不同经络穴位受外力刺激时光彩多有不同的闪现。串联在环形网络上的穴位像闪闪发光的星星，大小不一，发光强度不同。一些大穴如百会、大椎、睛明、足三里等其亮度像一等星，次一些穴位像二三等星。穴位本身储存着一定的电能量，并双向作用于经络，它起着"压力泵"、"输送站"的作用，催着、推动着经络液体在分肉间流动。

卢学智曾对修炼者们的经络进行了透视观察（《卢学智凡腾境界》，国防大学出版社，1993）。结果发现，一般健康人的经络是透明、发光、贯通的；体弱多病者的经络则干瘪、缺少光泽并呈节节状，病灶部位的经络则明显阻塞；而练功有素的人，周身经络畅达、明亮、饱满。他还观察到经络是人体与大自然进行信息能量交换的重要通道。大自然中的精微物质进入人体场范围后，通过经络的末梢、人体表皮的络脉直接进入经络，再沿经络进入人体内脏各部位。经络具有稀释和排斥对人体有害的物质及储存生命能的功能，不断把人体内废弃物等有害物质稀释后排出体外，维持着机体的健康。经络能将大自然中的精微物质及人体内脏精气，转化为一种发光的结晶状物质贮存在经络内。这些能量物质的贮存，在需要时可以快速应变，直接补充人体某个病变部位真气的不足，抵御外邪的入侵。随着经络的运送、转化、贮存精微物质的增多，使人不必通过肠胃消化吸收食物，就能不断得到高能量物质的滋补和营养，人体脏腑及各部位为精气所充满，这样人就会在一段时间内产生不吃食物而照样精力旺盛、充沛的"辟谷"现象。

功能人"天目神光"的"基色"各不相同，由于"混色效应"，观察同一事物时，所见色泽不相一致，这种情况是存在的，无需争论谁是谁非。例如，观察功能人用意念"搬运移物"过程，某少年"看"到的是一道白光从空中飞过，而某气功师"看"到的却是一股白气。这个现象本身也值得思考。就功能人自身而言，功能初显，返观体内，如看黑白电视；久之，随功夫的进展，才呈彩色——本色。

对于经络内景隧道，有的观察者认为系无规则结构，有的观察到略似管子的管状结构，其横截面呈圆形、椭圆形、不规则圆形等。经络内的物质流似液晶状流体。正常人经络物质流结构较为稠实，空隙较少，流动平缓；有疾患者、与病灶相关经络的物质流，结构密实但暗淡无光，流速极其缓慢，似乎处于停顿状态；练功有成者其经络的物质流则结构清晰，空隙较多，流注畅快。自发功功态中的经络物质流之流注势不可当，似急流奔泻，能迅速冲开阻塞的经脉、络脉，把有害的物质稀释、排出体外。

经络物质流的色泽因人而异，随练功的进展而发生变化：初期为单色，功夫高深者为彩色。

某次对几位练功有素者的经络内景进行观察对比，由两位功能人相互映证。其结果见下表（《气功与科学》，1992.5）：

姓名	性别	年龄	经络宽（mm）	色别	备注
曾衫	女	47	5	白	体弱多病。练功半年，基本康复
崇云	男	54	6	红	体健。修静功多年
婉贞	女	30	6	白	多病。正在住院。敏感，很快外动
乙青	女	73	8.5	淡紫	多病。练功十年，现已康健
一鸣	男	54	5.5	红	体健。极少生病，迟钝
品菊	女	30	9	红	体弱。练功三年，康复
自良	女	42	10	彩色	多病。练功五年，健康

一鸣工作数十年，极少生病。初，经络宽粗仅1毫米，极迟钝；三年后增至2毫米；五年后已达5.5毫米，色泽由白至红，比过去较为敏感些。

自良原多病缠身，练功后很快康复。原经络宽粗为10毫米，这次观察整个经络系统已拓展连成一片，已看不见具体的经络路线（功能人能够感知经线轨迹仍然存在），直觉为"九色光"遍体流转。

六　藏密的中脉系统与仙家的黑白二脉

"藏密"主要修持"宝瓶气"、"拙火定"、"气脉、明点"，人体内能的主要运行通道为"中脉系统"，并认为"明点"人人本具，不练功者明点不明。按功法修持至"宝瓶气"足、"拙火"发动，"灵热"沿中脉上升注入脉轮，可以使明点复明，从而打下日后的"虹化升天"之基。

藏传佛教密宗"无上瑜伽部"论述了气、脉、明点的修法，并总结出气能出入的三通道——三脉四轮学说。认为脉道是修炼气能与明点的基础，从而建立起左脉、右脉、中脉与脐、心、喉、顶四轮脉的藏密"经络系统"。将其与中医的经络、穴位系统相比较，中脉略似于内丹家"河车搬运"过程中的曹溪、黄河，左右二脉相似于冲脉，四轮脉与经络系统相关部位的几个大穴相应。藏密传承的门派很多，黄教、白教、红教、花教、黑教，实际修法亦有同有异，故而各派对脉道的认识、结构、位置论述起来也不很一致。如白教葛举派的重要经典《甚深内义根本颂》在描述三道脉流经路线时说："自密处（会阴部）至顶上轮……为众生命脉。彼左右二脉者，从脐分开腰上勾，将到心间复展开，到肋之后复到喉，由颈复升于顶轮，从此乃达二鼻孔。"

红教宁玛派的重要经典《大圆满禅定修习要门密记》说："心依于身，身之根本在脉。脉中有气脉与明点，是气与明点依于脉，脉又依于身也……身中有中脉管端直若柱，贯穿四轮。此脉管为三：中蓝色，右白色，左红色。三脉并立上及顶门，为大乐轮覆盖。"

《无上瑜伽六成就法》详细描述了中脉及脉轮的特征："在人体中央有一条中脉从会阴直达梵穴，红而且亮，笔直中空，约箭杆粗细，左右二脉在中脉两旁，从左右两鼻孔上行入脑，分行中脉两侧下行至脐下四指处与中脉会和。"

有关刊物多有论述中脉系统的文献。有的把中脉描述成与人的脊柱（即丹道的曹溪、黄河）重合，脉轮由 4 个增至 5 ～ 7 个；也有的文章把中脉的起端说成是直的，然后弯向脊柱并重合在一起，上行至颈部又弯行入大脑内。至于中脉的粗细、色泽，所述也有差异。这些都应是实践中的所得，不必强求一致，生命现象太丰富多彩了。

人体后背还有一套以督脉为中线——行北方正气——从尾骨处升起一白一黑交叉盘绕脊柱而上的两条脉道，分别行文武二气，上交于大脑。有趣的是，这一对黑白二脉在鼻孔内与中脉系统的左右二脉是相与连通的。《道枢·观天篇》："尾闾之关有二窍，通于辘轳，从尾闾而上始运也，过于太玄，再运也过于辘轳，斯一撞过于二关也，左者文气也，右者武气也，上通于天界……"

就实际练功效果而言，中脉贯通以后，人天效应大不相同。过去意念采"天精"，阳刚之炁摄入体内，一片片热气遍体流注，可以冬不着棉，或单衣过冬。意念采"地灵"，地下清泠之气入体，六月暑天也无须挥扇。

依"阴阳合炁法"炼成的中脉与众不同，向下冲出体外而下达地根（地之无限深处），向上冲出而上至宇空天根（天之无限高处），从而贯通天、地、人而致人天一炁、天人一体，以期达天为我用。达此境界当意念采炁时，宇能像瀑布般入头顶中脉口"灌顶"直入，能量从内到外，充满全身，而不是过去那种能量大多在表层流动。

练功达人天合一之后，随着天人之间能量的不断交流，经络系统与中脉系统逐渐变粗、拓宽……最终连成一片，内视中只见神光遍体流转，具体的经络路线消失，此时"人身处处皆经穴，此体无处不丹田"，经络系统终于完成它的历史使命，在高层次养生内炼过程中得到了升华。

第三节　玄关、玄牝与玄窍

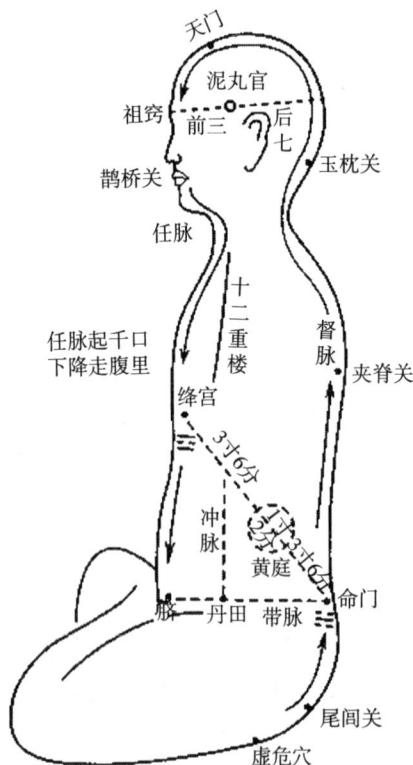

关窍图

取自王沐《内丹养生功法指要》

一 大爆炸——宇宙的玄关窍开

玄关——通玄达妙之机关。

按现代宇宙发生学，约在距今 120 ~ 150 亿年前，宇宙发生了一次大爆炸，那也许就是宇宙的"玄关窍开"、"玄牝体立"，从而化生出天地万物，而且化化无穷，生生不息。

宇宙大活人，人乃小宇宙。宇宙"玄关窍开"、"玄牝体立"而化生天地万物。人类的"玄关窍开"、"玄牝体立"，亦将生生不息，升华自我生命体向更高的生命层次，脱胎换骨成百病难侵的金刚不坏之体，并进一步或得道成仙，或觉悟成佛。

二 无极而太极

无极系道的本寂之体，太极乃道的本智之用。无极而太极，太极混沌之炁不能永远处于本然状态，它的本智之用、自在功能即道的演化程序，有待时日一定要表现出来，演进到自为阶段，因缘和合而化为万物。万物生成之后也不能万古不变，有始必有终，程序运转完毕，因尽缘散，散而为炁，返而还虚。

"万物自得以道，宇宙统一于炁"；"一阴一阳谓之道，一动一静道之机"。因而从大统一场之炁上来看大宇，阴之与阳，有之与无，显之与隐，实之与虚，生之与灭，无非是阴阳这两个东西之交媾和散聚，在一定条件下的相互转化而已。就人生命现象（人类生命和宇宙性命）而言，人之与物（动、植物），人之与"鬼"，人之与"仙"，人之与"魔"，地球人与外星人，也系如此，他们都是宇宙大统一场能"元炁聚散"在不同层面上的存在形式。而人有其特殊的一面，可以降等为"鬼"化为纯阴之物，更能升华为"仙"晋级纯阳之体。"善能助阳，恶能生阴。"为善者升华为"仙"，作恶者降等为"鬼"，以显天道之无私。升仙或为鬼，权柄都操于我们自己。

现代科学对人体生命现象有一个被动的认识：人一生下来的目标就是走向死亡，其寿命上限为120岁，极限为175岁，这是人类个体生命无能为力的"自然规律"编订的固定程序。有人说，自然规律即道也。道可没有编订过这样的程序。"一粒灵丹吞入腹，我命由己不由天。"这才是道的程序。之所以"人生七十古来稀"，是人们自己浪费了自己的天赐潜能——先天元炁，辜负了上天的好生之德，一直关藏在"玄关"（西方的潜意识、集体无意识略靠其边）里面，没有去将它们开发利用。

生我者道，活我者神，用我者炁。神存则人存，神去则人灭。"要得谷神长不死，须凭玄牝（生生不息之炁机）立根基。"只要我们按照钟离、吕祖天仙正道的"三成全法"进行修持，修到玄关现象，太极开基，玄牝体立，生生不息，就等于拿到了自主自我性命的金钥匙，就能够自主生死，自由生死——不生不死而生死自在！

三　玄关为造化之体　玄牝是造化之机

关于玄关——玄关现象，玄牝——玄牝体立，玄窍——玄关一窍，这个众妙之门，玄之又玄，奥义无穷。加之从古至今众多的掉书袋者，又说了一大堆玄奥而伟大的空话，更加令人扑朔迷离。什么天地之根，众妙之门；造化之机，大道之庭；太极至善之地，无极混沌之根，先天凝结之所；窍中之窍，天中之天……如此等等。至于玄牝，有天玄地牝，乾玄坤牝，上玄（鼻）下牝（口），左玄右牝（两肾），父玄（精）母牝（血）；玄牝之门——众妙之门；天地之根——上有天根，在两眼之间的性根、神根；下有地根，在两肾之中的炁根、精根；如此等等。

虔诚的一心修真证道者登山临水、求仙访道，就是希图得到神仙、高人的点化，为其点明玄关、玄窍与玄牝，以立定道基。陈撄宁会长曾经讲述过一位寻仙访道者，历时二十余年，跋山涉水，历尽千辛万苦也未遇上高人点化，以至抱憾终身。

"不悟法华转"，未亲自经历过自己的玄关开、玄牝立、玄窍成，光是纸上谈兵，着实把人弄得天旋地转而莫知所终。"悟了转法华"，一旦玄关开、玄牝立、玄窍成，一下子就可了却千经万典之义。正所谓：迷时千卷少，悟后一字多。

大道无言，非言不显。这个通玄达妙的机关，还是得运用语言这个苍白的工具来进行勉强的探讨，以免道无以明而致道难以行。

四 下丹田与正丹田

人体下丹田，《难经》《类经》等古籍称之为"生气之源"、"呼吸之门"、"阴阳之会"、"十二经之根"、"生死相关之地"等。坎离上下，以此为中，气脉升降，以此为根，它与人体的生理过程息息相关，也就是医家及有为法门气功锻炼者们的下丹田。

丹道修炼者们的丹田，系指"采药炼丹"的特定处所，即内经图上标明的"正丹田"（"神室"、"炁穴"、"玄关"），关藏先天元炁之处。因它虚而无形，但灵而有相，故而又有称名玄关、玄窍、玄牝。还有种种异名和美称：生身处，复命关，天地之根，玄牝之门，心源性海，"生死不相关之地"等。

下丹田肾区得之父精母血后天之气的肾间动气，它有始有终，故与生死相关。正丹田关藏的先天元始祖炁，并非来自父母，乃大命元神所禀，它无始无终，不生不灭，"天地有坏，这个不坏"，生生化化，与天地终，故不与生死相关。"气"为强身健体之质，"炁"乃超越生死之能，因而两者不可混为一谈，尽管炁、气互相关联。

五 上玄关与下玄关

《性命圭旨》："以生身之理言之，父母一念交媾之际，而圆陀陀、光灼灼先天一点灵光闯入母胞，如此⊙而已（太极真种）……先天一炁、混元至精。父母交罢，经血包于外，如此⊙而已，即吾儒所谓之太极也，由是而五脏六腑……究竟生身本原皆从太极中那一些儿发出来尔。""炁一凝定，上结灵关，下结炁海。灵关（上玄关）藏觉灵性（元神），炁海（下玄关）藏生炁命（元炁）。性命虽分龙虎二弦，而性命之根则总持于祖窍之内。"上弦属龙（性、神），下弦是虎（命、炁）；性根在上祖窍性宫，命根在下祖窍炁穴。

玄关也是阴阳结构，分为存神的上玄关（关藏觉灵性的灵关），和藏炁的下玄关（关藏生命炁的炁穴）。上玄关关藏的"本性灵光"，乃是修炼金丹的主宰或核心，故上玄关又称广义玄关。下玄关关藏的是"本命元炁"，故下玄关又叫狭义玄关，就是修炼金丹的原料，非此不能聚炼金丹；因为元炁叫做"水中金"或"金炁"，以之凝炼成丹故名金丹——人元金丹。

下玄关常称初玄关、狭义玄关；"灵丹妙药"产时升格为正玄关。黄元吉真人在《道德经讲义》一书中把玄关分为"心之玄关"与"肾之玄关"，与此义同："玄关一窍，心肾炁交始有其兆（无中生有）。心有心之玄关（上），肾有肾之玄关（下）。忽然肾炁冲动，真机自现，此肾之玄关（现象）。（精至情来），以情归性，心神快畅，炁机大开，此心之玄关（现象）。"

上、下玄关和合为一时，神炁和融而孕育真种，并形成玄关一窍（修道的道场），也就是"得其一，万事毕"的"一"（内鼎成形）。有此内鼎"一"才能进行修道，无此内鼎"一"则修道二字免谈。道无对待，独来独往；玄关一窍也是有独无对，道从中来。

正是："一"字天下独为大，四方六合装不下。老子传出"一"字诀，超越阴阳与八卦。

六 药产有时——玄关窍开此其时也

过来人曰："未开关，空打坐，没有麦子怎推磨？""一点阳精，不在心肾，而在乎玄关一窍。"只有玄关里面的东西才是凝炼金丹的药材，这是古今丹家们的共识："药物生玄窍，火候发阳炉。""得玄关者，即得药。""玄关不开，圣胎不结。""玄关一开，产出真种。"修道者当细思之。

玄关现象的重要性怎么强调也不为过："玄窍为体，百窍为用。""得其一，万事毕。采取在此，交媾在此，烹炼在此，沐浴在此，温养在此，结胎在此，脱胎化形无不在此。"（张紫阳真人语）

黄元吉真人《道德经讲义》："学人下手之初，别无他术，唯一心端坐，万念悉捐，垂帘观照于心之下肾之上仿佛有个虚无窟子，神神相照，息息常归，任其一往一来，但以神气两者凝住中宫（黄庭）为主。不顷刻间，神气打成一片矣。于是听其混混沌沌，不起一明觉心，久之恍恍惚惚，入于无何有之乡焉。斯时也，不知神之入气、气之归神，浑然一无人无我、何地何天景象，而又非昏聩也。若使昏聩，适成枯木死灰。修士于此，当灭动心，莫灭照心，唯是智而若愚，慧而不用。于无知无觉之际，忽然一觉而动，即太极开基。须知此一觉中，自自然然，不由感附，才是我本来真觉。道家谓之玄关妙窍，只在一呼一吸之间。……人欲修成正觉，唯此一觉而动之时，有个实实在在、的的确确、无念虑、无渣滓一个本来人在。故曰：天地有此一觉而生万物，人有此一觉（灵觉）而结金丹。但此一觉犹如电光石火，当前则是，转眼即非，所争只毫厘间耳。学者须于平时审得清，到机方能把得住。古来大觉如来亦无非此一觉积累而成也。……智人于玄关窍开时，一眼觑定，一手拿定，操存涵养不使须臾或离，所以直造无上根源，而成大觉金仙。"

七 虚无一窍号玄关

陈撄宁会长曾言，丹法最要紧"玄关一窍"："学者果能将玄窍之理论，一一贯通；玄窍之功夫般般实验，何患不能缩天地于壶中，运阴阳于掌内。"

钟离祖师说："道法三千六百门，人人各执一苗根。谁知些子玄关窍，不在三千六百门。"三千六百有为法门大都在"实窍（心、肾、丹田、泥丸等）"上做功夫，而玄窍是虚窍，是无中生有之物，应当从何处下手去找呢？

吕祖："玄牝玄牝真玄牝，不在心兮不在肾。窍取生身受炁初，莫怪机关都泄尽。"跟钟祖说的同样有点玄，仍然使人有些扑朔迷离。

紫阳真人："一孔玄关最幽深，非肾非心非脐轮。膀胱谷道空劳力，脾胃泥丸莫搜寻。"哪儿都不是，在身中寻找都不是，离开身中向外去找更不是。古人有时也说了一个大致范围："虚无一窍号玄关，正在人身天地间。""水火二途分上下，玄关一窍在当中。"

丰祖亦言："初打坐，学修炼，这个消息在玄关。""玄关往来无定位，阴阳升降有时辰。""黄庭一路即玄关。"然而黄庭却有上、中、下之分。

丰祖又言，老子说"多言数穷，不如守中""内丹之谓中，窍中之窍也。窍中之窍，乃真中也。中为玄关"。好在他还明确了下手的功夫："第一寻身中之中，脐下一寸三分处。第二求不在身中之中……静极生动处。即以其身中之中（外鼎）求不在身中之中（内鼎）。""静极生动，只这动处便是玄关。"玄关现象是活的，无中生有，"静极生动处"，不是现成的，懒汉是无缘得睹玄关现象的。

明代李道纯也系"中"论者，它的著作就叫《中和集》："夫玄关者，至玄至妙的机关也……难形笔舌，亦说不得（清），故曰玄关。所以圣人只书一中字示人。"他所谓的"中"者，空也，虚也。"初无定位，今人多指脐轮，或指顶门，或指印堂，或指两肾中间，或指肾前脐后，以上皆是旁门。丹书云，玄关一窍，不在四维上下，不在内外偏旁，亦不在当中，四大五行不着之处是也。"《冯式锦囊》："不依形而立，唯体道而生。"他们依然说得玄之又玄，妙之又妙，就是不肯点破。

南五祖之一的石泰叙述得较为明白："一孔玄关窍，三关要路头。忽然轻运动，神水自然流。心下肾上处，肝西肺左中。非肠非胃腑，一窍自流通。"在"静极生动"、一窍自流通处，得自己亲自去寻找。

西派宗师李涵虚的《道窍谈》："玄关有死活之分。""何谓死？以黄庭、气穴、丹田为此中，就是死的。以凝神聚窍，现出此中，就是活的。"这与丰祖的说法颇为一致。

如此虚之又虚、玄之有玄，但却妙之又妙、中之又中的玄关现象，又应怎样下手去寻觅呢？其实古人早已给我们指明了下手的方向："假立定位假玄关；难以定位活玄关；无中生有名玄关；功到机现真玄关。"

"假立定位假玄关。"下手"第一寻身中之中（外鼎），脐下一寸三分处"，先假设我们的玄关就在那儿——借假以修真。"功到机现真玄关"，"凝神窍聚，现出此中"——玄关现象（内鼎）。华阳禅师也有生动的描述："窍发则成窍，机息则渺茫。"玄关就在静极生动处，真窍萌发处。"于无知无觉之际，忽然一觉而动，即太极开基。""智人于玄关窍开时，一眼觑定，一手拿定，操存涵养不使须臾或离，所以直造无上根源，而成大觉金仙。"

由此可见，玄之又玄的玄关，乃"无中生有"之物，得在实践中自己去亲证，不能偷懒。

玄关现象只是万里长征第一步，还需进一步修成"玄关一窍"——自我体内修真证道的道场"内鼎"，才能进行采药炼丹。

八　活子时到玄关开

子时即午夜 11 至次日凌晨 1 时，阴阳交替，阴极阳生——天地交泰，一阳初生，若此时练功，可得天助。此乃后天之固定子时。对修炼内丹者而言，更重要的是属于先天的"活子时"，它不一定发生在午夜。"后天精满气足之日，先天子时发生之时。"随时都可以发生，故曰"活子时"。

古人对活子时论述甚丰："寂然不动感而通，窥见阴阳造化功。""欲求大药为丹本，须认身中活子时。""采药不必寻冬至，身中自有活子时。""月到天心处，风来水面时。"亦即无极而太极时，静极生动时。

随练功进程、阶段之不同，活子时的内涵亦不同，大致可分为：阳生活子时、药产活子时与周天活子时。其中"药产活子时"还可细分为下玄关开的"命阳生（元炁萌发）活子时"与上玄关开的"性阳生（神光显现）活子时——活午时"。

阳生活子时：

经过入门有为法门修补身体的锻炼，至后天精满气足，气和血畅，渐入虚静……至活子时至，息停炁生，阴静阳动，阳刚之炁萌动，热气氤氲，致使虽无欲念而阳物勃兴、出现性兴奋或性冲动，此乃修仙证道的第一关至——气冲阳关。

阳关即精关。《研经言》认为男性精关在脐下三寸之关元穴，精宫在脐下二寸，精气自石门穴离宫，进入睾丸而致阳物勃起而出现性冲动。

这第一个活子时叫做"精足阳生活子时"。但初生之阳气，名为微阳嫩气，药苗生也，还须进行勒阳关调药、培育，使之成长壮大，方堪大用。

药产活子时：

"药产有时，玄关窍开，此其是也。""无中出有还丹象，阴里生阳大道基。""玄关火发杳冥，冲醒一灵独觉，玄关现象，不期而至。"孕药成功，再经勒阳关调药，调至玄关大开命阳生、先天元炁萌发的活子时到，元炁冲关而出，此玄关现象，谓之药产"得铅"活子时。

精足活子时无快感；而药产活子时内乐生起，乐不可支。

"一阳初动即玄关，不必生疑不必难。正好临炉依口诀，自然有路透泥丸。""脐下火发，两肾汤煎"，阴跷跳动，元炁萌发，阳物勃举……此时宜遵马天君所言："一阳初动之时，运一点真汞（神光）于脐下迎之。"是为勒阳关之妙法，即运神光下照以迎之，以期神入炁中，炁包神外，神炁融溶，育成真种，阳物自倒，阳关不勒而自勒。此时身心舒畅，如痴如醉，"先天炁，后天气，得之者，常似醉"（崔希范《入药镜》）。

"虚中一觉（神光显现），觉性显而玄关现。""垂帘冥心守祖窍，见着性光是功夫。"性阳生活子时到，上玄关开，性光显现。

黄元吉《道德经讲义》："性地初圆，谓之性阳生；后天则为性光见，大道称为精（汞精）阳生。"或曰"得汞"。此时须"神光终日照西川（丹田、炁穴）"，从此精（汞精）入炁中，火降水里，再运天然神息（元神真息），自阴跷（炁穴）摄入中宫，与离中之精（汞精）配合，自然水火既济，神炁扭结一团，如此则铅汞俱得而为真铅真汞。这般妙景，正如古人所述："一轮明月相为伴（性光光圆），午夜雷声独自知（丹田炁动）。"——药产神知。

周天活子时：

玄关现，神炁交；真药孕，真种产。然后神光寂照坤宫，随产随调，一直调到炁壮药灵，周天活子时到，即行河车搬运，周天烹炼，以去矿留金，炼成纯阳真炁，仙胎月头，至二百至二百六十头满足，可令业已亏虚的坎中之满，重新地真个又"满"起来，达到十六岁时那种精全、气全、神全的三全状态，返老还童而至人仙境界。然后再抽坎填离，自小周天而大周天，由玉液还丹至金液还丹，最终育成真种道胎。

周天活子时至之盛景，十分丰富，故不尽相同。紫阳真人的描述尤其真切："修炼至此，泥丸风生，绛宫月明，丹田火炽，谷海波澄，夹脊如车轮，四肢如山石，毛窍如浴之方起，骨脉如睡之正酣，精神如夫妇之欢合，魂魄如子母之留恋，此乃真境界也，非譬喻也。"

正是："花发拈花须仔细（药苗初生，嫩不可采），月圆赏月莫迟延（暖炁融融，不老不嫩）"，即行运转周天——小周天，进阳火、退阴符，以烹以炼，烹炼成人元金丹而返老还童。

炁满药灵若不运转周天，久之必因化为浊精、药老而失去烹炼价值，又得从头再来。

九　得其一　万事毕

"有独无对，故曰一窍"——玄关一窍，修道妙窍；或曰修道之道场。"得其一，万事毕"——"一"即此玄关一窍。无"一"则无道场可言，修道也就无从谈起。

虚中一觉，阳光一现，玄关现象，上玄关开而"无中生有"，性光光灿——阴鱼露脸。静中一动，脐下火发，玄关现象，下玄关开亦"无中生有"，元炁氤氲——阳鱼出现。上、下玄关现象，阴阳二鱼活跃。此时黄婆（胎息、真意）为媒，穿针引线，令这一对来自先天久违了的神仙夫妇、阴（神）阳（炁）二鱼，在吾人色身内重新幽会——神炁相恋，和合为一，还原为来时的太极真种，并形成玄关一窍，"无中生有"的道场。从此我们就通天有路，修道有基——"无中生有大道基"，即此"功到机现"之时，一把"捉着元初那点真，万古千秋身不朽"（张三丰真人语）。

神炁相恋而合成玄关一窍之妙窍（修道道场），即玄牝体立，窍门开阖（阖辟机缄自现，橐籥之相自成），"无孔笛颠倒两头吹"而自呼自吸，从此元炁氤氲，生生不息。

功夫至此就比较容易读懂老子《道德经》第六章："谷神不死（元神虚

灵不昧），是谓玄牝（元炁生生不息）。玄牝之门（一开一阖），是为天地根（化生万物）。绵绵若存，用之不勤（化化无穷）。"

"留得阳精，神仙现成。""一点阳精，不在心肾，而在乎玄关一窍。"自我修道的道场"玄关一窍"的重要性由此可见一斑。我们先来看看古代丹道名家、过来的人们对此的论述。

紫阳张真人最先对玄关一窍进行了具体的描述，所下的定义得到丹家们的一致公认：

"此窍非凡窍，乾坤共合成；名为神炁穴，内有坎离精。"

第一句"此窍非凡窍"，明言玄窍不是有形有名之心、肾、丹田、泥凡等凡窍、实窍，乃无形无名的虚窍、灵窍。第二句"乾坤共合成，名为神炁穴"，指出乾与坤、性与命、神与炁单独凝聚时，都不能独自成窍——孤阴不生，独阳不化。只有神入炁中，炁包神外，神炁合融，乾坤互汇，二者和合才能形成关窍，即神炁穴、玄关窍，修道场。末句"内有坎离精"，是说道场神炁穴内，是坎精（阴中之阳的真阳、金炁）和离精（阳中之阴的真阴、木液），二者坎离交媾才能生生不息，产生津精玉液的"灵丹妙药"、"白虎首经"，以滋养脏腑，脱胎换骨而升华生命——"药为玉液滋脏腑，丹为金液换骨髓。"

《道法会元》："此窍非凡窍，中中复一中；万神从此出，真炁与天通。"又："此窍非凡窍，阴阳共合成；名为二炁穴，内有真阳生。"其意义皆不出紫阳真人所述左右。

十　玄牝——造化之机

"要得谷神长不死（元神虚灵不昧），须凭玄牝立根基（元炁生生不息）。"

其实玄关、玄窍、玄牝，是三位一体、难以分割的，把它们分开来进行探讨，不过是为了方便。元神与元炁，真铅与真汞，阴鱼与阳鱼，系"神仙夫妇"，有"两相知之微意"，此感则彼应，彼感则此应，正如古人所言："铅自能引汞，汞自能引铅；两般皆灵物，不用他人牵。"即由静寂中的元神真意（黄婆）引牵。

如果上玄关先开，阳光一现，阴鱼出现，即以神光下照坤宫去寻找她的另一半——阳鱼，找到了就能够阴阳和合，修成玄关一窍。反之亦然，"天应星，地应潮"，假设下玄关先开，坎海潮生，容易激发而天星闪亮，此时恭请黄婆（胎息、真意）牵线令神炁会和而再结良缘，共筑道场。修持者如果功理不明，功境不深，胎息不固，元神真意不灵，神炁不融，当然也就不能形成玄关一窍，还有可能各行其道而当面错过，白辛苦一场，只好下一辈子再来。

玄关一窍修成，立即启用，关门洞开，上为玄关、天门，下为牝户、地门。《养生秘汇讲义》："玄即天也（神门），牝即地也（炁门），天地合而玄牝出（生生不息），玄牝出则阖辟成，一上一下，一往一来，旋循于虚无窟子，即玄牝之门也。"炁机从此生生不息，就能够对色身进行脱胎换骨的彻底改造而向上升华。

黄元吉真人说："夫修丹之要在玄牝，玄牝乃真阴真阳混合而为太极者也。""玄牝之门，是阴阳交媾之后，一元之炁氤氲，始有征兆。"又言，"神守玄宫，炁腾牝府，神炁交感，自然成真，与道为一，不死不生，是谓玄牝。"

玄关、玄窍与玄牝密不可分，丹经多有明确论述。《脉望》："玄牝无可名状，但阖辟始有动处。故即为门，为天地根，化化生生，其出无穷。"《悟真直指》："谷神之动静，即玄牝之门也。这个门在人身四大不着之处，天地之正中，虚悬一穴，开阖有时，动静自然，号之曰玄关一窍，又号之众妙之门、玄牝之门，是为天地之根，盗机妙用，须依此处立基。"

静虚子先生多年前因受师命，也曾著专文论述玄关与玄牝。文中言道，"时至神之"，"阳光一现"，神觉、觉，故曰玄关，亦此同时，神炁和合，蛰翕相依，炁气同根，相资互用，阖辟机缄自现，橐龠之相自成，此种炁觉、觉及息觉、觉之相，故曰"玄牝"。玄关即玄牝。也就是说，有息觉、觉之景，即"胎息成"；有炁觉、觉之景，即下玄关开元炁发；有神觉、觉之景，即上玄关开元神现；"三景齐全"必是真玄关、真玄牝无疑。

从内丹修持过程来看，下玄关开，先天一炁萌发，得孕药景——静寂药孕。虚中一觉，上玄关开，阳光一现，神炁相抱，对斗明星现，海底产玄珠，即调药也。调到药旺神知，"浑身上下炁冲天，此是河车运转时"，周天活子时至而运转周天，以烹以炼，炼精化炁，去矿留金，炼成纯阳真炁使得坎中真满，再行抽坎填离，炼炁化神而育成道胎。如此而已，岂有它哉。

第四节　咒语——生命之声　宇宙之音

——天人合发的无字真言

一

老子曰："大音希声。"最强烈、最感人、体道而发的大音是耳闻不到的，只能听之以心，听之以炁。作为既是生命之声又是宇宙之音的无字真言——咒语，就是这样的希声之一。因为它属于频率低于 20 赫兹 / 秒 的次声波范围，人耳则听而不闻。

有的医学研究机构曾对一些气功师发出的咒语进行过测试，频率低者为 3 ~ 5 赫兹 / 秒，高者为 9 ~ 10 赫兹 / 秒。

生命之声的有声真言叫做五脏真音。在高功态中，真炁运调于五脏，五脏对应于五音，即肝、心、脾、肺、肾，对应于角、徵、宫、商、羽（1、

2、3、5、6），真炁流注，五脏震颤，经络波动，通过天梯（喉咙）震动而向外频频发音，故称生命之声，这种真音可以强化自体脏腑功能，还可感应他人而理顺气机。

二

一个国家、民族越是古老，神秘、奇特的东西就越多。咒语就是比较典型的神秘现象之一，有时神而且灵。据记载，古埃及法老王金字塔内的神秘咒语，曾令那些打扰他安宁的探险家们吃尽了苦头。中国古代的"神仙"个个会念咒语，在施法时口中念念有词，并配以指诀同时施功，以增强效力。对咒语实践、研究最下功夫的，就是密宗。即使是佛家的显宗也是咒语连篇，如《心经》《楞严经》中都有咒语。

咒语密义之深，无人能加诠释，极具神秘性，而又方便善巧，无需思维，随口一发即生效验，强调信则诚，诚则灵，灵则妙，妙则神。在古代乃至现代，人们都敬畏神明，于是咒语在某些场合便大行其道。如果真的把咒语的内容明明白白地讲明了，就失去了其神秘性，效果反而不佳，乃至全无效验。

念颂咒语主要是利用一些特别的音符，震动身体内部的气脉，激发生命的潜能，开发本有的智慧。复杂的咒语成串成群，参差错落，悠扬肃穆，能够促进修持者较快地进入清虚空灵的忘情忘物的美妙境界而增功激能。

密宗界有一个被经常引用的故事。有位密宗上师路过一间茅屋，看见一道道金光直往上冲，立即感到里面有高人在练功。"三密相应"之时，他每念一句咒语，即有金光往上冲出。上师走进茅屋，果然听到里面有人在念普贤如来的三字根本咒：嗡、啊、吽。可是屋里的这位修持者却将"吽 Hong"音错念成"牛"声。待这位修持者收功以后，他便亮出上师的信物为其开示，纠正其错误的念法。该修持者言，此咒语为代代师传，并一直念诵了四十年，"精诚所至，金石为开"，早已三密相应，形成了条件反射，只要张口一念，八万四千毛孔也同步在念，故而念时金光闪闪。真是大法至易，大道至简，诚心正意地念诵三字咒即行；但也大道至艰，一心不乱地修持念诵了四十年。

上师走后，该修持者即按改正的三字咒进行念诵。过了一段时间，上师再次来临观察其效果，却大失所望。虽然咒语的念诵准确无误，但再无金光闪耀。上师只好叫他"改正归错"，仍然照原来的咒声念诵。说也奇怪，咒声一改还原，金光立即闪现。密宗传法师们大多是这样解释的：密宗除了"三皈依（皈依佛、皈依法、皈依僧）"以外，还要皈依上师，并认为皈依上师就是皈依佛，所以上师的"权威"是不能违背的，哪怕是他教错了，也得照练；否则，背叛了传法上师的旨意，便得不到上师的法力加持，导致咒语失灵，乃至减功。

上述说教是否正确姑且不论，我们仔细分析：最初教错咒语的那位传法师何尝没有上师，但并未影响错误咒语的闪耀金光。我们进一步分析，便不难明白，这位修持者数十年专心致志的念诵，早已建立起了特定的条件反射机制，只要随口一念，念时无心，就成了威力奇强的"无心神咒"，效果立现。现在改念他人新的咒语时间不长，旧的条件反射机制破坏了，新的条件反射机制尚未成熟，三密未能高度相应，因而导致新的咒语不灵，实属必然。

三

中华传统医学对人体机能与声波、次声波之间的关系论述甚详，典型的如五脏对五音：木火土金水，肝心脾肺肾，角徵宫商羽，1、2、3、5、6。人体脏腑功能正常，宗气充足，丹田气盛，所发出的声音大而和，轻而劲，深而沉。声音相和，体健无病。反之亦然，声宏则脏实，声怯则脏虚；宫乱则病在脾，商乱则病在肺，角乱则病在肝，徵乱则病在心，羽乱则病在肾；五音声乱则五脏皆病。古代医家根据脏腑与声音的对应关系，摸索出一套呼吸配合声音的自然疗法《六字气诀》。《养性延命录·服气疗病篇》：纳气有一，呼气有六者，谓吹、呼、嘻、呵、嘘、呬，皆出气也。时寒可吹，时湿可呼，委曲治病，吹以去风，呼以去热，嘻以去烦，呵以下气，嘘以散滞，呬以解疾。孙真人《四季养生歌》说："春嘘明目木扶肝，夏至呵心火自闲。秋呬收致金肺润，肾吹为要坎中安。三焦嘻却除烦热，四季长呼脾化餐。切忌出声闻口耳，其功尤胜保神丹。"

"切忌出声闻口耳。"系指心口默念，其义已与咒语相同。

声波从声源发出后，形成一个可以传递信息与能量的声波场，它具有特殊的通透性，无论是气体、液体或固体，大都可以通透而过，相干时形成驻波而产生共振现象。

过去对气功外气测试与咒语声能检测中，气功咒语的次声波频率分别为3～5赫兹/秒、8～12.5赫兹/秒，也有9～10赫兹/秒的快波叠加在1～2赫兹/秒的慢波上，或快波受到慢波的调制；在有的高功夫老师发出的咒语中还测出有2.5兆赫/秒的超声波。

现代物理学告诉我们，次声波在传递过程中衰减极微，可以保持能量的远距离传输。超声波则能量集中，强度大，振激烈，极具生物学效应。

对咒语治疗的医学测试发现，从受术人的血管上可以测得高振幅的次声波，其强度比身体其他部位组织高得多。测试发现高振幅的次声波能够推动血液加速运行，有力地冲刷血管腔，其效应可以传递至较远的末梢微循环系统。这对于治疗脉管炎、血栓、淤血内阻等疾患十分有利。

"气乃无形之血，血为有形之气。"气行血行，血旺化气，气血互生互化。念动咒语，加上信息（意念），意到、声到、气到，气、声共助血行，能够促使气血互化趋于良性循环佳境，可以有效地增强人体的整体机能。

炼己如此，为他人治病疗疾、增功激能，念诵咒语也是增强效果的重要手段之一。

中医认为，肺为声音之源，肾为声音之根，心为声音之主，喉为声音之门。任、督二脉贯串于喉部，手太阴肺经、手少阴心经、足少阴肾经也皆联系于喉。故凡有声音发出，皆可激活经络、气血，对脏腑与深层组织具有振动、按摩作用。

高功境界，高能量真炁升降出入于脏腑，周转不息于经络，脏腑震颤、经络波动，能发出各种频率、音韵的声波，包括次声波及超声波，练功者即进入"真音呼吸"的特殊境界。典型的如"五音呼吸"、"七情呼吸"、"音乐呼吸"、"长啸呼吸"等。此时内炁充盈，人天共振，呼吸深长，音色和悦，沁人心脾，对他人的感应尤强。佛祖弘法时，成千上万的听众，虽无麦克风，人人都能听得清清楚楚，故称狮子吼。

歌唱家的练声和歌唱，也就是在进行音乐呼吸法锻炼，故而他（她）们的内脏功能强劲有力，内气充足。

静观周围喜欢成天唠叨的人，动辄骂街的"泼妇"，他（她）们无意中应用了声波可以调节内脏功能这一生理学原理，而且应用得最熟、最频、最妙，真是得心应口，因此他（她）们的脏腑功能强盛而协调，表现得身强体壮，胃口常开，生命力旺盛。反观那些有苦不肯诉、有气不敢发、有怒不敢言，性格内向的"柔顺"的人，习惯于逆来顺受，有了眼泪往肚里流，久而久之必致肝气郁结。肝乃将军之官，肝气一郁，诸气皆郁，百病生于郁。故而老百姓常言："祸害（泼妇）活千年，好人（柔顺）命不长。"

四

刘成义先生在《咒语揭秘》一文中，介绍了他在功态下发现有 70 余种声音对应着人体不同的位置发出。各种音韵在口腔（包括意念传导）不同位置发出时，均有定向传导、定位接收、定位释放的功能。例如，呵音（he 阴平）在口腔发出后，感觉到气流以弯曲运动方向直入抬肩穴，说明该穴位处的分子构型是螺旋形的。何音（he 阳平）沿着它的轨道成球状向前推进，速度比呵（he 阴平）音快。鹤（he 去声）声大而震颤，以高能量、宽频带冲入抬肩穴。他体察到，吹，对应于足少阴肾经涌泉穴；嘘，足厥阴肝经大敦穴；呵，手阳明大肠经抬肩穴；嘻，手少阴心经少冲穴。

"八地菩萨，自发咒语"——天人合发的无字真言。

五

无须把咒语看得过于神秘，更不要认为似乎把某个特别咒语一念就会出现奇迹，它仅仅是一个方便善巧的工具而已。咒语是否神而且奇，要以其人功夫层次做后盾，功不到，咒不灵。

大量的实践证明，老师傅应用某个咒语起到某种效应，徒弟用起来就不一定那么灵，一切皆取决于其人内功功夫的深浅。

咒语的习练，一般可分为三个阶段：寻音阶段、知音阶段和真音阶段。

寻音阶段：即寻找与自身相应之真音的阶段。

咒语也是一种语言，是特音、无字真言，它也有四声之分。在习练某一咒语时，应反复变换咒语的四声加以念诵，同时不断地体察自身气感的变化，从中寻觅出符合自身（自觉气感最强）和更能感应他人的特音。因此，懒人是难以掌握咒语之精义的。

知音阶段：在寻音过程中，找到了符合自身之准确的特音，要反复习练、使用，永记心怀。施术于人时，仍要因人、因病的不同而相应变化，以受术者感到效果明显为准。

真音阶段：找准符合自身、自心心口相应的特音，利己利人，百用百灵。

当修持者功夫进达"八地菩萨"境界后，便能因地因势自行编发咒语，此乃天人合发的"菩萨籁"，可因人、因事……随口而发，无为而无不为。

六

在初次习练咒语时，一口气只能念一个咒语。深吸一口气沉入丹田，念动咒语，体内气机、经脉、血液、肌肉乃至细胞……依次震动，感应渐次强烈，收效十分明显。如果念得太快，一个咒语的声波频率刚开始展开，气机、经脉、血液、肌肉还未来得及响应，第二个咒语又来了……依次类推，不但没法理顺体内的气机，反而弄得气机混乱不堪而适得其反。如前述《养性延命录·服气疗病篇》中的《六字气诀》，就是一口气只念一个气诀。

至于宗教性质的咒语一念一大篇，大多是念给体外、别人听的，在于完成任务，不在此例。

第五节　慧眼观炁

一　修炼者"天眼"中的气

1. 似薄云雾气弥漫。这种形态的气，多在皮下浅层运行。练功时，由腿股之间渐上升至背或头，弥漫的范围较广，有的笼罩全身。

2. 似淡云片片。这种形态的气，多在胸腹的肌肉之间出现，背部也有出现。

3. 似彤云郁积。这种形态的气，气层浓厚，多在胸肌、背胛肌、大腿肌停留不动。

4. 圆饼、硬币状。在守窍处周围。

5. 线条状。督、任二脉最明显。

6. 脊柱内有管状气棍。下腹内有丹丸状气球。

吐纳型功法：真气发生在脏腑，运行于脏腑、经络，储存于气海。

导引型功法：真气发生于腿、背、胸、臂之肌肉群，进行于肌肉、经络；功夫浅者储存在胸部，功夫深者储藏于命门。

意守型功法：真气发生在窍穴，运行于经络、内脏。

练功数十年、兼练多种功法的老气功师，全身真气充沛，肌肤有气，经络有气，骨骼、颅内也有气，而且祖窍与玉枕相通，膻中与脊中相通，气海与脊中命门相通，冲脉变阔流畅，百会真气特别旺盛。（《东方气功》杂志，1989 年第 1 期）

二　青少年"天眼"中的炁

修炼有成就的人其手指端部发出的炁是带有不同色彩的光亮，按起始条件保持着整齐而严格的光柱，就好像薄壁玻璃管中充满了气体颗粒，这些气体流动着。

练功者头部发出的炁，无需用意念，一般练功者头部都有一根光柱，呈白色、灰色和略浅的黄色，其高度不等，但未发现有高过三尺三寸的。

较深功夫的人有一至五个光环，有白色、黄色、红色、蓝色、绿色等，极其鲜艳。天门穴打开后，则另有一番景象（大体是光环、光柱的消失等）。

从练功者脚趾发出的炁为蓝色，称之为浊气，练功有素者的炁也可由蓝变白，但纯度永远低于其他部位发出的炁的颜色。

大自然中普遍存在着炁。首先是大地，从大地提取的炁，颜色有白有灰。当我们练功、从大地吸气时，最好在有白色的炁的地方。大气层和天空中也有炁的存在。大气层中也有流动着的炁团，呈金黄色，形状各异。

树干和其周围有炁的存在。过去，我们知道杨树的炁是白色的，柳树的炁是黄色的，苹果树和梧桐树的炁是红色的，但松树的炁是白色的，而不是绿色，而柏树的炁是紫色的，非为黑色，与有些书记载不相同（这与观察者自身"天眼"的本色有关，故而所见会出现某些差异。作者注）。有的树（大多数为柏树）的树干会突然呈现黄色或金黄色；有的树根凝聚着炁团，白而发亮；有的树被链形的炁团缠绕等等。

人的经络是一条条的线，粗细从 1 毫米～8 毫米不等，有的人粗，有的人细，经络的粗细代表人的性格的某些特征，而通过气功锻炼可以使经络由细变粗，因而性格也会随之有所改变。经络的颜色为灰白色身体健康，或练气功的人经络发白而有光亮。反之，经络为暗灰色或断开即经络不通。

人体穴位为一白色圆点，小的如绿豆，大的如蚕豆，因人而异，经络粗者，穴位也大。

有一病患头痛病发作，发气疏导治疗后不见效，这时，我们点住神门穴，可以看到头部亮度增大，黑色的炁泛起，再进行发气疏导，头痛即刻止住。

我们分别刺激不同的穴位，观察身体亮度的变化，得到了每个穴位与人体各部分的对应关系，进而又同时刺激两个或两个以上的穴位观察其变化，有时发亮的一部分更亮，有时变暗。黑色或灰色的炁覆盖的部分即是病灶所在。

实修有成就者向病患发放外炁或发炁进行疏导时，透视看到有白色的炁在蚕食、驱赶黑色的炁，白色的炁替代黑色的炁，病就痊愈了。

有时黑色的炁退却得很缓慢，有的根本不退却。如心脏病，捏住患者中指第一节并发炁，可以透视到心脏区域发亮，黑色的炁泛到表面，再发炁疏导，病情即可得到缓解。有时黑炁无法一次排尽，比如腰痛，当把表面的黑炁排尽后，如再向命门发炁就像墨斗鱼一样又会有一股黑炁从患病部位喷射出来，这时就需要多次治疗。

炁是一种物质（即能量），和世上其他物质（能量）一样均遵守物质

（能量）不灭定律。通过特功透视发现黑炁在发气治疗过程中，不是消失了，而是按一定方向逃跑了，由于它与患病器官有许多同一性，所以极易返回人体，这就是疾病为什么会再复发。

我们观察服用药物后患者体内炁的变化，通过透视发现患病部位载有不正常信息的炁，在药物作用下扩散或转移，未发现其逃逸到身体外部的情况。

每个人接受炁的能力不相同，主要有四种情况。第一种是强吸收型。透视观察到，对其发炁时几乎完全吸收，对自然界的炁吸收能力特别强。第二种是吸收型。其功能比强吸收型弱，大多数人为此类情况。第三种为穿透型。对其发炁时，炁能穿透其身体而不被吸收，本人没有感觉。第四种为反射型。对其发炁时就像打水漂一样，炁会被反射出去，本人不吸收。

人体中充满着炁，炁在人体中不断地运动。炁运动的规律可以用"意到炁到"概括。如果意念在人体外，那么可以观察到身体里的炁发射出来。平常所说"神不外驰"，实在是保养元炁的好方法。意在体内，炁也在体内运动。炁可以在经络中运动，其形态像水银柱样上升、下落；也可以在肌肉中运动，样子好像往桶里注水；也可以在骨骼中运动。

用抓炁法抓出黑炁像一缕缕黑烟或蓝烟，用扇子是扇不动的。

金、银与炁有着令人惊讶的关系。金、银可以把白色、黄色的炁集中起来，也可以驱除黑炁。气功师们在为患者治病时，若是有金、银饰物戴在身上，患者的黑炁就不会侵入人体。

第六节　特异功能与现代科学

一　神通本宿因　何关法分别

神通与特异功能，有报通、依通、修通之说。主要是报通，是前劫生命修来的慧报。

佛祖在《楞严经》中早已明确指出：“神通本宿因，何关法分别。”如果你没有这样的“宿因”，即使倾毕生之力耗尽心血，也仍然是一通不通，进精神病医院的倒不少。

笔者早年曾专门参加过某“神通特别班”学习。发现神通的习练要消耗大量的人体“高级内能”，使用神通更加耗能。事实上很多有特异功能青少年，到了成年什么也没有了，因为先天带来的内能已耗损尽，身体也垮了。这是迷信神通者的悲剧。恃神通者大多身体不行，他们多不喜欢苦练基础功夫；笔者没有神通，却不知老之将至，反而越活越精神。

神通与特异功能现象，十分值得严肃、深入地研究发掘。弄清其作用机制，对揭示人体生命之秘，特别是人体潜能，乃至破解宇宙众多的秘与谜，都有积极的意义，更有利于揭开这些秘与谜的谜底。

纵观无穷，横观无际，变幻无穷的大宇事物无非是在“神念”调控之下的精气之互化，即质（粒）能（场）之互变。现代科学对精（质）气（能）已有一定认识（仅限非生命领域），但是，它们尚不能充分认识“阴阳不测”、“妙用无方”、令精气互变的主宰者“神”。

阿基米德有句名言：给我一个支点，我可以撬动地球——杠杆原理。科学家们也许会说：请为我揭开“神与炁”的面纱，我们可以为你揭开神通与特异功能之秘，以及众多宇宙之谜。

二　阴也是道　阳也是道

阴也是道，阳也是道，大宇事物两家抱。

阴阳结构是宇宙及天地万物的根本结构，即最初结构与最终结构。质、能结构就是宇宙之物典型的阴阳结构之一。质与能，不一亦不异，即是说它们既不是一个东西（不一），也不是两个东西（不异）。物质是物质（阴），象显可征，虽愚不惑；能量是能量（阳），虚而无形，在智犹迷；所以它们不是一个东西。站在更高的层面上看，质、能可以互换，虚、实能够转化，它们也不是两个东西。玄之又玄，众妙之门。如果我们有能力可以自由驾驭质、能之互变与虚、实之互化，神通与特异功能就如同儿戏。

现代高能物理学告诉我们，能量（场、波）是物质的弥散状态，物质是能量的凝聚状态，它们的存在形态，受其"结构力场"、"形态发生场"的制约。这个"形态发生场"为何竟然能决定质、能的存在形态？现代科学语焉不详。至于精神是否可以影响物质，大多数"唯物"的科学家持否定态度；少数敢吃螃蟹者正在进行研究。只有诗人兼哲人的毛泽东明确宣布：精神可以变物质，物质可以变精神。

三　现代科学之"神"——形态发生场

英国学者罗伯特·谢尔德雷克（Rupert Sheldrake）研究了"隐形的组织场结构及其场能变化"。他在《生命的新科学：形态发生场假说》（[英]谢尔德雷克；赵泓译，社会科学文献出版社，2004版）一书中写道：人体的所有系统，不仅受到已知的能量和物质因素的调节，同时也受到"隐形的组织场"（"神"乎？）的调节。他称此"隐形的组织场"为能够超前于物质结构存在的"形态发生场"——先有超前的"形态发生场"的发生，物质粒子则"依场构造"成具体之物；对生命体来说，就是依场构造成正常的生理物或非正常的病理物。

实物与场的双重结构（阴阳结构）原理已成为公认的科学真理。凡实物结构皆有其相应的场结构。典型的就是磁铁及其磁场；通电导体周围的电场；金、银的金、银场等。

实物凝聚着的能量，外静而内动，其内蕴的能量不断地向周围放射，从而加强原有的或重建自己的"空间结构"——场结构。反之亦然。场结构如果发生变化，依反馈作用，其相应的实物粒子结构也会随之发生变化。例如一根普通铁条及其"铁场"，不具磁性，当将其置于通电线圈的电磁场中，铁条立显磁性。这就意味着铁条原有的场结构被新的电磁场能所取代，在新的场能制约下，铁条的分子结构序被进行改组，从而出现了磁引力。当电流截断，电磁场力消失，"铁场"得到"解放"而恢复原有功能态，铁条分子亦随之回归常态，磁力消失。要使实物结构彻底解体也不很难：彻底破坏、改变实物的场结构即可。如上述电磁场线圈中的铁条，当不断增高电磁线圈中的场能时，铁条就会发热、溶解乃至蒸发而不再还原。我们是否可以做出一个逻辑推理：谁的能量场强大到能够控制、改变物体的场结构，谁就能轻松控制、改变物体的分子、原子结构。如果这个推理能够成立，那么具特异功能者、功夫甚高的修持者，只要他们的"心力"、"慧能"足够强大，则为人解疾，度人向道，呼风唤雨，搬运移物，穿墙过壁……也就不足为奇了。"心能转物，即同如来。"

特异功能者、高功夫修持者，他们的精神场能（"心力"）是如何驾驭、改变实物的场结构的？弄清其原理和机制，就等于在现代科学与传统学术之间架起了一座金桥，促进现代科学向更深层次迈进，科学地揭示气功与神通现象，以促使现代科学向前发展；如此相互促进，共同跃升。

四　绝对时空与相对时空

大宇宙阴阳并存，质能互变，虚实互化，时空互换。现代科学时空的二维时空，乃相对时空，其量度手段的"客观尺度"并不客观，而是人为的主观约定，在有些情况下对所度量的事物往往只知其一、不知其二，只知实、不知虚，只知阴、不知阳，从而出现了像量子力学那样的"测不准原理"，譬如黎曼空间与罗巴切夫斯基空间也各有异同——"相对时空"就是这么个味道。在生命科学、精神领域，死板的科学测试手段更显得笨拙得可爱。就时间而言，"欢乐嫌日短，凄凉觉夜长"，各有其时间尺度；伍子胥过文昭关，因着急一夜之间须眉皆白———一夜等于数十年。张三五十岁，老当益壮；李四五十岁，老态龙钟，何其厚此而薄彼！对空间来说，宗子"出门何所见，一笑大江横"，正好"驾长风破万里浪"而扬帆远航；郊寒岛瘦却说："出门即有碍，谁谓天地宽？"时间富有弹性，空间可以伸缩，"当年避难乾坤窄，此时安家日月长"，时空随心境而变，"相随心变"。

那么"绝对时空"呢？那是属于"慧眼"、"道眼"的时空范畴。

慧眼、道眼时空乃"全息时空"的"真实时空"，或曰"绝对时空"。其空间没有维度（0维），或曰无限维（空间永恒）。因为在道眼时空中不存在距离远近，也没有视差，观万里山河如在掌中。时间也不存在流逝，静静地站在那里，时间永恒。所以没有过去、现在与未来之分；或曰过去、现在与未来都挤在一块，混沌圆融，"用之则显，舍之则藏"；这些都是"真实时空""万花筒"般的妙趣所在，真是妙不可言。

有了这些古老又新颖、涵盖精神与物质为一体的"大一统科学认识论"，就比较好理解在功能人"心力"、"慧能"作用下的质、能之互变与虚、实之互化了。

五 心力·慧能作用下质、能互化的科学测试

上海人体科学学会的朱怡怡曾对笔者讲到，他们曾对特异功能少年的意念搬运移物过程，进行过严格的科学测试。被搬移之物为一个密闭口袋中的改装电子表，正在不断地向四周空间发射着无线电讯号，房间四角各置放有一台接收机，连续地显示着接收到的无线电讯号。由两个具有特异功能的儿童和一位功高的练功者，同时观察意念移物过程。当那位特异功能少年发功搬运时，无线电讯号立即消失，四台接收机也同时失去信号。此时两个特异功能儿童的"慧眼"看见有一道"白光"从密闭的口袋中飞出，飞到了床

底下；那位练功者的"天眼"所见，则是一道"白气"从密闭口袋中飞出，运行的轨迹则相同。当施功搬运者宣布移物完成，电子表即从床下恢复了发射功能（被移之物总是在阴暗处还原），四台接收机也同时收到了讯号。由此看来，施功者的"心力"彻底改变、控制了电子表的场结构，也就意味着同时改变了其实物结构，电子表解体，其发讯功能消失；并在新的场力（施功者的"心力"、"慧能"）作用下，电子表化为一道"虚光子流"（或炁流）无遮拦地到了另一处所。当发功者的"心力"、"意念力"收回，控制场力消除，电子表的固有结构场力恢复启用，在原有场力作用下，电子表原有的物质结构和功能即行复原，重新发射无线电讯号。当然，这只能算是笔者依常识性逻辑进行的推理，不可当真。

六 心力·慧能——大统一场力

现代唯物的科学家们认为，自然界存在着四种基本的相互作用力：电磁场力、万有引力、强相互作用力与弱相互作用力。爱因斯坦晚年倾全力研究"宇宙统一场力"，力求把物理学上的这四种基本相互作用场力统一起来，可惜未能成功。后继的科学家们又在进一步探索能够传递各种相互作用力的"规范场力"。但是，统一场力也罢，规范场力也罢，都未能或不敢涉足"生命场力"、"精神场力"；即使有朝一日"统一"了、"规范"了，也只是非生命的下乘的"僵死"的场力。

"天行健"，宇宙迈着阴阳双腿一步一印地在健步前进，我们不能只重物质忽视精神、只知阴不知阳，眈着眼跛着腿走向未来。

宇宙运行、演化的规律是：高层次的信息质能系统，可以对低层次的质能系统进行调节、控制、催化，乃至使之升华。上述特异功能人施功时的科学测试，证明了高功能人的"心力"、"慧能"，即"神炁场力"足够强大时，对现代物理学上的四种基本相互作用场力都可以产生严重影响，对生命场的影响尤为显著。如此则人类高智慧能量的"精神场力"岂不就是当代科学家们梦寐以求的"统一场力"、"规范场力"了么？而且更加统一、规范，把精神场与物质场、有情力和无情力都统一、规范了起来，应该名之曰"大统一场"、"大规范场"力。

第七节　幻境——较深层次的炁化现象

一

佛家法相宗唯识学说，把梦境、寂照、初定诸境界中出现的完全没有客观存在性、独立而生起于大脑中的内在景象叫做独影境或独头意识（潜意识），它与前五识（眼、耳、鼻、舌、身）不相干，是由第六意识"妄想分别"而生起的幻觉与幻境。道家基于能量（炁）角度对幻境描述为："神动炁即动，境界现出来。"神意（独头意识、潜意识）于静寂中的活动，在炁（内光）的帮助下而造化出了不加控制的虚幻境界，此乃功境进入较深层次时的炁化现象。神念是工画师，炁（内光）为原材料，故念动景即显，念寂境即灭。

法从心起，境赖缘生。入门下手初阶，内能低浅，尚在后天之"气"状态，不足以生成内景。当炼精化"炁"功成，尤其性光开发，内能具备，为幻境的生起奠定了能量基础。此时如神念萌动，则炁随神化，境自炁生。功夫层次不达，欲想先行体验一下幻境，心有余而元炁不足，内光不显，只能望幻兴叹。由此可见，静寂中出现幻境，乃是较深层次的炁化现象，说明你的功夫层次已经升入了一个新的境界。

少数极敏感型人，潜意识很快激发，下手不久即可出现幻境，如无明白人引导，此时认幻为真，极容易出问题。这种人宜先明道理，熟读经典，广大心量，再拜真师，会当前途无量。

"至人本无梦，一梦则游仙。"至真定境界，则诸幻尽灭，妙境现前。

潜意识中的良性信息萌动，初定中尽显良辰美景，令人心旷神怡；反之亦然，不良信息冒出，就可能出现险恶景象，有时比"噩梦"还有过之而无不及；"惊则气乱"，练功者对此把握不当，就可能受惊而"出偏"。即使是"良辰美景"，如果着相不舍，认幻为真，乃至念念不忘，轻则功夫到此为止，不再长进，重则有"走火入魔"的危险。所以古人把"炼己"、"修心"摆在修真了道的第一位，"炼己不纯"者有很多关口，包括幻境关将难以过去。故而古人感慨万分："得丹容易炼己难！""得丹在一时，炼己在终生！"日久功深，时至功成，瓜熟蒂落，丹产珠圆，只在4～7日之间；而"炼己"，变人情为道情、化种性为佛性，则往往一劫生命不见得就能够完成。

不练功的常人，白日清光活见鬼的例证也有的是。据报载，有一妇女，突然举刀向小儿头部乱砍，当即添了一个人间冤魂。事后大哭不已，言"一时糊涂"（出现幻觉），当时感到口干舌燥，把儿子的脑袋"看"成是一个西瓜，即抓起菜刀把"西瓜"劈成几大块……云云。这类例子甚多。这一类人如果练功，无论任何一种功，尤其是静功，极易出现幻觉、幻境。如潜意识中有恶性信息，如这位妇女，就会提前引发。如有过来人指导他（她）就能安然过关。这类极敏感型人，不要一入手就练静功，而应在读经明理的基础上，以先习武功——太极拳、八卦掌类为妙，再练有为法门的健体强身功夫，以保安全。

"但得身心正，魔境可转圣。""凡所有相，皆是虚妄。""见怪不怪，其怪自败。"良辰美景也罢，群魔乱舞也罢，只是把它们当成时空舞台上的表演，我不过是一个无所用心的看客而已——"临事不动心，真是不动心"，必能安然过关，并登堂入室，进入更高的空灵无相的"正定"境界而悟彻道境。

二

过来人云："一心求佛,等于自行着魔。""悲愿无穷,自生障碍。""魔自心起,怪自心生。"在我们的第六识或潜意识中,聚集了不少上述因"分别妄想"意识而谢落的影子,更有八识田中历劫生命带来的各色种子,在一定条件下都可随时萌发而显象,它们都会成为修途中的障碍。故古人曰:"但得身心正,魔境可转圣。"不经风波险浪,难达理想彼岸。

在功态中如果魔幻老是缠绕,南怀瑾老花了数千元向一位前辈买到一个绝招——"呸!"管它魔境与魔怪,提足身心一声"呸!"魔境与魔怪,遁逃无踪影!

历经九九八十一难,打破重重关隘以后就会明白:"到家(明心见性)原来无一事,魔佛空争是与非。"但是未到家前,还得"树起正念,紧靠自力",一关一关扬鞭而过。

"心外求法,乃外道也。"对于敏感型人,或功境不深的人,几乎你妄想什么、追求什么,功态中就会幻化出什么。这样的人往往求道心切,一见"大师"便拜,对幻境中的所谓"仙师"更是迷信不疑。自己还没有生起"择道眼"以前,是分不清明师与盲师的,往往会拜错菩萨认错庙。拜到明师是造化(明师是师傅找徒弟),拜了歪师、刁师乃至邪师就糟了。什么"给你种一个金丹"、"给你下一个法轮"、"给你打开天目"等等,上当受骗、破财是小事,断掉自己的"慧命"就完了。

有些盲师或歪师,他们初衷或许是出于好心,可是由于自身尚在道门之外,见地不明,盲目布道,可能还不知道,无意中把别人引向错误的道路,等于断人慧命,那是要背因果的,必入地狱无疑。所以过来人慨叹:"懵懂传懵懂,一传两不懂。师傅下地狱,徒弟跟着拱。"

修仙了道,成佛做祖,皆是自身、自心的事。不想打算自己艰苦修持,一心期望外力，通灵、通神而天上掉馅饼，梦想"种金丹"、"得法轮"之类，跟着盲师、邪师去了个个不回，真是可悲又可怜。

"平常心是道。""高以下为基。""低处起修，高处自到。"高功境界求之者不得；一心努力筑基，量变必质变，妙功境界反而不求时自得。无得而得，得来才真，真而且妙，妙而入道。

三

某甲练功多年，小有成就。希图上功更快，期盼"仙人指路"。有一天在功态中，观音菩萨"果然来临"，情景非常真切，不由不信。菩萨询问了他的练功情况，他一一做了汇报，并请求菩萨指导。菩萨当即写了四行"七言法诀"，令他照着修炼。某甲收功后，立即把菩萨的法诀一字不落地记录下来，从此奉为圭臬。有一天他向指导过他的老师讲述了其"菩萨天传"的奇迹，并出示了随身带着的七言法诀。老师看了他的法诀，其实是一首顺口溜，语言水平与某甲差不多——中学生。老师当即指出此乃典型的幻境，语言水平之低，且文理不通，错别字就有好几个。"观音菩萨"难道会写错那么多字？某甲恍然大悟，接受忠告，幻境随之消失。

有一位教授，练功已有较大收获。有一天清晨，着短衫短裤去公园练功。入园不久，一路上总有个非常清晰的声音在招呼他：要想功夫练得快，首先要能"舍"，越舍越得，不舍不得。他立即"心答"：我什么都能舍。那个声音即说：把自来水笔舍掉！教授毫不犹豫地取下钢笔丢入草丛。那个声音又说：把手表舍掉！……把钱舍掉！……把衬衫舍掉！……把背心舍掉！教授一律照办。那个声音继续说：把短裤舍掉！这一下教授为难了……短裤怎么能舍掉？不愧为教授，"聪明"地脑子一动，便把裤带松开提了几下，表示短裤也舍掉了。大约确实无物可舍了，那个声音再未出现。教授回到家里被妻子数落一顿，只得又去公园找了一些衣物回来。

这位"白日清光活见鬼"的教授，如果不悬崖勒马，最后连短裤也舍掉，一定会被"观众"或公园管理人员当成"疯子"抓起来送往派出所或精神病院。这是作为练功者"走火入魔"的典型。

沈家祯居士论禅定：有些人在定中能看见光明、看见夜色、看见佛像、人像、山河大地及种种的境界色相。如果此时心生执着，如贪恋某种景色或感觉，就会出问题，也就是普通所谓"着魔"。一位修行很有成就的西藏喇嘛亲口对我讲他所经历的一段事实。

有一天，喇嘛在定中看见一个蜘蛛，起初很小；后来越来越大，每坐（禅定打坐）必见。起初这蜘蛛离他有四五尺远，后来越来越近，靠近了他的面孔。最后他看见这个蜘蛛张大了口要咬他。他非常恐怖，于是就念咒，想用咒去降伏它，但是毫无结果。于是他又作慈悲观，发愿以菩提心，来超度这个孽畜，可是它还是不走！他困恼恐怖，不能再继续修下去，只得将一切经过，一五一十地，全部告诉了师傅。

师傅问他道："你现在准备怎么办？"

他说："我准备明天它再出现时，用刀把它杀死！"

师傅说："你先不要忙。等明天蜘蛛再出现时，用笔在蜘蛛肚子上画一个十字，后天再杀死它也不迟。"

他于是遵照师傅的话，在蜘蛛出现时，用笔在蜘蛛肚上，画了一个十字。

当他回报师傅，说已经照办了时，师傅对他说："把你的裤带松了，看看肚子上，有什么东西？"

他脱下衣服一看，原来肚皮上，有一个自己画的十字。

某乙，练功近二十年，颇有成效。希望有仙、佛点化，上升更快。有一天功中果然来了一位"女仙"，非常年轻，美丽动人。"仙女"说：你已练功这么多年，功夫很快就要上去了，但须脱胎换骨，血也要换，现在我来指导你练功，很快就会上去……此后，每当他进入功态，仙女即来。不久，在路上与老友相逢，言谈之下，老友知其就里，便语重心长地对他进行开导：这是典型的"魔境"，万万不可当真，并找了很多资料给他参考，还列举了一些古今实例给他听。某乙端正态度后，练功未再出现幻境。但某乙"炼己不纯"，定力不坚，实在难舍那美妙的"仙境"，一想即来，重蹈覆辙。久而久之，他竟然与"仙女"结成了"神仙眷属"，"养女产子"，难舍难分。一日又与老友相逢，友见其神色不对，细问之下，某乙亦和盘托出，并称功夫不断地在长进。虽经老友再三告诫，某乙深陷魔境，不愿醒悟。

有一天晚上，某乙已消失多年的高血压复发，且致血管破裂，口鼻血流不止。家人欲送医院抢救，某乙不许，声称他正在换血，换完以后功夫立即就上去了。可是午夜已过，仍血流如注，抢救亦来不及了，终于一命归西。

练功千古事，得失寸心知。迎接考验，化解幻境，度过魔关，了道成仙。

第八节　数之哲理与文化妙义

一位西方数学家说：数学的伟大，在于它从混沌中发现有序。诚如是，那也只是干巴巴的数字排列，仅为物质科学技术的发展提供数算基础。东方古代的圣哲们则不然，一开始就把"数理"的伟大摆放在宇宙生成、生命演化的甚深层面上来加以认识，这一点在西方哲匠中偶尔也有知音。例如数学巨匠毕达哥拉斯在 2500 年前也提出："数"是世界的本原，万物生于数，数产生点，点产生线，线产生面，平面产生立体，立体产生一切物体。又曰："一为点，二为线，三为平面，四为立体，五为物性，六为灵性，七为理性与智慧，八为健康与爱情，九为正义。"

中华古老的"传统数学原理"不只是叙述一般的计数与数算功能，更重要的是"数理"具有深刻的哲理与广泛的文化妙义。《汉书·律历志》："数者，一、十、百、千、万也，所以算数事物，顺性命之理也。"

"数"含性命之理，与天道精神和人体生命现象相关。《四库全书·术数类》："物生有象，象生有数（阴阳数理神机），乘除推阐，务穷造化之原。"故而"数学"的本义在于"从数来探究天地万物之至理"，包括奥妙的生命现象。

古哲认为，象、数、理是天下事物构成的三要数，象是完全具体的，理是高度抽象的，由"数"（即阴阳五行数理神机）为媒把它们结合在一起而成为显在的事物，并推动这一事物的发展变化。

由此可见，"数"涵盖天下万事万物之理——宇宙万物的"结构方程式"。古人指出："盖天下之理，一本于数"；"富贵寿夭，各执其数"；又曰"人托阴阳以生，岂有逃其数者"。人与万物都禀有其固定的、不可避免的"数"（理数、气数）的先天规定性。故曰"万物非欲生，不得不生；万物非欲死，不得不死"，皆不得逃其数。宇宙万物的生生化化，都受其内在的"数"的规定性（即天道编码指令程序）的制约而不得自由。反之亦然，我们只要破解、掌握了命理或物理的"数"，也就等于抓住了天下万事万物的动静、变化之理（包括我们自己的命运），从而依循天理的规律，遵道而行，如此则无往而不顺。

我们的老祖宗对人体心身性命的数理结构差不多已经弄得"一清九楚"了，并具备"驾驭气数"的大英雄气概，从而提出了"改造气数"、"自主

性命"的理法和口号："一粒灵丹吞入腹，我命由己不由天。"西方现代的
DNA 学家们也打算从事这一伟大的生命改造工程。可惜我们的后代子孙，
大多数为物所蔽，为欲所障，玩弄聪明，智慧难启，以致对于传统的"数
理"哲理及其文化妙义满眼都是未解之谜。

下面我们来对数理之基——从一到十的"数"的哲理及其文化妙义进行
粗浅的探讨。

"一"——立道之基

《说文》："唯初太始，道立于一，造分天地，化成万物。""造化"一词，
由此而生。《庄子·天地》："一之所起，有一而未形。"成玄英疏："一，应
道也。"《韩非子·扬权》："道无双，故曰一。"《淮南子·诠言》："一也者，
万物之本也，无敌（对）之道也。"《易》学家曰：伏羲一划分天地，O 无
极之环断开变而为一。

"一"即道也，可谓古人之共识。庄子进一步阐明："夫道，有情有信，
无为无形。……自本自根，未有天地，自古以固存。……先天地生而不为
久，长于上古而不为老。""独来独往，无古无今。"故曰"一"。由此可见，
除"道"以外，谁敢称一！

真是："一"字天下独为大，超越阴阳与八卦；有人读懂"一"字经，
兜率宫中来说话。

"一"之大写为"壹"，专一也，从壶去声，以字形上看，壹就是壶——
葫芦也。古人常把宇宙生成以前、天地尚未剖分的混沌状态形象地想象成一
个玄灵的唯一的葫芦——壶里乾坤大，应有而尽有。

古今英雄，所见略同。现代宇宙学的"大爆炸宇宙论"也认为，当今的宇
宙约在 120 ~ 150 亿年前曾是一个混沌圆融、尚未剖分的"原始宇宙蛋"。所
以此"壹"，是一无所有又无所不有的最伟大的"一"，"大一"，大到极点的

"一"，"太一"或"太乙"，又名"太极"，即宇宙万物有始之始的元始天尊。

上述之"一"，皆以道之体而言。然有体必有用，道之用亦称"一"（"道生一……"），由"道"派生的元始混沌之气，或曰"太极"。

道之体曰"无极"，道之用则称"太极"，体用一如；无极而太极，太极而无极，它们不是一个东西（从用看），也不是两个东西（以体言），玄之又玄，众妙之门。恍恍惚惚的"一"在这里终于露出庐山真面目：太极混沌之"气"——宇宙元始造化能。

《道德经》第42章叙述的"宇宙万物化生经"中，老子说得十分明确："道生一，一生二，二生三，三生万物。万物负阴而抱阳，冲气以为和。"《列子·天瑞》具体阐释道："一者，形变之始也。（气之）清轻者上为天，浊重者下为地，冲和气者为人。"

老子《道德经》的"道生一"，生出无象之象、无状之状的混元一气——宇宙大统一场能，贯彻于宇宙自身的形成及万事万物演变的始终："大宇一气而万形，有变化，无生灭"，或曰"能量守恒"。

《庄子》说："天地与我并生，而万物与我为一。"天地万物与我并生于"一"，并生于太极混沌之气。

太极混沌之气寂静之时处于尚未外化起用时的空灵状态，称为"无极"（○）。然静非真静，外静而内动，无极之"○"正在孕育、编制着天地万物的先天"编码结构序"（灵）。动（用）即太极"⊙"，无中生有，生生不息，先天由隐而显，从混沌走向有序，宇宙开始热闹起来。

"本无乾坤与坎离，一气流行天地间。"太极混沌"一"气，宇宙大统一场能，能静能动，可隐可显，似有似无，来去自由，虚实自在……当你修持真达人天合一、天人一体，和宇宙混沌为一的炼神还虚之时，即能体味到"一"中之韵味。

"二"——阴阳交媾 天开地辟

《易》曰："乾一坤二……"；又曰："天一地二……"故"二"乃地、坤之数。《说文》："二，地之数也。"

《易·系辞》虞翻注：二"谓乾与坤也"。"易有太极（一），是生两仪（二）。"两仪，阴阳、乾坤、天地、男女。邵子："一为神，两故化……"阴阳交媾，变化生起，化化无穷，生生不息。

数典忆祖，"二"来自"一"，"太一"之葫芦剖分，孕育出"太二"，即"太一"葫芦一分为二，化生阴阳；阴阳相冲而又相恋，你中有我，我中有你，混沌圆融，一团和气——冲和元气，即一分为二又合二而一的太和元气，古人常以无言之言、可道之道的太极图来形象之、图示之。图示"孤阴不生，独阳不化"，阴阳交媾或天地交泰，变化生起，从此化化无穷，生生不息，故鱼眼图亦系太极结构——"太二"中还有"小二"、"小小二"也。

《易》曰："形而上者谓之道，形而下者谓之器。"凡宇宙之物、形而下器皆系"二"之阴阳结构，如此则当我们在认知、考究某一事物时，必须"二"者齐观，阴阳兼顾，不可偏废，才能深入究竟，避免失真而直趋大道。

"佛法无边"也是这个意思：不执空边，不忘有边；不著有为，不住无为；不偏于心，不弃于物；不舍出世，不离入世；不独自觉，而且觉他；主客圆融，空有合一。

"只知其一，不知其二"，是认识论上的大忌。我们要认知其一（乾、阳），必须同步地认知其二（坤、阴），由此才能够认知阴阳交媾孕育而出的其三，因而才可以更深刻地彻底认知元始天尊"太一"的无边妙用。实际上以西方科学为代表的"唯物"的生命科学体系，往往只知"其一"的物质肉身之器，不知"其二"的精神能量之心，故而在认知"心身一元"的生命体时，仅长于解剖死尸（坤、阴）结构，却短于认识精神（乾、阳）现象，

119

因此也就无法彻底了知心身相关的生命真谛。以至于现代医学科学及医药学愈发达,疾患反而愈猖獗,真是"药高一尺,病高一丈",更奈何不了疾病之王的"死"。东、西方科技发展史研究家李约瑟博士就批评西方"只知其一,不知其二"的普遍现象是犯了"典型的欧洲痴呆症"。

有人问:在生与死的边界上,它们之间少了些什么?或多了些什么?从二者的物质组成(坤、阴)来看,似乎无所谓多了或少了什么,只是没有了"生机"(乾、阳),生命不知何处去。要想寻觅生命的来龙去脉也很容易:深入体悟、认知中华传统"数"理文化中伟大的"二"。

"天行健",宇宙总是迈着阴阳"二"腿永不停休地健步前进。作为宇宙杰作、天之娇子的人,恐怕不能"只知其一,不知其二"地单着腿、跛着脚、闭只眼,向着美好的未来走去。

"三"——三才之道 · 宇宙魔术师

"三",《说文》曰:"三,天地人之道也。"宇宙的核心就是由天、地、人"三才"组成。

天有"三光",日、月、星;地有"三元",天、地、水;人有"三宝",精、气、神。深究起来,人系"精气神一体,天地人一统,先后天一脉"的"三一大系统"灵明结构,有着"三世"的光辉历史,经过去世、历现在世、流向未来世的伟大"三卷史"。

气、象、数也是宇宙结构的"三"要数。有物即有象,有象即有数,以一气而贯之,可见宇宙之物皆系"一分为三又合三为一"。

"易有太极,是生两仪,两仪生四象,四象生八卦。"其中第三、四两象的少阴和少阳皆系由阴爻与阳爻结构而成,只是位序不同而已,四象实为三相。

《道德经》:"道生一,一生二,二生三,三生万物。"《钟吕传道记》释之曰："一为体，二为用，三为'造化'。体用不离于阴阳，造化皆因于交媾"，造化出了天地万物。

三，三联体密码子。现代生命科学研究认为，蛋白体是生命的存在形式，一般的蛋白质含有 20 种氨基酸，各由三个核苷酸组成三联体密码子来编制生命密码序，从病毒到人都共同使用这同一张密码表，即现代生命科学的"三生万物"之"三"。

"二生三，三生万物。" 其中的基本元素是二（阴阳），因此"三"生万物实乃"二"生万物。也就是"二"生万物潜在的可能性，经过"三"之手而化为显在的现实性。由此可见，"三"是一位宇宙魔术师，"二"经过它的魔手而变现出宇宙万物。

《黄帝内经》："人以天地之气生，四时之法成。"又曰，"人生长于地，悬命于天。"人与天地并立而为"三才"之一，可谓是天地的杰作、宇宙的主角，现在及未来的人怎样，现在及未来的宇宙就会怎样。因此我们应当好好地认识自己和宇宙，也就是要好好地认识"三"。在这方面，古人为我们树立了圣行，留下了圣言：首先熟读"三玄"之书《老子》《庄子》《周易》；还有孔子《论语》的"吾日三省吾身"，凡事"三思而后行"，须知"三人行必有我师"，重视"君子三戒"（戒色、戒斗、戒得），时颂古诗"三百篇"以陶冶性情。佛祖告诫我们，应明"三惑"，戒"三毒"，启"三智"，种"三福"，除"三漏"，灭"三障"，悟"三觉"，以期"三身成就"而成就"三身如来"。

"四"——宇宙的时空结构

《说文》："四，阴数也，象四分之形。"《易·系辞上》："易有太极，是生两仪，两仪生四象，四象生八卦。"这里的四象、八卦系指宇宙的时空结构。

古人对"四象"的认知与解说历来不一。三国虞翻释为："四象，四时也。"宋张载也说："四象即乾之四德，四时之象。"唐孔颖达却认为："四象者，谓金木水火。"《周易折中》其《先天卦位图》又标明四象为太阴、少阳、少阴、太阳。明清之际的王夫之认为："天地之四象，阴阳刚柔也；易之四象，则吉凶悔吝也。"

儒家的"四象"叫做"四维"，谓"礼、义、廉、耻"。

至于"四大"，佛家谓之宇宙结构的四大基本要素：地、水、火、风。《道德经》的"四大"，则是："道大、天大、地大、王亦大。域中有四大，而王居其一焉。"其中"道"为根本："人法地，地法天，天法道，道法自然。""道"法其自我本然。

三国虞翻注解的"四象，四时也"，既讲了时间，也论了空间；方位为东西南北，时间乃春夏秋冬，皆以"日象"为准。日出为东（东，为日中木），日落为西，与东西方位垂直相交者则为南北。我们从汉字构型中可以看出：东（東），日在木中，意为旭日东升；西，鸟栖巢山，意为太阳西沉，众鸟归巢；南，草木茂盛的方向，意为向阳之处；北，两人相背，意为背阴之处。有了方位（空间）之四象，同时对太阳沿黄道的摆动，气温的冷暖，草木的荣枯，等等现象加以"四分"，这就是"四季"，宇宙运化的时空结构显现。

"五"——中央至尊

《说文》："五，阴阳在天地之间交午也。"五从二、从乂，二表天地，乂表交午——相互交错。

"五"的哲理及其文化妙义首推"五行"——五个在宇宙间横行不已的东西。古人将构成宇宙万物的各具特性的基本物象归纳为五大类型，以简驭繁，来说明物质世界的多样性。《尚书·洪范》："五行，一曰水，二曰火，三曰木，四曰金，五曰土。"《国语·郑语》："先王以土与金木水火杂，以成百物。"但五行无常胜，彼此之间有着生、克、制、化的利害关系，即五大类物象之间相互生、克，相互促进与排斥，对立而又统一，克中有制，制中有化，化中有生，以维持彼此之间的和谐与平衡。

明代理学家周敦颐《太极图说》的"无极而太极"，言"无极之真，二五之精，妙合而凝"，是说无极（体、静）就是太极（用、动），它们不是"顽空、断无"，而是太极中蕴有二（阴阳）五（五行）的精髓，机缘成熟时它们能够"妙合而凝"成宇宙元精而无中生有，生成精气神三元，化出天地人三才。

"五行"也可以说是各具特性的五大类能量流之气，顺之则昌，逆之则害（贼）。故唐代道士李荃常称五行之气为"五贼"："五贼者，五行之气……所言贼者，害也，逆之不顺，则与人生害，故言贼也。"《阴符经疏》明确提出，了解和掌握五行之气的运化规律，可以免受其贼害："心既知之，故使人用心执五行而行，睹顺逆而不差，合天机而不失，则宇宙在乎掌中，万物生乎身上，如此则吉无不利，与道同游，岂不为昌乎。"

"土"为五行之主。《丹经》名言：五行四象（金木水火）全籍土，或曰攒簇四象归一象（土），叫做"五气朝元"，久之可达"三花聚顶"而丹产珠圆。

儒家的五行曰"五常"：仁、义、礼、智、信。

在"四象"的基础上推举出来的"老五"，有"中央至尊"之义。华夏"五岳"（东岳泰山，南岳衡山，北岳华山，西岳恒山，中岳嵩山）之中，以第五岳嵩山最尊，虽不是最高。《白虎通义》："中央为嵩，嵩言其高也。"

《黄帝内经》在论述五脏配属五行时，脾胃归于"土"，尊其为"后天之本"，其液号"中津"，乃后天营养物质之精华。丹道家基础功夫的"炼精化气"之"精"，就是这个"中津"化生的"阴精"，它能滋养五脏六腑，润滑四肢百骸……最后贮藏于丹田成为炼精化气的基本原料。

在"三皇五帝"之中，中央之帝属土，色黄，故称"黄帝"，高居于其他四帝之上，成为中华民族的共同祖先。

"六"——时空结构的六六大顺

《说文》："六，《易》之数，阴变于六，正于八。从入，从八。"《周易》称卦中之阳爻为九、阴爻为六，如初六（初爻为阴爻时），上六（上爻为阴爻时）。《易·坤》："用六永贞，以大终也。"

周易六十四卦中每卦之卦画由"六爻"组成，上两爻象天道之阴阳，下两爻象地道之刚柔，中两爻象人道之仁义。《易·系辞上》："六爻之动，三极之道也。"谓八卦六爻爻象之变动，象征着天道、地道、人道之变动，表征着宇宙事物之变化无穷。

"六"是继"五"之后对时空之象的进一步表达方式，即"四方"＋"天地"的时空结构形式，古哲常以"六极""六合""六虚"名之。《庄子·齐物论》："六合之外，圣人存而不论。"成玄英注："六合，天地四方。"《列子·仲尼》："用之弥漫六虚，废之莫知其所。"《易经》言"易"之法则以用为体，"变动不拘，周流六虚"。

"六"的时间特性也十分显著。每年十二个月为六的两倍，每月卅天是六的五倍，每天二十四小时是六的四倍，每时六十分钟是六的十倍。往大的方面看，三十年为一纪，六十年为一甲子，也与"六"密切相关。

与"六"有关的还有"六气"（阴、阳、风、雨、晦、明），"六家"（阴阳家、儒家、墨家、名家、法家、道德家），"六经"（《诗》《书》《礼》《易》《春秋》《乐经》）——"圣人往矣，道在六经"。

佛家也离不开"六"，如人们熟知的"六识"、"六境"、"六根"、"六根清净"、"六尘不染"、"六度万行"、"六道轮回"、《六祖坛经》等。

"七"——玄妙而神秘之数

《说文》："七，阳之正也。从一，微阴从中衺（音、义与邪同）出也。""七者，天地四时人之始也。"

"七"为易卦中之震卦，雷霆之象。八卦的卦象到第六画至极而止，足以反映宇宙任一事物变化的始终。凡宇宙之物至极则变，故"七"为易变或异变之始点。所以人们对"七"之为数颇有神秘之感，令人畏惧，也让人崇拜。

从"数"的时空结构看，为东西南北中，再加以上下即为七；很像顶天立地的盘古大帝。

八卦之体虽只六画，而八卦之用的常用爻象则有"七象"：八卦之象；六画之象；象形之象；爻位之象；反对之象；方位之象；互体之象，等等七种基本卦象。

道家重要经典之一的《阴符经》指出，宇宙万物由"七气"组成：先天的阴阳二气再加上后天的金木水火土五行之气；如古人所述："天地阴阳之二气，气中有子，名曰五行。"

《阴符经》："天地，万物之盗；万物，人之盗；人，万物之盗。"认为宇宙万物系盗取天地之"七气"而成，人又可以盗取天地万物之气滋养自身；人也可以为万物的生长繁荣做出贡献。这里所谓"盗"，即己之所无，可从彼处求取之而相互资益；如此则天地、万物、人我之间，似乎是一个超级的"盗贼窝"，大家相互盗来取去，都成了超级的"宇宙大盗"，快乐的"偷儿"。

丹道中有著名的"七返九还"之说。《周易参同契》："刚施而退，柔化以滋，九还七返，八归六居。""七"为火（神）之成数，九为金（炁）之成数，返还者返本还源之义，即初阶的炼炁成神，高阶则炼神还虚。

人有天赋的"七情"，儒家定为："喜、怒、哀、惧、爱、恶、欲"；佛家指为："喜、怒、忧、惧、爱、憎、欲"；医家称为："喜、怒、忧、思、悲、恐、惊"。

诗歌中有"七律""七绝",今有"七事"诗为例:"书剑琴棋诗酒花,过去件件不离它,而今'七事'都变更,柴米油盐酱醋茶。"

"七"的倍数亦富有妙趣。不管地上事物的"三七二十一"与天上星官的"四七二十八",且看西天的"七七四十九":乔达摩·悉达多太子在菩提树下大定七七四十九天,终于悟彻宇宙、人生的来龙去脉及身心性命的第一义谛:宇宙是"缘起性空,无主宰,非自然";"一切众生皆具如来智慧德相,只因妄想执着,不能证得";"迷为凡夫,悟之即佛"。这位太子大彻大悟之后,翻开自性真心中的"无字真经",讲道弘法七七四十九年,大开方便之门,普度众生,创立了不朽的佛学体系,成就了无量功德而为释迦牟尼佛祖。

西方上帝也喜欢这个"七"数:创世纪累了,到第七天休息休息,养精蓄锐后,第八天再继续创造。人类也才因此有了星期天,所以我们应当永远感恩上帝。

大的方面,人的相貌(包括面相、手纹得等)是七年一变。小的方面,人体的生理变化是七天一个周期。从大自然的变化规律来讲也是七天一个周期。人体的细胞,通常是七天一代谢;而剧烈运动的运动员的细胞是三天一代谢,违反自然规律,故运动员反而"健康"却不长寿。

"八"——八幅图像观宇宙

《说文》:"八,别也,象分别相背之形。"

从数字文化来看,"八"是四的两倍,在空间上表现为"四面八方",时间上则为"四时八节",在时空统一方面则表现为象征天、地、雷、风、水、火、山、泽之八大自然现象,或八幅宇宙天然图画,挂在天地之间让我们尽情欣赏与深入思索;伏羲大帝把这八大自然现象归纳分类而画出"八经卦"来分别表示之。

　　"象以征物"，每一卦象可以分别象征物性相类的多种事物，"以通神明之德，以类万物之情"。由此，"八"之为数，成了中国人文观念上把世界看做是相互分别而又关联的有机的美妙结构，同时又是可以认识、可以理解、可以把握的数理结构。

　　与"八"相关的首推"八经卦"：天、地、雷、风、水、火、山、泽，以及进一步演绎而成、卦卦相重的八八六十四卦，足以表征天地事物的纷繁万状之生化不息。

　　佛家的"八识"则着重剖析了吾人"心物一体"的心识结构——万法唯识的"识心"，并将其功能特性划分为八个方面，由"八个弟兄"齐心合力共同治理我们的心身王国：弟兄八个一个痴（第八阿赖耶识），唯有一个最伶俐（第六意识），五个门前做买卖（眼、耳、鼻、舌、身前五识），一个往来传消息（第七摩那识）。

　　西方现代心理学家也一直在竭尽聪明才智以探索心识王国的奥秘，但他们仅认识八个弟兄中的老六（意识）而已，尚不认识老七摩那识——即四川人口中的老子；不过老子天下第二，其上还有老八阿赖耶识。

　　命理学中"列四柱、排八字"的"八字"，乃人的"生命方程式"，禀赋阴阳五行数理神机，内蕴无穷的生命奥秘。

　　"八仙"其中之一的吕洞宾真人对修真证道者而言，可谓无人不知。至于"万事不离杯在手"的"饮中八仙"，不醉不休、傲视王侯"天子呼来不上船"的诗仙李白，虽皇帝圣旨也可不管。另一位无人不知者恐怕就是那位家喻户晓"八戒"兄。曹植有"八斗才"；诸葛亮有"八阵图"，乐曲有"八音齐奏"，萧和（萧何）不如笛清（狄青）。令人讨厌的当然就是"八股文"。

"九"——登峰造极话老九

　　《说文》："九，阳之变也。象其屈曲究竟之形。"丁山《数名古宜》：

"九，本肘字，象臂节形。……臂节可曲可伸，故有纠曲意。"

"九"为阳数，道之纲纪也。《易》卦中之阳爻，常以"九"记之。如《易·乾卦》："初九，潜龙勿用。"孔颖达疏："以其阳爻，故称九。"唐柳宗元《天对》集注："九者，老阳。"

"三"亦为阳数，三三得九；重九，重阳，"九九重阳节"。

在十进制计数文化中，计数起于一而极于九，故有"九"为数之极之义。

金文中"九"用为数字；"三"为多，"九"为极多，凡数之指其极者，皆得称之为"九"，不必泥于实数也。如《书·旅獒》："为山九仞，功亏一篑。"天之极高处，亦常称"九天"，有贵为"九五之尊"的"九天玄女娘娘"高居于"九天"之上。

"人天同构"，丹经中之"九"或"九天"常指人体的头部、上丹田而言。如《黄庭外景经·下》："转阳之阴藏于九。"梁丘子注："九为头，故经云左三右七，藏九居一也。"《道枢（卷四十二）·灵宝篇》："（钟离子曰）吾金晶之飞，能通三关入九天……顶者九天也。"炼丹之士经过"肘后飞金晶"凝炼成的"九转灵丹"，据说服下一粒就可以长生不死，还可望鸡犬升天。

丹经中经常提到"九还"或"九还七返"，其中的"九"为金（炁）之成数；金即炁也，返还者返本还源之义，由下丹田之炁返还于上丹田之神而达神炁和融，凝结道胎，即初阶的炼炁成神，高阶则炼神还虚。故丹家常以"九阳"之炁为"纯阳"，纯阳即为仙。

九与久谐音，故九者久也，"日不常明人常在，月不常圆情长九"。

在传统命理、相理、气理及宗教之中，九与七别有奥义，不足为外人道也。

"九泉"（幽冥界）就显得不那么吉利："九泉莫叹三光隔，又送文星入夜台"；九泉又名"黄泉"："黄泉无旅店，今夜宿谁家？"

"九品"芝麻官，意味着辛苦地干活。戴上"九尾狐"、"九头鸟"的绰号，会为人们另眼相看。

"十"——大圆满

《说文》："十，数之具也，一为东西，丨为南北，则四方中央备也。"于省吾《甲骨文释林》："'十'字初形本为直画，继而中间加肥，后则加点为饰，又由点孳化为小横。数至十复反为一，但既已进位，恐其与'一'混，故直书之。"

○为无极之道，—丨相互交错，正交为"十"，宇宙投影于○平面上的坐标 X、Y 轴，即阴阳总纲；或曰太极图的雏形或元形，宇宙万物则为四个象限中无尽的网眼或节点。

"十"在佛家的宇宙结构图中表现为"卐"字符，佛家的太极图雏形。

由此可见，中国传统阴阳结构总纲的"十"字坐标轴，是宇宙结构的缩影。

"十"字自身是"十全十美"、本自具足、包罗万象的，宇宙万物都在它的范围内，其原点当然是十字中心的"肚脐眼"——宇宙大人身之精神与物质的资粮仓或能量泉源。

"十"具宇宙"二五之精"、"三才之灵"。"二"，阴阳；"五"，五行；"三才"，天地人。—丨，阴阳；十的四个象限为"金、木、水、火"，十字中心的节点为肚脐眼"土"；四象不离土，土生万物。佛家卐字符的四个象限为"地、水、火、风"，中心的节点为肚脐眼"全"，空生妙有。

十全十美的阴阳坐标 XY 轴，其中心原点"肚脐眼"内有取之不尽的宝藏、营养资粮，足以令我们茁壮成长。人生之戏演好演坏它（十）不管，但告诫人们要清醒地认识"因果连锁"的游戏规则：善有善报，恶有恶报；不是不报，时候未到。行凶作恶者，必有"十殿阎王"算总账；行善积德者，则会应邀至"十洲仙岛"任选一处洞天居住，继续进行参悟，直至参透天地万物之至理、第一义谛！

第九节 正视命理 改造气数

——袁了凡《诫子家训》评述

一

"命由业成，业由心成。"个人的命运皆由自己起心动念所造成的善、恶二业的业力聚集而成。中华命理学对此进行了定性、定量的深入研究。人虽是自己命运的主人翁，同时又受自己命运的捉弄，辩证法就是这样喜欢和人开玩笑。

自己的命运即生命方程式既然是自己亲手所造，自然也可以自己亲手予以改变或改造，乃至使之向上升华，从不能自主自己命运的"凡人"，而升华为可以自主命运的"圣人"。也就是说，我们不要被命运牵着鼻子走，而要能自主自己的命运，成为自己命运的真正主人！袁了凡先生的《诫子家训》给我们启发良深。

二

袁了凡先生是明朝江苏吴江人，万历进士，当过兵部主事，博学多才，撰有《摄身三要》《袁了凡静坐要诀》等著作。他的《诫子家训》写于六十九年岁之时，叙述了自己如何发挥主观能动性而改造自己命运的过程，告诫其子不要被自己的命运束缚，而应积极向上、行善积德，依靠德化的信息能量来改造自己的气数，做自己命运的主人。

余童年丧父，老母命弃举业学医。谓可以养生，可以济人，自习一业以成名，尔父夙心也。

这就是袁了凡弃举而习医的缘由。后来他在慈云寺遇到一位飘逸若仙的长者，云南人孔老先生，善命理与相术。孔老先生说，他得到了邵雍（宋朝著名的易学大家、内丹学家，同时也是大预测学家，皇极经术、梅花易数宗师）的《皇极经数》正传，而且与袁了凡有缘，现在该传授给他了。

数、气数，阴阳五行数理神机（生机方程式），包括宇宙结构的大方程式与命理结构的小方程式。

凡人皆有数，个人命运的起伏，乃气数运化之展示。我们凡夫俗子的命运常为其气数所拘而不能超越。只有佛、道两家通过开发自身潜能与智慧，达到一定层次和境界，可以改造自己的气数而自主自己的命运，乃至重组自己的生命密码，驾驭自己的命运。

孔老先生给袁了凡推断了流年命理：

"县考童生，当十四名，府考第七十一名，提督考第九名。"

第二年，袁了凡参加考试，完全应验。至于终生"休咎"：

"某年考第几名，某年补廪（补缺），某年当贡（贡生），贡后某年当选四川一大尹（县长）。在任三年半，即宣告归。五十二岁，八月十四日丑时，当终于正寝。惜无子！余备录谨记之。"

袁了凡以后"凡遇考核，其名数先后，皆不出孔公所悬定者"。连他的俸米几担几斗也无不应验。孔老先生皇极术运算之精，效验之确，实令人不得不赞叹中华命理学之神妙！

"余因此益信进退有命，迟速有时，浑然无求也。……贡入燕京（首都）留京一年，终日静坐，不阅文字。"安心于命运的摆布。

己巳年，袁了凡去南方翰林院南雍培养、深造之时，去了栖霞山栖霞寺拜访名僧云谷禅师。坐禅三天，不起一念。禅师奇而问之，余曰："吾为孔先生算定，荣辱生死，皆有定数。余要妄想，亦无可妄想。"

云谷禅师听了笑曰："我当汝是豪杰，原来只是凡夫。"袁问其故。禅师答："人未能无心，终为阴阳所缚，安得无数！"常人皆为数所拘，只有大善人与大恶人气数才拘他不定。大善人随缘行善而使其生命方程式增"正值"，从而改变了自己的命运，由坏变好；大恶人有意为恶而令其业力大增"负值"，也改变了自己的命运，由常变坏。

余问曰："然则数可逃乎（超越）？"

云谷禅师回答："命由我作，福自己求！"人体生命的阴阳数理结构序中，有定数，亦有气数。生命方程式中的系数可取正值，也可以取负值，随个人起心动念信息能量的变换而变化。云谷禅师曰："汝不见六祖（惠能禅师）说：'一切福不离方寸，从心而觅，感无不通。'"个人主观能动性的发挥，是会起作用的。

袁了凡在云谷禅师面前毫无保留地解剖了自己，认为自己的确不应该有高官厚禄与子孙后代："不耐烦剧，不能容人；时或以才智盖人，直心直行，轻言妄谈；凡此皆福薄之相也。""余好洁，宜无子者一；余善怒，宜无子者二；矜惜名节，常不能舍己救人，宜无子者三；多言耗气，宜无子者四；喜饮铄精，宜无子者五；好彻夜长谈，而不知葆元毓神，宜无子者六；其余过恶尚多，不能悉数。"

云谷禅师说："汝今既知非，将向来不发科第，及不生子之相，尽情改刷。务要积德，务要包荒，务要和爱，务要惜精神。从前种种譬如昨日死，从后种种譬如今日生，此义理再生之身也。"

我们个人是由物质的血肉之身与义理的精神之身（心）因缘和合而成，精神义理之身（心）起主导作用。"夫血肉之身尚有数，义理之身（心），岂不能格天（改造天定厄数）！""太甲曰：'天作孽，犹可违；自作孽，不可活。'诗云：'永言配命，自求多福。'孔先生算汝不登科第、不生子者，此天之作孽也，犹可得而违也。汝今扩充德性，力行善事，多积阴德，此自己所作之福也，安得不受享乎！"

云谷禅师又说：《易经》一开始就讲，"积善之家，必有余庆"，你信不信？袁了凡当然信之，"佛前尽情发露，为疏一通：先求登科，誓行善事三千条，以报天地祖宗之德"。云谷禅师遂将佛家修持的《准提咒》传授与他，并告知窍要："汝未能无心，但能持准提咒，无记无数，不令间断，持得纯熟，于持中不持，与不持中持，待到念头不动，则灵验矣。"

于持中不持，于不持中持，已进入了"空灵无相"境界而超越了气数，"在此境界中，方知其中味"。

他原来名叫袁学海，从此更名为袁了凡，了凡脱俗，重新做人。

"善悟立命之说，而不欲落凡夫窠臼也。从此以后，终日竞竞，便觉与前不同。前日只是悠悠然放任，到此自有战竞惕厉景象。"袁了凡言行一致，积功累德，德满八百。第二年礼部科举，孔先生算该第三，然却考了第一，初步突破了命理所拘。袁了凡由是愈益严格要求自己，包括他的妻子，广益善行，"历十余年，而三千善行始完。遂又起求子愿，亦许行三千善事"。到辛巳年生了大儿子天启，至万历十四年（1568）又中进士，去宝坻做知县。孔先生原算当在四川任县长，而今却在京都近郊做官，自然高了一等。客观看，袁了凡在善行之时，功夫已有很大进步，身体也得到质的改善，故而获得大的丰收。

"孔公算余五十二岁有厄，余未尝祈祷，是岁竟无恙，今六十九矣。书曰：'天难谌（天命难信），命靡常（祸福无门，唯人自召）。'又云，'唯命不于常，皆非诳语。'"人的气数的确可以改造，此即生动一例。

"吾于是而知：凡称祸福自己求之者，乃圣贤之言；若谓祸福唯天所命，则世俗之论也。汝之命未知若何？即命当荣显，常作落寞想；即时当顺利，常作拂逆想；即眼前足食，常作贫穷想；即人相敬畏，常作恐惧想；即家世望重，常作卑下想；即学颇优，常作浅陋想。远思扬祖宗之德，近思益父母之行；上思报国之恩，下思造家之福；外思济人之急，内思闲己之邪。务要日日知非，日日改过。一日不知非，即一日安于自是，一日无过可改，即一日无步可进。天下俊秀不少，所以德不加修，业不加广者，只为'因循'而字，耽搁一身。"

袁了凡最后语重心长地结束他的诫子家训："云谷禅师所授立命之说，乃至精至邃至真至正之理，其熟玩而勉行之，毋自旷也。"

善言入耳　永为道根
（修行慧语选摘）

人是活宇宙，宇宙大活人；人是小宇宙，宇宙大人身。

21世纪必然是新道学文化在全球大放异彩的世纪；我们要重新注释《道德经》，传遍世界，以期实现"神仙满街走"的预言。

新道学文化即内丹术的公开传授，刻不容缓。（胡孚琛）

值得我们正信的东西必须具备三个条件：第一、必须是永久性的；第二、必须是普遍性的；第三、必须是必然性的。换一个方式来说，就是：过去一向如此，现在到处如此，未来必将如此。（圣严法师）

吾爱吾师，吾尤爱真理。（亚里士多德）

得道：得无师智，自然智，本有的智慧库打开，智无穷，慧无尽，天上天下，过去未来，虚实二境，色空二相，洞观无碍，无有不知；具大神力，起大神通，妙用如如。

"天书无字，真经本空。"最高的文化，简化到无字，一幅太极图，一个卍字符，一个八卦阵，要有而尽有，胜过千万籍。

"道因气而立，气遵道而行。""气"的文化，是中国传统文化的大本营。

生人叫精神——羁囚，死人叫灵魂——自在，其皆系于炁。

人是有色的生命；鬼是无色的生命；仙是自在的生命。

如不修命以实性，要皆虚而不敛，无有大力量、大智慧、大精神、大威武。

修道的唯一正途：长生久视，神通广大；明心见性，智照无碍；散则成气，聚则成形；生死自在，来去自由。

中土难生，大道难闻；韶华难再，盛世难逢；真师难遇，真侣难觅（护道）；真果难证，真仙难成；苦志者，事竟成！

意凝气凝神凝，炉中炼就长生药；念住息住脉住，鼎内修成不坏身！（白云观对联）

真人者，"提挈天地，把握阴阳"；至人者"和于阴阳，调于四时"；圣人者"处天地之和，从八风之理"；贤人者"法则天地，象似日月"。

寒山语：吾心似秋月，碧潭清皎洁，无物堪比论，叫我如何说？（体）我心似灯笼，点火内外红，有物可比拟，明朝日出东。（用）

不修命，不圆满，不成纯阳之体，不能返老还童，难得长生。

神不足，炁无主宰；炁不足，神顽不灵。

智者得师而明，愚者被师而误。

定息还精气，谓之筑基；息定精还，谓之基成不漏。

有意属固执，无意堕顽空；有意与无意，生机在其中。

心不守窍，心息不依；神炁不注，玄关不开。

下丹田气壮，自能升至泥丸，销铄上丹田渣滓，令神气运于周身，化掉阴气……一身毛窍晶莹，肌肤细腻。

心是火，息是候，心息相依即火候。有息相依即武火，无息入定即文火，定久浑忘是止火。

年过四六（岁），会阴下手，会阴与肚脐间升降往来，名敲竹唤龟，无孔笛没口人两头吹。

敲竹者息气也，唤龟者摄精也，鼓琴者虚心也，招凤者养神也。所谓敲竹唤龟，鼓琴招凤，亦就是调息摄精，虚心养神。

月作金徽风作弦，清音不在指端传，有时弹罢无声曲，露滴松梢鹤未眠。

下乘全法，中乘执法，上乘法无定法。

昧者有法，智者非法，然非法即法也。

迷时取之头头错，悟后拈来处处神。

一念不起为寂，念起即觉为照，寂照双忘为定。

勤能生熟，熟能生巧，巧而生妙，妙而入道。

中国人有别家都没有的文化，就是敢讲生命是可以"长生不死"的，只有中国道家敢这样讲："与天地同寿，与日月同休。""宇宙在手，万化由心。"（南怀瑾语）

寒从足底生，人从腿上老。脐下火发时，寒老一齐了。

老师对学生的根器都不知道，随便传法，这老师是犯戒的。
佛家的讲法，弟子对老师不选择，也是犯戒的。

为什么要悟道成佛？为了"生命问题"这一大事因缘：穷究宇宙万有生命的究竟根本，包括生死问题、生存问题。

有为法，敲门砖。入门后，放一边。

套路如套，有为所造。如不跳出，时光空耗。

道的自我素描：塞破虚空就是我，无须洗脸换衣裳。

无道难行，行后有道。

人心即天心，心源即道源。

以道观心，心即道也；以心观道，道即心也。

人心不正，道心不立。事在人为，道在人行。

道在人间，不在山中。道寓象中，象外无道。

道以心得，心以道明。道不远人，人自远道。

学道无心，心与道合；无心求道，而道自来。

道体虽一，悟解有别，因此有大道、小道之分，正道、邪道之异，旁门、左道之别。

知道易，信道难；信道易，行道难；行道易，得道难；得道易，守道难；若使不难，遍地神仙。

老子悟道，悟道生一、一生二、二生三、三生万物的天地演化之机。佛祖悟道，悟缘生性空，性空缘生，因果连锁之理。

性乃天道，命为人道；性命双修，天人合一。

性是天心，精神的生命，无去无来；命乃人心，肉体的生命，有修有证。

明心见性。各有各的心，各有各的性，自证以得之，他人难帮忙。

明传命，默言性。命功由师传（渐修），性功贵自悟（顿悟）。

不根于虚静者，即是左道；不归于简易者，定系旁门。

真得道者，死去生来，绝对自由；通天地，彻古今，齐物我，无冤亲。

性命之学——儒释道三教圣学。道家炼丹之术，儒家养气之说，佛家明心见性之理，医家养生延年之道。

只知无我，不知大我，不得自在。

阴阳学说讲的是事物内部对立面之间的相互关系；五行学说讲的是事物与事物之间的相互关系——生、克、制、化关系。

"自然"，自然而然，自己生成。

儒释道三教为同为异？大量者用之即同，小机者执之为异。迷悟由人，不在教之异同。

人生最大的福德是悟道，最大的福报是智慧。

斩断情欲，与道为徒，下手有基，通天有路。

天地间只此一阴一阳，其本体则谓之道，其化机则谓之易，其神用则谓之丹。

圣人之道：明知不可为而为之。

人身难得今已得，大道难明今已明。此身不向今生度，更向何生度此身。

大道至简，小道至繁；左道杂乱，邪道神玄。

丹田元炁为日，心中元性为月；今日说破我家风，太阳移在月明中！

天地万物，皆自炁化：炁存数即存，炁尽数即尽，故宜于保养。

善师古人之意，不泥古人之方。

有道无德，道中之魔；有德无道，一座空庙。

善言入耳，永为道根。

大智若愚，最高修养。

君子有成人之美，真人无贪天之功。

大智慧者不住生死此岸，大慈悲者不住涅槃彼岸；故而没有涅槃佛，没有佛涅槃。

神仙妙诀真堪惜，父子虽亲不可传。

只明道理不行持，菩提树结烦恼果。

出门多走路，穿衣不离布，食粮宜吃粗，饭菜要淡素。

有病方知健是仙，英雄也怕病来缠。

未能证得菩提，真信亦是迷信。

未到大彻大悟时，何可轻言妄与真。

浑身是病浑身药，心地开花心地春。

先向肾中求造化，再于心地觅先天。

身立乎天地之间，心超乎天地之外。

启开太极乾坤眼，阴阳虚实一串穿。

智人求心不求佛，愚人求佛不求心。

因果分明休问佛，行藏自信罢占书。

大抵有心求富贵，到头无分学神仙。

我向大罗观世界，世界只如指掌大。

名愈深而道愈繁，书愈多而道愈晦。

任凭境风吹识浪，洒家自有定盘心。

人身造化同天地，身中自有真阴阳。

潦草从来成事少，聪明毕竟误人多。

精神到处文章老，学问深时意气平。

瘙痒不着赞何益，入木三分骂亦精。

心术不可得罪于天地；言行要留好样与儿孙。

应以正气还天地，须有大功于国家。

晚年闻大道，百岁证金仙。人情作道情，后天炼先天。

道以无为尊，人以有为累，累到无为时，长伸两脚睡。

善哉真善哉，行善果无灾，善心常切切，善道大开开。

大道天上月，心似一盆水；心净水现月，心动月无影。

生我者道，活我者神。把握阴阳，扭转乾坤。

有求皆苦，无欲则刚。体虚气运，心死神扬。

道有邪正，师有真伪。我眼本明，因师故瞎。

生搬周易参同契，前途有限；硬套万古丹经王，后患无穷。

一心守道道无穷，穷中有乐；万事有缘缘有份，份外无求。

天书无一字，道可道，非常道；真经本来空，名可名，非常名。

法无邪正，人正法正，一切法都是善法。

人人有卷无字经（心经），昼夜四时放光明，展开原来无一字，不是纸笔墨写成。

达摩西来一字无，全凭心意用工夫，若于纸上觅佛法，笔尖蘸干洞庭湖。

圆睁道眼，研身心内真学问；放开手脚，做天地间妙文章。

英雄可以征服天下，征服天下易，英雄易当——易当勿当；
圣人能够战胜自己，战胜自己难，圣人难学——难学亦学！

沧溟几度变桑田，唯有虚空独湛然。已到岸人休恋栈，未曾渡者要须船。

修持金丹大道，莫管它五眼六通；习练旁门小术，必使你七颠八倒。

中编

方便法门　健身延年
法林蔚观　美不胜收

正气存内　邪不可干

1892 年 10 月 7 日，一个值得纪念的日子，德国慕尼黑大学教授、著名卫生学家培登·科斐（1818—1901）面对他的学生们，一口气喝下每立方厘米含有十亿个细菌的"霍乱菌汤"，然而他竟安然无恙。这位教授郑重说道：单单霍乱弧菌是不会引起霍乱的！稍后俄国的梅契尼科夫（1845—1916）在巴黎的巴斯德研究所重复了培登·科斐的试验，也亲口吞食了霍乱菌汤而没有染上此病。霍乱症一段时间曾肆虐于欧洲，当时的研究认为，人体自具免疫机能（正气），能够稳定自身正常生理而不怕病原体的入侵。梅氏因此而建立起人体免疫学说，获得了诺贝尔医学奖。

科学研究证明，人体是否罹病，并不单纯只取决于有无病原因素，而是取决于病原因素与人体免疫系统之间矛盾运动的状态和结果。如果人体免疫机制完善并强盛，几乎不怕任何病原体（邪气）的入侵。其实《黄帝内经》早在二千多年前对此就已经有了结论："正气（免疫机能）存内，邪不可干。""邪之所凑，其气必虚。"因此梅氏在获得诺贝尔医学奖的同时，还应授予《黄帝内经》科学注解奖。

百病生于气也

维持人体正常生命过程所需的精微物质（生命能），传统医学粗分为后天谷气与先天元气。后天谷气即食进口中的五谷粮食、脂肪所化生的水谷精微、营养品，是维持人体正常生命过程所必需的基本物质。先天元气则系"司令"母气，它蕴含生命信息元码，贮存于下丹田命门肾区，常称"肾间动气"，能将谷气转化为营卫二气以营五脏六腑和外抗病邪的入侵。经络波动，命门开合，后天谷气（各种营养物质）按照先天元气提供的生命元码（模板）而依样画葫芦，转化、合成生命过程所需的各种生命素——维生素、激素、微量元素……以供人体生长发育、形神劳作之需。

一般情况下，人过五十方"发福"，此时人开始变虚、发胖，即人体生命力由壮盛而渐虚衰。此乃人过半百生命元气已耗损大半，转化谷气为生命素的后劲已力不从心，心有余而气不足，不足以将丰富的水谷精微完全转化，从而导致生命物质原料堆积而"营养过剩"，气虚发胖的典型表现。其实这并非真正的营养过剩，而是缺乏充足的生命元气来做转化工作，导致"原材料"堆积。那些气虚体胖者，大腹便便，步履维艰，手不能提，肩不能担，站着想坐，坐着想卧，力倦神疲，脸色难看，这是典型的营养缺乏症。

严重的元气不足者，细胞松弛变粗，水液代谢缓慢，外形更显皮泡脸肿，对工作和生活都带来了诸多的不便。

《黄帝内经》认为："百病生于气也。"肥胖病也不例外，生于"气虚"。清代有两位著名的医家，对此早有深刻的论述。王清任的《医林改错》载："食（物）由胃入肠，全仗元气蒸化，元气足则食（物）易化，元气虚则食（物）难化（消化、转化)。"尤乘《寿世青编》曰："谷气胜元气，其人肥而不寿。"人一旦元气亏虚，免疫机能下降，各种疾病都来了。

进入20世纪，随着现代科学的飞速发展，把人们带入竞争的社会：工作繁忙，精神紧张，生命元气耗损加速，致使人体气虚发胖、疾病滋生的日期不断提前。"城门失火，殃及池鱼"，殃及自己的后代子孙。气虚肥胖者的"肥胖基因"传给了自己下一代，又成了儿童肥胖、体重超重的原因之一。

生命元气（免疫机能）乃先天之物，非我们凡夫俗子后天的聪明才智所能人工合成。

按照传统医学培元补气理论、道家炼精化气学说，太极拳宗祖张三丰以自己的实践证明，"人老原来有药医"、"家家有个家家有"，人体自身就有这个比"免疫机能"还免疫的"灵丹妙药"，或曰"内药"——先天之气（炁）。一旦得到开发利用，能大大增强人体的免疫机能，使人重返青春，不怕任何病原体的入侵。

当代生命科学认为，"能量"才是宇宙真正的上帝。生命过程就是能量运作的过程。

非生命的物理能其能级十分丰富：势、热、声、光、电、磁……还有能级更高的原子能、核能，能级不同，效应各别。人体生命能其能级更为丰富而奥妙，有的能量效应乃至令人不可思议。可以粗分为医家后天之气的人体"生物能"（各类精气）与道家先天之气（炁）的人体"原子能"（各级神炁），同样也是能级不同，效应悬殊。

如果我们按医家培补元气、道家炼精化炁学说，开发人体本有的各级层面上的粗、精能量，并充分利用现代生命科学的成果，同心协力，就能对人体各种新老疾患战而胜之，乃至根而除之。

第一章　式简效实的健体强身方便法门

入门下手，重在习练，要在坚持，妙在只管耕耘，勿问收获，到时自获；或曰有意练功，无意成功，功到自然成。

第一节　甩手击掌　式简效实

甩手挥臂

站与肩宽，全身放松，双目轻闭，自然呼吸。双手后扬，接着自然地向前甩出。如此反复甩练约二三十分钟，或至兴尽方止。

收功：双掌重叠于脐前，随机收功。

本功在于经过动练而活跃气血，促助新陈代谢，对入静与否不加要求，故在甩练过程中，可以听音乐、看电视；日久功深，到时自获。

诀窍：持之以恒。

甩手屈膝

理法同前，只是增加了下蹲屈膝，同时锻炼腿部，激活腿足经络，改善中、老年人平常上实下虚的不良生理状态。

甩手击掌

在下蹲屈膝的基础上，再增加双掌向前甩出时掌心相击，通过经络的反射和刺激，以增强脏腑功能。

收工：随机收功。双掌重叠于脐部，引气归元，顺势收功。

功后整理

浴面美容：双掌搓热由下往上浴面9次以上，多多益善；有眼袋者坚持浴面，增加浴面次数，眼袋会逐渐减小，乃至消失。

双掌捂眼，转横8字∞：闭目或不闭，意领气行，缓缓地转横8字∞；左右次数宜相等；有眼疾者宜多转；次数不限，多多益善。

笔者老友在一次体检时发现患有眼底动脉硬化症，他未在意，只是每次收功时多转横8字∞，到第二年再次体检时症状已经消失。可谓是：有意练功，无意成功。

十指梳头：促进头皮新陈代谢，头发焦枯、稀疏者，宜多梳。

鸣天鼓：两掌捂住耳朵，手指在后脑处相接，食指重叠在中指上，然后快速滑下，叩击后脑，激活、强化后脑功能，令脑醒头清。

钻耳孔：以双手食指，钻进耳孔，然后快速退出，耳膜有声，受震强化，促助听力。

叩齿坚牙：叩齿次数多多益善，牙齿不坚者宜叩数十次、上百次；可视情况重点叩大牙，或门牙。

赤龙（舌头）搅海（牙腔）：用舌头在嘴皮、牙齿之间反复搅动若干次，以期产生丰富的津液，然后吞而咽之。

津液中有大量助消化酶，非常宝贵，练功者常以"长生酒"誉之。

任何功法练完后，都要进行上述功后整理。

第二节　守窍调息　心肾相交

动功重在练，静功重在养——滋养、培养、壮大。

神能聚气，气能养神；神气互滋互养。

最宜先者，炼心；最宜急者，接命。故古人曰："欲点长明（命）灯，当用添油法。"年过四六，特别是花甲以后，血气已衰，如风中之烛，如不及时添油，随时都可撒手归西。

添油法，法有多端。积神聚气，神气相交，阴（神）阳（气）交媾，生生不已，是为妙法。按照张三丰祖师提供的法诀习练，功明效显。

白五祖玉蟾："昔日遇师亲口诀，只要凝神入气穴。"下丹田"气穴"，炼丹的炉鼎，修道的道场，在脐内前七后三之处，也就是下手练功"调息凝神"之处。

"凝神"，炼心修性；"调息"，练气修命。凝神调息，性命双修。

神仙修炼法，自由活泼，不拘形式，站、坐、卧、躺均可。如能盘坐更好。至于是否须要结手印，结什么样的手印，依自我感觉良好为据，不结印也行。静功修持的主要目标是达到"心（意）息相依"，而不是某种外在形式；凡是有助于"心（意）息相依"的形式就是适宜的形式。

离宫之"心意"乃"靓女"也，总想到外面去找一个"帅男"，胡思乱想，"心神"不定，只好请"意"为媒，从中穿针引线，告知靓女之"心意"。这个白马王子不在身外，而在身中下丹田处，大名曰"气"、呼之曰"息"。于是在"神""意"撮合之下，心（意）气与息气在下丹田相会、相恋，"心意"遂而安定下来——这就是静功修持的道和理。意息相依，混融后天性命。

"大法至易"之法。三丰祖师的口诀是："以眼观鼻，以鼻观脐，上下相顾，心息相依，着意玄关（气穴），便可降伏思虑。"

具体操作：闭目入坐，全身放松，心平气和，自由呼吸。

修道要有道场，下手需意守之窍位在肚脐下面一寸三分、里面"前七后三"处，有一虚在的"炉鼎"（虚无窟子），而意守之；收功时将培育的内气也存贮在这虚无窟子里面。

闭目放松，吸气，观想气从会阴部尾骶骨阴跷处升起，进入脐下虚无窟子。此时"闭气凝神"3～5秒，意息相依。之后呼气，气由脐部虚无窟子下落，回归会阴部尾骶骨阴跷处。不要去管口鼻。如此往复习练，日久功深，丹田逐渐热气氤氲，"命油"日益丰盛，命即接也。这就是古传的"敲竹唤龟"接命法；又曰"无孔笛颠倒两头吹"。

"无孔笛"喻为在会阴与肚脐之间的一中空的竹管；"两头吹"喻调息。

"武火数息。"为了抑制妄念，有助心息相依，在调息过程中可以数数，从一数到十；数满后再从头数。一般数吸，不数呼，呼、吸皆数亦可。一直数到意息自然相依而不须数数时，即随顺自然，进入新的境界。

练功时间：可根据自己时间空闲的多寡而定，按标准应在每次上座达两小时左右为妙。

收功：随机自然收功，并进行功后整理。

有午睡习惯者，以练功代睡，练功过程容易不知不觉地入睡，叫做"带功睡觉"，睡得特别深，即使是睡十几分钟，醒后头脑亦十分清醒，疲乏顿消。

上床即可习练，到打哈欠时即行入睡，在被窝里也可接着习练，直至带功入睡。中途醒了睡不着，也可以继续练。早上早醒暂时不想起床，也可练，不必拘泥于形式。

对于老年女性来说，月经已断者可与男性同。中、青年女性月经正常者，把道场大都定在中丹田肚脐稍上处的虚无窟子处，收功时引气归元亦在此处，以免意守下丹田可能导致的月经量过多、经期延长，损耗过大。故女性练功，常以中丹田作为意守和收功之所。

第三节　动练脊柱　青春常驻

动练脊柱，乃锻炼肉身、活跃气血、滑利关节、培补元气的筑基功夫。

不少著名的医学家都认为，人体的衰老不是从眼角的第一道纵纹、鬓边的第一根白发的出现才开始的，身体柔韧性的减弱（气虚）才是人体衰老的第一征兆，其中脊柱的变化尤为典型。几乎所有的疾病，都是由于脊柱功能的退化或者病变而引起的。每当早上醒来，总是感到很不舒服，乃至身体僵硬、蜷缩……医学上把这一现象叫做脊柱功能退化。

脊柱的功能状态取决于肌肉和韧带的功能状态。如果平时你疏于活动，缺乏锻炼，未能使自己的肌肉和韧带保持良好的功能状态，它们就可能逐渐松弛。脊柱因而也开始慢慢地松动。

脊柱的病变发展缓慢且不明显，一般是多年形成的。椎间盘因磨损而逐渐变薄，椎骨间隙内的所有神经根和血管受到压迫，与它们有关的器官都因此受到伤害，血液流通和神经感应不畅。

大脑指挥失灵，相关生理组织必然受到影响。

脊柱病变的最糟糕情况莫过于椎间盘突出。钻心之痛令人难以忍受。现代医学一般采用手术治疗，但又不能根治，往往一次手术之后，还会需要进行二次、三次手术，更糟糕的后果是它会蔓延到其他椎节。

"动练脊柱，青春常驻。"脊柱的病变防重于治，坚持每天动练脊柱，不但可以有效地防止机体的过早衰老，即使年龄已进入中、老年期者，持之以恒地动练脊柱，仍可望重返青春，老当益壮。

一 脊柱的构造

脊柱是人体结构的基础，由 7 块颈椎、12 块胸椎、5 块腰椎组成，腰椎下方有骶骨和尾骨各一块。骨内的红骨髓终生保持着造血机能，同时也是产生干细胞的大本营。脊柱内自上而下有一条椎管，容纳着脊髓。椎管的内外有丰富的静脉丛，与脑、前胸、腹、盆腔脏器的静脉丛直接或间接相互交通。

有 31 对脊神经和内脏神经与脊髓相连。这些神经调控着四肢和全身脏腑器官的功能和运动。人们常常因不良的生活方式与习惯，造成脊柱变形或错位，从而带来许多疾病，如颈椎病、腰椎病、椎间盘突出、骨质增生等，如果压迫了某根神经，会导致四肢和某些脏腑器官或组织的严重病变。从中医经络学说来看，脊柱背后是领气的阳脉之海的督脉，前面有主血的阴脉之海的任脉，以及调节诸脉功能的冲脉。脊柱内里的通道名叫"曹溪、天河"，是丹道小周天炼精化炁的必由之路，"三关九窍"都依附于脊柱。由此可见，脊柱的功能状态，对我们的生理状态的影响是多么重大。因此，经常运动、锻炼脊柱，使之保持正常的功能状态，既可防治脊柱变形或错位而引起的诸多疾病，又可使人体经络畅通，气血充盈。脊柱一动，人体四肢、肋骨、内脏，无有不动，轻轻翻动内脏，不断刺激、按摩椎间神经干……使人体机能始终保持高度协调的正常状态而身康健体，抗病延年。

总之，脊柱既是人体结构之纲，也是下手练功之基。纲举则目张，基固则体康。整个脊柱的动练过程，意念、观想亦随之上下。古人曰："目（内视）之所至，心即至焉；心之所至，气即至焉。"意到气到，气到血行，气和血畅，百病不生。

二　脊柱部位与其调控范围及防治内容

脊柱序	调控范围与防治疾患内容
颈椎 1	头部血管，脑垂体，面部，中耳，内耳，交感神经系统大脑其他组织。 头痛，健忘，精神病，神经衰弱，高血压，眩晕。
颈椎 2	眼，舌，耳神经，额，项肌。 鼻炎，耳聋，丹毒，眼病，昏厥等。
颈椎 3	项肌及枕部皮肤，腭部、外耳，面骨，三叉神经，牙。 粉刺，湿疹，神经病，痤疮。
颈椎 4	鼻，唇，耳。 中耳炎，耳聋。
颈椎 5	声带，咽喉，颈部腺体。 咽炎，喉炎，声音嘶哑。
颈椎 6	颈部肌肉，肩部，扁桃腺。 落枕，肩痛，扁桃腺炎，百日咳，哮喘。
颈椎 7	甲状腺，肩部，肘部。 黏液囊炎，甲状腺病，伤风。
胸椎 1	食管，气管，手，手腕。 支气管哮喘，咳嗽，呼吸系统疾病。
胸椎 2	心脏，冠状动脉。 各种心脏病，冠心病。
胸椎 3	肺，乳房，胸部肌肉及皮肤。 肺部疾病，支气管炎，胸膜炎，流感。
胸椎 4	胆囊，胆管。 各种胆病，带状疱疹。
胸椎 5	肝，血液。 肝病，发热，贫血，低血压，关节炎。
胸椎 6	胃。 胃部疾病。
胸椎 7	胰腺，胰岛，十二指肠。 糖尿病，胃溃疡，胃炎。
胸椎 8	脾，横膈膜。 呃逆，脾脏疾病。
胸椎 9	肾上腺。 过敏症，麻疹，低血压，电解质不平衡，炎症。
胸椎 10	肾。 肾脏疾病，血管硬化，功能性衰弱。
胸椎 11	肾，输尿管。 皮肤病，湿疹，疖疮。

脊柱序	调控范围与防治疾患内容
胸椎 12	小肠，淋巴系统，输卵管。 小肠疾病，风湿病，腹胀气。
腰椎 1	结肠，腹股沟。 结肠炎及其他大肠疾病，痢疾，腹泻。
腰椎 2	腹部，结肠，盲肠。 阑尾炎，肠痉挛，静脉曲张，呼吸困难。
腰椎 3	生殖器官，卵巢，睾丸，子宫，膀胱，膝。 生殖泌尿系统疾病，膝关节疾病。
腰椎 4	前列腺，腰肌，坐骨神经。 坐骨神经痛，排尿痛，月经不调。
腰椎 5	小腿，踝，足腕，脚掌及脚趾。 腿部血液循环不良，腿部皮肤病，足踝关节炎，脚掌、脚趾疾病。
骶椎	骨盆，肾。 骶骨关节炎，脊柱角形弯曲，腰以下皮肤、肌肉疾病。
尾椎	盲肠，肛门。 痔疮，尾骨痛。

三 脊柱动练要领

起势。站与肩宽，轻闭双目，双手自然下垂，重心在脚跟，自然呼吸。意念存于尾骨处。

第一个导引动作：前后蛹动。

双膝自然微微下蹲，观想尾椎、骶骨及第一、二、三节腰椎（从下往上数）向前、朝上轻轻地呈波浪状微微蛹动，意念随之；向后蛹动时则顺其自然；第二波蛹动时意念上移，观想第三、四、五节腰椎向前、朝上轻轻地呈波浪状微微蛹动；第三波蛹动时意念再向上移，观想第五、六、七节腰椎向前、朝上轻轻地呈波浪状微微蛹动……如此循序渐进地向前、朝上蛹动锻炼，直至颈椎末节。

整个脊柱前后蛹动锻炼完毕，之后进行整个脊柱都呈波浪状大蛹动三次。然后再倒过来从颈椎开始自上而下地进行蛹动锻炼。

意念存于颈椎，观想第一、二、三节颈椎（从上往下数）向前、朝下呈波浪状微微蠕动……如此循序渐进地向前、朝下蠕动锻炼……直至尾骨。之后进行整个脊柱都呈波浪状大蠕动三次。这样一上一下完成一次整个脊柱的完整锻炼。

在前后蠕动练的过程中，双臂可自由配合而自然甩动。蠕动的幅度、节奏，视自己的身体状况而自行掌握，并随时调节之，不必过于拘泥，愈自然愈妙。

根据自己的时间与兴味，每次下手练功可连续进行 3、6、9 次全脊柱的蠕动锻炼。也可以视自己的身体状况，在相应部位着重锻炼。如便秘者可着重锻炼腰椎部分；心脏有病变者可着重锻炼胸椎部分；咽喉、扁桃体有疾患者可着重锻炼颈椎部分；其他以此类推。

第二个导引动作：横向摆动。

蠕动锻炼完毕，不要收功。意念存于尾骨，接着进行横向的摆动锻炼。其导引原理与蠕动锻炼相同，只是方向不同而已。

观想尾骨。意念尾骨第一、二、三节腰椎朝左手方向轻轻地呈波浪状横向摆动，至极处转为朝右手方向轻轻地呈波浪状横向摆动，手臂、腰部则顺势自然配合；第二波横向摆动锻炼时，意念上移，观想第三、四、五节腰椎朝左手方向轻轻地呈波浪状横向摆动，至极处转为朝右手方向轻轻地呈波浪状横向摆动；第三波横向摆动锻炼时，意念上移，观想第五、六、七节腰椎朝左手方向轻轻地呈波浪状横向摆动，至极处转为朝右手方向轻轻地呈波浪状横向摆动；如此循序渐进地向上摆动锻炼，直至颈椎末节。

整个脊柱横向摆动锻炼完毕，之后整个脊柱都进行波浪状大摆动三次。然后再倒过来从颈椎开始自上而下地进行摆动锻炼。每个程序的锻炼次数可为 3、6、9 次，宜与蠕动锻炼次数一致。

接续的第三个导引动作：左右扭动。

摆动锻炼完毕，不要收功。意念存于尾骨，接着进行左右扭动的锻炼。其导引原理与蛹动锻炼相同，只是方式不同。

观想尾骨。意念尾骨第一、二、三节腰椎朝左手方向轻轻地呈麻花状扭动，至极处转为朝右手方向轻轻地呈麻花状扭动，手臂、腰部则顺势自然配合；第二波左右扭动锻炼时，意念上移，观想第三、四、五节腰椎朝左手方向轻轻地呈麻花状扭动，至极处转为朝右手方向轻轻地呈麻花状扭动；第三波左右扭动锻炼时，意念上移，观想第五、六、七节腰椎朝左手方向轻轻地呈麻花状扭动，至极处转为朝右手方向轻轻地呈麻花状扭动；如此循序渐进地左右扭动锻炼，直至颈椎末节。

整个脊柱左右扭动锻炼完毕，之后整个脊柱进行波浪状左右大扭动三次，然后再倒过来从颈椎开始自上而下地进行左右扭动锻炼。每个程序的锻炼次数可为 3、6、9 次，宜与蛹动锻炼次数一致。

第四个导引动作：全脊柱综合运动——蠕动。

蠕动锻炼的目的，既是弥补前三种锻炼方式之不到之处，又是将它们三者组合起来进行综合锻炼，又蛹、又摆、又扭；蛹中有摆，摆中有扭，扭中有蛹；或蛹中又摆又扭；法无定法，式无定式，从上而下，自下至上，不拘一格，可自由发挥，全方位地进行综合蠕动锻炼。

四　收功

逐渐减小蠕动动象……双掌重叠于脐前，引气归元，随机收功。

五　糊涂练功　糊涂成功

入手练功，古人曰："着相头头错，无为又落空。"是说练功过程过于认真、执着不对，不认真更不对。真是众妙之门，玄之又玄，此乃从练功到成功的辩证法大玄门。古人真传的这句话的意思是：大事要清楚——功必须练，"一气自立能更生"，不能落于空亡；小事不妨糊涂些，如观想脊柱，意念导引，不必要求十分清晰、明白，动作也勿追求完全到位，以自然舒适为妙。观想、导引过分认真，反而自耗内能。笔者在教功过程中就经常发现，一般低文化水平者，上功特别快，而知识分子反而慢些，他们总是想先把"原理"弄清，但是真正的"原理"又非语言所能说得透。正如过来人云：不妨先糊涂练一阵，一门深入，进去再说，日久功深，糊涂到家，恍兮惚兮，道眼开启，一切洞观无碍。

第四节　桩功精义

一

张东宝先生在他的《站桩之道》一文中写道："说到站桩，便会联想到树木……他们几百年、几千年一直在那里'站桩'，采宇宙大地之气来滋补、气化自己，从而益寿延年。

"1995 年 12 月，青海乐都挖出一个彩色陶器古壶的文物，经有关学者专家考证后认定，该壶面绘有一个赤身练功状态的人体像，画中人两眼微闭，嘴唇微张，双手置于膨胀的下腹部，两脚左右分开，以腰部之重心微微下移的姿势立着，颇似现今的养生桩；由此看来，人类站立锻炼的历史可以上溯到四千多年以前。"

高宇先生以己之亲身体验写下了"马步三乐"的名句："天阳之气注百会，自然之气入劳宫，地阴之气进涌泉。"如实地刻画了坚持马步站桩锻炼，进入佳境后的典型感受。

二

"只知事逐眼前过，不觉老从腿上来。"人老先老腿。特别是脑力劳动者，动少坐多，腿足经络容易闭塞，导致气血流注乏力，营养供给不足，生理废物排出不畅，腿脚因而日趋酸软，这些是人体功能态开始走下坡路的明显信号。

桩功锻炼，上虚（灵）下实，正好纠正和克服人们普遍存在的、特别是进入中老年期后的上实（胸腹胀满）下虚（腰腿酸软）的不良生理状态。

站桩，双手提抱，双肩开阔，放松肺部，使肺活量增加。据《站桩养生法》（于永年著，地震出版社，1989版）一书记载，60岁以后，人的血液从两臂流向两腿的速度比年轻人慢30%～40%。站桩时，毛细管扩张，血液循环通畅，胃肠蠕动功能力量加强。据实测，练功前直立位脉搏74次，呼吸29次。练功40分钟，脉搏增至106次，呼吸30次。半个月后，脉搏、呼吸，在功前为68/18，练功40分钟后为89/22。心血管发生的变化特别大，机体内血液进行重新分配，血液由内脏流向肌肉及四肢末梢，大量平时闭塞的毛细血管开放，投入循环工作。那些原来开放的毛细血管，也粗壮起来，手指发胀、发沉，下肢皮肤表面充血，这就是毛细血管扩张，血液进行重新分配的表现。例如眼底毛细血管扩张和增多1条~3条，而且变粗。如此，大大增加了肌肉组织的血液供应，直接减轻了心脏的负担。凡坚持站桩者，普遍的食欲增加。尤其重要的是，大量毛细血管扩张，血流外围阻力显著减小，导致血压自然下降。实测站桩一小时，收缩压降低10毫米～30毫米，舒张压变化不大。高压减少，低压恢复正常。头痛、头晕、头胀很快消失。关节炎、脂肪瘤效果亦显。

内蒙古师范大学体育系纪志华先生，对五例功前、功后站桩者的血红蛋白（Hb）进行了测试，功中入静良好者Hb升高幅度较大，可达3克，入静差者只有 1 克。在对照组中的常人站立 30 分钟，Hb 量不会升高。而升高了的 Hb，能够维持一段时间，大约需要 60 分钟左右才能回复到功前水平。

站桩锻炼既减少了体内多余的酸性物质，又增加了能量，促进血液循环，使疲劳的消除时间大大缩短，做十几分钟站桩功就能轻松愉快、精神倍增。

山西大学的李有甫先生对"丹田经络波与脑电波的协同关系"进行了测试，结果表明：无论功前、功中和功后，丹田的经络波与脑电图 α 波均呈明显的同频同步活动；当入静状态而导致额区呈现慢节律 α 波或呈现超慢的 θ 波时，丹田的经络波节律亦相应减慢，振幅明显升高，二者都具有显著意义。这说明思维器官的有序化水平与气的运行是协同增强的，有利于改善心、脑功能，即有助于强化思维能力。

马步站桩功锻炼具有显著的"整体调理"效应及"双向调节"作用。故对高血压或低血压，心动过速或心动过缓，胃热或胃寒，阴虚或阳虚，失眠或嗜睡……都有明显的调治效果。可谓大道至简，大法至易；而且法简效真，宜坚持终身。胖者减肥，瘦者增丰。抗寒、抗感冒的能力大为增强。长期坚持站桩者，腿足经络畅通，全身顿感轻松。

三　理法要义

（一）

行话云："百炼不如一站。""要把骨髓洗，先从站桩起。"

桩功既是武术技击的基础，内家拳、太极拳的必练功，也是保健养生的基本功，式简而效宏，外静而内动，气血从内脏流向四肢，并远达末梢，其激活经络、培育正气、理顺气机的功能强而且劲，故具切实的整体调理效应，并为广大桩功习练者们的反复实践所证实。

桩功属于以形引气，即摆好架势就可激活经络，引发内气，对入静与否要求不高，甚至不加要求，在站、练过程之中可以想问题、听音乐、看电视。譬如冬天天气寒冷，又无手套，可将双掌交叉置于腋下，或干脆将手掌插进裤袋里面亦可，不必太过拘泥；前提是基本架势不能散。

当然，闭目入静站练，效果更妙。此时闭目塞听，身心放松，抱球下蹲，不但后天之气发动快，还容易激发出先天之气——炁，而气、炁兼炼，人体内能即从生物能的"气"层次，跨越进"原子能"的"炁"境界而进入"灵动采药"的更高功境！

（二）

马步站桩功因追求的目标不同（养生、技击等），故站练的方式多样。这里只讨论多数人喜欢站练的三圆式浑元养生桩。

养生桩的一般站练要领：站势略与肩宽，足跟稍外撇，"微"呈内八字，有助膝微内扣，重心置于脚跟，有助于双腿内侧和后侧经络的放松，利于气血的舒畅运行；体微前倾，腿微下蹲，臀微后坐；下颌内收，含胸拔背，双眼看在前方约 1.5 米～2 米处；双臂虚腋，双掌指尖相对，掌心略为上翻，利于沉肩坠肘，在胸腹前呈抱球状；轻闭双目，入静放松，自然呼吸；以腰盘带动上身呈前后或 ∞ 游动，以找到一个减少拙力、保持轻灵状态的"平衡点"，如此则站练效果最为理想。

站练要求上虚（灵）下实，以有利于激活腿足经络；但"实"非"拙力"，拙力易致疲劳而使人难以持久，应是轻灵之活力。

足跟稍外撇，微呈内八字，则双膝自然内扣而减少拙力。体微前倾，腿微下蹲，臀微后坐，使身体重心落在两脚跟，有利于较快地激活经络内气。下颌内收时，颈部可呈波浪状蠕动数次，找准一个较舒适的状态，则自然含胸拔背，利于气机的顺畅运行。双掌指尖相对，在胸腹前呈抱球状，掌心稍向上翻，则肘自坠、肩自沉，以期形成一个浑圆气场。

寻找减少拙力、保持轻灵状态的"平衡点"非常重要。当双腿下蹲后，可以简单一点，以腰盘带动上身前后移动，在移动过程中仔细体味，就可以找到一个浑身感到比较轻灵的"平衡点"；此时脚跟部受力较多，约为60%～70%，脚掌部受力约30%～40%；这样有利于激活脚跟部经络的活力，有助于涌泉穴采摄地灵之气入体。如此则桩架外形保持脚圆、臂圆、手圆、"山环水抱"的三圆架势；内涵则形成人体浑圆气场"气圆、力圆、神圆"的三圆妙境。

一次站练时间，可先从十分钟起，逐渐延长，能达1～2小时则佳（两小时为从业余级到"专业级"之标准），效果会显著起来。也可根据自己的时间，每天站练一两次或多次。

初练站桩时，为避免枯燥，可配以清灵优雅的音乐作为背景，如春江花月夜类乐曲；佛家大悲咒也妙。

（三）

不倒翁——站桩锻炼的理想妙境。

至于站练时桩位的高低，初时宜高，随功夫的进展而随时调节，以实际效果良好为依。待邪祛经通、气血活跃之后，形式就不那么重要了，几乎随便一站，即感内气蒸腾，轻松愉快。

初练站桩时，往往膝僵腰酸，自是必然，因为气血不畅。可以站直微微活动一下身肢，再继续站练。经络疏通后，气血活跃，全身舒畅，越站越想站。

站练效果初显时，内气流注，可以引起身体晃动、抖动，此是大好消息，可顺其自然。在此基础上，如果下玄关开、先天真气（炁）发动，即将进入"自发灵动"状态时，如无老师或过来人指导，可以睁眼，内能释放，动象即可逐渐减小或停止下来。此时睁眼站练可矣；直到有过来人指导再闭目站练。

如果已经进入每次站练都能达两小时"专业"标准，站练效果往往来得很快，初期即感全身发热，乃至热汗淋漓，这是在祛风除湿，排除生理废物，不必顾虑。

站桩锻炼持之以恒，日久功深，邪祛经通，正气顺畅流注，产生的经络磁场相互吸引、排斥，乃至和宇宙能场相感，身体不由自主地摇来晃去，真像一个不倒翁，恍兮惚兮，忘我忘情，逐渐步入初阶的先天道境。

（四）

古代著名丹家青霞子苏元朗指出："人身左脚为太阳，右脚为太阴，足底有涌泉穴，自足入尾闾，上合二肾，左肾堂，右精府，一水一火，一龟一蛇，互相橐籥……""精自足底生，涌泉通会阴；左肾右命门，肾精始发生。"

补漏筑基，炼精化气之精，除了上面从口而入的五谷精华之外，更重要的就是自脚底涌泉穴摄入之大地的阴精。

三丰祖师《大道歌》："蒙师指我一段功，先将九窍关门通。九窍原在尾闾穴，先从脚底涌泉冲。涌泉冲起渐至膝，膝下工夫须着力。释氏即此号芦芽，又如虫行又如刺。过膝徐徐至尾闾，有如硬物来相抵。"也强调了打通涌泉穴的重要性，其玄妙之法非站桩莫属。

精通儒释道武的南老怀瑾明确指出：由足心发起的能量上升，通于任督二脉，不会退失。可以多活几十年。

正是：寒从足底生，人从腿上老。脐下火发时，寒老一齐了。

站练到不倒翁境界，下玄关开，元阳真炁发动，循经流注，人体内能即从后天生物能的"气"层次跃升至先天"生物原子能"的"炁"，而对色身进行"脱胎换骨"的彻底改造。此时先天真炁冲关过隘、拓展经络之时，内炁必周转不息，协调脏腑功能而升降出入，将引起较强的脏腑内动与肢体外动，此时应顺其自然，不要死站，更不要与之对抗。

实际上，练功进入自发灵动阶段，动则采药，静则得药；大动采大药，大静得大药。或曰：动后自生静，动极生极静，由静而入定，定静则生慧，该得的就自然而得。

从后天有为法入门的站桩锻炼，进入先天无为而无不为的灵动境界，已更上一层楼。而那些死站桩，站死桩者，自缚手脚，不敢越雷池一步，他们无缘欣赏上面的无限风光，最后落个"站桩死"。对此站桩锻炼者不可不知。

由此可见，无论是后天初阶的强身健体，或是先天高阶的灵动孕药、采药，站桩锻炼都是重要的一环。真修实证者们，对此切勿轻视。

正是：化弱为强坚骨髓，古言先从站桩起：阴灵之气涌泉生，阳和之气百会聚；外静内动血脉畅，经通脏活生妙趣。日久功深平地雷，真机启动炁换气。

（五）

收功：气沉丹田，随机收功。

勿忘功后整理。

第五节　自发灵动　返老还童

诗曰：静极自生动，动时不必惊；有为般般讲，无为处处新；灵动以采药，灵静时得药；大动采大药，大静得大药。

诗曰：有为法门人练气，无为妙道炁炼人。身心无主炁是主，神炁潜行非我行。看不规范实规范，越不标准越标准。灵动必然生灵静，静极复动药苗新。

经过有为法门及桩功站练，邪祛经通，体健神安，心平气和，渐趋宁静。"静极生动"，练功者即由意识层次进入无意识状态，深层次潜能先天之炁发动，迅即循经络流注，升降出入，周转不息，扫除一身百窍之阴邪，涤荡五脏六腑之浊秽，亦即元神指挥元炁对自体的生理状态与病理状况，进行自我诊断、自我依序调理。哪儿精气阻塞不通，元神即指挥元气（炁）即集中于那儿予以疏通——此时出现肢体外动，自我拍打、点穴等功象（何处生理组织发生病变，内炁即流注该处予以调治），祛邪出体，引起脏腑内动。这一切都是无意识高智慧能量先天之炁无为而无不为的表现，自然而然自动做功。

无意识的自发灵动过程，是人天相通、天人相感的，极易激活体内无穷的孙络和开通体表万万千千的浮络、肤毛孔而形成"体呼吸"，为日后深层次的"胎息"打下可靠的基础。

"天人合一采药归。"在深层次的无意识状态下，内真外应，天人相感，灵动以采药，灵静而得药；大动采大药，大静获大药。动极自生静，大动入大静，大静至大定，定水澄清，灵珠自现。这正如紫阳真人所言："倘能入静，金丹可坐而致也。"

一　自发灵动过程的现代生理学测定

先天真炁系"神炁一体"，炁中之"神"的灵知本能，对人体的生理状态"感而遂通"，即行自我诊断，并编制适时调治程序，引导内炁进行自我调治，即时针对治疗；这是其他任何治疗手段所办不到的。故而练功者会出现千姿百态的外动仪态：自我点穴、按摩、拍打，舒经活络、前仰后合，各种高难度动作等；许多动态往往出乎意料，但结合中医原理来看却又合乎情理之中。调治一遍的"工作程序"运转完毕，内炁即自行归元于下丹田（女性可能归元于中丹田），外动仪态即行减小而趋于停止，便可随机收功。

最妙的是，如果此时不予收功，继续站桩，几乎会沿原有调治程序重复一遍，直至收功。如此灵妙善巧的内炼过程，其中之道，其中之妙，如人饮水，冷暖自知。对于经络通畅，脏腑功能协调平衡，已无病症疾患者，其外动仪态则优美自然，收放自如。如果加一意念：只练20分钟。20分钟一到，内炁即行归元而自行收功。我们把这样的内能名之曰"智慧高能"。

日本东京大学教育系体育科学教研室白山正人副教授，是自发灵动功（日本叫"魂震"）的习练者与研究者，对自发灵动的全过程进行了详细的现代生理学测定：肌电、心跳、呼吸曲线、氧气摄取量等。收功后，他用踩踏旋器法测定了最大的氧气摄取量，以资比较；并对脑电波的变化亦进行了重点分析（《气功与科学》，1994.8）。

白山正人用踩踏旋器法测定出练功者的最大氧气摄取量为2.29升/分。安静闭眼时氧气摄取量是0.18升/分，为最大氧气摄取量的7.8%；在自发灵动过程的最初几分钟（动象最烈）是0.34升/分，为最大摄氧量的15%左右。可见自发灵动状态虽然激烈，但氧气摄取量却少，即是耗氧的轻负荷运动。故而练功结束之后，自觉的疲劳感完全没有，而是分外舒爽、安宁。

"在这个特殊的意识状态中（清醒的无意识状态。作者注），大脑α波弥漫化，意味着松弛状态波及大脑整体"；"还有β频带的能量波谱在右半球顶部增加，从这一点可判明，使用右脑的空间形象活动处于优势"。

"自发灵动过程在松弛脑整体的同时，频频使用右脑；自发灵动又是耗氧的全身运动，所以它能够有力地帮助身心恢复健康。""频频使用右脑"，这是该功的特点。

二 对自发灵动的科学解释

一位积极倡导自发灵动练功的中医师，对练功过程中那些特殊的功象首先进行了科学的解释，从而将该功推向了健康发展的道路。他认为，在无意识的练功功态下，主要导致人体大脑皮层处于高度的保护性抑制状态。在这种状态下，大脑深层细胞会出现新的气功兴奋灶。这个新的兴奋灶，又由于人体本身的脑电流而产生生物脑电兴奋。这个很强的脑电流，又作用于全身的敏感部位，使体液中的蛋白质胶体形成带电的微粒流，从而出现带电微粒流运动，因此就形成了电流，产生了电磁引力。于是，人在练功或静坐的时候，都可能出现自发灵动现象。另外，带电的胶体微粒流，又能形成集合体，进一步释放电流。所以，处于自发灵动功态时，只要你意念上稍微加强，就动得愈来愈强。其中的原理就在于电流、电磁的吸附力量。在这种情况下，人体生物分子中就会出现电子的定向运动；定向运动的带电微粒流进一步运动，因此练功者会出现各种反应，如酸、麻、痛、寒、凉、温、热、浮、沉、大、小、旋转等。电子的定向运动是自动化的、下意识的，人身体什么地方有问题，它就可能到那个地方，使那个地方的细胞发生改变，这样就起到了一定的治疗作用。

三 自发灵动的发功前提

1. 静极生动。在正常情况下，练功至精气充足，气和血畅，身心逐渐趋于宁静。"阴极必致阳动。"静极生动，元阳真炁即行发动起来，站桩锻炼日久功深，进入恍惚状态，就是这样，很容易进入自发灵动功态。

2. 人体固有的经络足够宽粗，在 3～4 毫米以上者，经络中流注的电子流才能形成较强的电磁场而引起肢体的灵动。经络细小者则不易形成较大的外动，而会微微摇动、晃动。但对人体生理进行调理的功效是一致的。

3. 经络中流注的必须是人体先天真炁；后天之气能效不高，不足以推动肢体灵动。

四　灵动功态的练功时间

自发灵动发功之后，神炁即对自身生理状态进行自我梳理。在无意识（元神）先天智慧"导演"下的调理过程是自动的、高度有序的，无为而无不为的，即主观意识的（后天小聪明）不作为，让位于无意识（元神真意）去无不为。

自我调治程序运转完成一遍的时间，一般病单症轻者，约在 1 小时以内；杂病、重症、年久邪深者，如陈年风湿病，糖尿病，肝、心的病变较重，久病阴虚又滥服药物者，必需要自我调治较长一段时间，一次调理过程可能会持续 2 ~ 3 小时。个别的初次自我调治时间可达 5 ~ 6 小时，如严重肾亏病人。以后随着症状的逐渐改善，自发灵动的时间也随之缩短。

对于心、肾两脏器严重亏虚的患者，动练、调治的时间特别长，初次下手即可达 5 ~ 6 个小时：一方面要清泻亢旺的邪火，同时又要采补地阴以平秘阴阳。之后即自行逐渐缩短。

自发灵动是一个由浅入深、从后天返先天最为方便善巧的方便法门和桥梁，但必须在过来人、有经验的老师指导之下才能进行习练。否则，长时间灵动，如无人指导，当出现心头一慌，"惊则气乱"，就容易出偏。

有几种邪深症重患者，发功后的初期动练时间较长，动象亦较激烈；以后随着经络的疏通，病邪的去除，动象即自然减缓，动练时间亦相应缩短。

1. 客邪猖獗，经络阻塞严重者；病邪已传变入里，日久邪深者。内炁发动进行自我调理、针对治疗时，首先自我强力点穴和拍打经络，此时正邪相搏，故其动象幅度较大，频率较快，动练时间也较长。

2. 严重阴虚阳亢者，如肾、肝、心等脏器功能严重失调，既邪火炽盛，又肾水干涸。这类人还不由自主地要躺到地上进行动练，时间亦长：既要清热泻火，又要采补地阴以平秘阴阳。待到邪火泻完，肾阴补足，便不再躺地；动象亦趋缓慢柔和。

在疏通经络、平秘阴阳、协调脏腑功能时，情志激发，五脏对五音，功象尤烈。如强力打通肝经、调理肝功时，即现怒气冲冲、嚎啕大哭……如此则迅速打通肝经，疏导郁结的肝气，使之条达无碍，功后顿感心情舒畅，症状消除。同理，强力打通心包经络时，即现哈哈大笑……心脏震颤，心经疏通，心疾解除。如此等等，局外人实难理解。

六　动中之静　真静大定

动以采药，静以得药；大动采大药，大静得大药。

动极自生静，恍兮入杳冥，此中有真信，真信聚真精。

一说到入静，就想到盘脚上坐……即使入静，也系浅静，稍有响动，便静不下去了。

《常清静经》曰："清者浊之源，动者静之基。"功境进入灵动深阶，达"动中之静"的深层境界，此时完全"对境无心，慧觉独灵"，再喧哗吵闹的环境，都能视而不见，听而不闻，达到定静、灵静的真定境界；正如司马承祯所言："无心于定，无所不定。"

"定而生慧，慧中开悟。"该得的也就自然而得。不求自得，得来才真，真而且灵，灵而且神，神而且妙，妙不可言，如人饮水，冷暖自知。

七　上乐之道　其乐无穷

自发灵动，如有过来人、老师指导，祛病健身快，健美快，上功也快。

一俟邪祛经通，正炁流注无碍，动练过程倍感轻灵愉快。最好配以恬淡空灵的音乐，如《春江花月夜》等民乐来铺陈意境，此时的练功者对于外界声音，不是听之以耳，而是听之以心、听之以炁，炁乐合一，美妙的音乐信息正好来规范动炼者的外动仪态，随音乐节奏（音乐信息带引内炁）而翩翩起舞，此时练功者便手之舞之，足之蹈之；功在舞中，舞在功中；舞不自觉，情不自禁；寓动于静，动不舍静；其静无住，其动无心；其心无为，其形自然；心机无为，天机自转；人在炁中，炁在人中；乐在其中，炼在其中；全身炁化，法界周通；恍兮惚兮，惚兮恍兮，我感消失，入于混沌，与天为一。动练者可以体味人天合一的无上妙境。

"境由心造。"在人天一炁、忘我忘情的妙境之中，色身的变化也是妙不可言的：经络通畅，诸证悉除；胖者减肥，瘦者增丰，还人体以太极曲线之美；体常人难以享受到的"仙福"与"天趣"。但如配西方音乐，则大煞风景。

所谓音乐是宇宙的灵魂，民族情感的表征。大多西方音乐反映了西方人的情趣：性格外向，热情四溢，容易兴奋、激动，其音乐信息必然也是向外奔流不息的；小夜曲也是唱给情人——他人听的。实践证明，在这样的乐曲信息"导引"下，功态中明显感到内炁在向外奔泻，令人心烦意乱，无法进入高层炁功态那种恍兮惚兮、妙不可言的杳冥境界。

中华礼仪之邦的民族精神，中庸之道，文质彬彬，宁静淡泊，与世无争：怨而不怒，哀而不伤，乐而不淫，嘻而有节，温柔敦厚，和谐圆融；富于理想而又理智，自我完善又与人为善……反映如此深厚民族精神的民乐，也系情深意真，自我陶醉，孤芳自赏，不求知音，其蕴含的信息始终是内敛的，"正合孤意"。灵动练功者对于乐曲，不只是听之以耳，而是如庄子所言，是听之以心，听之以炁，对乐曲蕴含的意蕴可谓一感无余。在这样的乐曲信息烘托之下，于恍兮惚兮中自感体内能量（初阶）乃至宇宙能量（高阶）不断地内摄内聚，功境自然而然、不知不觉地不断上升！

当然，一段时间为了减肥健美，可以配用中等节奏的现代音乐，如电子琴曲，以强化外动仪态，加速血液循环，促助新陈代谢，有助健美减肥。

正是：此功（舞）只应天上有，人间哪得有同俦！

第六节　退病现象与长功反应

人们下手练功伊始，引导的是后天之气的卫气，丹田混元气，人体的生理反应比较平和。随着功夫的进展由后天气的"练"，进入先天炁之"炼"时，特别是进入自发灵动功态，先天神炁依序流注，强力打通关窍，疏通经络，祛邪出体……正邪相搏之时的退病过程，反应比较强烈。到了高阶脱胎换骨的长功反应更为特殊，"十分好汉到此都无一分奈何"，就像《西游记》描写的唐僧取经那样，九九八十一难都得经历，过完难关，才能成为神仙。

下面仅就练功过程，尤其是自发灵动的动炼过程中，所出现的退病现象与长功反应中的一些典型功象进行分析、讨论，以供习练者及其他深层次修持者们参考。

退病现象与长功反应无法严格分别，退病过程其实就是长功过程，功夫长进才能退却疾患；到了真正的高功境界、脱胎换骨完成，那就真成金刚不坏之体而百病难侵。

1. 炁冲病灶反应。体内先天真炁发动做功，首先表现在梳理经络、祛邪出体上。正邪相搏之时，反应比较强烈，症状有可能显得比平时更重，本人也因此会感到更加难受。这是根治疾患的必然反应，必需要坚持练功，度讨讨退病反应的第一道关口。

2. 排出病理毒素及生理废物的反应。退病反应的初期，人会出现腹泻、呕吐、尿混浊、月经变黑且量多、白带增多、咳痰咯血、发烧出汗、发冷排寒、现斑疹、流黄水、鼻孔及牙龈渗血等病邪外排现象，但精力正常，甚至反而感到精力更加旺盛，这属正常的退病反应。

3. 根除潜伏病灶的反应。体内某些病灶处于潜伏状态，尚未发作，本人也无从感知，这等于是埋藏于体内的"定时炸弹"。真炁流注将其根除时，也会引起一些反应。但此时切勿认为：练功怎么还炼出病来？实际上是身体获得了新的净化。

4. 根除残病的反应。生病时，打针服药，往往只是一时控制住病情的发展，阻止其恶化。实际上致病因子仍然存在，亦即一般说的未能断除病根，一遇相应的外因老毛病又会重犯，如风湿、关节炎之类。而真炁流注无孔不入，无坚不透，病邪即使躲进"膏肓"之处，也难逃炁网。此时凡是过去的诸多病患经过医学手段治疗似乎已经"痊愈"的病灶，都可能或早或迟地出现较强的退病反应。故而练功者切勿误认为是因为练功把老毛病又给激发了，而是身体又得到了进一步的净化。

5. 彻底根除病灶的强烈反应。病灶也系阴阳结构，除了显在的物质结构"病灶"（标）以外，还有其相应的"病理信息组织能量场"结构（本）。先天真炁能够"内视"到病灶的内部及四周的"灰气"、"黑气"等病理信息场。当药物等治疗手段之气达至该处后，灰黑色的病气便开始退离、消散，但是，待药力等气逐渐减弱、消退后，病气就又重新汇聚拢来，故而某些顽固性疾患，总是久治不愈，其原因就在于此。

至于肿瘤、包块类物质病灶，可以手术切除，但其"病理信息组织能量场（病气）"却是切不掉的。在病理信息组织场的能量作用下，不久包块、肿瘤往往又重新生长出来，以至累切累长，转移到其他部位危害，甚至变本加厉，良性变成恶性。大多数癌症患者手术后仅存活两年左右，每当重新复发时大多也无可奈何了。像此类顽固性疾患，修持后天有为法门、即使再加上药物也难以奏效。但当由气至炁、自有为进达无为直至大有为时，有望对这类顽疾予以根治。

有位中年肝癌患者，不愿手术，一直坚持灵动锻炼，在战胜癌魔的最后一段时间里，反应十分强烈，几乎等于小死一场，但最终还是战胜了癌魔。

6. 退病过程的反复反应。病邪，有的在表，有的入里，有的客侵于表里之间，更深的病邪则透入骨髓深处——病入膏肓。真炁流注的祛病过程也就表现出相当的复杂性，或先左后右、先下后上；或由表及里、由浅入深……故而退病现象就会出现不同的阶段性、层次性和反复性，不会一蹴而就。

7. 由生理反应到心理反应。所谓心理反应，就是练功进入较深阶段，出现了幻觉——幻视、幻听……道家称之为"过疯关"。不疯不癫，不成神仙；反之亦然，能过疯关，半个神仙。这几乎是自低层到高阶的必经过程，不能回避，必须闯过。

一　具体退病气化现象的功象举要

一位练功有成的中医师在他的养生报告中，对退病过程气化反应的具体表现，从中、西医学角度做了一般的讲解；我们结合自己的体验，现予以综述如下。

发酸：肌肉层里供能不足，肌酸堆积过多，真炁流注其中进行调理时的反应。酸则想动，动则缓解；例如，腰部酸软，可顺势拍打拍打，动一动。

发麻：生物电活动增强，正在运行、调治神经系统、经络系统；可任其麻到全身去。

发胀：得气良好及采气、补气时的主观感觉，具有特殊的滋补作用。

发飘：生物电磁能活动增强，与天地磁场相互感应，或受天磁吸引，自感漂浮起来。

长大感：真炁充足冲动阳蹻脉时的主观感觉，也是造血机能在增强、血象在回生的良好功象。

缩小感：真炁充足冲动阴蹻脉时的主观感觉，也是采摄外炁、凝聚内炁的良好功象。

发重：生物电磁场效应增强，与天地磁场相互感应，受地磁吸引入地采炁时的功象。

升降沉浮：真炁汇聚任脉而下行，产生沉降感；真炁汇聚督脉而上行，产生生浮感；皆系真炁运行做功的上乘功象。

发热发烧：这是散寒、除湿、补虚和提高机体抗病能力的良好功象。不是真热，不要脱衣。

发冷：清热、泻火、解毒时的反应。并非真冷，一般可不必加衣。

吹冷风：寒结、病邪正在排除。

发痛：气不通则痛；正在疏通，通则症解。甚至一段时间疼痛加剧，这是症解的前兆。

发肿：血不通则肿，正在疏通，通则肿消。

发痒：血虚生风，正在祛风解毒，补炁补虚。

发滑：皮肤采炁良好，具特殊健美效果。

温热：意气相合，真炁充足，气血通畅。

清凉：上乘功象：精满炁足，肾水充足，阴平阳秘。

头晕：头部有疾患，炁冲病灶，可顺其自然地转动头部。

思睡：神经系统在调理之中；动极生静，深入静定的时机到来。

疲劳：无缘无故而顿感疲劳：人天相感，深入静定的"活子时"到，随机进入静定；要防止人为干扰。

打嗝：排除肝、胃废气。

咳嗽：排除肺脏、气管内废物、废气。

腹泻：一天数次，但无病象，这是集中性排除体内病理产物、废物时的现象，无需服药。

矢气：排除大、小肠内废气。

哭怒：肝气郁结，肝经不通。真炁流注疏理肝经、调治肝部疾患时的功象；哭怒时肝脏震颤，肝经疏通，肝气宣泄，心情舒畅；眼泪则排除肝脏内的毒素，眼睛即顿感清凉。

嘻笑：真炁疏理心经、调理心脏功能时的特有功象。笑时心脏震颤，心经疏通，心脏不适症状迅即缓解。

吼叫：真炁疏通肾经、调理肾区功能时的特有功象。

引吭高歌或似歌非歌：五脏对五音。真炁特别充足，升降出入于经络系统，周转不息于五脏六腑，脏腑震颤，经络波动，通过喉部而频频发声，以强化自体脏腑功能。

流黄水、流浓水、出斑疹：不似病理肿痛反应。这是真炁流注做功，排除病理产物、毒素时的正常反应。

麻痒：真炁流注于表层、毛脉，开通闭塞的浮络，将通而未通，勿抓。

躺地：清热泻火、采摄地阴以平秘阴阳时的特有功象；不会着凉，采足地阴后自然起立。

牙龈、鼻腔渗血：内火外排时的祛病效应，很快就会过去。持续、大量的出血者应去医院检查。

病理指标临时升高：这是病气、毒邪集中性外排，而又排泄不及时的表现；有时也系疾患将愈的前兆。

带下增多：月经量多且黑，带下增多。子宫内炎症的消除、病理产物的排除，其途径就是通过带下等途径排出体外。

外动不止：病杂症重，久病虚亏，必须要调治较长时间，短时间尚在调理高潮之中，不必急着收功；应继续动练，等待调治程序运转完毕，都会圆满收功。

异常功象：奇冷、奇热，前额及体内出现闪光等，多为潜在功能将被激发的前兆。听其自然，不必追求，努力练功，功高则稳定。

退病反应过程，有时尽管颇为激烈，但人的精力反而很旺盛。生病时的病理反应则是没精打采，头晕无力。这是二者的根本区别。

二　人体各部的退病反应

人体各部的具体退病反应各不相同，现摘其要者叙述如下：

头部：血管性头痛，退病时疼痛和胀痛会比平时更厉害一些。癫痫病患者发病比平时更频繁，症状也表现得更严重些，抽搐时一天可达十五六次，以后则逐渐减少，直至痊愈。

肤表：出汗（粘滞且有异味，这是排除的体内废物），发低烧。

骨质：疼痛剧烈。病根愈深者，疼痛愈烈。

眼部：泪囊有炎症者会流泪不止；青光眼患者眼压会临时增高，可用一些降眼压药；视网膜萎缩者眼睛会疼痛，或一过性昏花。

鼻部：鼻窦炎患者鼻腔有出血现象。

耳部：耳鸣者会一时鸣得更重；耳聋者会一时更聋；均勿惊怕，继续练功。

心脏：冠心病患者，气功见效快，但疼痛反应常有反复；如需服药不可单用复方丹参片，应配以冠心苏合丸同服。

肺部：大量吐痰，甚至咳血（吐血块，吐黑血块；咳出绿痰、黑痰等均系正常反应）。

气管炎、哮喘：反应同上。（反应过烈、气接不上时应去医院）

胃部：有可能出现烧心现象，这是在消除炎症。如需服药，可服乌贼骨5克，或水煎服15克。

肠部：腹泻、低烧，这是排除病理产物和废物的反应。

肝部：病理变化有先轻后重的趋势。因为肝炎的退病是肝细胞内发生变化，细胞里的病毒、病气、湿热，都同时集中暴发性向外排出，化验其病理指标会临时偏高。

肾部：也会疼痛加剧，特别是真炁促排肾结石时，病理指标也会临时偏高。

妇科：白带、黄带等内分泌物增多。因为子宫内炎症的消除、病理产物的排除，其途径就是通过带下。如果红的很多，可煎服藕节 30 克，每天两次。

子宫肌瘤：肌瘤形体临时变大，变长、变薄，最终脱落。（也可能分多次以污血块形式排出）

关节：疼痛加剧。发高烧，可达 40℃。这是炎症产物向外暴发性排出时的反应，可以多喝开水。如果本身感到有劲，可不用退烧药。

如需增强机体的抵抗力，也可服用一些温补剂，如银耳汤，补中益气丸，六味地黄丸，人参蜂王浆，唯其用量不要超过正常服用量的三分之一，尤其不要过频过多地服用；服后如感不适，更应立即停服。

第二章　开通中脉　人天同息

《阴符经》："天地，万物之盗；万物，人之盗；人，万物之盗。"宇宙是一个超级"强盗"窝，彼此偷来盗去，看谁本事大。万物之中当然是修行人的"偷盗"本事最大。我们先遵道而行，做宇宙级的强盗，可以"窃天地无涯之元炁，续我体有限之命根"，充分利用大宇无限能量来彻底改造自身，直达形随道通；道通则万法皆通，而后再替天行道。

一　中脉

——人天同息之道

脊柱即中脉，天然中脉。也可以创造中脉，利用炁、光之能，在人体之中线修成一条中脉，及其左右二脉。

中脉，头顶天关百会与海底地窍密处（会阴部）之间修成的直立着的一条脉道，两旁还有辅助的左右二脉（请参阅前面"经络系统在练功中的变化"部分），为人天同息的重要通道。

下手修持时首先修成人体小宇宙天关百会、地窍密处之间的中脉，然后冲开天关地窍而直接与天地相通，即可采摄天精（天的阳刚之炁）地灵（地的阴灵之炁）入体，合成负阴抱阳的冲和之炁，进行天地人三才合炼。日久功深，即达人法合一，人天合一，人道合一。时至功成，即通与天同息之道，明与天合一之理，享与天互益之趣，司与天共宗之能而"弥纶天地之道"，以达人天双赢。功境至此则智光常亮，心灯长明，谷神不死，小我常存。

二 咒语

——天人合发的无字真言

作为生命之声的无字真言——咒语，具有激发自身潜能的功用，而助炁、助力。本功法常用啊（A）字咒与嗡（Weng）字咒。在具体修持时，可交替使用这两个咒语，并不断地变换其四声，反复诵念，以自身感应明显为上。经验证明，当练功进入恍惚杳冥的无意识状态时，会出现与自身强烈相应的新咒语，或曰天人合一的无字真言，生命之声、宇宙之音，这时就应以这个新咒语、新真言为准，入门的这根拐棍就应当放下了。如恋恋不舍则会永远停留在旧的功境，难以上升。

三 中脉畅通 还精补脑

本功法站、坐、卧都可习练，入门以坐练为上。

上坐，手结定印——双掌重叠与腹前，拇指相接，体松神静，闭目内视地窍密处。"目之所至，心即至焉；心之所至，炁亦至焉。"当修持者神凝炁聚地窍会阴部密处时，该处即形成一个炁团（光团更妙）；如炁团不够明显时，可发咒语啊（A）或嗡（Weng）助力。

当炁机启动、感应明显之际，即行升高咒语频率、以意念导引内炁缓缓上行……当内炁升至天关百会后，保持炁感。

降低咒语频率，意念引导百会内炁下行……至地窍密处，并保持炁感。

如此反复习练，上下相顾，日久功显，便在人体小宇宙与天地之间形成两点一线或两团一管的中脉通道。

中脉脉管一旦形成并稳定起来，每当进入功态，即可呈现阴阳自配、神炁自交、性命自融的还精补脑上乘佳景，生大喜乐，得大受用。

收功：引炁归元，内炁从天关百会区缓缓下落时即随机收归于脐内炁穴处；或内炁自行归元之处；对于女性，如果内炁自行归元于中丹田区域，就不要勉强把它拉到下丹田里来。

四　冲开关窍　地迥天高

中脉修通之后，习练纯熟，左右二脉自动形成。此时即可冲开天关地窍，出小天地，见大世界。

上坐，闭目内视地窍会阴部密处，炁机启动后即引炁上行至天关百会区，并保持炁感。然后以意领炁快速下行，不必停留，冲开会阴部地窍之密处，直贯地根无限深处（愈深远愈妙）。

以意领炁从地根处缓缓上升，通过会阴部地窍密处继续沿中脉上升，冲开百会区天关而直达天根无限高处（愈高远愈好）。

以意领炁从天根缓缓下落，入天关百会，下中脉，穿地窍密处，直贯地根。再以意领炁自地根上升，入体经中脉直冲天根。如此反复习练，熟而生巧，巧而生妙，妙而入道。

以同样的理法还可以打通双掌心、双足心、肤毛孔而与天同息。

收功：以意领炁从天根下落，入体后随机收归人体小宇宙天地之间的小腹腔中心。

效验：功夫到家，人天同息，一呼，人体内能（炁或光）即通过天关地窍、双掌心、双足心、肤毛孔一齐向外放，射向宇宙无限深处；一吸，天精地灵通过上述窗口回归体内。久久习练，即可智悟与天同息之道，享与天互益之趣，和大宇宙同呼吸、共命运之妙乐生起。

前几部功基础不牢，先天真炁未萌，性光未显，则不必习练，炼之不效。

第三章　三才浑一　人天循环

本功法旨在强化脏腑功能，光聚炁融，沟通宇宙，相互循环，三才浑一。

一　三圆功

这是在筑基功、站桩功、自发灵动功完成的基础上，特别是修成中脉系统，气、炁布于全身之后，即以意领炁，在腹内依太极曲线划好三个循规蹈矩、运行不已、如环无端的"周天圆"，进一步孕育、壮大、调动、发挥和应用气机与炁机，以濡润全身的功夫，是调动、发挥和利用炁机的内作用，是炁"先生于内"的功法。

"周天圆"在中、下丹田区域进行，在 XYZ 三个方向上分别以意领炁划圆，以强化脏腑功能，并凝聚内炁，以期光聚珠现，为进一步修持人天合一聚集内能。

（一）平圆

站与肩宽，双目微闭，入静放松。两掌交叠抚于脐下（男左手在里，女右手在里）。内视小腹腔肚脐横截面"中心"。

以意领炁，从肚脐这个横截面的"中心点"开始，由小到大，在腹内划平面圆；尽量划得宽、粗一些，一圈一圈由小到大、顺时针方向从里往外划，可划 9 ~ 36 圈（女性 6 ~ 24 圈）；初习炼时可只画 9 圈，但最后一圈、比如第 9 圈不要划出皮肤即体外。划满最后一圈立即顺势转弯，按阴阳鱼的太极弦线意领炁直行，由圆的中心穿过而直达对面，再顺势转弯掉头，依反时针方向由大到小一圈一圈地划回原处。完成一个椭圆形（人体腰部横截面是椭圆形的）平面圆。

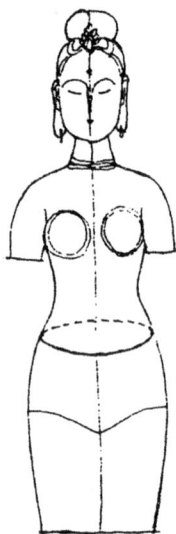

图 1

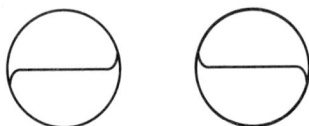

图 2

（二）侧圆

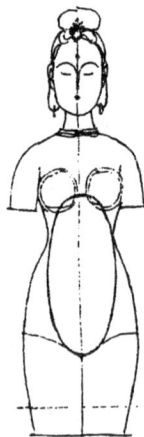

同理，以意领炁，从小腹腔"中心点"开始，由小到大，沿腹腔左右两侧间之中线，直立划侧面圆。先顺时针、后逆时针进行划侧面圆，方式与划平面圆同，划满 9 ~ 36 圈（女性 6 ~ 24 圈）后回归到小腹腔中心。完成一个椭圆形侧圆。

圆之上沿不超过膈肌（可上下稍浮动），下沿不超出会阴底部密处。

图 3

（三）正圆

同理，以意领炁，从小腹腔"中心"开始，由小到大，沿腹和背之间的正中线纵截面上，前后直立划圆。先顺时针、后逆时针进行划圆，画满 9 ~ 36 圈（女性 6 ~ 24 圈）回归到小腹腔中心。完成一个正圆（以上图来自刘汉文编著《中国禅密功》，黑龙江人民出版社，1988 版）。

要点：

1. 划的圆，要宽于"线"，似"带"或似"面"。

2. 平圆、侧圆、正圆的形状，大小各异，但三者的炁机运行都要求不出腠理，以防止内炁外溢而招损。

3. 正圆，要穿过外生殖器，以此增强炁机中的性感，"自性交和"。

4. 熟练之后，能够不受外界干扰，意与炁合，意到炁到，男则可按 3、6、9、12、15……36 的递增数，女可按 2、4、6、8、10……24 的递增数，任选其一，进行习练。也可因时因人而异，自己掌握。

也不妨男（天）只用 9、女（地）只用 6 的次数习练，体验炁机变化及其效应。

但是，每次练功的逆和顺的次数，要大致相等，以求平衡；也可不相等，而辨证施治。

5. 腹内划圈，或因炁感不足，不成形或不运转时，划平圆时可微微扭动脊柱，划侧圆时可微微摆动，划正圆时可微微蠕动，以此促进，能速获功效。

但不能舍本（炁）求末（动）。"佳兵不祥之器，不得已而用之。"

6. "以意领炁"、"意领炁行"、"意到炁到"。

上述三者，其主要含义皆不相同。它们是在分别着重地谈论练炁的基础、方法（程序、时机、走向和深度等）以及所应注意的事项。古人有句话

图 4

很重要，值得体用：

"炁（得炁后）动（趁时机）我（意）动，动（按着正确的程序和走向），动（练到一定火候），动（直至取得预期效应）。"

7. "圈数"。3、6、9……36 或 2、4、6……24 圈的依据和应用，祖国的道、儒、医家均有阐述。存意于默数（包括暗数），数息调呼吸以入静，是有效的。功法要求内炁已育成（得炁）后，以意领炁，在腹内划圈，使炁再壮大和进一步应用，这才是目的。

8. 功夫纯熟后，每放松入静，内炁即行自动画圆，并自行归元，此时则应顺其自然。

功用：

意领炁行划三圆，神注坤宫，心肾相交，水火既济，以先天炁领运后天气，有效地强化内分泌功能和促进性激素的产生，能直接调整肝、脾、肾诸脏器功能，平肝潜阳，运化水谷，培育真元；乃至光聚珠现，勿惊勿诧。

其功效相似于移炉换鼎的卯酉周天，甚或过之。

注意事项：

（1）既要以意领炁，又要炁意相合。就是说，划三圆要随机（炁）应变（意），顺乎自然（必然），不生搬硬套或违其规律。务求意与炁同步，化而为一。

（2）各圆的运转要求反、顺圈数相等，是为了驱邪扶正，补泻兼施，标本兼顾，不偏不倚；但辨证施治时例外。

（3）"阴阳鱼"，一阴（地）一阳（天）万物生，一而二，二而一，内涵阴阳（天地）生化、清浊升降、动静离合等许多密旨和哲理。法无穷尽，妙趣横生。不可轻信，不可不信，不可不为。

本功法的腹内"阴阳鱼"，道教养生家认为是玄牝之门，或曰天地之根。过来人曰："窍之所在，或有或无，或各守其境；伊始莫见莫闻，不能言其有，亦不能说其无，后来恍惚契悟，至神至妙。"又曰，"窍在阴阳之门户，愚人多不晓，一闻便大笑；上人心了了，一问便知窍。"

炁感：

炁由内生，或圈或团，有形有色，可急可缓，可大可小；又不可急不可缓，不可大不可小。即可运用自如，又被嘻弄非凡，妙乐自在。

二　接地势

接地势，是着眼于外，开始跳出"内修炼"的圈子，先从"采地阴以养血"下手的"外为我用"的起步功法，是"虽生于内（划三圆），却取于外"之侧重"外"的开始。

功法（接"三圆功"）：

1. 在正圆缩小回归小腹腔中心后，两掌渐渐分开下插（掌心向里，指尖向下），以意领炁，经腹股沟、密处，走阴面，至大腿里侧、双脚心，直贯地根……人地相合。

2. 人地相合、采摄地阴后回收。炁由地根缓缓升起，两掌分置于两腿外侧；以意领炁，走阳面，至臀至腰的同时，双掌上提，引炁至两胁下（掌心先向里、后向上，指尖先向下、后向两胁）。

3. 第二圈接地阴开始。两掌经胸前、腹前下插和分开的同时，以意领炁，经腹股沟、密处，走阴面，至大腿两侧、双脚心，直贯地根……

按上述方法，以小腹腔中心为起点和止点，周而复始，因人而异，男转3、6、9……36圈，女转2、4、6……24圈。

要点：

1. 以意领炁，以掌引炁，意、掌、炁三者同步、同效应；要连绵不断，不可脱节，不可须臾分离。

2. 地根无止境，直贯井泉，要贯！贯！贯！可在空间和时间上，加大"火候"。（妇女妊娠、月经期和内脏下垂、低血压患者，慎练！）

3. 脊柱仍在微微蠕动，以助炁感。

4. 掌与臂动时，要缓、轻、柔、圆。

功用：

意、掌（包括脊柱）炁三者协调一致，同步运行，内外相合，体用俱全，是取得同步效益的前提，是加速修练功效的方法之一，为本功所强调、所应用。

人与地灵，两炁相接，相互贯通，互相滋益，取地之所盈，补己之所缺。

天为阳刚之炁，地为阴灵之精。炁为血之帅，血为炁之母。母康子健，子健母康。炁血依存互化，源远流长，生生不息。

注意事项：

（1）两掌运行，要不着力，无棱无角；手与身、意、炁要浑圆如一，浑沦无间。

（2）两掌由腹前下插时，要留意体察密处炁感，可加大"火候"，但不可停步不前，舍本求末，延误练功。

（3）意到、手到、炁到、看到（内视）、听到（返听），五者相辅相成。手与体的距离，以炁感是否明显为尺度，要不远不近，不即不离。

炁感：

1. 接通地阴之后，由下到上，通体有清凉感。这是地之属性和效应。

2. 炁由腹到地时，大腿里侧和脚心有温热感，生殖器有电麻感，绵绵密密，火炎下，水倒流。

3. 地根有井泉，水清澈，鱼行游，似身处又一世界，流"念"忘返。

4. 潜入或溶化于大地，处于忘情忘我之中。

第三节 通天势（通天阳）

通天阳，是继"接地阴"人与地合之后，修炼"人与天合"，进一步开拓"外为我用"的深度和广度的功法。

血为质，炁为化。这是由"质"到"化"的熔炼升华阶段。

功法（接"接地阴"）：

1. 在炁由地下经腿至腰后，两掌上移，由腋窝至胸前（掌心向里，指尖向上），再上举过头（掌心相对），以意领炁，以掌引炁，同步运行；炁由地根涌起，通过身躯阳面，直冲天根……

2. 双手合十（指尖向上），沿腹中线两侧下插至小腹前，再分置于两腿外侧。

意、炁、掌同步，炁由天根降，经身躯阴面（包括掌和臂）到会阴部密处。

3. 通天阳第二圈。两掌由两腿外侧，向臀部移动，引炁由会阴部密处经腰、背、头，走阳面，直冲天根。再引炁降至密处，周而复始，循环运行。男转 3 或 6 或 9……36 圈，女转 2 或 4 或 6……24 圈。

要点：

天根无止境，直冲星斗，要冲！冲！冲！也要在空间和时间上，加大"火候"（有高血压病史和眼底病变者，慎练）。

其他，参照"接地阴"所述。

功用：

人从地，可接地阴；人从天，可通天阳。

取天地之所盈，补己之所缺；习练"接地阴"与"通天阳"，阴阳双采，天地浩然之炁为我所用，命则为我所主宰。

其他，参照"接地阴"所述。

注意事项：

（1）双掌上举，臂勿僵直，头勿后仰，双踵不可离地。

（2）双掌上举有困难者，可不必勉强。内胜于外，只要意到炁到就行了。

其他，参照"接地阴"所述。

炁感：

1. 接通天阳之后，由下到上，通体有温热感。这是天之属性及其效应。

2. 但"炁"由上经头至腹时，面、喉、胸和胃的局部有清凉感，似雨落，滴滴有声。

3. 天根有日月，云移风行。

四　阴阳势（升降势）

这是继接地阴和通天阳，即炁分身躯前后（阴和阳、天和地）两面运行，先后分别连通地根和天根之后，再修炼"炁由身躯左右（阴和阳、天和地）升降"，直达天根、地根的功法。

这是由人→地→人，再人→天→人，进而地→人→天→人→地，"人天合一"的一种炁之大循环，或谓之太乙"大周天"：周——周而复始；天——大宇宙。

功法（接"通天阳"）：

1. 接地阴，贯入地根后，以意领炁，炁由地根升至左足，经左半身至左臂。与此同时，掌与意同步，左掌为实，由小腹左侧（掌心向里），引炁上行，经左胸上行过头，直冲天根（掌心向右）……

左臂由身前上举过头的同时，右掌为虚，侧平举（掌心向下），继而上举，接从天根采摄而来之炁（掌心向左）。再右掌为实，引炁下行，经右胸至右腿，直达地根……与此同时，左掌为虚，由左身侧平举下落（掌心向下），至左腿外侧，掌心向里。

连续习练，再从地根起，经左半身，直冲天根；由天根落，经右半身直贯地根。如此，男练3、6、9……36次，女练2、4、6……24次。

2. 在左升右降，按指定或自定的次数完成后，再由地根起，以意领炁，以掌引炁，由右脚起，经右半身至右臂，冲向天根……

继而，炁由天根降，左掌引炁下行，经左半身贯至地根……

3. 先左升右降，和后右升左降，均应各按男3、6、9……36，女2、4、6……24的圈数递增，因时因地而异，自选习练。

要点：

1. 左（右）掌由身前上提到身侧下落，为一圈，走向路线要圆。

2. 引炁上冲和下贯时实掌，要意、掌、炁同步。由身侧上举和下落时虚掌，要无意、无力和无炁。要虚实分明。

3. 行炁观想，以脊柱为分界，左升右降或右升左降，要天地（阴阳）分明。

4. 下贯入地或上冲升天，可加大"火候"，体察炁感，以内景外象显现为度。

其他，参照"接地阴"和"通天阳"论述。

功用：

传统医学认为：下和左为阴，可养血；上和右为阳，可化炁。贯下接地阴、冲上通天阳，先分步练习，后连续习练，既弥补了单练贯下和单练冲上的缺陷，又可使上、中、下三焦通理得调，充分发挥炁化作用，从而可生精以养血，泽毛温肌。

升降法，可使人之真炁（生命能）与天地浩然之炁（宇宙能）交接连通，相互作用，至此，其法趋于完善，其效更为显著。

此外，它还是炼己和制人（助炁）、可吐（发）可纳（收）、进而引动助功的功法之一。

注意事项：

（1）升降法比"接地阴"和"通天阳"的导引动作要多，又要上下（天根与地根）连通一起，一气呵成，因而切勿只顾导引动作，忽略以意领炁和体察炁感。动作导引、意念导引和炁息运行，三者虽不可缺一，但后者是相随相合的成果，是目的，是主要的。

（2）先练左升右降，再练右升左降，用以调节，以求平衡。

炁感：

1. 左升，左半身有清凉感；右降，右半身有温热感。反之，清凉变温热，再反之，温热变清凉，可随意交替轮换。

2. 实掌有实物感，虚掌有空无感。

五　合炁法（天地势）

这是由一点到多面、由分部到联合，而构成人天合一，是整体和综合性修炼的功夫，是"阴阳合炁法"中阴阳交泰、性命双修的主要功夫之一。

功法：

接"升降法"，以意领炁，炁由地根升至双足，走阳面，经身躯（包括臂的阳面）直冲天根……同时，以掌引炁，两掌上提，由大腿外侧，经臀、腰、胁、胸、肩上举过头。

然后，两掌"合十"，经面至胸，两掌分开，沿腹中线下插至小腹前，"结解脱印"。

意、炁、掌同步，炁由地根起走阳面，再由天根降走阴面，周而复始，循环运行。男按3、6、9……36，女按2、4、6……24的自选次数习练。

合炁法的行炁路线，只由天根降走身前，由地根升走背后，不再反运转。只前下后上。

要点：

1. 上冲下贯，缓慢运行，要达"根"；可加大"火候"，要保"质"，因人而异，要适"量"。

2. 炁行观想，以脊髓和上下肢骨髓的中线为分界，要天地（阴阳）分明，了了分明。

功用：

"左升右降"，"阴下阳上"，"脊空填髓通脑"，以及"沿督以为经"等等的"炁运行"和"炁效应"，可见"阴阳合炁法"其法之妙用与妙效，不言而喻。

"阴阳合炁法"深刻体现了本功"先生于内"，内炁孕育、壮大之后，以此为基础、为动力，跳出小天地（躯壳），"后取于外"，达天地根，融溶于"浩瀚阴阳场"，去摄取用之不竭的"万有宇宙能"。

阴阳合炁法，综合地运用了下接上通和左右升降诸功法，具备了上述诸功法所具有的能和效。

其他，参照"接地阴"、"通天阳"和"升降法"功用。

注意事项：

虽不怕"若天机之轻泄，祖则罪诞"，但因某些功理不可能用现代语言进行解释和解释清楚，所以对不理解而抱有怀疑的好心人，对只迷信过去和自己的反对者最好少讲和不讲，避免误会。

炁感．

对所谓的气吞山河和天人合一，所谓的空无中止息，忘我的境界以致"解脱"中的妙乐；所谓"玄"的内涵等，至此，将有较深的感受和体验。

在此阶段，对某一存在，有时会恍然契悟，生慧而觉明。

慧于中，秀于外，内外为我所自有，可随时观其窍，乐其妙。

六　收功

这是依照"先生于内，再取于外，后敛于内"的习练程序，完成修炼全过程，取得圆满功成的末节功法。

真炁即真精，真精涵阴阳（人生天地），统摄归仓，方是全修真养。

功法（接"合炁法"）：

无论炁是由地根或从天根收归小腹腔内，结手印后，均须目凝于中（小腹腔中心），耳闻于中（小腹腔中心），耳目并用。

静待炁感收拢，集中，稳定，直至归隐。先"敛"后得。

然后，开目，静待片刻，掌放下，练功完毕。再散散步，恢复常态。

要点：

1. "神返生中炁自回。"炁，由天根或地根收至身中，再存于小腹腔内。

2. 念念归一，或谓"一心"，即目视之于内，耳听之于内，心（意）止之于内。内，均指小腹腔中心那个"体"，不是个"点"那样的小家子气。

3. 直待炁感归隐，或曰消失，内外景象不再显现。

4. 开目以待，不可分神；要视而不见，依旧存意于小腹腔内。

功用：

收功——精还动。

精还功，乐在有窍，窍者法也。遵法则得炁，得炁则全生。

精还功，乐在有道，道者炁也。得炁则得道，得道则长存。

精还功，乐在有妙，妙者象也。显像则得笑，得笑则还童。

窍——道——妙——笑！

精还功，是阴阳合炁法整套功法"静——动——静"最后的"静"，这个静是在敛、在藏，是前因之果，全始全终。

注意事项：

（1）收功，要圆满、顺利、完全、成功。要回阳不漏，不可虽登宝山仍复空手而归。切勿草率收兵。

（2）禅，可益智生慧。禅中有动静，动中生，动中壮；静中养，静中藏。动是手段，是过程；精是目的，是结果。

动要尽量发挥，静要自然形成，要勿忘勿助，即顺乎自然。

收功的静，由阖目内照到慢慢开目以待，直至炁感消失，方告完成。这是方法，也是程序，切切遵守。

（3）腹内"现珠"（出现的光团），勿惊勿喜，勿追求勿留念。虽了了分明，但不可念念不休，更不要做无科学依据的"科学"解释。

炁感：

自觉呼吸似有者尚有，似无者未真无，虽若存若亡，却得在其中。

自觉神志豁达，空灵一身轻；身心轻安，喜乐自在。

从肉体到精神的这种解放，或曰清洗、"解脱"（甚至说脱胎换骨，都不算过分）真是其乐无穷，也是从未有过的。

对于功中的阴阳合炁法（天地部）之妙乐，包括妙中的迷、谜、秘、密……特别是对其何以具有"盗天地、夺造化"的功能与功效等，自觉有了新的解释，有着深的体会。

第四章　人天合一　天人一体

本功法的核心在"放"。将"小我"放到"大我"中，进行人天循环，而达天人一体；启开"慧眼"，见大天地，生大智慧，故而本功又叫"慧功"。

一　松展放收

本功法的第一步——松、展、放、收，是起步功法，是筑基功夫，而第一步功里的放松，又是筑基功夫的基础，所以，放松是本功基础的基础。

全身放松，可以初步收敛精神，重新调整呼吸，沟通气息运行，为学练慧功做好准备。本功的放松，是通过特定的意念活动、导引动作和吐纳方法来实现的，三者结合，相辅相成。

（一）松在密处（会阴部）

放松此处可牵动全身，利于血液的流动，气息之运行。这里是周天氤运的枢纽，是阴阳二气（先天氤和后天气）必争之地和必由之路。

慧功中的松会阴部密处，在练功中始终不息，平时持之以恒，可收到"体酥、心融、乐淘淘"的实效；体验到慧功的功态是另一种享受。因此，要"念兹、在兹、常惺惺"。

习练放松，可以初步掌握动作、意念和呼吸三者相结合，可活筋骨、调

194

气血、疏经络与安神调志。

导引动作：

轻闭双目。

由手指和脚趾开始，微微地蠕动，要上下配合齐动。协调熟练之后，把手指和脚趾的蠕动逐渐蔓延，节节波及至腕、肘、肩、踝、膝、胯和颈椎腰椎与骶椎。最后练到一动（即脊柱，这是原动力，是主要的）无有不动（指全身关节、肌肉，这是附带的，也是必需的），内动（指内脏器官，这是目的，要刻意追求），外不动（即肢体活动，是次要的，可顺其自然）；以达至内外相合，运用自如的境界。

但动作要缓慢柔和，用意不用力，不间断，（肢体）无棱角。

意念活动：

由上到下，再由下到上，依次、反复地内视身躯各个关节和肌肉放松运动的形态；用耳去听全身或某一部位的松动声响，"耳目并用"。

但内视要飘渺，外示要安逸，切忌装腔作势，死守固守。要"慧于中，秀于外"。

吐纳方法：

首先是自然呼吸，自觉舒适自然。尔后逐渐过渡到存念于导引动作，无意于呼吸的"忘息"，这种呼吸，是在松、展、轻、柔、慢的身躯内外齐动中，形成的另一种特殊而且很自然的呼吸运动和呼吸方法。因而，切忌任凭主观想象去故意造作，或勉强地把呼吸拉长、缩短、停顿等等。

这是"孕育生养"阶段，是关键，勿忘勿助，功到自然成。

炁感和注意事项：

练功伊始，掌心和会阴部密处部位，不自觉地时时、阵阵出现热感，似温水，像暖炉。继而小腹、前胸、后背以至全身有极轻微、舒适的电麻感，如痴如醉，并偶有腹鸣、打嗝或矢气发生。

这是"内象"初起，要一笑置之，欣然受之。在此真炁养生阶段，要适当调节性生活，以厚土培育之，即加强练功，以期再上一层楼。不能"得一"（炁→精→神，长）乘机"去一"（精→炁→神，消）；更不能使旨在为人体健康锻炼活动步入歧途——蒙以神秘和醉于房中；不能"寿而不寿"，要"不寿而寿"。

（二）展在慧中

"慧中"即前额两眼之间的第三只眼，"慧眼"部位。

展开慧中后，才能体会到和运用好慧功中"笑从内心起"的"笑不休"，才能为舒五志、为身（命）心（性）并修（改善生理功能和精神状态），特别是为"生慧"打开通道。

慧中是窗口，是练功有素者从体内向外放射某种特殊能量（古称"神光"）的渠道。因此，要展后外放、远射，不能守此定此。展后"外象"丛生，有悟，生慧，受益。反之"只能昏沉瞌睡，如何长觉长明"？甚至产生头昏、脑胀或头痛等不良反应。

松密处与展慧中，上下配合，阴阳交泰，久之牝牡（阴阳二炁）自然通透。

展是为了放，只是修炼中的一个方法，有其效应但不是目的，展后的放，才是主要的，要着重修炼。这里的放，可为炁布于外打开一个窗口，初步训练意和炁的作用与运用。

（三）放在全身

阖目，透过慧中远视和遥想自然界日月、山川等壮丽景象，通过松密处和展慧中把体壳肤毛完全放松，把内在的单一心境展放到空灵的外境，这就是从练功初阶段意守中的"物"（景象）过度到高级阶段意念活动中的"无"（空灵）。

类此从内到外的展开、释放、融化，以至"解脱"（宇宙同化或人天合一），都是"念"（意念）的调心养神和"息"（呼吸）的胎息养炁，身炁相依相守，不使其离的禅修功法，与道家的"炼炁化神、炼神还虚"相吻合。

通过意念活动把神炁外放得无边无际，直至自觉把身躯放到"似有似无"和"不空而空"，这才是所谓的"真无"，方是"真空真定"，才能够"定空久定，神通慧"，才能够生慧。也就是说，这里的放，由"不空而空"，进而"真空真定"，以期"定空久定，神通慧"。

松是为了调身，放是为了调心。调息是在身心得调之后自然形成。三者互相联系，相互作用，有法有理有功。理、法、功俱备并且运用自如，阴与阳、虚与实、动与静、里与外，即可随心（意）所欲（用），自行调节，使其趋向平衡协调，真炁从而生养、壮大。

（四）收归小腹

即改阖目远视外界为阖目内视小腹腔的中心。"神返身中，炁自回"。用这种先重于开（松、展、放），后重于合的办法，求得炁的"先从内生，继而外来"，"外为我用"，达到"回阳不漏"；不可"虽登宝山，仍复空手而归"。

收，是藏的过程，要耳闻于内（小腹腔中心），目凝于中，（小腹腔中心），耳目并用。

收，在"松、展、放、收"中用之，可得炁在身；在"冲上贯下"者用之，可孕育成长；在"周通空灵"中用之，可使炁更有所作为。总之，在全过程中，要使"炁为我生，生为我用；用因有求，求后必得，得后归仓"。要完成先内（孕育）后外（壮大）再内（收藏）的全过程，达到圆满、顺利、成功，回阳不漏。

注意事项：

在展、放的阖目远视和遥想中，不可执着（勉强、固执）和想入非非（入魔）；在松、收的内视中，勿忘勿助，即不掉以轻心、流于形式，不刻意追求，或死守一点，固守一点。

在呼吸方面，要自然舒适。绵绵密密，以至若有若无，即"似有者尚有有，似无者未真无"。

筑基功夫，时而习之。在室内、户外，站、坐、卧均可。不拘形式，不限姿势，舒展大方，自然适度为度。

炁感与效应：

练功到一定阶段后，先手足、后全身，会出现温、凉、麻、痒、轻、重、空、无等八触现象，及流星、闪电之类，旭日、弯月之属，皆系自然的内景外象反应，勿疑勿求，一笑置之可矣。

二　冲上贯下

这是在学练筑基功夫（松、展、放、收）之后的进一步功法，是炁由外来，外为我用，由炁的内作用于外，又转回外作用于内，和内外通连的主要功法之一，是学练和掌握单向（上和下）摄取外炁的功法。

炁，"先生于内，后取于外"，指明修炼中炁的产生和来源，同时要说明跳出小天地（躯壳），放眼于并投入大天地（宇宙），去探索、摄取、充实，达到"外为我用"之目的，以求得"人天效应"。冲上贯下功夫，为此开辟了一条道路，奠定了基础。

冲上，意念在天之无比高处，以接天根；贯下，存念于地之无比深处，以接地根。两者轮换交替，上下往来，可贯脊、肾，调气血，平阴阳，扶正固本。

习练方法：

阖目，两脚开立，与肩同宽，脚尖稍外开。膝关节要滑利不僵。腿要不屈不直。收臀，以除腰椎生理性前弯为度。两臂微屈置于头的两侧（掌心向里）。初练时，可置于胸前或腹前，掌与头或胸、腹距离不少于一市尺。要"指、趾松散、腋胁空；头颈虚顶，展慧中；松密处，重心落于踵"。

落于踵的练法：以两脚跟连线的中点为一个点，密处、天顶各一个点，要求这下、中、上三点垂直一线，以维持身躯正中；放松全身，以利气息运行。

意念的上下往来，要贯通脊柱进行，由头顶或双肩（天经、地经、人经）冲上，经密处和双脚心（天经、地经、人经）贯下。一上一下，直达天地根，并且均要缓慢、舒适和自然。

功用：

冲上可采阳，以补炁；贯下可采阴，以养血。多上、上通下，可补命火、填真炁；多下、下助上，可补肾水，养血分；上下往来，通理三焦虚实。此外，冲上可发，贯下可收。

炁感与效应：

"上、上上然炁冲星斗；下、下下然炁贯井泉。"学练此功法，可初步体用人、地、天三者连通一体的实感与效应。

脊柱，贯肾、填髓和通脑，以此为中轴，上下往来，以意、炁连通外界之后，炁可通透全身，同时又觉炁由头顶、双肩通天，炁经密处、脚心入地。配合吐纳，"吐（呼）从地出，经背上；纳（吸）由天来，经胸下"，便可"出息，周通法界；入息，摄本归周"。

此时应有实感，如身躯周围有顶天立地的炁柱或光柱等，似觉如古人所述的"炁在人中，人在炁中"、"近在眼前，又在身中"，乃至偶有"雷鸣"、"鸟语"、"花香"，这是在"松、展、放、收"中出现了"光"之后，相继而来的"声"和"味"。

注意事项：

以先学练贯下、后学练冲上为宜。平时习练也应按此先后顺序进行。习练中，贯和冲的次数不限，但要相等，以免阴阳、虚实失调。可以连续习练3、6、9遍。

上冲时，接通天阳，后背或全身有温热感；下贯时，接通地阴，前胸或全身有清凉感。身躯如出现不自觉的摇晃、转动和舞动，宜顺其自然，勿加控制，勿违其自然规律。多人一起共练时，宜拉开距离，以免相互影响。

三　周通空灵

此步功法，是在冲上贯下，即使炁从内到外和由外到内，以透身体、连天地的基础上，进一步使身（动作、形态）心（意念）息（呼吸）炁（人体场）天（宇宙能、天地间浩然之炁）连通一起，同呼吸、相互用、共命运的功法。由此而祛病、健身、长寿，以致生慧，皆系自然、也是必然的。

习练方法：

阖目。

意念通向寰宇之灵空，无止境，直至人天合一（身躯宇宙化或谓人天炁场同步化），这是调心的延伸和深化阶段。通过吐（呼），吐自小腹；通过纳，纳（吸）归小腹。在吐和纳的意念活动中，加以呼和吸的呼吸运动。吐和纳两者各自要上下、前后、左右、里外浑圆一体一起放，放到无边无际；一起收，收至圆满功成。要气势磅礴，大有"气吞山河"之势，"地动山摇"之力，同宇宙连成一体，同呼吸，共命运。

收功方法。先"合十"，后"结手印"；返观内视（沿着脊柱去透视小腹腔中心），耳目并用，加深意念的作用和对炁效应的感受，直至全身炁感逐渐消隐，圆满收功。

炁感与效应：

至此，在半知半觉的恍惚中产生妙觉——真觉。对这些真觉、妙觉，如人饮水，冷暖自知，不要做无科学依据的"想当然"的"科学"解释。

第五章 简论太极拳的源和流

一 太极原理与太极拳

太极一词出自《易经》："易有太极，是生两仪。两仪生四象，四象生八卦……"从此生生不已。之所以如此，是因为太极内含阴阳，阴阳交媾，变化万千，化化无穷，生生不息。

太极拳是太极原理在传统武术及传统养生方面的具体应用。真正的太极拳是拳功皆练，不可偏废，甚至功重于拳，否则就不叫太极拳。为什么？过来人云：练拳不练功，到老一场空；练功又练拳，妙处说不完。对养生延年而言更是如此。

"一分为二叫阴阳，合二为一名太极。"此一太极原理表现在太极拳理方面就是：拳属阳而功属阴，拳是动而功是静；拳练身而功练心，身心修持皆系于气。如此则拳功一体，必然身心和谐。

其实，道因气而立，气遵道而行；道即气也，气即道也，练气过程即体道过程。故而凡坚持拳功皆练者，必达拳气一体，身心合一——拳道合一。道通则万法皆通，养生、技击无有不通。太极拳初祖张三丰就是我们仰之弥高的榜样。

202

二　太极拳之源——太极功夫

玉昆子先生在其著作《太极拳秘谱》（华夏出版社，2008 版）中认为，我们现在见到的太极拳，跟二三百年前的太极拳（那时尚未明确命名曰"太极拳"，常呼之曰"太极功夫"）是有区别的，太极拳的完善是一个萌生、发展、壮大、成型的过程，是经过多少代武术家们的探索、实践、演化而形成的，在不同的时期及地域，此拳法都有应时、应地、应人之变化，如果把众多武家的积累归附到一个人身上，是不公平的……它是属于整个中华民族的。后来于志钧教授所著作的《太极拳史》（中国人民大学出版社，2012版），也持同样的看法。

被尊为"太极仙公、太极真人"的葛玄，其孙葛洪亦被尊为"太极仙翁"，熟谙武术，身为将军，曾平贼杀寇。他的名著《抱朴子》内、外篇，留下了许多太极法门的资料及太极功夫的佐证。由此可见，太极拳（功夫）作为一种武术，在道教兴隆以前，就已经有了。

有明确文字记载者为梁时徽州的程灵洗，言其太极拳（功夫）是由韩拱月（502—577）所传。程氏世代相传，五百年后传至程秘（1127-1160），他的《观经悟会法》一书中讲："太极拳非纯功于《易经》不能得。以《易经》一书，必须朝夕悟在心内，会在身中，超以象外，得其环中，有人所不知之妙。""太极拳"三字此为首见。

唐朝许宣平亦徽州人，授业于于欢子，其所传之太极拳名为"太极拳（功夫）三十七"式，动作自然连贯，一气呵成，滔滔不绝，故又称长拳；后传至宋远桥，称宋氏太极拳（功夫）；辛亥革命时宋氏传人宋书铭将拳谱公开："自余而上溯，始得太极之功者，授自唐代于欢子、许宣平，至余十四代……许每负薪入市贩卖，独吟诗曰：'负薪朝出卖，沽酒日夕归；借问家何处，穿云入翠微。'大诗人李白曾去拜访而不遇，题诗仙桥曰：'我吟传舍咏，来访真人居。烟岭迷高迹，云林隔太虚。窥庭但萧萧，倚杖空踌躇。应化辽天鹤，归当千岁余。'"

唐朝李道子（614—741；127岁），河内人（今河南博爱），河南博爱千载寺太极宫出家人。据庙里残碑记载："李道子少即聪，过目不忘，文武医易博艺皆修……创无极养生功，研传千载养生医鉴秘诀，武练月雪，功惊武林……师曰：三教正义，严律武风，勿为霸腐，拳为民生。以柔克刚，舍己从人，未成功器，勿名师门。"他所传太极功为先天拳，亦如三十七式，应为太极拳之别名——雏形。"以柔克刚，舍己从人"，已阐明太极拳的特色。宋时传于江南宁国府俞氏，其后人俞莲舟，一次出游在武当山遇一蓬头垢面道人，呼他"徒再孙"，传其秘诀："无声无象，全身空透，应物自然，西山悬磬，虎吼猿鸣，水清河静，翻江倒海，尽性立命。"

关于太极拳起源问题，说法甚多。《太极拳秘谱》罗列如下：

> 唐朝胡镜子传太极拳（功夫）给宋仲书，宋传殷梨亭……与太极十三势功用相同。殷与俞莲舟、张松溪、章翠山……等七人，再往武当山拜访李祖师未遇，见到了玉虚子张三峰真人（二张的师父），指点其功法名为"十三势"——太极拳别名。

张三峰著有《十三势拳论》，是对许宣平三首要诀《八字诀》《八字歌》《功用歌》的诠释。许文中提到："三教无两家，统言皆太极。"说明许宣平对太极之术很有研究。

关于张三峰与张三丰，前后有两位。前一位张三峰为宋朝武当山炼丹道士。《宁波府志》记载，清康熙八年（1669）黄黎洲所作《王征南墓志铭》中说："少林以拳勇名天下……有所谓内家者，以静制动，犯者应手即仆，故别少林为外家，盖起于宋之张三峰。"

另一位则为自称大元遗老的张三丰真人，著有《张三丰太极炼丹秘诀》一书，其中记载有《太极拳论》《太极拳歌》《太极敛神聚气论》，似乎可以成为创立太极拳之佐证。（原书注：各种版本的《张三丰全集》均无此内容，故质疑者亦多）

杨氏太极拳的基础锻炼，就是盘架子，但不是死死站桩。太极门虽然也要步伐稳固，但它是在动中去求……《十三势》歌中所谓"入门引路须口授"，就是指的这一阶段。四川张义尚先生是中医师、丹道师，也是杨氏太极拳高师，寿高九十，在近代太极拳高手中养生成就也是较高的，他对太极拳的特点有着较深刻的论述：

外家拳法多数采取直线的动作、外形的变化，唯有太极功夫是采取弧线的动作、内劲的变化，故有听劲、懂劲、走劲、化劲、粘劲、拿劲等术语。听劲也叫找劲，就是与对方一接触，就要能够清楚知道对方来力的轻重、方向、速度等等。懂劲是不特能够知道对方来劲的种种，还要以我的劲与对方的劲相结合，利用对方劲的动态，以多种多样的弧线，合于分力、合力、力偶、斜面等原理，使对方的劲逐外落空，无有用武之地。根据力学惯性原理，敌劲既逐外落空，即逐外有失掉重心的场合，我与敌人失掉重心的场合，仍粘着不离，且随顺敌动方向增加力量，使敌人已失的重心不能恢复，而且更趋于向不利的方向发展，而我则处处不失重心，从容不乱，可以随意地摆布对方。此中引敌落空的方法，即是走劲、化劲，也就是不顶的功夫。要达到不丢不顶，必须能够舍己从人，随敌人的变化而变化，不自动，不妄动，也不宜多动。不自动，就是彼不动己不动。不妄动多动，就是恰到好

205

处，敌进一分、我退一分，敌进二分三分，我亦退二分三分，若进一分退二分则丢，进二分三分而退只一分则顶，非丢则顶，走、化、粘劲与拿劲皆无法完成了。

至于发劲，也就是继走化粘拿的攻击扫荡方法。正当的发劲，总要就敌人的劲而发放，所谓妙处全凭能够借力。虽然有走化而达我顺人背之境，利用敌人之外形不顺而进击，不与对方之劲相合者，纵能胜人，也定会拖泥带水，不俊不美，也不大方。若能与敌劲合一，利用圆圈弧线，连化、连拿、连发，浑为一气，于敌人旧力方过、新力未生之际，如水翻波，连根涌出者，是为截劲，也是接劲。能运接劲者，则敌不动则已，动则力为我借，此种境界，外形上几乎全无动作，而被发者有全身震撼如触电之感觉，才是正途。然此境界虽高，犹可以言说思议，被发者尚可觉知对方之劲势，不过不能抗拒耳，术语称为"水劲"。等而上之，至蓄劲人不知，发出人不觉，制人于无功，胜人于无形，不见而变，不动而彰，无为而成，术语谓之"土劲"。此劲唯澄甫太老师有之，我辈则望尘莫及矣。

李雅轩老师说：

太极拳是个无为而无不为的东西，以无为应万变，如有为则挂一漏万，顾此失彼矣。太极拳是玲珑透体，无所不知，轻轻妙妙地一粘，就可以觉察了对方的来意、方向、劲道和作用。

"按太极之发劲有十几种"之说，我以为不对，只有一个懂劲和不懂劲的问题。如不懂劲，会一百个发劲也等于零；如懂了劲，则千变万化。……太极拳的制人，没有一点儿成见和矫揉造作，而是敌人送上门来挨打的。……但是这个道理唯有有文化的聪明人才相信！

推手最重要，我和杨澄甫老师推手，总是轻轻一粘之后，就无法自主，用力不行，不用力也不行；快不行，慢也不行；退也不行；左不行，右也不行；如悬虚空，如陷大海。总之一句话，一切无法，只有挨打的份儿。然而最奇特的，老师并未用什么手法，什么绝招，始终只是稳稳静静地掤、捋、挤、按而已。若就我自己来和杨师比，我最多也不过他的十分之三四而已。

三 关于太极劲与八卦掌

八卦掌初学缓慢，亦步亦趋，后则逐渐转快，如风驰电掣，故仍属以快胜人之拳种。太极则以缓为贵，唯缓，方能气神贯注。全身无时无处不呈蓄劲待发之势，外形虽缓，而内劲之发射极速，故与敌周旋之时，着人如电，能震动全身，显惊魂动魄之威，八卦掌无此也。

内家功夫中，形意多是直劲，八卦多是横劲，皆有所执着；太极之劲，则能方能圆，可直可横，妙用无穷，有人以混元劲名之。

八卦粗而太极精，八卦浅而太极深。

四 内家拳与太极拳

内家拳这一名词的出现，始见于明末清初大学者黄宗羲（1610—1695）所撰的《南雷文案·王征南墓志铭》。该文作于康熙八年（1669），是最先记载"内家拳"的史料。从此，中国拳术分成内、外两家，这是中国武术史上划时代的大事！武当武术与少林武术从此泾渭分明。

《王征南墓志铭》："少林以拳勇名天下。然主搏于人，人亦得以乘之。有所谓内家者，以静制动，犯者应手而仆。故别少林为外家，兴起于宋之张三峰。三峰为武当丹士，徽宗（1082—1135）召之，道梗不得进，夜梦玄帝授之拳法。"

　　然而武当丹士有两位，除了这位宋之张三峰以外，还有一位自称"大元遗老"的张三丰（1247—1414，167 岁时隐遁入山）；二人都是武当丹士。就丹道内功成就而言，大宋张三峰小有成就，著名的"三峰采战"就出自他的文中。而"大元遗老"张三丰确是吕祖之后大有成就的赫赫有名的一代丹道大师，大宋张三峰难以望其项背。故二人所创之拳种自然也会有重大差别。三峰与三丰一字之差，弄得后人争论不休。笔者倒是认为，无须争论，《王征南墓志铭》明确指出大宋张三峰（1082）创立的是"内家拳"；而大元张三丰（1247）创立的是"太极拳"，两者相距约二百年。

　　笔者如此认为，并非随随便便胡猜，而是依据于习练内家拳或太极拳者们的实践。如今据实道来，可以一起研究研究——申明一下，笔者非拳术家，而系伍柳天仙法脉弟子，醉心于实践与研究内丹术——内玄之功。

　　阿英女士，年五十余。自幼体弱多病，遂而学练太极拳以自救……在一位丹士指导下，加强内炼一口气，由气而炁地内炼（非浅层次的练）紫金丹，经筑基功夫而至炼精化炁、炼炁化神修持，也即是张三丰祖师指示的内炼路子，由此内气（炁）日盛，拳势亦随之而变。特别是达炁足药灵时，"一箭透三关"而"小周天"法轮自转，脊柱即为之一挺，竟然增高了两厘米。太极拳的精髓豁然而悟，拳架境界则焕然一新。拳之与炁，似主与宾；宾随主后，拳随炁运……不是我要打拳，而是拳要我打，不过顺势而为。如此则拳炁一体，拳道合一，而致拳功兼炼（非有意的练），恍兮惚兮，不知是我在练拳，还是拳在炼我。正如王芗斋大师所述："拳无拳，意无意，无意之中有真意。"真意无意，无意则无不意——神意、慧意，己炼则升华，教人则人成，独乐众乐，真极乐矣！

　　作为一个拳师，其养生和技击的水平、层次，取决于其人内功的水平与层次。现代科学划分的物理能，势、热、声、光、电、磁，门类众多，还有能级更高的原子能、核能，能级迥别，效应悬殊。而人体内能则更加丰富而奥妙，乃至令人难以思议，看看太极拳高手们的推手、较劲便可知一二。

人体内能粗分医家的后天之气与丹家的先天之炁，即人体生物能与人体生物潜能的"生物原子能"；还有炼成了张三丰祖师紫金丹丹光的"生物核能"，到此境界，无须动手动脚，神动炁动，炁动神应。太极高师杨禹廷不耐烦一小子纠缠，瞪了他一眼，该年轻人当即连滚带爬地被"打"出门外。由此可见，一个拳家，其功夫的高低，主要取决于其内功层次的深浅，低者与高者，如小巫见大巫，如小伙子与杨禹廷，真不可同日而语矣！

孙氏太极拳宗师孙禄堂引用他师叔的话说，有个高师告诉他：不应以少林和武当来化分外家与内家，凡不练气者，武当也是外家；凡练气者，少林也是内家——见道之言！

大宋张三峰虽系丹道名人，但其"三峰采战术"属于丹道旁门，成就不算很高，其内气（炁）用于武术技击，当然绰绰有余，故其拳气合一的内家拳足以使对方应手而仆。有位中医丹道师、武术高手讲到，现代西洋拳、外家拳，其打击能量重在臂力，设其出击速度为 40 米 / 秒，臂重 5 公斤，其打击能量则为 $40 \times 5 = 200$ 公斤。而内功修持到家者，元气（炁）从丹田炁穴喷涌而出，神到气（炁）到力到，等同全身的质量皆集中于一点击出，其打击能量就等于其人体重 × 打击速度；设其人体重为 60 公斤·米，打击速度仍为 40 米 / 秒，则此时击出的能量应为：$60 \times 40 = 2400$ 公斤·米，为前者的 12 倍，对方焉能不应手而仆？大哉，内家拳！

大元张三丰却不然。"吐老庄之秘密，续钟吕之心法"的一派大师，名噪一时，以致明朝四代皇帝都为他倾倒不已，还专门为他修建了武当山道观群，以待他归来。以他超凡入圣的内能、丹炁而创编的太极拳，自然比内家拳高出一筹。从他给太极拳下的定义就可看出："拳属动而功属静，功属柔而拳属刚，刚柔相兼，动静相济，始成太极之象。""太极拳"的命名已跃然纸上，就差明确写成"太极拳"三个字。王宗岳在论"太极拳势"时，最后说："张三丰祖师拳道之论，欲天下豪杰之士延年益寿，不徒作技击之末耳。"

在三丰祖师眼中，与他的金丹大道相比，太极拳只不过是外练筋骨皮的小术，放在不起眼的末位，自是理所当然，只是在他的抒情诗中偶尔提及。如《三十二岁北游》："幽冀重来感慨志，乌纱改作道人装。明朝佩剑携琴去，却上西山望太行。"《悠悠歌》："悠悠歌，悠悠歌，四十八岁空消磨，人生寿命能几何？株守恒山十八载，燕赵往来成逝波。倒不如携琴剑，整笠蓑，东走蓬莱唱道歌。"明贾大亨御史《题太和山》："希夷丹气满，邋遢剑光妍。"（希夷即陈抟老祖；张三丰号邋遢道人。作者注）

《明史》中明确记载有关张三丰武功内炼成就之处甚多，如"寒暑唯一衲一蓑"；"寒暑不侵"；"所啖升斗辄尽，或数日一食，或数月不食"；"游无恒处，或云一日千里"；他一百多岁时还携琴带剑，一笠一蓑，武当山、青城山……步栈道、越剑阁，云游四海。无论防身或锻炼，跋山涉水，没有超凡的拳剑功夫，是不可想象的。从他的"炁（非气）足不思食！""采炁而食"，也可看出三丰祖师内功修持层次之高，早已成就为可以不食人间烟火、"采炁而食"的货真价实的"逍遥神仙"，实乃养生及武术历史上之仅见。所以神妙莫测的"太极拳"创编之初祖非三丰祖师莫属！

张三丰祖师创编的太极拳，是他能达"魂魄抱一而不离"、"其中有精，其精甚真"、"肢体柔弱如婴儿"的方便法门，和实现老子"长生久视"之道的善巧工具，故而能长命百岁而不稍衰。至于三丰祖师到底活了多少岁，据史料来看，为了躲避几朝皇帝的纠缠（皇帝们肯定不会放下皇位、锦衣玉食、后妃宫娥去跟他修道）而不得不隐遁入深山，那时他已寿高167岁了。清末金丹大道西派祖师、大成就真人李涵虚在峨眉山禅院，有缘幸遇吕祖洞宾和三丰祖师，后者并传他丹法，这时祖师算来已五百余岁了！对于已经修至究竟境界、"散则成炁，聚则成形"的圣师，有缘分则遇，有福分则得！

至于近现代的太极拳宗师与大师们，其养生成就实在不敢恭维，几乎都健康而不长寿，七十左右就撒手了；乃至因病而去；或仅及三丰祖师167岁隐遁入山时的零头。为什么？——内炼一口气未能到家！更何遑论丹产珠圆。时下的各种太极拳著作，大多重在拳架、推手的论述，虽教练内功而层次不高，未能从练（气）至炼（炁），并向上升华，仅止于"人生七十古来稀"。

各派宗师如陈长兴（1771—1853）82岁，杨禄禅（1799—1872）73岁。顾留馨（1908—1990）82岁，陈王庭（1600—1680）80岁，杨班侯（1873—1892）55岁，杨健侯（1839—1917）78岁，杨少侯（1862—1930）68岁，杨澄甫（1883—1936）53岁，武汇川47岁，吴鉴泉（1870—1942）72岁，武禹襄（1812—1880）68岁；也有高寿者如杨禹庭98岁，吴图南105岁，可谓少见的佼佼者。

笔者也认识一些太极拳多年习练者，一查他们的能量大多聚集在四肢、胸腔，丹田不够充实，未能修成道场——能量中心"黑洞"，练成的内气层次不够高，大多为混元气，而非玄关开后的先天之炁——人体生物"原子能"，更远未达三丰祖师紫金丹的人体生物"核能"，且又不能归元伏藏而生生不息，乃至到了晚年招致病痛来袭。如四川一位著名太极拳家，七十岁后患膀胱癌，不得不切除一肾；不久牛复发又手术；到第三次手术时便走了，时年八十四岁，还算高寿。先生在手术前几天，弟子欲给他换间更好的房间，他说用不着，伸手一挥，差点把弟子挥到窗户外去了。可惜如此强大的能量未能伏藏于丹田，以充分发挥养生保健作用，殊为可惜！

五　太极拳的源与流

　　于志钧教授的《太极拳史》对太极拳的源与流叙述得既确且详，可谓已正本清源矣。因此可以肯定地说，"太极拳"一词的出现，其拳种之得以发扬光大，始于王宗岳的《太极拳论》。拳界公认，像《太极拳论》这样划时代的经典文献，只能出现于真正"大师"的手上，绝非无文化修养的平庸之辈所能著作！

　　太极者，无极而生，动静之机，阴阳之母也。动之则分，静之则合。无过不及，随曲就伸。人刚我柔谓之走，我顺人背谓之粘。动急则急应，动缓则缓随。虽变化万端，而理为一贯。

　　由着熟而渐悟懂劲，由懂劲而阶及神明。然，非用力之久，不能豁然贯通焉，虚领顶劲，气沉丹田。不偏不倚，忽隐忽现。左重则左虚，右重则右杳，仰之则弥高，俯之则弥深；进之则越长，退之则越促；一羽不能加，蝇虫不能落；人不知我，我独知人。英雄所向无敌，盖由此而及也。

　　斯技旁门甚多，虽势有区别，概不外乎壮欺弱，慢让快耳。有力打无力，手慢让手快，是皆先天自然之能，非关学力而有为也。察四两拨千斤之句，显非力胜。耄耋能御众之形，快何能为！

　　立如平准，活如车轮；偏沉则随，双重则滞。每见数年纯功不能运化者，率皆自为人制，双重之病未悟耳。欲避此病，须知阴阳。粘既是走，走既是粘，阴不离阳，阳不离阴，阴阳相济，方谓懂劲。

　　懂劲后，愈练愈精，默识揣摩，渐至从心所欲。本是舍己从人，多误舍近求远。所谓差之毫厘，谬以千里，学者不可不详辨焉。

《清史稿·艺术传·王来咸》记载："王来咸字征南，浙江鄞县人，先世居奉化，自祖父居鄞，至来咸徙同村，从同里单思南受内家拳法。内家拳者，起于宋武当道士张三峰，其法以静制动，应手即仆。"又记，"清中叶，河北有太极拳云。其法出于山西王宗岳，其法式论解，与百家之言相出入，至清末，传习者颇众云。"这是正史最早出现"太极拳"一词的记载；也是王宗岳被收入正史的记载，明白记述内家拳"起于宋武当道士张三峰"，而太极拳法出于山西王宗岳。

关于王宗岳的具体籍贯、生平事迹均不可考，比较可靠的说法，是河北永连县广府的武禹襄（1812—1880）于咸丰二年（1852）得之于其兄、河南舞阳县宰武澂瀛处。《太极拳论》署名"山右王宗岳"。

在当时的武术界武禹襄系后辈，他遂携带此文赴精于内家拳的怀庆府赵堡镇的陈青平处，"研究月余，而精妙始得，神乎其技矣！"时间约在清咸丰三年（1853）。武禹襄也曾携文赴杨露禅处，共同探讨。在王宗岳《太极拳论》的拳理理论指导下，他们分别创编的太极拳——赵堡、杨氏、武氏及后来的吴氏，皆大同小异，自是理所当然。

陈氏太极拳与此大相径庭，因其指导理论不同；他们未以王宗岳的《太极拳论》作为指南，而是在河图、洛书中去寻找依据。

于志钧教授深入研究史料后认为：近代太极拳的改造和成拳过程，是由陈长兴、陈青平开始的，由武禹襄、杨露禅完成的。而将太极拳带到北京（大约是清同治十年，即1871年前后）、走向全国而发扬光大的是杨露禅、杨澄浦祖孙二代。随后武氏、孙氏、吴氏纷纷亮相。60年后，陈照丕于民国17年，即1928年也走出了狭壁沟——陈家沟，把陈氏太极拳带到北京而面市。

最先传承张三丰祖师太极拳的是武当赵堡太极拳。据第十代传人郑瑞先生的著作《武当太极拳小架》一书记载，第一代传人蒋发于明万历二十四年（1596）22 岁时，即师从王宗岳学练太极拳，长达 7 年，尽得其真传。并定下"十不传"、拳不出村的规矩。直到第七代宗师、文武兼备的陈青平（1795—1868），才打破陈规，传于村外的出类拔萃者，如杨露禅、武禹襄等。因当时陈青平对拳艺改制尚未定型，只是在拳理理论方面给杨露禅予以辅导，将他推荐于同族陈长兴处学艺。后来杨露禅于光绪二十四年（1895）写的《杨氏太极拳序》中写有："学太极拳于陈家沟陈长兴，得拳理于赵堡镇陈青平。"

　　尽管武当太极拳最为古老，因于"十不传"、拳不出村的限制，故却最后为世人所知晓。几经历代传人改进，最终小架武当赵堡太极拳融拳架、推手、散打于一炉，气运循太极曲线，拳脚似双鱼追欢，以柔以慢，刚劲内蕴，相济互益；高低错落，八方运转，循环无端；内收内敛，随顺自然，内气沛然；大圈小圈，自传公转，无处不圆；易学易练，易上台阶，比较有助于培补元气，益寿延年。

第六章　辟谷法门的理法与实践

一　人的生理结构为天生的素食结构

人赖食物精微以延续生命。食物入口第一道关口为牙齿。人的牙齿结构是板形的，与食果蔬、草类动物的牙齿结构相一致；而肉食动物则尖牙、利齿，与草食动物迥然有别。食物入口的第二道关口为唾液，人与果蔬、草食动物一样，唾液是偏碱性的；而肉食动物的唾液是强酸性的。人与果蔬、草食动物的肠道细小且迂回曲折；而肉食动物的肠子则粗且短。"心物一元"，人与果蔬、草食动物性情温良；而肉食动物则剽悍、勇猛。由此可见，我们一日三餐宜以谷类、果蔬等素食为主，肉类为辅，方顺天理、物情，以充分发挥人体的天生生理功能，如此则人体必多安少病，耳聪目明。"不知常（道），妄作凶。"如果天天山禽海味不断，反常道而行，就会打乱人体之自然生理机能，及固有的信灵系统，导致怪病丛生。正所谓"天作孽，尤可违；人作孽，不可活！"如今的猪流感、禽流感等就是明证。人类如果再不清醒，其"健康前景"实在不妙。

人过中年，人体功能态的逐渐退行，各种慢性病症的滋生（包括慢性中毒）与迁延，以及衰老的加速到来，虽然原因很多，但其中长期的"肠道积污"的影响尤大。诺贝尔医学奖获得者、病理学家梅契尼科夫写道："大肠中粪便秽积，因而产生腐败细菌，形成有害物质，引起自身食物慢性中毒，于是发生疾病和衰老现象。"据查，有的大腹便便者，肠道中的积粪可达十余公斤之多。哥伦比亚大学教授汉穆斯指出："衰老的主因，是身体中因食物而产生的毒素。试管试验证明，老年人的血液含有毒素；若能抑制人体毒素，便可以延长寿命。"我们老祖宗于数千年前开创的"辟谷食气"法门与学说，正是对治这些病理现象的高招与妙着。

二 辟谷法门源远流长

古仙黄石公的弟子、汉初三杰之一的张良，是史载最早的辟谷家。马王堆汉墓的出土文献中也有"却谷食气"的内容。由此可见"辟谷食气"现象源远流长之一斑。仅从文献看，辟谷法门遍及道、释、儒、医乃至民间。当代的群体辟谷实践的成功事例更是喜人：最年幼者仅三四岁，年长者八十余岁；各种现代医药久治不愈或束手无策的、顽固的慢性疾患，皆在"辟谷食气"过程中得到缓解或痊愈。以致西方医学界的学者们认为，"断食疗法"是人类健康的最好保障。他们正在进行系统而深入的研究。

辟谷食气法门对各种慢性疾患，尤其是顽固性疾患的缓解乃至痊愈，其疗效事实上已无可争议，对"减肥健美"更具"特效"。殊胜的是"辟谷食气"具有"双向效应"，不但可使"胖者减肥"，而且还能令"瘦者增丰"，原本身体瘦弱、饭纳不香的人，大多是慢性肠胃病患者，经过"辟谷食气"过程，疾患迅速缓解、痊愈，而且内气充实，脏腑功能协调，胃口大开，从此营养增进。

"美容嫩肤"效果更是一绝。常言道"欲美容，先排毒，欲排毒，先清肠。"如果肠内宿便、垃圾与毒素不及时排除，而是反复被吸收，以任何手段天天美容都没用！经过"辟谷食气"肠内的宿便、残秽彻底地得到清除，同时培补的元气无须去消化食物，全部用于调理身体内部，令血液循环顺畅无阻，新陈代谢有力，常人大部分闭塞的微循环系统从而全面开放，及时排除生理废物，血氧的输送可远达末梢与皮部，无论是中、老年人的老年斑、皱纹，尤其是青壮年的"青年疮"、"青春痘"，皆可迅速缓解及消除，皮肤显得自然光泽红亮。

辟谷对"戒烟"亦有奇效。辟谷食气有成者，体内清空，烟味入体，即有恶心、呕吐反应，烟不戒而自戒。

辟谷食气对人体机能的调理、医疗等作用，是广泛的：祛痰、化湿、散寒，通经络，清浊秽，净血液，消肿块（饿死癌细胞——对胃癌尤效），休息内脏，畅通肠道，促内分泌强化，加速伤口愈合……具体来说对三高症，脑血管硬化，心脏病，糖尿病，气管炎，鼻炎……几乎都大有裨益。

辟谷的方式大致可以粗分为：人为辟谷；无为辟谷。

无为辟谷又可分为：（1）炁足不思食的自然辟谷；（2）在高功老师外能加持、催化下，自体潜能激发而显现的炁足不思食的"催化辟谷"。

三 断食疗法风行西方

西方医学界研究生命现象的学者曾公开著文：中国的中医与道家养生术是人类健康的最后保障。过去也认为"断食疗法"是人类健康的最后保障。

早在20世纪二三十年代，国外医学界已对断食疗法进行了系统而深入的实验、研究，断食治病的医院如雨后春笋般纷纷建立。日本有三千多家断食寮。前苏联的医科大学和精神病医院，把断食疗法作为主要的治疗手段，认为比吃药、打针或电疗效果更好。中医就认为，不少精神病患者的病因，就是因为长期的便秘引起的。

断食疗法的受益者们，对断食的奇效赞不绝口。如俄罗斯大文豪托尔斯泰说："断食不只是健康，而且是灵魂的喜悦。"

美国名作家辛克雷："经由断食，我找到了完全的健康，一个感觉纯洁、快乐、新的生存境界。"

日本断食专家今村基雄博士："我对断食有这样的热忱，是由于现代医学经过三五年仍无法治愈的诸多慢性疾病，经过断食就很轻易地转好的病例，看得太多，有积累多年的经验，确认：为了健康或求返老还童，除了断食，没有其他方法。"

国外断食疗法的著作不断涌现。英国卡林顿医学博士《活力·断食与营养的关系》，美国卡斯凯尔的《完全的健康》、作家辛克雷《现代人的生活战术》、马克欧依博士的《断食与健康》、日本小岛八朗《断食疗法》、青木春三《断食》和台湾段木干教授的《断食》等，这些书都是人类的一笔宝贵财富。

日本国立营养研究所，曾对5个人进行12～30天的6次断食试验来分析身体所产生的各种生理反应。

（1）体重减轻的情形：第一至第三天减轻最多，每天1～1.5公斤，第五天前后，每天减轻0.5～1公斤，10天以后则为0.3～0.5公斤，以后几乎都是以一定速度在减少。体重减少到断食开始的40%（极限，过此极为危险！），至少需要四十多天时间。

（2）内脏器官的变化：脾脏、肌肉的减少情形较大，神经系统、骨骼、肺等组织不易减少，副肾和甲状腺反而增大。①胃酸。断食最难过的是开头几天，因为胃仍然照常分泌胃液，会有饥饿的感觉。但三天至一周后，因胃长期没有食物，便停止分泌胃液，这时不再有饥饿的感觉。②肝脏。脂肪增多，肝糖减少。③血液。脂肪为了聚集在肝脏，要由血液来输送，所以血液的成分也增多了脂肪质。

（3）排泄：大便减少，成黑绿色，恶臭，叫宿便。体内的有害物质被排泄出来，这时身、心都被完全净化，尿量逐渐减少，颜色变浓。

（4）生理机能：视觉、听觉、触觉变得锐敏，记忆力和联想力也会增强，脉搏和呼吸次数没有太大的变化，但血压则会显著下降。

（5）白血球增加：第一周没有变化，第七天开始增加，第十一天急速增加，日增 1.57 倍，甚至更多。断食能消灭病菌，提高人的免疫力，原因就在此。

（6）舌苔：断食时，舌面生长白苔，十天以内，很少清洁。

其实断食疗法同时也是"补食疗法"。断食结束后，脾胃打开，吃任何食物都津津有味，食香睡恬，营养增进，可使身体发生巨大变化：内分泌的正常化，神经系统的调整，毒素的排除，抵抗力的强化，代谢机能的活跃，肿瘤的自身溶解，器官和组织的返老还童……妙不可言。

我们来看看著名医学作家、大阪断食疗养院创办人筑田多吉的研究报告。

妇科病：子宫的前屈，后屈，内膜炎，月经过多，月经困难，月经不调，白带，输卵管炎，卵巢炎，子宫肌瘤等，都能以断食的方法治愈。尤其不可思议的是十七八岁至二十四五的年轻妇女，即使未到定期的月经，在断食期间，由于断食的反应，会在四五天流黑黑的血，不仅因此根治了她们原有的妇科病，而且个个面色红润，精神抖擞……

动脉硬化症：人的年纪一大，血管由于脂肪的沉淀而起硬化的现象。断食疗法能溶解脂肪与石灰质，促血管软化，血压降低，使动脉硬化症得以缓解。

（3）肥胖症：这是除了断食莫治的疾病。断食期间消耗了体内多余的脂肪，使得肌肉结实。

其他疾病，如化浓性副鼻腔炎、癫痫、胃下垂、胃扩张、胃酸过多、巴塞杜氏病、风湿、神经痛、神经衰弱、眼病、淋病、梅毒等，效果显著。

……

不明内情的人，以为断食会有生命危险，而一旦亲身体验，就会知道不但毫无痛苦，身心反而意外地愉快。

人人都希望多安少病，身康体健。其实，最妙的手段就是两个字：少食！自身食物的慢性中毒是影响健康的主因。

哈佛大学的鲁杰斯教授领导下的专家们发现："人体毒素的主要成因，乃由食物分解而来。人体晚年保护机能消减，毒素便向心脏、血管、神经系统、肾脏大举进袭……"

美国的毕尔勒医生：在我行医的五十五年的经验中，得到三个结论。第一，一切疾病的根本原因，不是细菌，而是食物的慢性中毒，造成细胞组织被破坏，才引起细菌的侵袭。第二，绝大多数的情况下，用药物治病是有害的，表面上疾病已经痊愈，但药物所产生的副作用，往往会引起新的疾病。第三，适当摄入食物能治病强身。

我国新疆医科大学鹏印高教授以自己的亲身实践说明：绝食至少要三天以上才能够进入辟谷状态，这时候机体要由原来的糖代谢供应能量改为脂代谢供能，动用脂肪以后使得溶解在脂肪中的脂溶性毒素被溶解于血液而被清除，其他各种体内毒素也随之被清理。这样才能够算是进入辟谷。一般辟谷三天以内，机体内还存有葡萄糖或者葡萄糖的储备，这种情况下机体都是以葡萄糖代谢来供能，三天以后葡萄糖和糖原被耗竭，机体在极度缺乏能量的情况下，才会被迫进入脂代谢供能。所以我认为：只有在绝食三天以后才算是进入辟谷状态。一旦进入辟谷状态，机体就会大量消耗脂肪，于是溶解于脂肪的脂溶性毒素无处藏身，会进入血液而排出体外。一旦脂溶性毒素开始被清除，这样才显现出抗病作用和保健作用。

进入辟谷状态机体开始清理内环境，当然辟谷时间越长清理得越干净。他观察到癌细胞坚持不了绝食五天……辟谷第五天癌细胞就开始衰亡。癌细胞是一种特别能够吸收抢夺营养的细胞，平时癌细胞内储存大量的营养，癌细胞死亡以后会释放出很多营养。随着辟谷时间的增加，癌细胞死亡数量会越来越多，所释放的营养也越来越多，所以癌症病人都会在一定时间内越辟谷越有精神。如果病人觉得饥饿反应严重，缺乏营养而感觉虚弱，可以吃一些奶油或者食物油，或者静脉滴注脂肪乳。癌细胞不能以脂代谢来供能，而正常细胞可以。癌症病人可以用补充脂肪来延长辟谷时间，这样辟谷时间可以更长，能够更好地杀死癌细胞。（《益生文化》2012 秋卷）

组成人体的化学元素，有十多种。它们 80% 属于碱性，20% 属于酸性。为了达成血液的酸碱平衡，我们的饮食 80% 应为碱性，20% 应为酸性。一般说来，果蔬、黄豆、小米、牛奶等是碱性食物；各种肉类、谷物为酸性。

人体血液是微碱性的，只有碱性的血液，才能确保健康。为求酸碱平衡，必须多吃自然食物。

四　山中仙人不知老　渴饮清泉饥食枣

古传典型的辟谷食气经为《神仙食气金柜妙录》："先合口引之（吸气），纳而咽之，满 360 已（止），不得减。此引之（吸气、咽气）欲多多益善，能日咽至千，益明（显效）。咽而食日减一餐，十日后能不食也。后气常入不出，意气常饱。不食三日，腹中洞洞不饥，或小便赤黄，取好哺（质厚者）者若枣九枚，念食（饥感）唅一枚，若二至三枚，一昼一夜，无过此九枣。意中不念食者（无饥感），不须唅也。常含枣核（于舌下）受之，令口中行津液（诱、激唾液分泌），嘉。"

辟谷期间，一般皆以大枣为"主食"，以肉厚丰满者为佳。

从中药药理来看，大枣味甘，性微湿平，能健脾养心，补益气血，平和胃气，助十二经。《本草纲目》："善补阴阳、气血、津液、脉络、筋骨、骨髓，轻身延年，坚志强力。""补五脏，治虚损。"

神仙们更是推崇："山中仙人不知老，渴饮清泉饥食枣。"民谚亦云："每天食枣，防病抗老。"大者可日食 3 ~ 5 枚，小者 5 ~ 10 枚。

蜂蜜也是辟谷的"主食"之一：性甘平，补养五脏，益肾止痛。生花生米：性甘平，补益脾胃，润肺化痰，润肠通便。核桃仁：性苦甘平，活血润肠。柿子：性甘涩寒，润肠止血，降压。总之，宜食补益气血、润肠通便类果品。饮水则泉水为佳。

应用有为法门进行辟谷食气的实际操作，一般以 7 ~ 10 天为宜，前一二天或两三天，可服一杯胡萝卜苹果汁，中午两三枚红枣、生花生米，晚食一小碗青菜汤，以利通便；中三四天或五六天，完全进入辟谷状态，只饮矿泉水；辟谷结束后宜食较易消化的食物，如红枣稀饭之类，直至正常进食。

张荣堂先生辟谷 21 天，每天服紫云英蜂蜜 100 毫升，生理盐水 150 毫升，白开水 700 毫升，体、智、能一直保持正常，减重 9 公斤。

辟谷期间，重在培补元气，认真练功。每天以中等速度散步，蠕动大小肠，迅速排除陈便。

五 自然辟谷面面观

少数人在一般辟谷过程中，深层次潜能激发先天真气（炁）开发启用，人体高智慧的"原子能"发动，人体内能即从"生物能"层次升华至"原子能"时代而"脱胎换骨"，就能够"采炁而食"而不食人间烟火，可以成年累月地长期辟谷。凡能长期辟谷者，必然脉、络畅通，"经络、穴位是肺，皮肤亦肺也"，可以采炁而食，肺呼吸已降到次等地位。

注意掌握自然辟谷四原则：不饥饿；不想吃；就不吃；愈来愈有精神！

无论是人为辟谷或是自然辟谷，都要"适可而止"，不要"贪功"而人为地过分延长辟谷时间，以免走向反面，如"汪达真事件"：汪老已年过花甲，练功多年，内气充足。当他进行辟谷之时，先给自己预定辟谷时间：辟谷 100 天！到了 60 天左右，汪老尚精力饱满，且体放异香。之后渐弱，到了第 83 天，却撒手而去……

辟谷过程中，如有饥感而思食，即应逐渐进食。说明体内的"富裕脂肪"已被利用、转化了。如果再强行辟谷下去，就只得消耗自身赖以维持正常生命过程的"基本脂肪"与"基本营养物质"，将会导致尿酮症的出现，久之则会发生代谢性酸中毒而危及生命。

对于长期辟谷者，为了避免悲剧发生，每周查一次尿酮体的变化情况。辟谷者如果体重不减轻，尿酮体呈阴性，这证明辟谷者"没有动用和消耗体内储存的基本脂肪"，可以放心大胆地继续下去。如果尿酮体呈阳性，辟谷者体重在减轻，即应立刻终止辟谷。

六 七、九模式

初次在家欲体验"却谷食气"，可采用下述七、九模式。

第一天

食物：早餐，水果汁一杯，用一两根胡萝卜一个苹果榨汁；午餐，红枣数枚、生花生米一些，无饿感可不食；晚餐，蔬菜汤。

备用：蜂蜜、人参水；个别人辟谷之初不适应而出现心慌、气短等反应时，可适当饮用以过度之。

功法：（1）动练脊柱；（2）站桩。午休时，静功入睡。

晚餐后，有条件可以中等速度散步一小时左右。

静功入睡——带功睡觉。

水果汁：胡萝卜大的一根，小的两根；苹果大的半个，榨成汁；搅拌成汁亦行，唯口感较差。

水果汁有丰富的维生素与植物蛋白及纤维素，有利于增强人体生理机能，有助于排除肠道淤积的污秽。

第二天：同前。

第三天：同前。取消午餐；适当饮矿泉水。

第四天：同前。取消午餐、晚餐；适当饮矿泉水。

第五天：全天辟谷；适当饮矿泉水。仍有饥饿感者，饮用少许水果汁或蜂蜜水。

第六天：同前。

第七天：复食：水果汁；蔬菜汤；稀饭；面条。

少数人先天元气（炁）发动快，进入自然辟谷状态时，则顺其自然。

九天模式：

在上述七天模式的基础上，适当延长两天全辟谷时间。

上述七、九培气辟谷模式，安全稳妥，可以放心进行。

第七章 阴平阳秘 健体美肤

一 爱美之心 人皆有之

美，即和谐，亦即平衡。提及阴阳平衡，使人联想到冲和平衡的太极图，以及负阴抱阳的太极曲线。它们是宇宙运化"天行健"之健美的象征。

宇宙乃大人身，人是个小宇宙。"人以天地之气生，四时之法成。"我们是大宇宙的一个细胞或缩影，人体结构之纲、锻炼之基的脊柱，就是一条美妙的S形太极弦线，阴平而阳秘，铸成了宇宙之美的杰作——堂堂正正的人！

一分为二无所不在，美也一样，分为瘦美人病态之美与锻炼者矫健之美——健美。这里我们只讨论健美及健美之道。

二 精神美、心灵美是体健美的蓝图

"人是要有一点精神的。"因为精神对物质有很大的作用力，严重影响着物质的形态与变化。

《周易参同契》："同类易施工，非种难为巧。"心与物同来自先天之道，它们相互影响；而且心灵、精神是蓝图，物质则依精神蓝图而进行构造——构造出健美者或粗鄙者。故此，人的精神境界，影响着人体形态的美丑，美好的心灵有助于我们成就文质彬彬举止得体的仪态。

一个人襟怀坦白，胸无城府，有理想，有情操，善心常切而善道大开，时时处处总是与人为善，春风风人，春雨雨人，必然心恬神怡，气和体康。反之亦然，市井小人，气量狭窄，乃至用尽心机，贪得无厌，算计他人，这类人大多心怀鬼胎，目光不正，粗陋不堪，如此已与美绝缘。

由此看，升华精神境界、心灵情操之美犹在锻炼形体之美之上，爱美、健美者不可不重视。

三　内脏健是形体美的基础

《易经·文言传》："美在其中而畅于四肢。"是说人体之美应该是形式与内涵的和谐协调。就每一个具体的人来说，内脏健是形体美的基础，外形健美是内脏强盛的表现。

中医的藏象理论也强调外象与内脏的协调统一。一个人如果心主不明，十二官危，肝不藏血，脾不健运，胃不受纳，肠不吸收……咽下再精美、再营养的食物，无非是在胃肠里面过一下路而已，不能将其充分转化为人体需要的各种生命素，反而会给胃肠造成不必要的"磨损"和负担，必然导致人体营养不良，面黄肌瘦，有气无力，腰弯背驼，百病丛生，未老先衰。

脏腑功能不强盛者，大多睡不安寝，食不甘味，只好痴食富于刺激性的辛辣之物，或膏粱厚味如鸡鸭鱼虾，古人视为下等食品……结果不但不能补益气血，强身健美，反而容易导致阴湿化热，内火外排，"穷长虱子富生疮"，满脸疙瘩，皮肤粗粗糙糙，给人以粗鄙印象。所以我们要保持肌肤润泽，充满活力，步履轻健，风度翩翩，康健内脏是第一义的。

四　健美在于运动

生命的活力在于运动锻炼，代表生命活力的健美当然也在于运动锻炼。

运动锻炼，强化"阳"的活力，去除"阴"的惰性。人到中年以后适度的运动锻炼是非常必要的，特别是已开始步入老年期的人士，细胞之间、窍穴之中、血管之内，充塞着各种病理及生理废物，甚至毒性物质，严重阻碍着细胞、内脏、窍穴、血管等功能的正常发挥。随着年龄的增大，这种自我的"慢性中毒"现象愈益严重。人体进行适度的运动锻炼，使之气机活跃，促进血液循环，活动肌腱，滑利关节，转化富裕的脂肪，增强新陈代谢，能有效地防止衰老的过早到来。

称为人体第二心脏的微循环系统，是生命物质的主要交换场所。人体微循环血管长度之合，占全身血管总长度的90%以上。人过中年以后微血管网络开始成片闭塞，其开放度大为降低，甚至不到20%。这是由于代谢废物的沉积和病理产物的粘附，瘀塞了许多血管床，使微血管变窄、变形，甚至封死，严重影响血氧的输送和废物的排除，从而也严重影响皮肤的润泽，导致人过早地出现黄褐斑、老年斑。适度的运动锻炼使血流流通加速，冲击血管腔，可以把瘀积在血管腔里的垃圾清洗出去，充分发挥微循环系统的生命物质交换机能，这对促进新陈代谢、转化富裕脂肪、促助肌肤细嫩光泽十分重要。

五　健美的无上妙法——培元补气太极拳

随着生活水平的提高，人们开始重视自身的健体与美肤。于是各种健体与美肤的书籍、健美的方式、健美的手段，也一齐走向社会。减肥茶、健美药、康复枕……犹如雨后春笋；健身操、健美舞也应运而生；健美器材与设施亦不断换代更新。健美事业也同各行各业一样，兴旺发达起来，其中体育型健美是主流。

然而现实呢？似乎很不理想，亚健康普遍存在，未老先衰、体态臃肿、行动乏力、面无光泽者，并无明显减少而且还不断年轻化。为什么呢？其深层次原因为何？值得我们进行深入研究，不但要知其然，而且要知其所以然，以避免人们继续盲习瞎练而事倍功半。

《黄帝内经》："百病生于气也。"肥胖病、瘦弱症也不例外，皆生于气血亏虚。常言道：气力、气力，有气才有力。人们或由于先天固有的气血不足，或后天的气血亏虚，皆可导致人体血液循环乏力，新陈代谢低下，人体生理功能因而逐渐失调而致病。

当人们年轻力富之时，元气充足，经络畅达，体内、体表的万千孙络、浮络都充满了精气，第二心脏的微循环血管网在精气促助下获得充分的开放，血氧及时输送到位，生理废物迅速排除，故而青年人大多显得朝气蓬勃，肌肤细嫩而润泽。随着年龄的增长，工作、生活必需的元气消耗，特别是人过中年以后，元气由丰而欠，气机的运行就开始走下坡路。如此则经络即将发生干瘪而运行不畅，内在的孙络与体表的浮络大量萎缩，进行生命物质交换的微循环网络因失去动能也成片地闭塞，从而导致中老年人或面黄或虚浮，黄褐斑、老年斑则不请自来。遗憾的是生命元气乃先天之物，非现代人的聪明才智可以人工合成，耗损之后一般无法再生，生、老、病、死从而成了人类不可逆转的铁的规律。

但是，人的"气数"通过主观努力是可以改变的，至少可以延缓衰老的到来。历史上有文献可稽查的名人，如八仙之一的吕洞宾，百余岁仍貌若童子；太极拳初祖张三丰167岁为躲避皇帝的麻烦而隐入深山。他们都留下了丰富的祛病、养生、延年的著作，为我们指明了如何保持青春健康的理和法，就是内培精气神，外炼筋骨皮——习练内家拳或太极拳。

张三丰祖师说过，"不必怨天又怨地，人老原来有药医"；"家家有个家家有，自是愚人识不全"。《心印经》的"上药三品，神与气精"就是三丰祖师所说的家家都有、人人具备的人体上药。为了使我们自体的三品上药精气神充分发挥作用，三丰祖师制定了培元固气、"调息凝神，凝神调息"的内炼八字方针，与圆柔和谐、刚柔相济的外练形态太极拳。如此功拳兼练，可使微循环血管的血流量增加，生理废物迅速排除，营养物质同步到位；首先受益的是心脑血管系统，其次是消化、吸收系统，我们能不身康体健、肌肤润泽？

功拳兼练，持之以恒，随着心、脑血管系统功能的改善，消化、吸收能力的增强，习练者胃肠的排空时间大为缩短，从而把废弃物对人体的伤害降至最低。如此则心神安定，胃纳香甜，气和血畅，阴平阳秘，内环境生理高度稳定，便能够合成人体必需的大多数维生素、微量元素、营养素……不断强化着体液及内分泌系统机能，故而用不着担心体内各种生命素的缺失，无需经常厚味膏粱、山珍海味，十全大补之类更属多余。即使粗茶淡饭，由于拳功兼练者气血充足，脏腑功能强健，消化彻底，吸收充分，因此不但不会缺乏营养，更可使胖者减肥，瘦者增丰，体格适度，使人体达到一个比较理想的状态。

六　阻止肥胖潮

随着物质生活的改善，人们生活水平的提高，全球涌起肥胖潮，并且已经波及青少年与儿童，已成为世界公害。

成年人因肥胖而导致多种疾患的产生：脂肪肝（肝硬化前奏）、糖尿病、心脏病、高血压、各种癌症等当代医药均治而难效的顽症。至于健体与美肤，肥胖者自叹无缘。

古代名医曰：治病必求其本；抓住其本，其末自至。"本"在哪里？"百病生于气也"，肥胖病也是生于气血亏虚。清代有两位著名的医家对此均有深刻论述。王清任《医林改错》："食（物）由胃入肠，全仗元气蒸化，元气足则食（物）易化，元气虚则食（物）难化（消化、转化）。"尤乘《寿世青编》："谷气胜元气，其人肥而不寿。"

由此可见，人们食进口中的五谷粮油、肉类脂肪，必须经由元气蒸化将其转化为营卫二气——各种生命物质，才能为我们所用，起到真正的营养作用。人过中年，生命元气已耗损过半，心有余而气不足，不足以将丰富的食物充分地予以转化，导致生命物质原料堆积而显得"营养过剩"，这是气虚发胖的典型表现。其实他们并非真正的营养过剩，而是缺乏生命元气做转化工作。事实上，体胖气虚者，大腹便便，步履维艰，手不能提，肩不能担，力疲神倦，缺乏生命元气转化营养物质而致实质上的"营养不良"。

古代医家曰："有变必有象，有象必有本"；"病变万端，各有其本，一推其本，诸症悉除。"气血亏虚者之所以容易发胖，是由于人体生命元气虚衰，导致体内细胞逐渐松弛而变粗变大，水液代谢也大为减缓，"水胖子"遂而形成。

"气足肥自减！"实例就是：胖和尚，瘦道士！佛门大德，重修心性不修命，心有余而气不足，所以心广体胖，神态安恬。而修道之士重在炼精化气，气足肥减，显得仙风道骨，逍遥自在。

健体也罢，美肤也罢，外求法，一剂"高级"滋补品，往往结果并不理想，甚至适得其反，中毒、毁容官司常见于媒体。"求人不如求己"的内求法，只要能向内开发利用"人人有个人人有"的人体内药精气神，就可望从根本上解决减肥、健体、美肤等诸多难题，返还人体以美妙的太极曲线之美！

第九章　食疗略说

美国行医五十五年的林兹·沃尔科特博士的《食物是你最好的医药》（译林出版社，2012版）一书说：一切疾病的根本原因不是细菌，而是由于血液中的毒素，造成细胞组织破坏之后，才引起细菌的侵袭。他把所有的疾病归罪于错误的饮食，所以他特别提倡天然饮食。

这只是一个方面。

《黄帝内经》曰："邪之所凑，其气必虚。""正气存内，病安从来？"即是说通过练功而培元补气是最主要的。如果进一步炼精化气，由后天之气升格至先天之炁——道炁，则"大病顽症一齐消"！

天然食物食疗法

医圣张仲景说：人的身体本来平衡和顺，只要好好调养就行，不要随便乱服药物。因为药物的力量比较强，而且偏助身体某一个器官和机能，吃了会使人五脏的气不平衡，容易感受外来的疾病。

药王孙思邈也说：人类保健身体，一定要靠食物。只有救除紧急的病状，才需要运用药物。不知道正确的饮食，无法维持生命。不明白医理的禁忌，无法除去疾病。一个好的医生，应当洞悉疾病的起源，知道他哪里出了毛病，先用食物治疗，食物治不好，然后再开处方。因为药物刚强猛烈，好像凶暴的军队，运用失当，后果非常严重，怎么可以随便派上用场呢？

即使我们选择的是完美天然的食物，也可能因为已经过不适当的处理，如煮得太过分、油炸过后再加上有害的调味品，正常消化的化学反应，不单被这些有毒的废物扰乱，同时也被有害的化学药品和不健康的生活习惯（吃得过饱、不定时、缺少运动、焦虑烦恼、嗔恨恐惧）所破坏了。

不可吃的食物：

凡是浮在水上的肉、有红点的肉都不可吃。

禽畜已死而闭着嘴巴的肉不可吃。

动物的肝脏变青色的，表示有毒，不可吃。

颜色是暗褐色或紫色的肉、没有弹性的肉，也不要吃。

总之，腐败的鱼、肉、饭、菜都不可吃。

与某种体质不合适的食物：

白萝卜——身体虚弱者不宜吃。

茶——瘦弱者、失眠者、空腹状态不宜喝。

姜——怀孕的人不可多吃。

胡椒——咳嗽、吐血、喉干、口臭、齿浮、流鼻血、痔漏等人，不适合吃。

薏仁、麦芽——孕妇不适合吃。

杏仁——孩子吃得太多，会产生疮痈膈热；孕妇不可吃。

西瓜——脾胃弱者不适合吃。

绿豆、枇杷——脾胃虚寒者不宜吃。

香蕉——患胃溃疡者不能吃。

调配错误的食物：

蜂蜜：和葱、蒜、豆花、鲜鱼、酒一起吃，会腹泻中毒。

牛奶：和菠菜一起吃有毒。

柿子：和螃蟹一起吃会腹痛、腹泻。

羊肉：和豆酱一起吃会发痼疾。

羊肉：和奶酪一起吃会伤五脏。

羊肉：加醋吃会伤害心脏。

鲤鱼：和葱一起吃容易生病。

李子：和白蜜一起吃会伤害五脏机能。

兔肉：和芥菜一起吃会引发邪恶的病。

猪肉：和田螺一起吃会使人眉毛脱落。

饮食时间不当的食物：

酒后饮茶会伤肾。

十月勿食椒，损人心，伤血脉。

八月、九月勿食姜，会伤神损寿。

正月不得食生葱，令人面上起游风。

九月不可食狗肉，会伤人的神。

不可多食的食物：

葱多食令人神昏。

醋多食会伤筋骨、损牙齿。

木瓜多食会损筋骨，使腰部和膝盖没有力气。

杏仁多食会引起宿疾，使人目盲、眉发落。

乌梅多食会损牙齿。

生枣多食，令人热渴气胀。

李子多食，会使人虚弱。

胡瓜多食，动寒热，积瘀血热。

姜吃得过多，令人少智少志，伤心神。

盐吃得过多，会伤肺多咳，皮肤变黑，损筋力。

糖吃得太多，会蛀牙，情绪不稳，脾气暴躁。

肉类吃得太多，害处最大，乃下品食物。

食物的五味和疾病的关系：

适度的酸味对肝脏有益，但过量则损脾脏。

适度的咸味对肾脏有益，过则损心脏。

适度的辛味对肺脏有益，过则损肝脏。

适度的苦味对心脏有益，过则损肺脏。

五味都不可多食，因为五脏相生相克，任何一味吃得过多必然会损害到某一种脏腑。

药王孙思邈说：春天宜少吃酸，多吃甘来保护脾。夏天宜少吃苦，多吃辛以保护肺。秋天宜少吃辛，多吃酸来保养肝。冬天宜少吃咸，多吃点苦养护心血。四季宜少吃甘，多吃点咸保护肾。

远古时的名医歧伯也说：春天应吃凉性的食物，夏天宜食寒性的食物，秋天应食温性的食物，冬天应食热性的食物。

如果你的功境已从一般的强身健体，升华至脱胎换骨而更上一层楼，可以采炁而食，就取得了"食"的自由；未臻此境界者，还是遵从饮食规律为上。

下编

（一）

金丹正道

——自主性命的慈航与天梯

一粒灵丹吞入腹　我命由己不由天

人生的意义与价值，就是辅助天地化生万物，弥补其化育之不足——培宇宙之德，补天地之缺，扶助天地万物使之更加完善而达人天双赢。

庄子《逍遥游》："有至人焉，有神人焉，有圣人焉。至人无己（私），神人无功（贪），圣人无名（争）。"世上的贤人，忠于职守，干一行，爱一行，钻一行，精一行。也有人，或尸位素餐，或混世魔王，虚度此生……

人本来可以和日月齐寿、与天地同龄，为何命短不过百年？一方面是不明身心性命的究竟，不识超越性命的理法，为物所累，为欲所困，卖弄聪明，作茧自缚；另一方面只知内消外耗，不识内补外益，端着金碗讨饭，迅速油干灯尽而鸣呼哀哉！

"欲点长明灯，当用添油法。"此理此法，在世界大生命科学（精气神一体，天地人一统，先后天一脉）及其养生文化史上，唯有中国传统的仙道内丹术家们独知："一粒灵丹吞入腹，我命由己不由天。"人而神焉、仙焉、圣焉！

仙道即丹道

仙道之学源自五千年前轩辕黄帝问仙道于古真广成子。

广成子言他自修仙道以来千二百岁颜色未曾衰。如此则仙道学问至少也有七千余年的历史。广成子又学仙道于上古真人，古真的代表公认是伏羲，距今约万年或以上。

对于仙家丹道，圆顿子陈撄宁论述颇详：

仙道之学通于医学，与《黄帝内经》论述一致：贤人寿蔽天地，至人积精全神，圣人形神不凋；真人则神形俱妙。

仙、道是一体的：道为仙之体，仙为道之用；以仙证道，以道修仙。当然，奉道者未必皆仙，古代仙与道颇有差别——"朝闻道夕死可矣"，但修仙者不离乎道。

仙家丹道重修证：实修实证，实效实验，把握阴阳，超越五行，自由生死，自主生死，心身共化，向上升华，最高的目标则是不生不死，生死自在；最妙的境界为神仙眷属，龙上天来凤上天，双修双成，长生不老，至少也要活过120岁以上，人望之若神仙；不去西方，不上天堂，建人间乐土于现实的地球村。

仙学虽然吸收了佛学的某些精髓，但在生命观、生死观方面，两者则差别明显：佛倡无人相、无我相、无寿者相；但"教外别传"例外。仙道炼精化炁，返老还童，长生久视，生死自在。

仙道非玄学：玄学纸上谈玄。仙道实修实证。

仙道更非宗教：宗教信神祇，拜偶像，仰神灵，求保佑。仙道重理法，贵实践，主自信，凡而仙。

仙道即丹道。广成子传道，老子汇总，庄子扬风，到魏伯阳真人《周易参同契》问世，仙家丹道学才有了较完备的理论框架、下手功夫和检验标准——发白再黑，齿落重生；度金石无碍，步日月无影；入水不溺，入火不焚；散则成炁，聚则成形；生死自在，来去随心。

仙宗天仙法脉有证可查者，源于广成子、黄帝、老子，传少阳主脉于王玄甫，传钟离权、吕洞宾、刘海蟾，再传王重阳、张紫阳，张紫阳再传南五祖，王重阳再传北七真。

　　性命双修内丹养生学的发展到唐末五代之时，钟离、吕祖才将一向心传口授、不留文字的天仙内丹术"三成全功"，用文字将"炼精生真炁（小成人仙）、炼炁化阳神（中成神仙）、炼神合大道（大成天仙）"的"三成全法"形之于笔端，予以公开，内丹炼养的"经典模式"遂而固定下来。后来出现的东、西、南、北、中等五大流派，以及其他性命双修派别，皆以钟离、吕祖传承的天仙法脉之"三成全法"作为依据。

　　魏伯阳真人的《周易参同契》这个理论框架的确"框住了"不少人，美妙的诗句，丰富的比喻，干支、月象，青龙、白虎……进去如入迷魂阵，但却大合"理论研究家"们的口味，于是注解蜂起，聚讼千古，好不热闹。

　　过来人云：生搬周易参同契，前途有限；硬套万古丹经王，后患无穷！还是谨遵师训，实修实证，一门深入——进去了再说。一旦有了实证实境，再去阅读《周易参同契》到底说了些什么，便豁然贯通了。

　　据《罗浮山志》记载，隋代仙道家、道士苏元朗来此山时年已三百余岁，自号青霞子，著《宝藏论》，又著《旨道篇》，首先明确提出"性命双修"是内丹修炼的核心，并具体描述了内丹的形态："我有一宝，秘在形山……自此道徒始知内丹矣。"

　　魏伯阳真人的《周易参同契》为修丹证道者们提供了理论框架，修持理法、关窍所在与下手功夫。钟离权、吕洞宾制定之"炼精生真炁（小成人仙），炼炁化阳神（中成神仙），炼神合大道（大成天仙）"的"三成全法"，则成了修真证道者们的"经典修持模式"。自此，千余年来，凡是认真坚持此修持模式者，无不成就；反之，凡是背离"三成全法"模式，而希图"创新"走"捷径"者，大都"欲速则不达"。随着丹道实践的日益丰富，后人又将其扩展为五大环节：补漏筑基，炼精化炁，炼炁化神，炼神还虚，炼虚入道。但皆是以"三成全法"为核心。当然还可以细分，然万变不离其宗：炼形活血，炼血化津，炼津生精，炼精化炁，炼炁化神，炼神还虚，炼虚了性，了性合道，道法自然，自然而然。

吕祖在《敲爻歌》中特别强调"修命"的重要性："只修性，不修命，此是修行第一病；只修祖性不修丹，万劫阴灵难入圣。"同时也批评了轻视修性者："达命宗，迷祖性，恰是鉴容无宝镜。寿同天地一愚夫，权握家财无主柄"，没有大智慧，仅一长命凡夫而已。据说在深山老林中确有这样的长命凡夫，也可能是真证道者也未知。

修命属"渐法"，重在师传，必须老老实实地依序而修，宁慢勿快，基础越牢越好。日久功深，时至功成，见性往往只在刹那间。然而，炼性却系终身大事，"得丹容易炼己难"，改变自己历劫生命形成的习性、禀性，即化种性为佛性、变个性为道性——难！

修道之初，在练功安排上宜三七开：三分修性，七分炼命。最终性命双修、双成。

"高以下为基。"先从低处起修，把肉身修炼成百病难侵的金刚不坏之体，真正地脱胎换骨，才有资格谈论尔后高深阶段的"深入静定"之三年乳哺、九年面壁。

如果色身不固，阴气未尽，气血不活，关节不利，每入静定状态一上座就是几十天、几个月，且不说三年、九载，常人能行吗？历史上不少"高道"的"羽化、尸解"，不得不撒手人寰，恐怕大多与基础不牢，色身不固有关——肢体不能"柔弱如婴儿"。

南宗的先命后性与北派的先性后命

南宗先命后性的下手功夫，三七开——七分命、三分性，故南五祖俱获高寿，皆度百岁乃去。有据可查者如石杏林（1022—1158）136岁，薛道光（1078—1191）113岁，白玉蟾："而今九旬来地，尚且是童颜……"

北派正好相反，三分命、七分性，世寿都不乐观。如祖师王重阳（1112—1170）仅58岁，世寿最高者为丘处机（1148—1227）79岁，最短者是刘处玄（1147—1203）56岁。

北派功境颇高的丘处机明言："吾宗唯贵见性，而水火配合其次也。大要以息心宁神为初基，以性明见空为实地，以亡识化障为作用，回视龙虎铅汞，皆法相而已，不可拘执。不如此便为外道，非吾徒也。"这是全真派的基本指导思想。

从北七真们写的诗词来看，他们的功境都是很高的。如王重阳："闲中偶尔到天台（上丹田），忽见霞光五色开。想是金丹初变化，取归鼎内结婴儿。"孙不二："握固披衣候，水火频交媾。万道霞光海底生，一闯三关透。仙乐频频奏，常饮醍醐酒。妙药都来顷刻间，九转金丹就。"丘处机诗："金丹冲上斡天罡，何患阻桥又阻关。一意不生神不动，六根不动引循环。"

北七真们如此高的功境，却与常人一般的寿命，其原因何在？恐怕其首要原因是"重性轻命"——轻视肉体的修持。王重阳要求弟子们十二个时辰"行住坐卧一切动静中间，心如泰山，不动不摇，把断四门。眼耳鼻口，不令外景入内，但有丝毫动静思念，即不名静坐。"显然这样对身体是不利的。其次是为了传道的需要，给广大教众树立楷模，他们过着叫化子般的严酷生活，长此以往，色身必然受损。如丘处机："日乞一食，行则一蓑，虽箪瓢，不置也，人谓之蓑衣先生……其志道如此。"

这样的"宗教精神"很是可贵，但对现代人养生保健而言，必须吸取其对身体不利方面的教训。

肉体的现实问题，只有"凡人"自己才能解决，"神仙"也帮不上忙。譬如八仙的老大铁拐李，他也治不了自己的脚疾，丢不掉自己的拐杖。我有个小徒弟钟辉，时年九岁，天真可爱，每上座入静，不少"神仙"来争着收他为徒。他请求神仙爷爷帮他治疗其母的胆囊炎，这些神仙皆异口同声：

"凡体得的病凡人才治得了！"神仙也会被难倒。由此可见，锻炼、修持色身肉体的重要性，绝对不能忽视，而且必须自力更生。

内炼紫金丹，外炼筋骨皮

"气血未通，莫贪静坐。"这一点对中老年人特别重要。在修真了道方面吕祖洞宾真人和张三丰祖师是最好的榜样。

吕祖晚年（64岁）入道，身背宝剑，刻钟祖《八段锦》于石壁，显然他是重视色身修持，主张动静兼炼的。

"六十七岁入终南"的丰师乃太极拳初祖，丹道大师，自然也是内外并修的。两位仙师之所以能够百余岁尚能跋山涉水，如履平地；长生久视，自主性命；这与他们重视色身的锻炼是分不开的。

后来的众多丹道炼师们，包括当代的许多"名师"，有的著作等身，有的号称某派宗师、某门传人，而其身体状况、寿命却不敢恭维，不少人是染疾而亡，带业往生。这恐怕与他们不重视"外炼筋骨皮"，内练功夫也未完全到家，颇有关系。

"欲降伏其心，先降伏其身。"如果元气不壮，经络不畅，关节不利，气血不活，脏腑功能必难协调平衡，一上座则这里痒、那里痛，怎能入静？反之亦然。经过内修外练，经络疏通，气血活跃，上座练功则身心安泰，容易入静，乃至入定。"定能生慧"，"源清精真"，该得的就自然而得了。

由此可见，内炼精气神，外练筋骨皮，动静皆炼是何等的重要。

凡是修炼有成者，至炁竭数尽，难以超越时，起码也应是无疾而终，而非"带业往生"（是为小成）。中成则肉身不朽（当代的如九华山十多位高僧大德，民间的周凤臣老太太）。大成则"散则成炁，聚则成形"，来去自在，隐显自由！如众所周知的吕祖和丰师，伍冲虚、柳华阳、黄元吉、李涵虚等诸位真人。

正是（吕祖）：莫言大道人难得，至是功夫不到头！

有无兼用与大道自然

"但见无为为要妙，须知有作是根基。"

"有为虽伪，弃之则佛道难成；无为虽真，执之则慧性不朗。"

"有为法是敲门砖，入门之后放一边。"

在实际行功时，有为有作的后天法门与无为自化的先天慧理之间的分寸，需要智慧的把握。有为法始终只是一根拐杖或敲门砖，功成即应身退。正如古人所言："过河须用筏，到岸不需舟。"该放下时即应尽早放下而升入新的阶段。

"有为是伪，无为方真！"入门的方便法门是必要的，是没有办法的办法，但要尽量少要后天的小聪明，应以遵循大道之自然为根本。

阴阳双修与彼家丹法

阴者，性也，神也，我也；阳者，命也，炁也，彼也。阴阳双修，即神炁合炼，性命双融，孕育仙胎、道种，返还来时太极真种的元真本象。

性命、阴阳，也分先天与后天。如吕祖名句：两重天地（先天、后天）谁能配，四个阴阳（乾坤、坎离）我会排。

"师传虽一，怡解有别。"修真证道路上因此生出了许许多多的是是非非，其中最大的是非就是清修与双修。

双修派的理论依据来自《周易参同契》名句："同类易施工，非种难为巧。"又有：金丹大道"在人类中求之，于同类中取之"。

正道所指的双修，如上述，乃性、命双修，神、炁双修。左道、右道却把属于先天的无形无象之性命、神炁，降等为后天有体有物的男人和女人。南宗宗师紫阳真人张伯端明确指出："见之（后天有形之物）不可用，用之不可见（先天无象之炁）。"然而宗奉他的一些追随者却打了他的翻天印。

当代目不识丁的王善人之一席话，令人深思："祖先创的业，败坏在子孙手里。教祖创的教，败坏在门徒手里。（所以他）不收徒弟，不当师傅。"

吕祖曾说过：弟子寻师易，师寻弟子难。寻找能够忠实地继承道统的弟子难上加难。故而传统丹道必须择人而教。

也有中和派提出"清静头，彼家尾（双修尾）"。如果你是一个真诚的以长生久视为究竟的修真者、证道者，只有"清静头、清静尾"，一路清静到底才最为可靠。就近代而言，公认实际修持到究竟境界、有权威著作传世的真人，如伍冲虚、柳华阳、黄元吉、李涵虚……都是清修而成就的，都严厉批判过各类男女双修法门。

据笔者的耳濡目染，就当代而言，修至甚深境界，的确出现过"天人交媾"现象，男女都有，度过此关，还精补脑，止闭阳关，更上一重天。源于印度的西藏密宗，明确指出修到一定境界，自有"空行母"来与之交媾，以助升华。后来的一些小根盲人，得知古真仙例，便自作聪明，以其后天的才智去"模拟"先天的境界，以期投机取巧，其结果必然是"竹篮打水一场空"，大都走向反面！

最先以男女阴阳双修注解《悟真篇》的是宋人翁葆光，他把"真阴真阳"、"同类之物"说得神而且秘，把你引入迷宫，兜售他的男女阴阳双修法门。

其实张三丰祖师已经揭开了此一神秘面纱：所谓《周易参同契》的"同类易施工，非种难为巧"，就修仙了道而言，无相的、"用之不可见"的"真阴真阳"方为仙道同类，方可施工孕药；有形的、"见之不可用"的男人女人乃凡阴凡阳，"非（仙）种难为巧"矣！

至于真阴真阳，丰祖指明：阳中之阴（离中之虚——中爻、元神）为真阴，阴中之阳（坎中之满——中爻、元炁）为真阳；真阴（元神）与真阳（元炁）就是修仙证道的同类，并不神秘——神炁交媾，即产真种，孕育仙胎。男人和女人却系同类，但那是凡阴凡阳，只能培育凡胎，生儿育女，以传宗接代。

再一个令人产生歧见的就是"彼家"二字。彼家可以是肾中精气，可以指同类异性，也可以是身外虚空。张三丰祖师明确指出："我身彼家，海底命主。"亦即"我家"为离宫元神，"彼家"乃坎宫元炁是也。他进一步指出："内阴阳者心肾，外阴阳者日月，而非男女之相。"——破谜显真！

主张男女阴阳双修形成一个派别者，公推陆西星（1520—1606）的东派。为了建立他的男女阴阳双修、彼家丹法理论，他在《易经》《周易参同契》《悟真篇》……中找了不少依据。后出的东派大将傅金铨、注解与实践家仇占鳌曾为其摇旗呐喊，但从他们"精炁互藏论"的"根本依据"来看，是经不起推敲的。

"理论是灰色的，而生命之树常青。"理论谁都会编，主要看能否经得起实践的检验。创派者自己是否真的修到了理想境界，至少度百岁乃去，无疾而终——陆西星、傅金铨、仇占鳌等都没做到，世寿也就八十多点，与常人差别不大。

陈撄宁在全国调查了七个搞男女阴阳双修者，无一成功实例。近代著名丹道家《性命法诀明指》一书作者赵避尘在书中披露：他的帅兄搞男女"阴阳双修"，后来得黑肚病而死。

我们来分析陆西星的说教：

"金丹大道，必资阴阳相合而成。"这句话没错。"阴阳者一男一女，一坎一离，一铅一汞也，此大丹之药物也"，也颇正确。"夫坎之真气谓之铅，离之真精谓之汞，先天之精积于我，先天之炁取于彼，何以故？彼，坎也……其于人也为女"，这是陆西星的独特认识。从他后两句话就可以看出，他把先天之炁产生的处所都搞错了。先天之炁，人人都有，女人有，男人也有，自己不开发自己"玄关"内的宝藏，偏要到她（他）家做"强盗"去，十个去了九个难回。就当代而言，陈撄宁会长在全国调查过七位搞男女阴阳双修的人士，无一人取得成功就是实证。

大名鼎鼎的仇占鳌，花大力气以男女阴阳双修注解了《周易参同契》和《悟真篇》，自己以其财力更身体而力行之。后来把他两个最心爱的美女鼎搞"采阴补阳"给双修采死了，弄得心灰意冷，最终不得不放弃阴阳双修，回归清修，还算活了八十多岁。

要寻找先天一炁么，张伯端在《悟真篇》里十分明确地指出："蟾光（神意）终日照西川（下丹田）"就行了，而且一了百了。

"一错一切错"，后面的所谓"创鼎于外，炼药于内""东入西邻，西归东舍""神交、气交""采阴补阳""采阳补阴"等强盗理论，全系"识神用事"，"见之不可用"，紫阳真人早已言之昭昭。至于傅金铨的"能知癸生之时，晓癸现之方位，只在两日半之间、三十时辰之内，真正天机，实隐于此"，他所说的"天机"，无非是指女性月经来潮之际，炁尚未化血之时，"依师口诀"而采之补之。这些"见之不可用"的后天浊物，加之识神主事，与修炼长生久视之道、孕育灵丹妙药毫不相关——妙药来自玄关妙窍。其他皆"非种难为巧"，即使你以识神的小聪明，"盗机逆用"抟炼得法，最多弄成一个"鹤发童颜"、马屎皮面光而已，与老子的长生久视之道，南辕北辙。

"身外求法，乃外道"，就仇占鳌而言，以其权势购买美女鼎来采阴补阳，盗她人青春之宝，置彼家于死地，有可能至今还在地狱里后悔不已！

双修不如众修！凡真心修道之道友，两人或多人，男女错杂，一起打坐修道，放松入静，一念不生生正念，无须"宽衣解带"，炁场之间自然互滋互益，而共同升华、提高，其效其果，是所谓"东入西邻，西归东舍"的识神用事者所难比拟的。

夫妻、同道之间也宜依此而修——前提是树立正念，深入静虚，互尊互敬，互相滋益。

张三丰祖师一再指出，"我身彼家，海底命主"，"夫天上地下，乾坤坎离，男女内外炉鼎，喻吾一身之内外阴阳而言，并无男女等相……岂有学仙之人，采女人之精而利己之身哉"！

一个"彼家"弄得不少人想入非非。丰祖已经指明"我（元神）身彼家，海底命（元炁）主"是也；李涵虚的"和沙拌土，种在彼家"——鼻端下面的虚空是也；而非她（他）人的胯下。神交也罢，气交也罢……连彼家、炁源都搞错了，那只能是"一错一切错"。

有趣的是自称为陆西星转世的西派宗师李涵虚，他的当代传人知非子张义尚先生著文指明，真正的阴阳双修大法乃"三家相见"的龙虎丹法，两家法不过是变相的房中术而已。这给那些双修大师们一记响亮的耳光，即使如此，左青龙、右白虎、中丹家的所谓"三家相见"，还是属于"旁门左道"——旁门亦门，左道亦道——的"身外求法，乃外道也"的外道。这样的旁门外道修法，好的方面是最终趋于正道而有光明前途；不好的方面是有可能走入邪道而枉来这人世间一遭。

陈撄宁先生每与同道中人谈及此事（男女阴阳双修），他们却归咎于筑基炼己功夫未曾做好，方法不善等等，但非彻底之论。陈先生认为，彼等最大的错处有二：一则误会先天大药出产于鼎器（女性）身中，其来源已经认识不请。二则误会兑卦最初一次首经——五千四八归黄道——（后天浊物）为无上至宝。

就"男不宽衣，女不解带"的"神交法"或"气交法"而言，皆系"识神"用事，混练浊物。如果此时元神元炁已萌，正好在元神真意导演下"内夫妻"交媾而孕育真种，构筑道胎之基。修持者此时不进行体内觅真，而是愚蠢地到体外寻觅外遇，意念一动，化元神真意为识神神意，先天即降等为后天——"性光"降级为"识光"，清源染污为浊源；源头不清，何遑炼丹！

我们来分析一下男女阴阳双修的具体理法。对男性而言，首先要"炼剑"——锻炼生殖器至剑拔弩张。依靠什么来炼？——肾中精气。由此可见，"练剑"的过程，就是耗损自己宝贵精气的过程。如果"肾间动气"不够，那就只好到"五脏"弟兄们那里去借，乃至调用脊柱、骨髓精华。在实际男女双修过程中，男子要求做到 1～2 小时不泄精，其消耗的肾间、五脏、骨髓的精华更剧。一旦泄精，那就炉毁丹倾。

"眼（慧眼）见为实！"炼藏密功四十七年的彭天根教授在他的"内视"中看到，在浓烈的性生活过程中，五脏的精气不断地向肾区集中，血小板像蝌蚪一样游来……迅速予以补充。随岁月的流逝，年龄的增大，如果欲望不减，房事依然放纵，长此以往，必致五脏精气逐渐空虚，病魔迟早来临，而且百药无效——包括女性。这类例子可谓举不胜举。即使是所谓"交而不泄"，阳物要维持 1～2 小时不倒，也只有依靠肾中精气——大量消耗固有元气，最终导致不可收拾。

笔者再一次强调：高以下为基。阴阳双修也系如此。不少当今实例证明，当你功夫、火候达到一定境界，在静定的功态中，就有"虚在的异性"、"空行母"来与你双修，或者说来考验你的定力——女性亦如此。经得住考验，必然"还精补脑"，美快无比，功夫上升。经不住考验，则炉坏丹倾。

在《修真日记》中（见附录），主人公多次提到在深层功态中出现的强烈性感，其实每次都有虚在的"天人"来相与交媾，此时子宫收缩，一股清凉的能量流沿脊柱上注入脑——甚深层次的"还精补脑"，清凉无比，全身快畅。在静定中出现这样的"天人交媾"而"还精补脑"，是甚深层次的"虚空阴阳"交媾。此时身心十分舒适而爽朗，功境亦随之上升。

《藏密》明确指出，当你功夫修持到甚深程度时，自然有"空行母"来与你进行双修。此乃天人相感的虚空阴阳双修——天人同趣的无上双修妙法。如此美妙而又切实的功境，那些一心追求男女双修功效者可谓求之不得，而道心坚固的清修者却不求自得——不求自得，得来才真，真而且灵，灵而且神，神而且妙，妙而入道。学者如果火候不到，玩弄后天小聪明妄想去"模拟"此等境界，小心炉毁丹倾。

道明理通　自助师助

古人曰：道之不行，是因为道之不明；亦因道之不明，才愈致道之不行。

最基础的也就是最高级的——基本功愈扎实，色身愈健康，日后进入高层次修持时障碍就愈少，上功亦更稳、更快。

师尊再三强调，真修道者宜把90%的功夫用在打基础上：补漏筑基，祛病健身，聚津生精，炼精化炁，步入胎息，致开玄关，修成玄窍……以后的高阶成就不过两三年时间：小周天玉液还丹炼精化炁功成，成就人仙，就一百天左右；大周天金液还丹炼炁化神，成为地仙，只需七天。加上沐浴温养，也不过两三年间。正如吕祖所说：辛苦二三年，快活千万劫！

道，必经苦修才得，没有什么捷径可走，更不要妄想天上会掉馅饼。自助，才有人助、师助，乃至仙助、佛助、天助、道助。那些希图无需通过苦炼，一心祈祷通神灵、灌大顶、求女鼎、种金丹、下法轮等希求外力者，事实证明其结果都是竹篮打水一场空——身外求法之外道之道。

佛道兼修的柳华阳禅师说得十分明确：功名富贵、妻子儿女有定分。而道不是这样，必经苦修才能得到。

第一章　传统仙家丹道养生学的源和流简介

　　传统仙家丹道养生学可谓源远流长，常称黄（帝）老（子）之学。南华真人庄子说，黄帝曾经跋山涉水前往昆仑山，叩问精于此道的上仙广成子。他得到广成子具体而确切的答复是："至道之精，杳杳冥冥；至道之极，昏昏默默。无视无听，抱神以静，形将自正。必静必清，无劳汝形，无摇汝精，乃可以长生。目无所见，耳无所闻，心无所知，汝神将守形，形乃长生。慎汝内，闭汝外，多知为败。我为汝遂为大明之上矣，至彼至阳之原也；为汝入于杳冥之门矣，至彼至阴之原也。天地有官，阴阳有藏，慎守汝身，物将自壮。我守其一，以处其和。故我修身千二百岁矣，吾形未尝衰。"

　　轩辕黄帝距今约五千年，加上广成子一千二百年，当有六千余年以上。如果再往上推，还可以推到"伏羲一画破鸿蒙，三画才成鬼神惊"的伏羲大帝时期，据推算约为一万年左右。

　　长生久视之道，非为仙道家们所独有。《黄帝内经》也有明确的表述。《素问·上古天真论》："……有真人者，提挈天地，把握阴阳，呼吸精气，独立守神，肌肉若一，故能寿敝天地，无有终时，此其道生。"

　　古之圣贤一向是"言不苟发，论不虚生"的。在古之正法时代，几乎没有什么人在著书立说，所以也就不存在门派、山头，因而修真证道——证长生久视之道者众多，"故能寿敝天地，无有终时"。即使进行论述，也只是略而言之，仅描述需要努力的大方向而已。一切皆需自己去亲加印证，不能偷懒，更不要妄想天上掉馅饼，有个什么上仙、隐师来提携一下子就上去了。

黄帝问道于上仙广成子，得到的答复也只是"无视无听，抱神以静，形将自正。必静必清，无劳汝形，无摇汝精，乃可以长生"。并告诫，"慎汝内，闭汝外，多知为败。"《黄帝内经》也只是说"提挈天地（生成之理），把握阴阳（变化规律），呼吸精气，独立守神"。老子《道德经》则曰"致虚极，守静笃"；"多言数穷，不如守中"。庄子则提倡"心斋"："若一志，无听之以耳，而听之以心，无听之以心，而听之以气！"相当于近代黄元吉真人所示的"听息"——听心息之相依，神气之相融。受到佛祖赞扬的观世音菩萨之听海潮音法门，与此可谓异曲同工。

到了东汉，出了一位集古代仙道养生学大成者，魏伯阳真人，并写了一本不朽的经典之作《周易参同契》，较为鲜明地建立起了仙家丹道养生学的理论框架和修持模式，尽管只是轮廓。而且阴阳五行、天文月象、炉火卦爻……好一个华丽的丹道大观园；亭台楼阁，道路纵横，又似一个令人扑朔迷离的迷魂阵，把本来至简而朴实的大道，打扮得花枝招展，十分耀眼——耀眼得被尊为万古丹经王，确也把一些悟性极高的修真证道者引向蓬莱山峰；而几乎绝大多数人一直被困在这八卦阵中而晕头转向。这本万古丹经王十分符合那些"纸上觅法"者们的胃口，对其中的迷、密、谜、秘大加考证，有的人遂而成了权威。

"师传虽一，悟解有别。"此书一出，注解蜂起，"各吹各的号，各唱各的调"，众流纷纭，门派因此而立，山头由此而垒；左道旁门也随此而兴　当然左道亦道，旁门亦门，糟糕的是邪道也纷纷来凑热闹。一句"同类易施工，非种难为巧"，令不少人想入非非，以彼家为鼎，实施采阴补阳，其结果呢？致使养生路上平添了不少精神病患者。这当然只能怪那些想入非非者自己，与魏伯阳真人无涉。

魏伯阳真人以自己的真修实证，提出了衡量真正修成长生久视、超凡入圣者的硬指标：入水不溺，入火不焚，度金石无碍，步日月无影。对于那些自称是什么高师、大师、宗师者，欲辨别其真伪，也很容易，拉他在太阳下面一站，如果没有影子，那就是成就了真人；否则仍然是个肉胎凡夫，吹牛客而已。

自从宗教兴起并繁荣起来后，仙道养生学必然受到重用，于是养生领域便复杂化了！仙道养生学从此大多走向"像法时代"而出现"偶像崇拜"，妄想天上能掉馅饼，希望有个什么菩萨、神灵来眷顾自己，提携自己，毫不费力地一蹴而就。再也不愿像"正法时代"的古人那样去艰苦修持，亲修亲证。只有极少数"知道"者，仍然遵大道而行，并登上了昆仑高峰而得与上仙广成子对弈。

苏元朗真人活动于隋代开皇时（581—600）罗浮山一带。《罗浮山志》说他生于晋太康年间（280—289），至罗浮山时已300余岁，"得司命真秘，遂成地仙"；"居青霞谷修炼大丹，自号青霞子……发明太易丹道为《宝藏论》曰：'夫天地之内，宇宙之间，中有一宝，秘在形山（体内）。识物灵照，内外空然；寂寞难见，其为玄玄。……本净非莹，法尔圆成。光超日月，德越太清。……朗照十方，应用堂堂。……其精甚灵，万有之因。凝然常住，与道同论。'又曰，'天地之先，无根灵草（炁），一意制度，产生至宝。'乃著《旨道篇》示之，自此道徒始知内丹矣"。

唐代八仙之一的张果老、东岳丹师董师元，先后继承了苏元朗的学说而写了《龙虎元旨》《诸真论还丹诀》，皆称其丹法得自罗浮山隐士青霞子。"天地久大，圣人像之，精华在乎日月，进退运乎水火，是故性命双修，内外一道。"苏元朗首先明确提出了性命双修，作为内丹修炼的核心内容及指导思想。

苏元朗沿用外丹名词，讲述内丹："龙虎金鼎，即身心也。身为鼎炉，心为神室，津为华池。……白虎者，铅中之精华；青龙者，砂中之元气。鹊桥河车，百刻上运，华池神水，四时逆流。有物之时，无为为本。自形中之神，入神中之性，此谓归根复命，犹金归性初，而称还丹也。"文中之"鹊桥河车"，乃后来丹家所谓的小周天炼精化炁。

不过第一次指明小周天工程的，乃是得到谌母元君真传的东晋道士许旌阳真君（239—374），他首先披露了小周天进阳火、退阴符过程中，卦爻斤两的程限规则——积得阳爻 216，积得阴爻 144。

内丹养生学的发展，为唐末、五代及北宋时期；直到钟祖、吕仙制定了"炼精生真炁（小成人仙）、炼炁化阳神（中成神仙）、炼神合大道（大成天仙）"的"三成全法"之后，内丹炼养的"经典模式"遂而固定下来。后来出现的东、西、南、北、中等五大流派，以及其他性命双修派别，无不是以钟祖、吕仙的"三成全法"作为依据。

吕仙（洞宾）除师事钟祖（离权）外，他还有一位师尊，至一真人崔希范，著有经典名篇《入药镜》，以其亲修自证之硕果，以歌诀形式系统阐述了内丹修炼过程的理和法。

吕仙得到崔希范真人的内炼密旨，十分感慨："因看崔公《入药镜》，令人心地转分明。"

崔公《入药镜》言简意赅，字字珠玑，句句口诀，且系统完整，随时读之皆令人开卷有益。因为《入药镜》全系崔公数十年修炼的总结，也没有魏伯阳真人《周易参同契》那么多的隐喻，故至为宝贵。如"先天炁，后天气，得之者，常似醉"，描述了先天炁藏、后天气伏，三家相见，众妙归根、炁（气）聚药灵而内乐生起时的法相；"上鹊桥，下鹊桥，天应星，地应潮"，描写了玄关窍开、性光闪亮、元炁氤氲时的美妙情景，"鹊桥"之说，这里又见；"一日内，十二时，意所到，皆可为"，论述了"活子时"；

"初结胎，看本命。终脱胎，看四正（子午卯酉）"，强调了在河车运转过程中，子午卯酉四个时位，沐浴温养的重要性；"盗天地，夺造化，攒五行，会八卦"，教导我们要放宽视野，体内丹产珠圆，必内真外应，可以到宇宙中当"强盗"去，"窃天地无涯之元炁，续我体有限之命根"，以达人天合一而天为我用，从而完成小我生命的自我升华，主动进化，由凡而仙。

中华传统仙道养生学的集大成者，与金丹大道经典修持模式的创立者，公推为钟祖和吕仙。他们师徒两人在《钟吕传道集》的丹道十八论中，首先论述了"真仙"："仙非一也。纯阴而无阳者，鬼也；纯阳而无阴者，仙也；阴阳相杂者，人也。唯人可以为鬼，可以为仙。……仙有五等，法有三成，修持在人，而功成随分者也。"也就是说，个体生命一般顺行随而成鬼，也可以逆修升而为仙；成鬼或为仙，权柄皆操于我们自己的手中。

在丹道十八论中，根据天人合一学说，师徒俩依序讨论、叙述了大道、天地、日月、四时、五行、水火、龙虎、丹药、铅汞、抽添、河车、还丹、炼形、朝元、内观、磨难、证验等，从而建立起了古代大视野的养生学，含"精气神一体、天地人一统、先后天一脉"之大生命科学体系——养生之学，生生之学；生死之学；升华之学。

钟祖、吕仙将具体的丹道修持步骤分为十二步：（1）匹配阴阳；（2）聚散水火；（3）交媾龙虎；（4）烧炼丹药；（5）肘后飞金晶；（6）玉液还丹；（7）玉液炼形；（8）金液还丹；（9）金液炼形；（10）朝元炼气；（11）内观交换；（12）超脱分形。

钟祖、吕仙是行证一致的大成就者，他们确也达到了丹道修持的终极境界：散则成炁，聚则成形，生死自在，来去自由；度化过张紫阳、王重阳……千余年后还在四川乐山度化过西派宗师李涵虚真人。他留给我们的诗句也可以作证：

九年火候直经过，忽尔天门顶中破。

真人出现大神通，从此天仙可相贺！

特别要指出的是，钟祖、吕仙无论是在丹道十八论里，或修持十二步中，都安排有"炼形"，还细分为"玉液炼形"和"金液炼形"，以对色身进行脱胎换骨的改造，使之成为强健的载道之器，以免在高阶的"三年乳哺""九年面壁"之大定过程中，难以承受、中道止歇而功亏一篑，力图避免后来修真者们犯的那种"只修性，不修命，此是修行第一病"的老毛病。

金丹大道：金者炁也，坎中之满——水中之金（炁）也；丹者纯阳也，由金炁炼成纯阳之物是也；大道者，圆满无缺也。金丹大道，可以使吾人的生命升华至理想境界由凡而仙，获大自由，享大自在：心自在，身自在，寿自在，无不自在的圆满之道。笔者曾有诗赞：死死生生生复死，来来去去去还来，截断去路（不死）与来路（不生），要来要去自安排。

自从钟祖、吕仙健全了金丹大道这一大生命科学修持体系以来，一心修真证道者们无不遵而奉之，实而践之，自此以后传统仙家丹道养生领域可谓进入了一个"内丹热"的时代，修真者们争相实践的结果又进一步丰富了这一伟大的大生命科学体系。其中前有流行于南方、以张伯端为代表的"南宗"，和稍后传道于北方、以王重阳为祖师的"北派"。南宗主张先命后性而性命双修——七分命而三分性，南五祖们的世寿大都度百余岁乃去。北派则先性后命，亦提倡性命双修——七分性而二分命，北七真们的世寿皆不高。丘处机最高为79岁（1148—1227）。何以如此？笔者认为，可能与他们"重性轻命"有关。邱祖明确指出：吾宗唯贵见性，水火交媾其次。再者，为了传教的需要，他们以身示范，过着叫花子般的生活，甚至比叫花子还严酷，对自己肉身必然会造成一些损害。

比吕仙小了约 80 岁的睡仙陈抟，可谓已达到了丹道修持登峰造极的境界——不食人间烟火；阳神出游；预知时至，生死自由。宇宙最高秘密的河图、洛书、太极图、无极图，也皆自他的手中传出。

同时他也是"华山论道"的主持人和主人，其周围聚集了一大批高人、异士，都是仙家丹道史上赫赫有名的人物。如《宋史·陈抟传》："华阳隐士李琪，自言唐开元中郎官，已数百岁，人罕见者。关西逸人吕洞宾，有剑术，百余岁而（貌若）童颜，步履轻疾，顷刻数百里，世以为神仙。"

陈抟为常与之同游、形体生毛的毛女真人（字正美）写过两首诗，其中之一曰："曾折松枝为宝栉（梳子），又编栗叶代罗襦（裙子）。有时问着秦宫事（自言曾为秦时宫女），笑捻仙花望太虚。"算来她当有 1500 余岁了。

陈抟的师友中尚有"线作长江扇作天，靸鞋抛向海东边"的《化书》作者谭峭，"动辄八百里"的李八百，和曾是他老师之一的麻衣道者，皆当时的奇人异士。

至于陈抟的老师，"转益多师是吾师"，"我谓浮云真是幻，醉来舍辔谒高公"，乃天师观高公的何昌一。"宋雍熙间（984—987），吕祖同刘海蟾西游华山，教希夷（陈抟）以养神、炼精、出神法诀"。《匣记》中说："吕祖在华山，曾授希夷以三元丹法，先天隐诀，及太上混元无极图，陈刻无极图于石壁。"

功夫实践真到甚深层次，都会进入"睡炼"功境。陈抟的睡功尤其有名："龙归元海，阳潜于阴。人曰蛰龙，我却蛰心。默藏其用，息之深深。白云高卧，世无知音。"吕祖亦有诗赞曰："高枕终南万虑空，睡仙常卧白云中。梦魂暗入阴阳窍，呼吸潜施造化功。真诀谁知藏混沌，道人先要学痴聋。华山处士留眠法，今与倡明醒诸公。"

吕祖说："抟非欲长睡不醒也，意在隐于睡，并资修炼内养，非真睡也。"陈抟亦自赋诗曰："至人本无梦，其梦乃游仙；真人亦无睡，睡则浮云烟。炉里常存药，壶中别有天。欲知睡梦里，人间第一玄。"他曾言及其睡功态中之妙景：

> 至人之睡，留藏全息，饮纳玉液，金门牢而不可开，土户闭
> 而不可启。苍龙锁乎青宫，素虎伏于西室，真气运转于丹室，神
> 水循环于五内。呼甲丁以值其时，召百灵以卫其室，然后吾神出
> 于九宫，恣游青碧，履虚如履实，升上若就下，冉冉与祥凤遨游，
> 飘飘共闲云出没……

"无上天机天以泄，河图洛书太极图。知此道者二三子，道德五千用心读。"陈抟就是深知此道的二三子之一。历代"只见文字不见图"之《易》图，终于由睡仙陈抟传了出来——据说是吕祖传给他的。

《宋史·陈抟传》："抟好读《易》，手不释卷。"《玄品录》："图南（陈抟）淹通群经，尤精《易》学。"

"处士陈抟受《易》于麻衣道者，得所述《正易心法》四十二章，理极天人，历诋先儒之失，抟始为之注。及受河图、洛书之诀，发易道之秘，汉晋诸儒如郑康成、京房、王弼、韩康伯皆所未知也。"

陈抟曾著有《龙图序》一文，介绍了先天易学的八卦象数学说，总的认为龙图象数中包含着宇宙发生的根源，万物演化的始终，以及天人相通的秘密。

大考据家朱彝尊《太极图授受考》说：

> 抟受之吕洞宾，洞宾受之钟离权，权得其说于伯阳，伯阳闻
> 其旨于河上公。在道家未尝不诩为千圣不传之秘也。

历代众多学者均指出，老子得伏羲易学之精髓，河上公又传老氏之学，而后钟离权、麻衣道者各探其奥，传于吕洞宾、陈抟，陈抟通过种放等人陆续传出几代学者们共同探索的成果。

至于儒家学者周敦颐所传之太极图，实源于陈抟所传的无极图。

道门中"假传万卷书，真传一张纸"的那张纸，就是陈抟所传出的无极图——一张由凡而仙的内炼程序图。

南宗五祖的第一祖，为生于北宋神宗（987）时的紫阳真人张伯端。他的内练功夫本已达到颇高的程度，但是如要进一步升华——丹产珠圆，成就圣胎……却感无梯可登。遂感而叹曰："饶君聪慧过颜闵，不遇明师莫强猜。只为金丹无口诀，教君何处结灵胎？"华阳禅师也强调："寻法觅师问正传，不得真诀难为仙。"

"性命双了产胎仙！"佛道皆然。

佛祖说法四十九年，所讲的都是心法——修心养性，可以普传。而"修命"部分则系"教外别传"，只传给了迦叶尊者一人，他遂得以"性命双了"而长驻世间，成为禅宗初祖。

在数千人的法会上，佛祖"拈花微笑"为什么只传迦叶一人，而不像"心法"那样予以普传呢？那是因为"修命"过程等于"小死"一场："功命修持九道坎，坎坎都是鬼门关！"因为此时内能很高，而且内真外应，人天相感，不但色身要发生脱胎换骨的巨大变化，尤其精神领域也要进行彻底的大扫除，修持者从生理到心理都会产生极大的反应，此时若无明师或过来人指导、护关，关隘难过。轻者止步不前，出差致偏；重者走火入魔，精神错乱；更糟糕者把自己弄成残废，甚至丢掉性命。这一点佛、道两家皆然。故而有"弟子寻师易，师寻弟子难"之叹！

凡是有正宗传承的弘道者，在选择衣钵传法弟子时，首先要有"宿命通"功能，能够慧观"弟子"的前世因缘及未来造化，能否成为载道之器而担当传道大任，否则滥收弟子是要背因果的。这也就是性命双修大道"道不轻传"的主要原因。张伯端道成之后，后来三传非人而遭"天谴"，可谓事出有因。

张伯端修持多年，已到 82 岁高龄仍在山中转悠。老天不负有心人，终于遇到了真师。正是："读书万卷，不及真人一点！"一经真师点明关窍，便如拨云见日，直插峰顶而望月微笑！

多种文献记载，均说"张（伯端）得于刘海蟾，刘得于吕洞宾"。"……游蜀，遂遇刘海蟾授金液还丹火候之诀。乃改名用成，字平叔，号紫阳。修练功成，作《悟真篇》行于世。"

紫阳真人撰写《悟真篇》的目的，他在序言中交代得非常清楚：

> 因念世之学仙者十有八九，而达真要者未闻一二，仆（作者）既遇真诠，安敢隐默？罄所得成律诗九九八十一首，号曰《悟真篇》。……所期同志览之，则见末而悟本，舍妄以从真。

在丹道修炼史上，公认《悟真篇》是历代最重要的丹经著作之一，与魏伯阳的《周易参同契》齐名，包括他的《金丹四百字》《青华秘文》，均被推为丹道正宗。

紫阳真人对丹道修持有一个极重要的贡献就是，给"玄关一窍"下了一个经典定义：

> 此窍非凡窍，乾坤共合成；名为神炁穴，内有坎离精。

丹道修持的迷中之秘，跋山涉水寻觅高师点化，就是祈求高师点明玄关一窍。这个通玄达妙的机关，古人、古丹经皆语焉不详，使人不得要领。

紫阳真人说："一孔玄关最幽深，非肾非心非脐轮；膀胱谷道空劳力，脾胃泥丸莫搜寻。"哪儿都不是，在身中寻找都不是，离开身中向外去求更不是。原来它是功到机现、无中生有之物。后圣遂而恍然大悟。

五祖白玉蟾指明："未开为关，既开成窍。"玄关里面关藏着尚未被吾人普遍开发利用的高智慧潜能，内丹修炼的"上药三品"，先天的元神（存于上丹田）和元炁（藏于下丹田）。玄关未开时，乾道元神与坤道元炁皆虚在隐存，无象无形；开关之后，神、炁冲关而出，灵而有象，回旋氤氲——无中生有，无极而太极，孕育真种子。既要孕育真种子，必须要有一个处所——神炁交媾的道场，也就是"玄关一窍"。

"孤阴不生，独阳不长。"光是存元神的上玄关开，或只是藏元炁的下玄关开，孤影独形，无交媾对象，不需要道场，因此也就不会形成玄关一窍。所以吾人体内修道的道场、玄关一窍，乃"乾（元神）坤（元炁）共合成"，合成一个无中生有之妙窍。

三个丹田，三处黄庭，泥丸、会阴……皆有处所，故名凡窍。而玄关一窍在人体内本来没有，乃由乾坤、神炁交媾而成——在哪处丹田交媾，就在那儿形成玄关一窍，系无中生有之灵窍、活窍，而非有固定处所之凡窍也。

紫阳真人这个定义下得很恰当，得到一致公认。后来的其他人也下过类似定义，如《道法会元》："此窍非凡窍，中中复一中（神炁交媾处曰真中）；万神从此出，真炁与天通。"还有，"此窍非凡窍，阴阳共合成；名为二炁穴，内有真阳生（气炁合为真阳一炁）。"其意义皆不出紫阳真人所述左右。

紫阳真人没有门户之见，主张三教合一，倡导先命后性的性命双修：

> 我金丹大道，性命兼修，是故聚则成形，散则成炁，所至之
> 地，真神现形，谓之阳神。彼之所修，欲速见功，不复修命，直

修性功，故所至之地，人现无复形影，谓之阴神。

南宗五祖之第五祖白玉蟾，著述最丰，成就也很高。他不像紫阳真人主要以《道德经》《阴符经》为理论依据，而是直接回到陈抟的《无极图》那里。白玉蟾在《无极图说》中说：夫道者，性与命而已。性无生也，命有生也。……肾即仙之道，心即佛之道。……性与天同道，命与人同欲。具体的内炼三宝当然是精气神——先天的精炁神："人身只有三般物，精神与炁常保全。其精不是交感精，乃是玉皇口中涎。其炁即非呼吸气，乃知却是太素烟。其神即非思虑神，可与元始相比肩……岂止此精此神炁，根于父母未生前。三者未尝相退离，结为一块大无边。"

他的《金丹捷径》，"备言丹法细微之旨"，成为以前公诸于世的丹诀中透露最详的一部著作。书中《丹法参同十九诀》就将南宗的修炼法程尽情表露，颇为珍贵。

南宗先命后性、性命双修的内炼体系，从采药开始。（1）采药："收拾身心，敛藏神气。"（2）结丹："凝气敛神，念念不动。"（3）烹炼："五符保神，金液炼形。"（4）固济："忘形绝念，谓之固济。"（5）武火："奋迅精神，驱除杂念。"（6）文火："专气致柔，含光默默；温温不绝，绵绵若存。"（7）沐浴："洗心涤虑，谓之沐浴。"（8）丹砂："有无交入，隐显相符。"（9）过关："果生枝上终期熟，子在胞中岂有殊。"（10）分胎："鸡能抱卵心常听，蝉到成形壳自分。"（11）温养："知白守黑，神明自来。"（12）防危："意外驰，火候差失。"（13）功大："朝收暮采，日烹时炼。"（14）文媾："念念相续，同成一片。"（15）大还："对景无心，昼夜如一。"（16）圣胎："蛰其神于外，藏其气于内。"（17）九转："火候足时，婴儿自现。"（18）换鼎："子又生孙，千百万亿。"（19）太极："形神俱妙，与道合真。"五祖把钟、吕二祖的"三成全法"分成了19个节序，可供后人参考。

阴阳双修派的养生理法

有了正道，不久就会出现旁门左道。养生领域也是如此。有了利用自身的"上药三品，神与气精"之养生正道，自宋代以降就出现了各种旁门左道——旁门亦门，左道亦道；非是邪道。

"身外求法"的男女双修法门，另辟蹊径的"女丹功"，皆属旁门左道之列。

男女双修、御女法门、采补阴阳也可谓源远流长，远到轩辕黄帝那里。药王菩萨孙思邈说过，轩辕黄帝御女 1500 人而成仙——这个说法未必可靠。

在那个战争不断的年代里，为了繁殖人口，女性成了生育工具，轩辕黄帝（和其他头领）妻妾成群，生儿育女，乃系自然而然，因为古时婴儿死亡率极高；如果以此推断御女多多、采阴补阳而能成仙，恐怕得打一个大大的问号。

阴阳双修一派的提出，始于刘永年、翁葆光等人对张伯端《悟真篇》的注解，搞了点"修正主义"。这正如古人所言："师传虽一，悟解有别"，因此生出许多是非来；谁正谁误，只有把紫阳真人请回来才能断清是非！后来的伍冲虚真人、柳华阳禅师接受此种教训，他们的著作需要注解的，一律自己注解，不容别人染指，从而避免"修正主义"，误导后来之人。

金丹大道乃长生久视之道，超越生死、自主性命之道。一位得到真传的正宗丹道传人说：如果你有幸遇到某个"丹道大师"欲传你大道，你首先问他：按照你的理法修持能否达到长生久视？你自己能否做到、修炼到长生久视？他如果不敢拍胸口，那一定是假丹道！！

所以我们钻研丹经著作时，尽量阅读那些真正成就了的过来人、"真人"写的经典，以免被误导和浪费光阴。就近代而言，如伍冲虚、柳华阳、黄元吉、李涵虚等圣真，都是依靠和利用自身"上药三品，神与气精"修证而成的过来人，是真人，足以反驳那些想入非非的旁门左道，如男女阴阳双修之流。

男女阴阳双修形成气候、开宗立派，为明代称为东派的陆西星，他编造了一个"阴阳互藏"的理论。该理论认为，人类中任何一个个体，都不可能完全兼具阴阳之精，元精藏于离位（男体）心内真液之中，元气（炁）藏于坎位（女体）虚无之中，如要精气（炁）和融凝而成丹，就必须"创鼎于外，炼药于内"，取坎填离，所谓盗机逆用，"身外求法"的外道之"道"。

我们来分析一下陆西星"彼家丹法"的理论依据：

> 金丹大道，必资阴阳相合而成。"这句话没错。"阴阳者一男一女，一坎一离，一铅一汞也，此大丹之药物也。"也正确。"夫坎之真气谓之铅，离之真精谓之汞，先天之精积于我，先天之炁取于彼，何以故？彼，坎也……其于人也为女。

从陆西星后两句话就可以看出，他把先天之炁产生的处所，为了符合他的说教而"有意"搞错。

先天之炁，人人本有，女人有，男人也有，自己不去开发自身"玄关"内的宝藏先天之炁，偏要到她（他）家当"强盗"去，十个去的九个难回！要寻找先天一炁么，张伯端在《悟真篇》里十分明确地指出，"蟾光（神意）终日照西川（下丹田）"就行了；"神照坤宫，真火自来"（土重阳语），而且一了百了。"一错一切错"，后面的所谓"创鼎于外，炼药于内""东入西邻，西归东舍"等"强盗理论"，全系"识神用事"，"见之不可用"，如沙上之塔，靠之不住。至于傅金铨的"能知癸生之的时，晓癸现之方位，只在两日半之间、三十时辰之内，真正天机，实隐于此"。傅所说的"天机"，无非是指女性来月经之前，气将化而未化为血之时，即"依师口诀"采而取之。如此搞房中术可以，弄得好可致"鹤发童颜"而马屎皮面光，与凝炼灵丹妙药而达长生久视之道毫不相关，此乃后天浊物，"见之不可用"。

对于夫妻皆系丹道修持者，或仅一方是练功者而言，如何将人道与仙道结合起来，以免妨碍家庭和谐，乃至共同促进，是一个需要面对的现实问题。

实践证明，在实际修持过程中，真能做到"坎离交媾"的"内夫妻交"，必"内乐生起"，乐感即传遍每个细胞，而不仅仅是生殖器官那一点点，其愉悦的深度与广度，大大超越于俗乐的性快感，修持者也就不再去留恋世俗之乐，情欲关则不过自过。故学者大可不必为度过此关而忧虑重重，甚至弄得夫妻反目；而应把握好"圣度"，认真修炼，争取尽快从"适度"的后天世俗"凡夫妻交"，升华至先天神妙的"内夫妻交"，从而自然、顺利地安度此关。

度过此关，半个神仙！

能够使丹道修持形成规模，风起云涌，而且流光远播，那就是王重阳开创的丹道北派。他们师徒（北七真）以身示范，建立宫观，将历代偷偷摸摸的单传直指，跃升为公开传授，为传统仙家丹道养生学的发扬光大建立了丰功伟绩。

王重阳"累世为地方大族"。金正隆四年（1159）48岁时，于甘河遇异人获内炼真诀，修持悟道。他的《悟道诗》云："四旬八上始遭逢，口诀传来便有功。"据说"异人"乃吕祖也。

王重阳得诀之后，构筑了一座"活死人墓"进行潜心修持，于大定三年（1167）秋天，功成胎圆；并于大定四年（1168）首度马丹阳、孙不二夫妇。不久在弟子们的帮助下，正式建立起了全真教团及其教会，"自是远近风动，与会者千余人"。

大定十年（1170），正月初四，王重阳临终时召集弟子们说："丹阳已得道，长真已知道，吾无虑矣。处机所学，一听丹阳、处玄、长真当管领之。"又顾处机曰，"此子异日地位非常，必大开教门者也。"时年58岁。

"全真"一词，《庄子·盗跖》中曰："子之道狂狂汲汲，诈巧虚伪事也，非可以全真也。"《文选》："志在守朴，养素全真。"《旧唐书》："……全真守一，是谓玄门。"把"全真"作为一个道派名称，则始自王重阳。他在马丹阳家题其庵曰"全真"，后人遂以之名王重阳所创立的教派。

王重阳写了《重阳立教十五论》，大致叙述了全真道的修持理法。

第一住庵：修道者必须住庵，安心修道。

第二云游：必须是真云游。访师问道，不倦不厌；参寻性命，求问玄机。了生死之大事，作全真之丈夫。

第三学书：读书求学，在于合心得趣，使之心光洋溢。

第四论合药：采摄山川秀气，草木精华，为我所用。

第五论盖造："有志之人早当觅身中宝殿。"

第六论道伴：道人合伴，互证功课。择"明心、有慧、有志"者合伴之。

第七论打坐："真坐者，须要十二时辰，行住坐卧，一切动静中间，心如泰山不动不摇，把断四门眼耳口鼻，不令外景入内。但有丝毫动静思念，即不名静坐。"

第八论降心：剪除乱心，降服邪念，使心湛然不动。

第九论炼性：炼性如同调弦，"紧则有断，慢则不应，紧慢得中，琴可调矣"。

第十论匹配五气：匹配五脏真气。"五气聚于中宫，三元攒于顶上，青龙喷赤雾，白虎吐乌烟，万神罗列，百脉流冲，丹砂晃朗……"

第十一论混性命：性命是修行之根本。"性若见命，如禽得风，飘飘轻举，省力易成……"

第十二论圣道：苦志多年，入圣之后，"身居一室之中，性满乾坤普天"，"形且寄于尘中，心已明于物外"。

第十三论超三界："心忘虑念，即超欲界；心忘诸境，即超色界；不著空见，即超无色界。离此三界，神居仙圣之乡，性在玉清之境矣。"

第十四论养生之法：这里的"养生"，乃是指"涵养真性，护持法身"。

第十五论离凡世：指心性解脱，虽"身在凡尘，心在圣境"。

王重阳不赞成老子的长生久视之道说法："身在凡尘，心在圣境。""欲永不死而离凡世者，大愚不达道理也。"大有佛教徒鄙视"臭皮囊"之意味。这样的指导思想，恐怕是导致"北七真"们世寿普遍不长的原因之一吧？

先性后命的北派丹法，在北七真中丘处机的贡献最大，他的弟子赵道坚所创立的龙门派至今不衰。

丘处机在对修性之后如何了命的理与法，给予了重大的发挥。他结合自己的实践，写了《大丹直指》，一扫繁芜，直指性命与精气神上药三品，以及修持过程中的关窍与关键之处，及其具体历程。

丘处机的大丹修持模式，共有八个程序：

1. 五行颠倒，龙虎交媾。大丹药物为心液、肾气。心属火，中藏正阴之精（汞精）；肾属水，中藏元阳真气（元炁）。下手功夫令心液、肾气交媾于中宫，即名龙虎交媾。经不断的交合，"得一物状如黍米，还于黄庭之中，自可益寿延年。若用火候炼之，百日数足，自然凝结，形如弹丸，色如朱橘，号曰内丹"。

2. 五行颠倒，周天火候，即督升任降、运转河车的小周天功法。

3. 三田反复，肘后飞金精。三田，即三个丹田；金精，指肺肾精华之气。文中引施肩吾的话说："子时以肺之精华之气，并在肾中，号曰金精。金精者，水火未分肺肾之气合而为一。""年少行之不老，老者行之还童。"

4．三田反复，金液还丹。丘处机认为，还丹分为两种，小周天运炼所生之物叫小还丹。大周天运炼所生之物叫大还丹："上田入中田，中田入下田，三田反复，而曰大还丹也。"

5．五炁朝元，太阳炼形。金液还丹修成，纯阳之炁滋生，运之分布四肢，炼养五脏，名为太阳炼形，可达"形神俱妙，与天齐年"。

6．神炁交合，三田既济。金液还丹之后，神水满口，暗引丹田真炁上升，"上水下火，相见于重楼之下，号曰既济"。其口诀："顶上神水入中原，丹里真阳返上田；水火合来为既济，庭中升入大罗天。"

7．五炁朝元，炼炁入顶。人体内脏分为心肾肝肺脾，脏之色为红黑青白蓝。每旬十日，以丹中纯阳之炁，应时而炼五脏，待五色气现，一同升入上丹田中。

8．内观起火，炼神合道。神识内守，默默静观……自有阳神出现。

"大道唯有金丹门，金丹亦无第二诀。"这是元代上阳子陈致虚的名言。他精通南北二宗及南宗阴阳双修丹法，是融和南北二宗为一体的重要人物，弟子众多。他说："金丹之道，（自东华帝君以来）三十四传而得琼玉翁（白玉蟾），又三传至于予"，为金丹大道的第三十七代正宗传人。

陈致虚强调，大道宏伟精博，生而知之者甚少。尤其金丹大道必待圣师面传，从来没有无师自通、自悟的先例。"黄帝师广成子，老子师商客，孔子师老子，释迦师瞿昙，圣人皆拜真师。后世凡流，却要自悟，何其狂妄。"

陈致虚把道分为立谈之道（纲常、外丹）与"心授"（性命）之道，亦即金丹大道。他把修持此道的有关问题，归结为七个方面：运火行符；朔望弦晦；防危护失；卯酉刑德；沐浴心虑；生杀爻铢；脱胎换鼎。

关于运火行符："夫运火者，始自复卦子符（阴跷），起手急进阳火，谓之下手，用功而进火，谓之野战（采取）。盖野战则龙虎交合，是用'三分武火前行短'之谓也。行符者，午后（上田）姤卦用事，则退阴符，包固阳火于内，故行符谓之罢工守城（烹炼）。夫守城者，以其鄞鄂（轮廓）已立，唯温养沐浴，防微杜渐，是用'七分文火后行长'之谓也。"

关于朔望弦晦。陈致虚用朔、望、弦、晦四种月象的变化和早晚出现的方位，来描述小周天运炼的火候。同时他告诫曰："朔望弦晦，皆取证于身，不可泥文而著相也。"

关于防危护失。陈致虚说，初采药时，闭塞三关，此其一也。当"采取之时，若或阴阳错乱，日月乖戾，外火虽动而行内符，闭息不应，枉费神功，此其二也。若也火候过差，水铢不定，源流浑浊，药物不真，空自劳神，有损无益，此其三也。既得黍珠入鼎，须要温养保扶，心君苟或未善，即恐火化丹失，此其四也。至有学者备历艰难，屡经危险，心胆惊怖，平时在怀，得丹入鼎切宜驱除，务令尽净，勿使牵挂旧虑，以乱心君，是谓涤虑洗心，是谓沐浴；偶或留恋，则恐汞铅飞走，此其五也。及至十月胎完，脱壳换鼎，不能保固阳神，轻纵出去，则一出而迷途，遂失舍而无归，此其六也。又有丹成之后，且要识真辩伪，若功行未满，眼前忽见灵异多端，奇特百出，以至生生之事，如有神见，皆能明知，若此等见，是为魔障已至，并非真实，不可认为己灵丹圣，兹乃邪伪妖幻，见吾道成，乃欲引入邪宗，以乱吾真。于斯时也，且须坚固智慧，保养全真，此其七也。"

关于卯酉刑德。卯酉，为一个周期阴阳平分之位，亦即沐浴之候。刑德，"阳为德，德则出，万物生；阴为刑，刑则出，万物死"，刑德即卯酉。"大修行人，须辩时中卯酉，要知一时六候。盖采药取坎，一时六候唯用二候。"

关于沐浴涤虑。陈致虚说："沐浴者，适当阴阳相半，铅汞气停，阴阳二气自然交合，于此时也，不必进火，亦不行符，恐反伤丹。唯宜洗心涤虑，以保养之，故谓之沐浴也。"

关于脱胎换鼎。此述丹成珠就、功成名遂之时："前胎完成，已成真人。则移居上田，即重整乾坤，再造阴阳，子又生孙，千百万亿，神与道合，永劫不坏。"

陈致虚本人虽以北宗传人自居，但其丹法思想却以南宗之学为主。对具体修持过程的论述和要诀，大多引用张伯端和白玉蟾的著作。此外，他对金丹、药物、鼎器、采取、真土、火候、神化等内炼要妙，论述精切、详尽，从而丰富了仙道养生学的内容。

他在《金丹妙用章》中说，所谓金丹之金，并非世下金宝之金，此金乃先天祖气（水中金），却生于后天。大修行人于后天已有形质之中，而求先天祖气（炁），以此炁炼成纯阳，故名曰丹："夫纯阳者乾也，纯阴者坤也，阴中阳者坎也，阳中阴者离也。喻人之身亦如离卦，却向坎中取出阳爻，而实离中之阴，则成乾卦，故曰纯阳。以其坎中心爻属金，故曰金丹。"

关于内药与外药，《药物妙用章》中陈致虚指出，外药系肾中真一之精气，采之即得外药。内药为心中真一之木液，当内炼之际，钩得心中真液，即得内药："大凡学道，必先从外药起（南宗），然后及内药。高上之士（天真未亏、根器深厚）夙植德本，生而知之，故不炼外药，便修内药也。……外药者色身（命、炁）上事，内药者法身（性、神）上事，外药是地仙之道，内药是天仙之道。外药了命，内药了性。夫唯道属阴阳，所以药有内外。"

《神化妙用章》中陈致虚说："大修行人既得刀圭（灵药）入口，运己玉芝以养之。凡运火之际，忽觉夹脊真气上冲泥丸，沥沥然有声，从头似有物触上脑，须臾如雀卵颗颗，自腭卜重楼，如冰酥香甜，甘美之味无比（真过关服食矣）。觉有此状，乃验得金液还丹，徐徐咽归丹田。自此以后，常常不绝，闭目内视脏腑，历历如烛照，渐次有金光照体也。"如此生动的描述，非过来的真人不行。

历史上能使几代皇帝为之神魂颠倒的丹道大师，可谓只有张三丰一人。他的事迹收入了《明史》《张三丰传》：

> 颀而伟，龟形鹤骨，大耳圆目，须髯如戟，寒暑为一衲一蓑。所啖升斗辄尽，或数日一食，或数月不食。书过目不忘。游处无恒，或云能一日千里。善嬉谐，旁若无人。

张三丰具体修持的理与法，主要见于他的著作如《大道论》《玄机直讲》《玄要篇》《道言浅近说》《百字碑注》《无根树丹词》等，"吐老、庄之秘密，续钟、吕之心传"。

张三丰的确说过，由于学者资质不同，可分为清修与双修——但他所说的"栽接法"双修，不可以理解为陆西星的"彼家丹法"；正相反，他还严厉地批判过男女双修法门。（参见前述有关"彼家丹法"）

魏伯阳真人的《周易参同契》中那句："同类易施工，非种难为巧"，几乎就成了"彼家丹法"宗奉者们的理论依据。

何谓同类？男与女当然是同类，不过那是生儿育女的"后天同类"；金丹大道需要的可是"先天同类"——真阴（离卦阳中之阴）真阳（坎卦阴中之阳）。这就是张三丰给我们指出的金丹大道修持中的先天同类。所以他批判男女阴阳双修的谬论说："有一等小根盲人，见先圣言外阴阳、外炉鼎、外药物，执迷女子为鼎器，则又可哀已也。……用女鼎一节事，万无此理！"

"性者内也，命者外也，以内接外，合而为一，则大道成也。"这就是三丰真人以性接命的内栽接法。外栽接法即是怀抱《阴符经》，到宇宙中当"强盗"去，盗取天地、日月之精华而为我所用——可谓之虚空阴阳丹法。

"除此玉液金液、性命双修、清静自然之道，余皆旁门小法。"

关于容易引起歧见的"彼家"二字，张三丰更明确指出："我身彼家，海底命主。"

古仙云："要贪天上宝（性体），须用世间财（精气）。"张三丰说："夫天上宝，非指青天之上而言也，乃吾身上九阳鼎（上丹田）之宝也，故轩辕铸九鼎而飞升。……夫天上地下，乾坤坎离，男女内外炉鼎，喻吾一身内外阴阳而言，并无男女等相。……岂有学仙之人，采女人之精而利己之身哉。比之世之杀人者，有何异焉？又先圣言彼家男女，两家两国，及内外炉鼎等说，若人不得正传，其不错认者几希也。"

担心学人还不明白，他更进一步说明："夫上一窍乃纯阳之体，内含一点真阴之精（离中之虚），是我身彼家（坤位）之物，属外在内，即两肾中间一点明，发之于外，故喻他也；下一窍乃纯阴之体，内藏着一点真阳之炁，是吾身我家（乾位）之物，属内，即乾宫泄入坤位之物（成坎中之满），故喻我也。上窍内是女体，外是男子（离卦内阴外阳）；下窍内是男体，外是女身（坎卦内阳外阴）：故仙翁多以男女、彼我喻也。然中间一窍为中宫，黄婆（真意）媒舍（道场），若会此处颠倒配合，方可成圣。"

"性即理，命即情，氤氲妙用一时成。迷时取之头头错，悟后拈来处处神。"三丰真人名诗，宜深体味之。

张三丰真人《自题无根树词》曰："道法流传有正邪，入邪背正遍天涯（不明正道，盲修者众）。飞腾罕见穿云凤，陷溺多成落井蛙。难与辨，乱纷哗，都将赤土作丹砂。要知端的通玄路，细玩无根树下花。"基于张三丰上述金丹大道理念，对于此重要著作——无根树丹词，切不可以"彼家阴阳丹法"解之，当心成为落井之蛙。

至于"栽接法门"，有"以性接命""以离交坎""以神驭气"的内栽接法——小栽接法，和《阴符经》指出的"天地、万物，人之盗"的外栽接法——大栽接法两种。

张三丰的清修理法散见于《玄机直讲》《玄要篇》《道言浅近说》《百字碑注》等文献中。详尽而具体，步步升阶，学者依序修持，撇开旁门左道，定能直攀蓬莱山巅。

张三丰内炼的下手口诀："以眼观鼻，以鼻视脐；上下相顾，心息相依。着意玄关（下丹田），便可降服思虑。"下手功夫则系"凝神调息，调息凝神"之八字原则，"分一片做去，分层次而不断乃可"。又曰，"心止于脐下曰凝神（修性），气归于脐下曰调息（炼命）。神息相依，守其清净自然曰勿忘，顺其清净自然曰无助。勿忘无助，以默以柔，息活泼而心自在。"

在神凝丹田，降服思虑时，着意调息："调息不难，心神一静，随息自然，我只守其自然，加以神光下照，即调息也。调息者，调度阴跷之息，与吾心中之气相合于气穴中也（坎离相交）。"

"斯时也，于此念中，活活泼泼；于彼气中，悠悠扬扬。……渐渐两肾火蒸，丹田气暖。息不用调而自调，气不用炼而自炼。……不出不入，无来无去，是为胎息、是为神息……

"气到此时，如花方蕊、如胎方苞，自然真气熏蒸营卫，由尾闾穿夹脊，升上泥丸，下鹊桥，过重楼、至绛宫而落于丹田，是为河车初动（炁通）。

"但炁至而神未全，非真动也，不可理他，我只微微凝照，守于中宫，自有无尽生机，所谓养鄞鄂（筑城墙）者也。

"……我神益静，静久则炁益生，此为神生炁、炁生神之功也。或百日或百余日，精神益长，真炁渐充，温温火候，血水有余，自然坎离交媾，乾坤会和，神融炁畅。一霎时间，真炁混合，自有一阵回风，上冲百脉，是为河车真动（小周天）。

"中间若有一点灵光，觉在丹田，是为水底玄珠、土内黄芽。尔时一阳来复，恍如红日初升，照于沧海之内……

"至若水火相交，二候采取，河车逆转，四候得药，神居于中，丹光不离，谓之大周天，谓之行九转大还也。

"此时一点至阳之精，凝结于中，隐藏于欲尽情寂之时，而有象有形。到此地位，息住于胎，内外温养，顷刻无差，又谓之十月功夫也（温养道胎）。"

张三丰相承陈致虚的丹法，尤精于陈抟的睡功，并以其正宗传人自居。他的《蛰龙吟》描述了修持陈抟睡功的妙趣："睡神仙，睡神仙，石根高卧忘其年，三光沉沦性自圆。气气归玄窍，息息任天然。没散乱，须安恬，温养得汞性儿圆，等待他铅花儿现。无走失，有防闲，真火候，运中间，行七返，不艰难，炼九还，何嗟叹。静观龙虎战场战，暗把阴阳颠倒颠。人言我是朦胧汉，我却眠兮眠未眠。……天将此法传图南（陈抟），图南一派俦能继？邋遢道人张丰仙。"功夫进到甚深层次，都会进入睡练功态。

张三丰另一了不起的成就，就是创编了流光万代的太极拳。

"功属柔而拳属刚，拳属动而功属静。刚柔相济，动静相因，始成太极之象。"这是张三丰真人对太极拳下的定义。

太极拳的精髓是要"内炼紫金丹"，丹炁充盛时"专炁致柔如婴儿"，如此则立拳、挥掌、转腰、摆腿……拳随炁挥，炁动拳运，静不碍动，动中有静，动静一如，妙不可言，如人饮水，冷暖自知；流注百骸而脱胎换骨，集中一处则无坚不摧。

据考证，太极、太极功夫、太极拳，从梁、隋、唐以来就陆续出现了。自张三丰提倡"内炼紫金丹，外炼筋骨皮"，并对其定义以后，太极拳便发扬光大起来了。

张三丰的太极拳如今已流布四海，光耀全球。吴志青先生的《太极正宗》一书指出："考各家太极拳之源流，均称系丹士张三丰所传授。"现在广为流传的先有杨式太极拳，后有陈式太极拳、吴式太极拳、武式太极拳、孙式太极拳、赵堡太极拳等。

"内炼紫金丹，外炼筋骨皮。"外炼筋骨皮非太极拳莫属。

从丹道内炁的运转规律来看，丹道修炼者习练赵堡太极拳较为合宜，仅十四个基本架势，全部变化七十二势，无高难度动作，易学易成；更主要的是赵堡太极拳之炁运，小圈连大圈，自转又公转，颇为符合太极体弦线立体运行之如环无端，连绵不断，而达拳功皆炼。

中国的古代科学技术史由外国学者——英国学者李约瑟博士来完成，真是趣事。而且他的见解，包括对中国传统养生学，尤其是丹道养生学，亦具真知灼见。他的《中国古代科技史》写道："中国内丹养生学只有到了伍冲虚、柳华阳，才算真正的成熟与完善。"

伍冲虚、柳华阳都是真正成就了的真人——散则成炁，聚则成形，生死自在，隐显随心。这在他们的著作中已经阐明：

> 一轮金光，本是我所有之灵物，取而归之，为化形之妙药。
>
> 成道胎时，手无六脉，齿落重生，发白再黑……
>
> 且出定之初，万物不可著，只候自身中一轮金光现于空中，将法身近于光前，以法聚光，取于法身内；遂即法身入于凡身。久久乳汁，则凡身立可化为炁矣。恐不得此金光者，则凡身不能化为炁，故有留身之说者，谓此也。又在德行之故耳。此即万古不泄之天机，今则泄矣。

曾有人著文质疑伍冲虚、柳华阳二人的师徒关系，因为两人相距了一百多年（约130年）。从常识来看似乎不可思议，以仙道来讲自然不足为奇。至于柳华阳禅师（生于清乾隆初）"聚则成形"，于20世纪七八十年代来度化《伍柳天仙法脉》一书的恭参校订者静虚子先生，已是二百七八十年以后之事了。

无独有偶,《性命法诀明旨》一书著者赵避尘老人也说,华阳禅师曾四次现身来指导过他一李姓弟子。这正好说明,得到真传,获得真诀,并进行了真修,一真一切真,则必获真果!伍、柳二真人既为我们作了师范,同时也证明金丹大道修至究竟境界,就能够自主性命:散则成炁,聚则成形,隐显自在,来去自由;古代诸圣的"心声"信不诬也。

吕祖诗曰:"莫言大道人难得,自是功夫不到头。"功夫到头,超凡入圣,散则成炁,聚则成形。

伍冲虚真人在他的《仙佛合宗语录·自序》中,明确指出:"仙宗果位(最终证果)了证长生(证得长生久视)。佛宗果位,了证无生(证得不生不灭)。然而,了证无生,必以了证长生为实诣;了证长生,尤必以了证无生为始终,所谓性命双修者也。今我述斯录,阐发仙宗,而以佛宗为印证,故名合宗。无非使天下后世同志圣真,知性命双修为要也!"

柳华阳禅师也说:"修成性命,即道是佛也……即僧是仙也。"

对于修持金丹大道的"三成全法",两位真人忠实地予以全盘继承,未作任何增删,而且坚决反对形形色色的"修正主义",严厉批评所谓男女双修彼家丹法之类的旁门左道,他们只是把修持"三成全法"全过程中,将会经历的阶段、关窍、问题……一一进行了深刻地剖析,清除了一个个拦路之虎,架起了一部通天之梯,"使天下后世同志圣真"沿此梯攀登直上,直臻圣境。如伍冲虚真人所言:"我积四十年辛苦修证,写成此著,后圣不须三日,即可了知。"华阳禅师也说,他励志江湖三十余年始得全诀,如今和盘托出,后来同志依序而修,可以直攀峰顶。

古今丹经,汗牛充栋。广成子发了一大篇宏论,引人入胜。黄帝写出了一部《阴符经》,号召到宇宙中当"强盗"去。老子画了一幅漫画,讲了修持原理。魏伯阳建立了一座丹道大观园,美得像迷魂阵。钟祖、吕仙制定出了"三成全法"，架起了直达昆仑峰顶的登天灵梯。张伯端唱出了令人深思的《悟真篇》，先命后性。王重阳建立起了强大的社团，从此孤树成林。张三丰述说在内炼紫金丹时，还要外练筋骨皮——太极拳，如此才能长生久视，自主性命。至于修持金丹大道的前提、步骤、细则、关窍以及各个阶段的法、诀、景、旨等等具体问题，只有到了伍柳时代，才全面地得到解答。

伍冲虚真人《天仙正理直论》的直论九章，首先开宗明义便说："仙家修道为仙，初证则长生不死，极证则统理乾坤。"对性命双修的金丹大道来说，修至长生不死还只是最起码的要求。

直论第一章直论了先天后天二炁。"先天是元炁，后天是呼吸之气，亦谓之母气与子气也。超劫之本乃元炁，不能自超，必用呼吸（气）以成其能。故曰有元炁不得呼吸（气），无以采取烹炼而为本；有呼吸（气）不得元炁，无以成实地长生、转神入定之功；必兼二炁，方是长生超劫运之本也。"又言，"所以吕祖得（崔希范真人）先天炁、后天气之旨，而成天仙也。"

第二章直论药物。"天仙大道喻金丹，金丹根本喻药物。果以何物喻药也？太上云：'恍恍惚惚，其中有物。'即吾身中一点真阳之精炁，号曰'先天祖炁'者是也。""此炁在人未有此身，即此炁以生其身；既有此身，则乘此炁运行以自生。故曰：修士亦唯聚炼此炁，而求长生也。""如遇至静至虚，不属思索，不属见闻觉知，而真阳之炁自动，非觉而动，实动而觉……即是先天宜用之药物。"

第三章直论鼎器。"修仙与炼金丹之理同。""圣圣真真，无不借金丹以喻，明夫仙道。仙道以神炁二者而归复于丹田之中以成真；金丹以铅汞二者而烹炼于炉鼎之内以成宝；故神炁有铅汞之喻，而丹田有鼎器之喻也。是鼎器也，古圣真本为炼精、炼炁、炼神所归依本根之地而言也。""亦有内鼎、外鼎之称者。言外鼎者，指丹田之形言也；言内鼎者，指丹田中之炁言也。"

第四章曰火候经。"天仙是本性元神，不得金丹（之炁），不能复至性地而为证；金丹是真阳元炁，不得火候，不能采取烹炼而为丹，故曰：全凭火候成功。……我故曰：火候谁云不可传？随机默运入玄玄。达观往昔千千圣，呼吸分明了却仙。"

火候就是把握呼吸之息。伍真人又引陈虚白语曰："火候口诀之要，当于真息中求之。"此又说出火候只是真息。真息者，乃真人之呼吸（内呼吸），而非口鼻之（外）呼吸。文中大量引用了古真论火候、呼吸之语。

第五章直论炼己。"诸圣真皆言，最要先炼己。""己者，即我静中之真性，动者之真意，为元神之别名也。然必须先炼己者，以吾心之真性，本以主宰乎精炁者。宰之顺以生人，由此性；宰之逆以成圣，亦由此性。若不先为勤炼，熟境（情欲之念）难忘，焉能超脱习染，而复炁胎神哉！"

第六章直论筑基。"修仙而始曰筑基。筑者，渐渐积累增益之谓。基者，修炼阳神之本根，安神定息之处所也。"古人皆言"以精炼精、以炁炼炁、以神炼神"者，正欲为此用也。"是以必用精炁神三宝合炼，精补其精，炁补其炁，神补其神，筑而成基。唯能合一，则成基；不能合一，则精炁神不能长旺，而基即不可成。及基筑成，精则固矣，炁则还矣，永为坚固不坏之基，而长生不死。"

第七章直论炼药。"仙道以精炁神三元为正药。以炼三合一，喻名炼药。"学者必须识产药之征候，辨药之老嫩，而采取烹炼。

第八章直论伏气。"人之生死大关，只一气也。圣凡之分，只一伏气也。而是伏义，乃为藏伏亦为降服。唯能伏气，则精可返，而复还为先天之炁；神可凝，而复还为先天之神。……始终向上之功，只为伏此一口气耳！"故古人云："长生须伏气！"

第九章直论胎息。"古《胎息经》云：'胎从伏气中结，炁从有胎中息。'斯言为过去未来诸神仙天仙之要法也。"

（男子身中本无胎，而欲结一胎，必要有因，则因伏气于丹田炁穴中而结胎；是"胎从伏气中结"也。元炁静而必动，欲得元炁不动，必要有藏伏。因有胎即藏伏之所，乃息而不动；是"炁从有胎中息"也。胎因愈伏气而愈长，气因愈长胎而愈伏，共修成一个圆满胎神。作者注）

伍冲虚真人的《仙佛合宗语录》，系解答弟子们的疑问综合而成，非常具体明了，可详研读之。

柳华阳禅师《慧命经》自序曰："华阳，洪都之乡人也。幼而好佛，因入梵宇有悟，常怀方外想，见僧辄喜。一旦闻长者曰：昔五祖三更时，私授六祖道。侧听欢然，恍如梦觉。始知修炼家必赖师传，乃寻求不已。足迹遍荆楚间，迄无所遇。后乃投皖水之双莲寺落发。愈加咨访，凡三教之师，靡不参究，竟无悉慧命之旨者。因自叹曰：人生难得，遂此虚度乎？忽发一念，于每夕二鼓，五体投地，盟誓，虔扣上苍，务求必得。阅及半载，幸遇合洪、冲虚师，传余秘旨。豁然通悟。乃知慧命之道，即我所本有之灵物。嗣至匡庐，又遇壶云老师，窃聆论绪，知为非常人。勤恳听受，继以哀吁；师乃大发鸿慈，开悟微密。中边奥窍，罔不周彻！及余临行，师嘱曰：佛教双修，今已断灭，子当续其命脉，以度有缘。余隐迹江左，于二三道侣梵修切究。因碧蟾、了然、琼玉、真元，苦修已成舍利，默契师传，故纂集是书，命曰《慧命经》。画图立相，开古佛之秘密，泄师祖之元机，洵接引后学之梯筏也。"

华阳禅师曰："寻法觅师问正传，不得真诀难为仙。"为此"于每夕二鼓，五体投地，盟誓，虔扣上苍，务求必得。阅及半载，幸遇合洪、冲虚师，传余秘旨。豁然通悟。"

伍冲虚真人的传法衣钵弟子为吉王朱太和，他是崇祯的表兄弟，也可以继承王位；但他对此没有兴趣，而是一心一意跟随伍真人修道。明亡后，清廷追查甚紧，便与伍真人一起大隐而去。华阳禅师的虔诚感动了伍真人，遂现身而度之，已是一百三十年之后的事了。

华阳禅师除了得到伍真人的金丹大道正传外，后来又得到佛家壶云居士之达摩东传的释迦"教外别传"真旨！"及余临行，师（壶云居士）嘱曰：佛教双修，今已断灭，子当续其命脉，以度有缘。"

华阳禅师曰：天地之间，富贵以及妻子是有定分。若大道则不然，可以苦志而得；古云："有志者事竟成。"古来多少不该成道者，而竟成之，非生来有分也。

"智者得师而明，愚者被师而误。"华阳禅师告诫我们不要随便拜师，一定要拜明师，以免被盲师、歪师而误。

华阳禅师论述产药法象："俄顷痒生毫窍，肢体如绵，心觉恍惚。"

华阳禅师说："仙道元精喻药物，药物喻金丹，金丹喻大道……且此炁（元精）从禀受隐藏于炁穴，及其壮年炁动，却有拱关变化之机者；即取此变化之机，回光返照，凝神入炁穴，则炁亦随神还矣；故谓之勒阳关，调外药。及至调到药产神知，斯谓之小药，又谓之真种子。

"古人但言调药，而不言调法（绵绵不断；息息归根），不言调所（炁之融动处），又不言调时（外物动之时），一调药之虚名，在于耳目之外。……

"自始还虚（入先天无极道境）而待元精生（阴跷炁萌、一阳初生，无极而太极），以神火（呼吸、意念）而化（化为元炁伏藏），以息风而吹（以呼吸气留恋元炁），以静而浑（在静虚胎息中神、炁、气三元浑一而伏藏炁穴），以动而应（药产神知勒阳关），以虚而养（元神性光觉照），则调药之法得也。"（药盛而后起小周天火）

华阳禅师在《金仙证论》中，对小周天工程进行了反复论述。他说："不行周天之火，则炁不聚，丹不结。""倘不明其火候之精微，虽有药而药亦不能成丹。""精生有调药之候；药产有采取之候；归炉有封固之候；起火有运行之候；沐浴有停息之候；火足有止火之候；此乃小周天之密机。"禅师在文中皆详加剖析。

“于（小周天）十二规（子丑寅卯……十二时），全仗呼吸催运，以吸、数定其法则；自采以至于归根，不可须臾离也。离则断而不续，不成舍利矣。凡转法轮之际，意（真意）主丹田而为轮心，神运炁而为轮爪，呼吸催逼而为轮毂，亦出乎自然而然之消息。有何难哉？不起于他见者（神不外驰），转法轮之际，外除耳目，内绝思虑，一点真神，领炁循环。稍有他念，炁则散于别络，空转无益。且数者，每步（时位）四揲（四个呼吸），升为阳，阳为乾，乾用九（默数数一～九），四九三十六（四个呼吸 × 九个数数 = 三十六爻），乾策总六爻之四揲，二百一十有六（六个阳时 × 三十六爻 = 二百一十六爻）。降为阴，阴为坤，坤用六（默数数一至六），四六二十四（四个呼吸 × 六个数数 = 二十四爻），坤策总六爻之四揲，一百四十有四（六个阴时 × 二十四爻 = 一百四十四爻）。合成三百六十数（二百一十有六 ＋一百四十有四 = 三百六十爻），成其法轮一转之途步（程限规则）。限度不差丝毫之规，则妙也哉！至也哉！是道也，苟不用此，万无所成！此法自汉（谌母元君……许旌阳）至今，秘而不宣，佛佛秘受，祖祖口传。余备全而泄尽。愿有志者，早成大道，夫三百六十数者，实非三百六十数，乃譬喻耳。

“周天妙用，积累动炁，时来时补，补完真炁若不炼周天，则本根之炁不得满足（坎中不满，不能抽坎填离而乾坤交媾），而亦不能成大药。”

丹道修持的有为法，到小周天为止。以后多系无为法，皆赖悟性——高功贵悟。

华阳禅师和盘托出了亲身的体验：“且药产之效验，非暂时可得。至真之道，在乎逐日凝神返照炁穴之功纯熟，而后有来之机缄。夫或一月元关（玄关）显露，或数月丹田无音，迟早各殊，而贵乎微阳勤生；不失调药之工夫，则药产自有验矣。且炁满药灵，一静则天机发动：自然而然，周身融合，苏绵快乐，从十指渐渐至于身体；吾身自然耸直，如岩石之峙高山；吾心自然虚静，如秋月之澄碧水；痒生毫窍，身心快乐；阳物勃然而举，丹田暖炁融融。忽然一吼，神炁如磁石之相翕，意息如蛰虫之相含，其中景象，难以形容。歌曰：奇哉！怪哉！元关顿变了，似妇人受胎。呼吸偶然断，身心乐容腮。神炁真浑合，万窍千脉开。盖此时不觉入于杳冥，浑浑沦沦，天地人我，莫知所之，而又非无为。杳冥之中，神自不肯舍其炁，炁自不肯离其神，自然而然纽结一团。其中造化，似施似翕，而实未见其施翕；似走似泄，而实未至于走泄；融融恰恰，其妙不可胜比。所谓一阳初动，有无穷之消息。少焉，恍恍惚惚，心已复灵，呼吸复起，元窍之炁，自下往后而行；肾管之根，毛际之间，痒生快乐，实不能禁止；所谓'炁满任督自开'，又云：'运行自有径路'，此之谓也。迅时速采、烹炼、烹炼复静。动而复炼，循环不已；少年不消月余，中年不过百日，结成金丹，岂不乐哉！"

黄元吉真人，光绪年间曾在四川富顺乐育堂讲授金丹大道多年，从学者达数千人之多。但他慨叹说：可堪传授者，仅数人而已。真是人才难得啊！

这也证明古圣之言不虚：弟子寻师易，师寻弟子难，能够把金丹大道忠实地传承下去者难！

黄元吉真人也同伍、柳二真人一样，忠实地继承了钟、吕二祖的三成全法，可谓一脉相续，多处引用了伍、柳二真人的著作。他的《道德经讲义》《乐育堂语录》《道门语要》，对金丹大道修持过程中的下手功夫、玄关玄牝、先天一炁、孕药调药……以已亲证之果，比述得十分透彻。学者如能反复研读《伍柳天仙法脉》和《道德经讲义》并实践之，金丹大道的精髓便了然于胸了；如此则再去研读其他丹经经典，当势如破竹，不再为注解所惑。《道德经讲义》为黄真人亲自执笔所写，宜着重研读。其他经典则为弟子们听课的记录而集成。

黄真人自序："三教之道，圣道而已。儒曰至诚，释曰真空，道曰金丹，要皆太虚一炁贯乎天地人物之中。唯圣人独探其原、造其极，与天之虚圆无二，是以成为圣人……"这篇自序写于光绪十年（1884），也是这本书刊印之年。

萧天石先生在整理黄元吉真人的文稿时，在例言中写道："丹家经籍，愈古愈玄。上古丹经十隐八九，中古丹经十隐其半，迄乎近世十隐其二三。黄元吉先生这本书（《道德经讲义》）成于前清道、咸之交，故能畅述玄秘，大露宗风，举往圣之所不泄者而泄之，尽往圣之所不传者而传之。就丹法言丹法，即此一编已括尽千经万典之要蕴而巨细无遗矣！"

黄元吉真人也是特别强调，性命一定要"双修"，不能偏修：

但若离宫修定（神），不向水府求玄（炁），则离宫阴神犹是无而不有，虚而不实，纵静中寻静，深入杳冥之境，只得一个恍惚阴神样子，终不能聚则成形、散则成炁、欲有则有、欲无则无、实实在在有个真迹也，故曰："修性不修命，万劫阴灵难入圣。"

又有只知炼命者，但固守下田，保养元精，前此未闻尽性之工，后此但求伏气之术，唯炼离宫阴精使之化炁，复守脐间动气使之不漏，不知移炉换鼎向上做炼炁化神功夫，虽丹田炁满，可为长生不老人仙，然炁未归神，神未伏气，有时念虑一起，神行气动，仍不免动淫生欲，故曰："修命不修性，犹如鉴容无宝镜。"

必也性命双修，务令一身内外无处不是元精，无处不是元炁。到得精以化炁，无复有生精之时，然后精窍可闭。于此急行圣师口诀，用上乘法，行五龙捧圣之功，自虚危穴起，上至泥丸，降下丹田，所谓"四象攒来会中宫，何愁金丹不自结"者，此也。

至于下手功夫，黄真人曰：

下手工夫在玄关一窍……余无可进步也。……天地忽辟之际，静极而动，一觉而醒，则人侦气（炁）于动，为炼丹之始基。第此倏忽之间，非有智珠慧剑，不能得也。要之，念头（真念）起处为玄牝，实为开天辟地、生人育物之端，自古神仙无不由此一觉而动之机造成。又曰无欲观妙、有欲观窍，两者一静一动，互为其根，故同出而异名。

学人下手之初，别无他术，唯一心端坐，万念悉捐，垂帘观照于心之下肾之上，仿佛有个虚无窟子，神神相照，息息常归，任其一往一来，但以神气两者凝住中宫（脐稍上）为主。不顷刻间，神气打成一片矣。于是听其混混沌沌，不起一明觉心，久之恍恍惚惚，入于无何有之乡焉。斯时也，不知神之入气、气之入神，浑然一无人无我、何地何天景象，而又非昏聩也；若使昏聩，适成枯木死灰。修士于此，当灭动心，莫灭照心，唯是智而若愚，慧而不用。于无知无觉之际，忽然一觉而动，即太极开基。须知此一觉中，自自然然，不由感附，才是我本来真觉。道家谓之玄关妙窍，只在一呼一吸之间。其吸而入也，则为阴为静为无，其呼而出也，则为阳为动为有，即此一息之微亦有妙窍。人欲修成正觉，唯此一觉而动之时，有个实实在在，的的确确、无念虑、尤渣滓一个本来人在。故曰：天地有此一觉而生万物，人有此觉（灵知）而结金丹。但此一觉犹如电光石火，当前则是，转眼即非，所争只毫厘间耳。学者须于平时审得清，到机方能把得住。古来大觉如来亦无非此一觉积累而成也。修士兴工，不从无欲有欲、观妙观窍下手，又从何处以为本乎？虽然，无与有、妙与窍，无非阴静阳动，一炁判为二气、二气仍归一炁而已矣。以其静久而动，无中生有，名曰一阳生、活子时；以其动极复静，有又还无，名曰复命归根。要皆一太极所判之阴阳也，两者名虽有异，而实同出一源，太上谓之玄。玄者，深远之谓也。学者欲得玄道，必静之又静，定而又定，其中浑无物事，是为无欲观妙，此一玄也。及炁机一动，虽有知却不生一知见，虽有动却不存一动想，有一心，无二念，是为有欲观窍，此有一玄也。至于玄之又玄，实为归根之所，非众妙之门而何？所惜者，凡人由此妙窍，不知直养，是以旋开旋闭，不至耗尽而不已。智人于玄关窍开时，一眼觑定，一手拿定，操存涵养不使须臾或离，所以直造无上根源，而成大觉金仙。

伍冲虚真人曰："达观往昔千千圣，呼吸分明了却仙。"又说，"一呼一吸故为息，不呼不吸亦为息也。"他进一步解释：一呼一吸乃凡人之息，有出入息者，至喉而返；不呼不吸系真人之息，无出入息者，可直达脚踵。（庄子："凡人之息以喉，真人之息以踵。"）真人之息，又曰胎息。

学人练功，不达"胎息"，"修道"二字免谈。这是从后天达先天的一个硬指标。从未有人像黄元吉真人那样，对胎息进行如此强调和深刻的论述："尤要知此个胎息（炁）非等寻常，是父母未生前一点元炁，父母既生后一段真灵，性得之而有体，心得之而有用。在天为枢，在地为轴，在人为归根复命之原。人若希贤希圣希天，舍此胎息，无以为造作之地也。

"诸子近来用工，唯将心神了照不内不外之际，虚心听气息之往来，庶几神依息而立，炁得神而融，未生前一团胎息（炁）可得而识矣。由是言之，此个胎息，诚修炼之要务也。

"古云：'入定功夫在止观。'何以止？止于脐下丹田。何以观？观于虚无法窍。如此则心神自定，慧光日生，以之常常了照于不睹不闻无声无臭之地，而胎息（炁）常在个中也。

"若但粗定其息，未入大定，此个胎息尚非真也。未到如如自如之候。而凡息暂有停止，即谓胎息自动，则失之远矣。人到胎息真动，一身苏软如绵，美快无比，真息（炁）冲融，流行于一身上下，油然而上腾，勃然而下降，其气息熏蒸如春暖天气熟睡方醒，其四肢之快畅真有难以名言者。"

关于凡息与胎息的关系，黄真人曰："凡息（气）一起，胎息（炁）即隔。先天之胎息（炁）非得后天之凡息（气）无以运行；后天之凡息（气）非得先天之胎息（炁）无以主宰。人能凡息一停，真机一现，凡息都是胎息。若杂念未除，尘心未尽，纵胎息亦是凡息。"

为从凡息过度到胎息，黄真人发扬了庄子的"听气"之法，传出了"听息"这一法门："唯存心于听息。（听心息之相依，神炁之相融）。此个听字，大有法机。庄子云：'壹若志，无听之以耳，而听之以心，无听之以心，而听之以气。'要之此气，不是口鼻之气，不是肾间动气，更不是心中灵气；此气乃空中虚无元气（炁），生天生地生人生物者此也。唯能存心于虚无一炁，此心此神即与太和元炁相往还，所谓神炁合一烹炼而成丹也。若著凡息，还不是此神与凡息相交，又何以成丹哉？经云：'不神之神，真神也。无息之息，真息也。'我须于混沌中落出先天一点真意，以之翕聚元炁，是元神与元炁相交，而大道可成。苟有粗息，我即轻轻微微将此凡息收敛至静。到凡息已停，不问他元炁动否，而元炁自在个中矣。我当凝神以正，抱息以听，此阴阳交媾之一端也。我以心以听，即耳窍常闭而众窍无音也。此个听法，第一修炼良法。如此久听，自然真阳日生，而玄牝现象矣。"

他提出全新的"内法财侣地"观念："此坎中一阳、离中一阴，即内财也。日夜神火温养，不许一丝渗漏，即积内财也。能向自家身心寻出一个妙窍，即内法也。前言本来人，即内伴侣也。云虚危一穴，即内地也。"

孕药、调药之药的老嫩，如何把握？黄真人曰："若未混沌，斯为无药；若已混沌，未与神融为一，便去阴跷采取，斯为药嫩（神未全），不堪入炼；若混沌一觉（神知），未及时提取，待一觉之后又觉他事，一动之后又复动而外驰，斯为药老，更不可用。"

对于秘中之秘的"玄关"与"玄关一窍"，黄元吉真人首次明确指出，玄关也是阴阳结构，分为存神的上玄关，与藏炁的下玄关。

"玄关一窍，心肾炁交始有其兆（无中生有）。心有心之玄关（上玄关），肾有肾之玄关（下玄关）。忽然肾炁冲动，真机自现，此肾之玄关（狭义玄关）。以情归性，心神快畅，炁机大开，此心之玄关（广义玄关）。即真知灵知之体也。大开之时，无处、无事不是玄关。非粗浅人所能识也。"

黄真人对于大、小周天的论述，与伍、柳二真人所述同。

黄真人画龙点睛地指出："人欲长生，除此守中（神凝炁穴）、河车（小周天）二法行持不辍，别无积精累气之法焉。"

西派宗师李涵虚（1806—1856）是一位较近修成的真人。

蜀地出神仙，速成者不少。最快的要算约三十岁就修成了的女仙人，在南充白日飞升的谢自然，她是司马承祯的弟子。男仙人就是李涵虚最快，五十岁就成就了，并将他的"心血结晶"尽情吐露在《道窍谈》《三车秘旨》《后天串述》《九层炼心》等诸文中。

《圆峤内篇》前言中说，真人年幼时身体甚差，奉母之命到峨眉县去养病，途中遇到郑朴山，明孙教鸾门内之高弟……遂稽首皈依。……后游峨眉山，在禅院中遇到吕祖和三丰，密受丹道功诀。于咸丰丙辰（1856）50岁时，五月初八寅时升举："儿女英雄债，从今一笔勾。""清风明月，才知是我。"并有偈曰："大江初祖是纯阳，九转丹成道气昌。今日传心无别语，愿君个个驾慈航。"

李涵虚真人也是按照吕祖的"三成全法"依序而修成，并创立了大江西派。真人引古人语云："细微节目，非真师不能传，非善人不敢道。"涵虚真人的《道窍谈》也罢，其他文也罢，无不谈得具体而详尽，非过来人、大善人、大真师不能道此。

吕祖《三字诀》："这个道，非常道，性命根，生死窍。说着丑，行着妙。……地天泰，为朕兆。口对口，窍对窍。吞入腹，自知道……"对此历来注解家们几乎都依"彼家丹法"解释之；涵虚真人则完全按照清净丹法解释："丹家有一穴（玄窍），一穴有两孔。空其中，而窍其两端，故称为两孔穴。师（吕祖）所传'口对口，窍对窍'者，即此境界也。"这是涵虚真人给我们讲解了玄窍开后的阖辟之机、橐龠之相，即吕祖的原意。

到第七层炼心，真人曰："前此金水河车，仙师名为'内炼'，到此还有外炼功夫，以外合内，真心乃聚而不散。……法在以虚明之心，妙有之性，和砂拌土，种在彼家。彼家虚而自我实之，彼家无而自我有之，以有投无，以实入虚，死心不动。霎时间，先天一炁，自虚无中来……"这里的"彼家"系指虚空而言。西派弟子魏尧则讲解时，也是这样解释的。

弟子问："元精与真精若何？"真人答曰："元精在我家，真精在彼家。""其在我家者，绛宫浑然之气，积久而生灵液者也（汞精）。其在彼家者，华池壮盛之气，《悟真》所称'首经'（坎离交则首经产）者是也。八月十五，金气满而水潮生，正合二分真信。学人识得此精（首经），一口吸来，霎时天仙有分，非凡物也。"这里元精（汞精）、我家，是心液也，而真精、彼家，系华池肾水（铅气）也。

"丹本既立，神气融和，由是一阳见长而为兑，坎男变为兑女也（此即庚方月、西江月、峨眉月诸喻时也）。因此兑女二字，故丹家名曰首经，又曰天葵（因类而言耳。愚人不知，盲修瞎炼，未遇真师之故也）。丹士采此首经，名曰摄情归性。五千四十八日归黄道之时，有如十五明月，金水圆满。在人身中，总一先天精气，腾腾壮盛之时也。学人到此，急起大河车，运上泥丸。稍焉，有美液坠入颚中，大如雀卵葡萄，非麝非蜜，异样甘香，此乃九还大丹也。"

迷信男女双修者，一见兑女、首经，便想到女性、少女；涵虚真人可不是这样。

张三丰名诗："隔体神交理最详，分明下手两相当。拿住龙头收紫雾，凿开虎尾露金光。……"一般也是当成男女双修解。而涵虚真人解曰："……调息不难，心神一静，随息自然，我只守之、顺之，加以神光下照，即是调。调度阴跷之息，与吾心中之息相会于气穴中也。神在气中，默住元海，不交而自交，不接而自接，即所谓隔体神交也。"

涵虚真人在讲解《道德经》第31章"偏将军居左，上将军居右"章末了曰："愚按：章中喻意，盖言女鼎不祥，未可用耳。"

由以上诸文可见，涵虚真人是正统金丹大道继承者与实践者，而且是大成就者，还需要去搞那些男女阴阳双修的旁门左道么！

涵虚真人与伍、柳二真人一样，也主张仙佛同修，他在一些文章中也引述过伍真人的某些论述：

愚按：佛重性，而其中实有教外别传，非不有命也，特秘言耳。……仙重命，其中亦有教内真传，非不言性也，特约言耳。

唯佛有教外别传，则从性立命，极乐之地，益见空明。

可见凡得真传者，皆知佛家教外别传的深义，就是以性摄情而修命。读一下达摩祖师的《了道歌》即知："三家法一般，莫作两样看。性命要双修，乾坤不朽烂。"

纵观张伯端真人对玄关一窍所下的定义，以及黄元吉真人对玄关现象的描述，如果再看一看涵虚真人的玄关见解，就等于完全揭开了这个谜中之谜：

"玄关一窍，自虚无中生。不居五脏六腑，肢体间无论也。

"今以其名而言：此关为玄妙机关，故曰玄关。此窍为万法归一之地，有独无对，故曰一窍。一言以蔽之曰：中是也。中在上下之中，亦不在上下之中，有死、有活故也。

"何谓死？以黄庭、炁穴、丹田为此中，就是死的。

"何谓活？以凝神聚炁，现出此中，就是活的。

"以死而论，就叫做黄庭、炁穴、丹田。

"以活而论，乃算做玄关一窍。故曰：'自虚无中生。'

"真机直露，得者秘之。"

涵虚真人又说：

"玄关者，神气交媾之灵光。

"初见玄关，明灭无定。初入玄关，恍惚无凭。以其神炁乍合，未能固结也。到得交包纯熟，死心不离，始识玄关之中，人我皆忘，鬼神莫测，浑浑沌沌，兀兀腾腾。此中玄妙，变化万端，不可名状，无怪其名之多也。"

古人言："黄庭一路即玄关，往来无定活玄关，假立定位假玄关，功到机现真玄关。"

"黄庭一路即玄关。"黄庭有上、中、下之分。

"往来无定活玄关。"因为玄关是"神炁交媾之灵光"，预先不知它到底要在何处交媾？

"假立定位假玄关。"下手兴功，可以假设自个玄关在下丹田虚无窟子内，而意守之。

"功到机现真玄关。"虚极静笃，功到机现，神炁交媾，光耀夺目，炁发成窍，玄关现象。

华阳禅师也说："炁发则成窍，机息则渺茫。"神炁交媾，炁发成窍，玄关现象，玄窍定位，玄牝体立，一开一阖，生生不息。玄关现象的谜底，已揭露无遗。

涵虚真人在后天次序中，将可供修炼之炁进行了明细的分类，分为四个等级，这也是前所未有的。

他说初基以后天（气、息）为妙用，然有可用之后天，即有不可用之后天。夫不可用之后天，并不得以后天名之。以其至阴至浊，不足道也。今悉从可用者依次言之：

第一曰后天；第二曰后天中之先天；第三曰先天；第四曰先天中之先天。

后天者，阴跷之气（炁），生人之根，乍动为元精（动气）者也。学人敲竹（调息）唤来，入于内鼎（正丹田），自然炼精化气（炁）而开关窍。此气（炁）冲五脏，熏百骸，萦绕脉络，仍归丹田。

凝神调息，静候动机（下玄关开）。机动簌鸣，一缕直上，是为后天中之先天（炁）。采之以剑（武火），调之以琴（文火），运之以河车，封之以黄庭，此即玉液炼己之功也。

久久纯熟，身心牢固，然后入室临炉，而求先天（从虚寂中来）。这先天，乃是元始祖炁。先把真阴（离中之汞精）、真阳（坎中之金炁）同类有情之物各重八两立为炉鼎（真阴真阳共同合成玄关一窍）。假（借）此炉鼎之真炁，设为法象，运动周星，诱彼先天出来（先天一炁从虚无中来），即刻擒之。不越半个时辰，结成一粒（火珠现象），附在鼎中，是为铅母，号曰外丹。

先天中之先天者，铅中产阳，帘帷光透。采此至真之阳炁，擒伏己身之精气，所谓"金来归性初，乃得称还丹"也。以后温养固济，日运阴符阳火。抚之育之，乃化为金液之质。吞归五内，是名金液还丹。服食之后，结成圣胎。十月功完，阳神出现。五行难管，位号真仙矣。

对于最重要的周天功夫，涵虚真人透露了"三车秘旨"。

第一件运炁，即小周天，子午运火也；第二件运精，即玉液河车，运水温养也；第三件精炁兼运，即大周天，运先天金汞，七返还丹、九还大丹也。此三车者，皆以真神、真意斡乎其中。

第一件河车，运炁功夫，所以开关筑基，得药结丹也。……无知无识之际，一阳来复（下玄关开），由下丹田熏至心阙，使人如梦初醒——活子时。急起第一河车，采此运行，迟则无形之炁变为有形。此炁也，名壬铅，名后天，又名阳火。故曰子时进阳火。

第二件河车，运精功夫，抽坎铅，制离汞，炼己性也。前此运炁日久，得了小药，结了丹头。以后绵绵内息，天然自在，固守丹田。每早晨间，清坐清卧，其丹如一团软绵，升于心府。仍要收回虚中，杳然无形，方不走失。诀曰："神返身中气自还"，正此时也。

怀抱日深，忽然间丹田如春水初生，溶溶漾漾。即守自然之内息，烹之、炼之，其水忽化为热气，由两胯内边流至涌泉。需要神注两踵，真息随之，此所谓"真人之息以踵"也。

如此片时，涌泉定静，即将心返尾闾，默默守候。忽觉有物来尾闾间，似绵陀，似馒首，似气块，沉滞难行。就要调停内息，专心一志，猛烹急炼（武火）。乃有一股热汤，透出尾闾，徐徐过腰脊，滔滔上泥丸。方谓之黄河倒卷，曹溪逆运。……吕祖所谓"搬精入上宫，不与运气同"也。泥丸宫中，水声震响，久之而水声止息，神即休于其中。持守片时，乃以舌倒舐上颚，鼻中忍气，牙关紧闭，两手反抵坐榻，头面仰对空梁，候它金液满舌，其鼻息忍而不播，伊乃咽了一声，流入气管，降下重楼十二阶梯，神水灌注华池矣（此华池在人两乳中间，名曰上气海）。

第三件河车，运先天精气，丹家名汞迎铅入，情来归性，七返九还之事也。

前此炼己纯熟，汞性通灵，进退自如，雌雄应变。功夫至此，乃可行返还大事。

七返还丹者，先将已成之汞性呼为内丹，于是入室坐圜，把内丹藏于空洞之中。上边如乾，下边如坤，性边属有，命边属无。先要以有入无，然后从无生有，其象如乾精播于坤母，坤乃实腹而为坎。坤精感自乾父，乾乃虚心而为离。乾坤既列，名为鼎器（即有无妙窍也）。离坎二用，借此现形。

涵虚真人在"后天串述文终经"中，将他的修持模式划分为九个步骤：

（1）收心。收心入内，以中为极，以和为则，以神为体（定），以意为用（慧）。

（2）寻气。寻气在阴跷为先，中是活活泼泼，不见不闻之处。……元精者，阴跷一脉，逐日生人之气也。……后天鼎者，即元神元气交合之所也，心名灵父灵母。

（3）凝神。潜伏于丹田之中，呼吸于虚无之内，是名命蒂，又号胎息。

（4）展窍。忽然内鼎之间，冲出一物，跳跳跃跃，嘘嘘喷喷，直由冲脉上至心府，即展窍时也。

（5）开关。俟其冲突有力时，乃变神为意，引出尾闾，一撞三关，飞上泥丸，即开关也。

（6）筑基。关窍既开，乃行养己之功，而谈筑基之道。筑基者，采彼气血（炁），补我精神（神）。精神虽壮，又恐动摇，于是以壬铅制之。壬铅者，二气（炁）媾而生者也。

（7）得药。天地交合之时，混混沌沌，氤氤氲氲，结为虚无窟子。虚无窟子中旋产一炁，即以此炁为壬铅，此得铅时也。

（8）结丹。铅之体有炁无质，以故轻而上浮。至昆仑时，要以目光上视，神炁相息于鼎中。凝住一时，阳极阴生，始以舌倒抵上腭，鼻息要匀，抵腭久之，乃有美津降下，寒泉滴滴。虽不甚多，然一吞下重楼，以意送入黄庭。却又奇怪，发声如澎湃一般，始知天上甘露，原不可多得。降入黄庭，结为内丹。

（9）炼己。在尘出尘，对境忘情。

对于中年学道者，涵虚真人说：只要凝神有法，调息有度，阴蹻炁萌，摄入鼎内，勿忘无助。后天气生，再调再烹，真机自动。乘其动而引，不必着力开，而关自开；不必着力展，而窍自展。真炁一升于泥丸，于是而河车之路可通。要皆自然而然。乘乎动而静之际，微微起火，逼过尾闾，逆流天谷。自然炼精化气，灌注三宫。以后复得外来妙药，擒制吾身之真炁，令其交凝，使不散乱。然后，相亲相恋，如龙养珠，如鸡抱卵，暖气不绝，同落于黄庭之间，结为朱橘，乃曰"内丹"。则初候之功成，延年之妙得，全形之道备也。

以上可同时参考《九层炼心》道言。

我第一次见师尊的时候，他叫我读的第一篇文章，就是涵虚真人的"钻杳冥"："先天一气，自虚无中来，必有真杳冥，乃有真虚无……昔我在洞天中，学钻杳冥七八年，然后稍有把柄。"读后师尊说：他是你们四川真正成就了的真人，钻了七八年杳冥才说稍有把柄；你呢？我立即回答：两个七八年。

涵虚真人的一系列后继者、几代传人，号称西派别传，他们几乎都不像涵虚真人在"后天串述文终经"中制定的那样，老老实实、足踏实地从低处起修，以打牢基础，最终上接天元。近代一些传人们却不同，另起炉灶号称西派别传，另搞一套，反其道而行之，从天元入手，企图一步登天、走捷径而性命双了。只有根器特慧的上德之人，也许有点希望；而大多数一般根器者，恐难达成。

有的西派传人甚至对涵虚真人的"三车秘旨"也持否定态度，言大、小周天根本就不存在，是伍冲虚编造出来的。既如此，也就用不着去行三车运转而采取、烹炼了。由此也可看出，他们的内炼层次与境界，不是很高的，连人仙都还未达到，刚过古稀就走了，与常人无别。曾经编辑了西派集成几大卷的陈老先生，特写了男女阴阳双修、炼剑法门等，与一友人慨叹"希望有一十四岁女鼎"来配合他双修，就可立即返老还童，可惜找而未到云云，不久即撒手西归。

说到功成德就，对于金丹大道修持者而言，起码应做到寿终正寝，无疾而终；其次，健健康康地度百岁乃去；大成就者应死后尸体不朽；理想境界则是散则成炁，聚则成形，隐显自在，来去随心。

至于世寿与成就之间的关系，比较复杂。有的是"大限已到"，且预知时至，明知不能超越，便安排好后事，含笑而逝，尽管世寿不很长，但活得自在，走得潇洒，也算是有所成就吧。有些大德则系人道已尽，天道在即，"另有任务"，不得不去；虽然走了，但尸体不朽，成了肉身菩萨，影响极大——继续弘道！当然理想的成就，那就是像吕、张、伍、柳、黄、李诸位真人那样，超越气数，自主性命，命不得而拘之，数不得而限之，陶铸阴阳，斡运五行，做自己生命的真正主人！

第二章　仙家丹道修持学常用名词简释

金丹大道修持学常用名词简释

道（先天）：形而之上谓之道——无体之道；或曰宇宙真宰。

有形的浩瀚宇宙，亿万年运化有序，谁在"暗中"主宰？视之不见，听之不闻，故难以名之——强名曰道，或曰无极，或曰真宰。现代哲学认识论的"绝对真理"略近其义。

道（后天）：形而之下谓之器——具体之道，或曰太极，物道与人道。现代哲学认识论的"相对真理"约略近似。

德：道之动——道之用。

道与德，一体一用，体用一如。道无为，先天之自然；德为之，后天之修证。

天地之大德曰生——生生不息，因而有天德、地德、物德、人德。人德又有公德、上德、下德、玄德。

儒家重品德，佛家讲福德，道家论功德；莫不尊道而贵德。

道家炼功并修德，功德圆满，德被他人及宇宙万物，谓之玄德。

道德：道乃万物之本源（无极），德为万物之本性（太极）。单说体曰道，单说用曰德，体用同说曰道德。

"如"是"道"，"来"是"德"，如来即道德，随缘起妙用。

或曰，道——宇宙普遍的自然规律（尽性）；德——万物个别的特殊规律（知命）。

阴阳：凡形而下宇宙自身及宇宙万物、万象，皆系阴阳结构——一分为二又合二为一的太极结构。故阴阳结构是宇宙及宇宙万象的根本结构——最初结构与最终结构。

形而下宇宙是由不灭的物质（阴）与不朽的精神（阳）和合而成，亦即不朽的精神生命与不灭的物质粒子阴阳交媾而形成宇宙万象；万象中一象为人——宇宙杰作！活灵之道！

也可以说，阴阳系形而下宇宙结构总纲的 XY 轴，万物乃 XY 轴各象限中无尽的节点或网眼。

道化：道生天命之性——不生不灭的先天生命本原；无极性海；后天生灭不已的生命体之泉源。

性生生命之神——天命元神；太极混沌之珠，道之代表或特派员；俗谓之"灵魂"；后天生命体之主宰。

神有炁则灵——神（灵）怀抱先天道赋之生命方程式（数），同时依靠道赋之生命能量（炁），而展开其后天生命的运程（命）。

神无炁则归性——生命方程式运转完毕，炁竭数尽，元神太极复归无极而归根复命；或再领新命。

炁数：阴阳五行数理之神机、生机方程式。宇宙天命运化之大方程式，与个体生命运行之小方程式。

修道：修真了道。

修真——彻底了知人命与天命（性）来龙去脉之真机、真相、真谛，本来面目。

了道——修人命以赴天命，升华自我生命体由凡而仙，顿悟成佛，与天为一，天人同化。

一炁："道生一"之浑元一炁；或曰元始祖炁，太和元炁，鸿蒙未判之先天一炁；道之用，德之行；"天得一以清，地得一以宁，神得一以灵……"的"一"之元炁。

一阳：阳炁，静中一阳初动所生之炁；一候新生之炁，亦曰首经。

黄芽：黄芽（精炁）土内生，白雪（神光）天上来。初生之炁萌动如芽，微小而珍贵。

黍米：来自外丹名词，"黍米之丹，居然能够点铁成金"，义为丹头，经由小周天采炼而得。即采取的先天一炁，至精至微，"一粒复一粒，从微而至著"。

丹头："丹头只是先天炁，炼作黄芽发玉英。"点化阴质的先天元炁，人元金丹药材。

一斤、二八：古制一斤，384 铢，合 64 卦 384 爻。人生之时，禀得天地之炁 360 铢，合为一周天之数，加上禀受父母之炁 24 铢，共计 384 铢。

二八为两个八两、两个半斤，合而为一斤。

神水、灵泉：先天元精，由先天一炁所化（炁化成精）。又称真液，内丹药物。

二候：一阳初动之时，称为一候，如初三新月。此时药苗尚微，故不可采。炁生盈盛如十五之月，圆满之候，乃不老不嫩之时，称为二候，正宜采归。

四候：子午卯酉，四个时位，沐浴之候。

乌肝（金乌、太阳）：元神、元性、汞精。

兔髓（玉兔、月亮）：元炁、元精、铅精。

阴精：五谷精华所化之物；口中甘津；动气、嫩炁。

阳精：阴中之阳；元精、动炁。

七返九还：火属七（神）、金属九（炁）。

心（神）火（七）下降，即七返于中原而入于下丹田结丹，曰"七返还丹"。

九阳之炁，周流一身，阴消阳长，曰"九转还丹"。

下丹田：气穴、元海、造化炉。肚脐内里，方圆一寸二分，虚悬一穴，藏先天之精。采药炼丹之所。

中丹田：土釜、黄庭、归中。心下三寸六分，方圆一寸二分，虚悬一穴，藏先天之炁。养丹育胎之处。

上丹田：泥丸、紫府、昆仑。在前额内里，方圆一寸二分，虚悬一穴，藏先天之神。婴儿成长之地。

绛宫：心下一窍。通心肾二炁。

黄房、土釜、中宫：心之下，脐之上，中丹田处。中央属土，色黄。

黄庭：有上、中、下之分，相当于三个丹田处。

黄道：任督二脉。

三关：尾闾（脊椎末端）、夹脊（双关、辘轳关，双肾部位）、玉枕（脑后枕骨处）。

外鼎、内鼎：鼎、鼎炉，下手行功意守之处所、之窍位，"前对脐轮后对肾，中间有个真金鼎"；外鼎，前七后三之处。内鼎、窍中窍，气穴、炁穴；后天性命"意息"混融"以气为穴"而神凝之以形成气穴；先天神炁交媾形成的玄关一窍，修持先天大道之道场，是为玄关、炁穴。

药物："人老原来有药医"之"灵丹妙药"。分小药、外药和内药、大药。

小药、外药：静极生动，活子时到，阳生药产，欲向外驰而化凡精，即用武火"勒阳关"采之而回，曰外药——小药。"小药生而后采。"

大药、内药：小周天采取、烹炼，去矿留金，不再运行，只内动于炁穴、炁根，沐浴温养，故曰内药。
"六根震动"景到，内药纯乾，孕育为大药，采归中宫土釜，聚而为丹，养而成胎。"大药采而后生。"（神光寂照）

六根震动：内药纯乾、大药将产时的六种征兆：丹田火炽，两肾汤煎，眼吐金光，耳后风生，脑内鹫鸣，身涌鼻搐。

性命："天命之谓性。"

广义来讲，性为先天不生不灭的宇宙生命本元，后天万灵生命之复命依归；或曰精神天命之"绝对真理"。命是生灭不已的后天生命现象，具体生命之"相对真理"。

性命就是生灭不已的后天生命现象，与不生不灭的宇宙天命本元之大辩证统一。

性命双修：修性以灵命；修命以实性；故曰性命双修。

"性依命而立。"如不修命以实性，性则虚而不实；"命由性而成。"修命若不了性，则命无以灵。

性与命似二而一，元不可分；分则滑入旁门左道。

通俗地说，如不改造色身，使之成为强健的载道之器（修命），必难以承担载道与弘道大业；同理，如不树立正念，扩展心量，升华心性（修性），必不知功何以炼，德何以立，道何以承（传）。

刀圭：中宫属土。真水（元精）聚此为己土，真火（元炁）聚此为戊土，阴阳、戊己二土（水火二炁）合而成圭，产生先天真一之炁，以点化阴质。

"刀头圭角，些子而已（初产量少）。"

铅与汞：又称黄芽、白雪，原外丹用语。汞喻心火，汞火易飞——妄念易生，元神难安。铅喻肾水，肾水易流——情欲难制，败精伤炁。若使心肾相交，水火既济，铅汞和融，则心火不飞，肾水不流，神气合融，生命升华。

曲江：坤腹也，肾区属水喻以江，即丹田。

两弦：任督二脉。前弦任脉；后弦督脉。督脉之路线长于任脉，故有"前弦短，后弦长"之说。

三宝：道、经、师；天、地、人；日、月、星；精、气、神；耳、口、目。

精气神（后天）：交媾精，呼吸气，思虑神。

精气神（先天）：元精，元炁，元神；元——本有之物。

精与炁（气）：精是质，炁（气）是能。精可化而为炁（气），炁（气）可凝而成精，故精炁（气）一体而二名。故古人曰："以其流行谓之炁，以其凝聚谓之精。"

现代科学有：质可化而为能，能可聚而成质。有爱因斯坦的质能关系式为证。

神：阴阳不测之谓神。阴阳之互变，精炁（气）之互化，咸赖"神"的指令。故神是主人，精、炁皆仆人。或曰，精是基础，炁（气）是动力，神是主宰。

婴儿姹女：姹女为离，心神是也。婴儿即坎，肾炁是也。

三花聚顶：元精、元炁、元神聚于上丹田以孕育真种。"产在坤（腹），种在乾（宫）。"（崔希范真人语）"任他坤位生成体，种在乾家交感宫。"（张紫阳真人语）

三昧真火：心火、肾火、膀胱火。《真仙秘传火候法》："心为君火，而曰上昧；肾为臣火，而曰中昧；膀胱为民火，而曰下昧。三炁聚而为火，名曰三昧真火。"

和合四象：肺金、肝木、肾水、心火四象，会聚于中宫脾土，谓之和合四象，以促助内丹修炼。

五炁朝元：五脏五炁汇聚元海、丹田之中，促助内丹成形。

玄关：关藏元神、元炁的关窍。分存神的上玄关与藏炁的下玄关。

玄窍：未开为关，既开成窍；神炁交媾之处所、道场。

玄关一窍：上、下玄关开后，神炁混沌为一，合成玄关一窍——玄关现象。

玄牝：玄关窍成，玄牝体立，一开一阖，生生不息；玄牝即玄关、似二而一也。

橐龠（ tuó yuè）：两头开孔的袋子；古代风箱。心（神室）肾（气府）之间，似有一管相通，名曰橐龠，又名无孔笛。老子曰："天地之间，其犹橐龠乎。"（风箱鼓风，动而愈出）

重楼：十二重楼，即气管。

先天与后天：体与用，道与器，源与流，虚与实，绝对真理与相对真理。

凡息：凡人之息，一呼一吸；一呼一吸，一生一灭；故凡息为外呼吸，至喉而回，不及丹田。

真息：真人之息，其息深深，直达脚跟；口鼻息停，真息氤氲。故真息乃内呼吸，即不呼不吸；不呼不吸，则不生不灭。

胎息：初胎息，无胎之胎息。口鼻息停，丹田鼓荡、开合之内呼吸；此时尚未结胎，故称无胎之胎息——初胎息。

真胎息，有胎之胎息。珠圆胎产之后，内呼吸即由初胎息过度到真胎息——真胎息无息；无息则不生，不生则不灭。

鹊桥：分上、下鹊桥。上鹊桥在鼻窍上腭处，鼻梁金桥，为连通任督二脉之桥梁。下鹊桥在阴跷处，会阴部，亦为连通任督二脉之桥梁。

阴跷：复命关、生死根，尾闾前、阴囊下。又名虚危穴，阴阳交汇之地，逐日生炁之处，任督二脉总枢；采炁以此为先。此脉一动，即一阳初动，百脉齐动。

漕溪：脊髓内里的通道，又名黄河。小周天阳炁上升之路——督升之路。

活子时：

命阳生活子时：静中一动，丹田炁发，下玄关开，暖炁氤氲，炼丹的药材现成。

性阳生活子时：虚中一觉，阳光一现，上玄关开，炼丹之主宰出现。

周天活子时：坎离交，药苗产，嫩至壮，盛而动——它要动，我先动，引至尾闾运转周天，采取烹炼。

小周天：周天活子时至，坎离交，小药产，督升任降，采取、烹炼的循行路线，进行玉液还丹。

大周天：正子时至，六根震动，内药纯乾，沿督脉上升，至上丹田乾坤交感，"产在坤，种在乾"，"乾坤交媾罢，一点落黄庭"，服食金液，下降土釜黄庭，坐关七天，行卯酉周天——大周天而产珠结丹。

小周天玉液还丹，滋润脏腑，成就人仙。因其作用小，故曰小周天。

大周天金液还丹，脱胎换骨，成就地仙。因其作用大，故曰大周天。

河车：喻运送药物沿任督二脉漕溪、黄河进行采取、烹炼之道器。周天运转，斗柄斡旋，常称河车之路；通过尾闾、夹脊、玉枕三关时，又分别名为羊车、牛车、紫河车——道器。

火：心神，意念。

武火：进火，意念集中，注重呼吸，以助火工，如采药归炉；小周天督升进阳火、采取时常用武火。武火为不得已之助功。

文火：退火，温养沐浴。药已归炉，封固温养，呼吸若有若无；小周天任降退阴符、烹炼时常用文火。文火为修炼之正功。

止火：勿忘勿助，神光寂照。

去矿留金：小周天炼精化炁，采取烹炼，提纯真炁；如药物在上丹田停留沐浴，除去杂质亦是。

火逼金行："火逼金行颠倒转。"真意（火）导引真炁督升、任降运转周天。

卯酉刑德：卯酉，为一个周期阴阳平分之位，亦即沐浴之候。刑德，"阳为德，德则出，万物生；阴为刑，刑则出，万物死（杀）"；刑杀德生，故刑德（生杀平均）即卯酉。

沐浴：洗心涤虑，止火（不燥）停符（不寒），自然混融，以免伤丹。

水源清浊：水源即药源。"意静神凝水源清，意动神行水源浊。"

玉液还丹：玉液即口中甘津阴精，乃五谷精华，可以转化成元精而为药材。"药为玉液滋脏腑。"

"坎离交时药苗嫩"，白虎首经，玉液还丹，功用为滋养五脏六腑，四肢百骸，强化色身以成为载道之器。

金液还丹："丹为金液换骨髓。"玉液精炁足而神未全，能固色身。"乾坤融处丹相垂"，金液则炁足神全，能改造色身、脱胎换骨，并能进一步成就法身。

花心酒色：静极阳动，真炁萌发，比之曰花发或花蕊；生花之处是丹田，名之曰"花心"。

酒即长生酒，真精灵液，金玉之质。"酒是良朋花是伴，景里无为道自昌。"

黄婆·牵线搭桥的媒婆。

黄婆家住中宫脾土，土色黄，卦属坤，坤为母，故称婆——元神真意、灵觉。

黄婆真意，具有无意中调和神炁浑然为一之功能！故真意无意，无妄意；黄婆无婆，强名为婆。

法财侣地（外）：法，口诀、理法。财，"无钱不能修道"，在三年乳哺、九年面壁时，需人护道……须准备充分。侣，护道伴侣，最好是懂行的过来人！南五祖："我今修得长生药，年年海上觅知音"；"财不难兮侣却难，走遍天涯不见人"。知音难觅，千万人中也难得一个过来人！地，即修炼尤其闭关时的处所，最好是风水宝地。其实只要是安静无扰之处，生活方便即行；视自己的条件而定。

法财侣地（内）：黄元吉："此坎中一阳、离中一阴，即内财也。日夜神火温养，不许一丝渗漏，即积内财也。能向自家身心寻出一个妙窍，即内法也。前言本来人，即内伴侣也。云虚危一穴，即内地也。"

转识成智：

前五识转成所作智：坐禅功夫深厚，神通变化，玄妙莫测，随机起用。

第六识独成妙观察智：能入诸根，善知分别境界。

第七识转平等性智：上下无差别，一视同仁，以慈悲心随其机缘普度众生。

第八识独成大圆镜智：自性清净，离诸污染，彻观一切，朗无不照，对境忘情，澄澈清净。

四智三身：

四智合成三身：成所作智与妙观察智合成化身；平等性智独成报身；大圆镜智独成法身。

转八识成四智，束四智成三身，不离本性。

法身：如来　体　性　神　本原　见地　清净　本体身　理念身　能之源　天命之谓性　大光明心光

报身：世尊　相　智　精　现象　修证　圆满　现在身　功德身　能之

态 率性之谓道 无分别心光

化身：佛陀 用 行 气 随现 行愿 千百亿 身外身 智慧身 能之
用 修道之谓教 无差别心光

下列常见图谱解读仅供参考

○	圈	心	真空	体	觉明	阴静	元神
	汞	文火	上玄关开	应无所住	天地之始	场	心
·	点	息	妙有	用	炁萌	阳动	元炁
	铅	武火	下玄关启	而生其心	万物之母	粒	物
⊙	圈点	依	合融	智	玄窍	一如	元精
	浑	止火	玄牝体立	明心见性	形而下器	象	融

第三章　老子长生之道与生命密码重组

一

探索人类个体生命之秘及宇宙普遍性命之谜者，主要有三大家：现代西方唯物论科学家、东方传统的佛家与医道两家。

西方唯物论科学家们着重剖析生命体的实体组织结构，其最高成就为发现了人体内存在着"生物钟"或"生命钟"（略似于医、道家之"神"、佛家的"识"）和具有遗传功能的大分子脱氧核糖核酸 DNA，及其上面禀赋的生命元码。西方唯物的科学家们认为，人体生命过程就是人体生物钟对"DNA上的生命密码进行有序地阅读"（叶骏著，《人天观初探》，四川教育出版社，1989 版），"阅读"完毕，吾人就寿终正寝，最后到上帝那儿去接受所谓的"末日审判"。多么悲凉的人类生命前景！

西方唯物论科学家们后来又发现，在我们的生命"原声带"上，只有5% ～ 7% 安排有生命密码，其余90% 以上竟然是空白的，无任何遗传学意义。他们由此推断，如果将生命原声带上的空白部分依序地排满生命密码，人类个体生命将有望活到 1200 岁以上——地仙层次！

DNA 大分子链能否加以延长？假设可以，我们当然就能够长生不死而活到千秋万岁。现代生命科学如果像这样继续深究下去，我们相信它将会对老子的长生久视之道做出更加精彩的科学证明。

能否利用现代科学技术手段来自主安排自己 DNA 上的生命密码呢？西方科学家们经过辛苦探索之后慨叹：安排生命密码是上帝的专利，我们凡夫俗子无能为力。

20 世纪 80 年代，中国高能物理研究所的科学家们与一位道家丹道修持者合作进行了一次生命科学试验，对小牛胸腺予以道炁处理，发现在 527 毫微米处出现了"紫光吸收效应"，这就意味着小牛胸腺 DNA 上的生命密码遭到了改写。由此看来，DNA 上的生命密码总有一天能够得到破译，并且予以重组而再现生命的辉煌，达长生久视的目的。在现代西方科学看来，自主安排自己的生命密码比登天还难。

其实，早在两千多年前的东方传统养生家们，应用自己特有的"内求理法"早已解决了，非常简单，就四个字：积功累德！

道、佛两家都认为，"身外求法"乃外道行径，终归劳而无功。"睇在眼前长不见，道非身外更何求。"用不着端着金碗去向外乞讨，还是怀抱老子《道德经》的"长生久视"之道，开发自身无尽的潜能为好。

二

东方传统的宇宙学和养生学认为，宇宙的物质粒子（坤、阴）是不灭的，宇宙的精神生命（乾、阳）是不朽的，正是不朽的精神生命"乾、阳"（"乾资大始"）与不灭的物质粒子"坤、阴"（"坤作成物"），阴阳和合而创生了我们的大千世界。先天的精神生命本体"天命之性"是不生不灭的，后天的个体生命现象"生命之神"是变化的，生命就是不生不灭的生命本体与有生有灭的生命现象的统一体，故生非真生，生了又灭（变）；灭非真灭，灭了又生，亦即天道好还，如此则面对正常的死亡我们无须恐惧。我们来此地球村志在修炼、培德、悟道，升华自我生命体的结构层次；或者建功立业、观光旅游也行；干累了、游完了，就安排你去大休息一场——暂时

"死"去，休息够了再来。所以，"死"无所谓，重要的是如何"生"！要"生"得有意义，明白生命的来龙去脉，并争取向上升华，了道成仙或觉悟成佛，亦即不要稀里糊涂、枯燥无聊地混此一生。

东方先圣们"慧目开启"、"道眼圆睁"，提挈天地、把握阴阳，早就发现人体生命之"神"、生物钟，俗谓之"灵魂"是迁流不息的，从过去世经现在世而流向未来世，受宇宙因果律的制约。佛经曰"欲知前生事，今生受者是；欲知来生事，今生作者是"，因此我们也就能够充分发挥自己的主观能动性，主动改造自己的生命密码、不良习性而归道性、佛性，也就是说只有自己才能解脱自己、升华自己。求神拜佛没有用，那是庸俗的无知行为，仅为得点心理安慰而已。

三

人体生命密码的展开、起用，离不开能量流之"气"作为后盾。我们积功累德，改善、增添自己 DNA 上的生命密码，如果没有能量流之"气"作为能量保证，仍然不能当下启用，只好迁流到下一期生命中去享用，即善人福报。假使同时又能修道（"道因气而立，气遵道而行"）炼气、聚气而培元补气，达到"神气一体"，本期生命就能享用而不必等待来生，建极乐世界于现世今生，这就是老子的长生久视之道。

美国生物学家伍德·海弗里克发现，人体细胞具有自主分裂、自我复制能力，每 2.4 年更新一代；到了第 50 代便停止分裂、复制。那么人体正常寿命就应该是 $2.4 \times 50 = 120$ 岁！

细胞们为什么不愿意继续分裂、复制下去呢？

东方的医、道两家早已代西方上帝揭穿了这个谜底：气竭数尽。

气，生命能量流；数，特定的生命密码结构序。当人生命程序运转完毕，生命能之"气"已经用尽，细胞即使想继续分裂、复制，心有余而

"气"不足，无"能（气）"为力而不得不停止分裂、复制工作，如此人焉能不死！

要想健康长寿也容易，只要虚心求教于东方道家的养生家们。按照钟离、吕祖制定之"教内真传"的"三成全法"进行修持："炼精生真炁，小成人仙；炼炁化阳神，中成神仙；炼神合大道，大成天仙。"或佛家"教外别传"的"情来精至"、"以性摄情"法门，达人天合一、天人一体，把个人的滴水之命"炁"融入浩瀚的性海"道"中，如此则生命能之"炁"就会永不穷竭，就能超越阴阳、五行而自主性命，从此命不得拘之，数不得限之，来去自由，长生久视。

四

古代真人，言不苟发，论不虚生，以免贻误后人。

西派宗师李涵虚多次谈到，他在峨眉山与吕祖、丰师相遇，传其法诀，嘱其著书，在他整理的《三丰全集》及诗稿中，有多首是他与丰师、吕祖的相互唱和。清代的柳华阳禅师，在他的《慧命经》自序中写道："因自叹曰：人生难得，遂此虚度乎？忽发一念，于每夕二鼓，五体投地，盟誓，虚扣上苍，务求必得。阅即半载，幸遇合洪、冲虚二师传余密旨。豁然通悟。"伍、柳二人彼此相距约一百三十余年，在仙道来说本不算什么，还是遭到一些人非议。赵避尘在他的《性命法诀明指》一书中曾写到，柳华阳禅师曾四次现身传法于他一李姓弟子。无独有偶，师尊静虚子先生确知，"寻法觅师问正传，不得真决难为仙"，便欠志乞求上天，切望已经功成的上仙传他天仙正法！每逢初一、十五便到归元寺礼拜菩萨，风雨无阻大半年，感得柳华阳禅师现身，传他吕祖"三成全法"之全诀、全法，并交给他一个重要任务：旧版的《伍柳仙宗》错讹甚多，待有了实修实证后，整理出一本完全没有错误的新书以供后贤参学。静虚子先生经过十多年的真修实证及对资料的校刊、标点，终于得以正式出版发行了新书，名为《伍柳天仙法脉》。

五

"读尽丹书千万篇，末后一段无人传。"直到柳华阳禅师大发慈悲，才传出丹道修持者们望眼欲穿的这一句：

"一轮金光，本是我所有之灵物；取而归之，为化形之妙药。"

（自注：且出定之初，万物不可著。只候身中一轮金光现于空中，将法身近于光前，以法聚光，取于法身内，遂即法身入于凡身。久久乳汁则凡身立可化气也。此即万古不泄之天机，今则泄矣。）

盛世难逢今已逢，中土难生今已生；正法难闻今已闻，顺随道风度此身！历代宗师们的经典著作已大量出版，给我们指明了回家的路，铸就了登天之梯，我们应当拾级而上，回到生命本元之家，参谒乾父坤母，亲领无何有乡的本地风光而超凡入圣，然后再超圣入凡，普度众生，在济世度人中获得自度。

诗曰：天无弃物与弃人，如有弃人系自弃。人能自助天必助，天人合助成道器。

第四章　仙有五等　法有三成

一

金丹大道的理论框架为魏伯阳真人的《周易参同契》。而具体的修持法程则为钟、吕二祖的"五等仙与三成法"。经过千余年的时空检验，证明钟、吕二祖的"三成全法"是唯一的了道成仙、成就天仙之正法。后来的悉心求道者，凡得到真诀、进行真修者，皆获真果。反之，那些总想另搞一套，另辟蹊径，企图求神佛、抄近路、走捷径者，终归一事无成。

所谓"大道"，就是"真道"，"真即圆满"。圆满的真道不需要后来人进行修补或涂脂抹粉，至于具体的下手功夫，视修炼者的根器——童真或破体、根钝与根利——可以有简有繁。

二

《钟吕传道集》将吾人的一生化分为五大阶段：

（1）太初阶段。《列子》说："太初者炁之始也。"列子的太初是指大宇宙处于充满太和元炁、鸿蒙未判的元始阶段，对于人体小宇宙而言，应是男女阴阳二炁氤氲回旋尚未和合阶段——情意已绵绵，相冲而相恋。

（2）太质阶段。阴阳二炁冲和混融，男精女血即将媾成了一个生理太极阶段。

（3）太素阶段。《列子》说："太素者，质之始也。"此时人天相感，先天一点灵光（元神）入体，生理太极和合慧理太极，化为一个生理胚胎"框子里"，从此生化有依。

（4）童身阶段。十五岁前，充养大于消耗，逐渐成长。

（5）童身之后。十五岁后，消耗大于充养，加之走泄元阳……由壮而衰……直至老死。

三

人是未来的仙，仙是了道之人，人仙不二。

吕祖诗曰："悬精息气养精神，精养丹田气养身。有人学得这般术，便是长生不死人。"他与钟祖对如何做到"长生不死人"进行了深入的分析。

"纯阴而无阳者，鬼也；纯阳而无阴者，仙也；阴阳相杂者，人也。唯人可以为人，可以为仙。"为鬼或为仙，权柄皆操于人我自身。

钟离、吕祖提出："人中修取仙，仙中修取天（天仙）。"并将仙阶细分为五个等级：鬼仙、人仙、地仙、神仙、天仙。

鬼仙：修持之人，不悟大道，而欲于速成，形若槁木，心若死灰，神识内守，一志不散，定中出阴神，故曰鬼仙。也就是吕祖批评偏修者"只修性，不修命，此是修行第一病"的那一类"病仙"。

人仙：修真之士，不悟大道，道中得一法，法中得一术，清心苦志终世不移，五行之气互交互合，形质且固，八邪之疫不能为害，多安少病，乃曰人仙。

地仙：始也法天地升降之理，取日月生成之数。身中用年月，日中用时刻，先要识龙虎，次要配坎离。辩水源清浊，分气候早晚……五行颠倒，三田反复，烧成丹药，永镇下田。炼形住世，而得长生不死，以作陆地神仙，故曰地仙。

神仙：抽铅添汞而金精炼顶，金液还丹，炼形成炁而五炁朝元，三阳聚顶。功满忘形，胎仙自化。阴尽阳纯，身外有身。脱质升仙，超凡入圣。谢绝尘俗以返三山。乃曰神仙。

天仙：……道上有功，而人间有行，功行满足，受天书以返洞天，是曰天仙。

吕祖认为，鬼仙无人求，天仙难以望——多数修持者有望从人仙起修，修成地仙，再修成神仙。为此钟祖传出了修持小成人仙、中成神仙、大成天仙的"三成全法"的修持理法及其程序："三成之术，其实一也。用法求道，道故不难。以道求仙，仙亦甚易。"

吕祖："莫言大道人难得，自是功夫不到头。""真炉鼎，真橐籥。知之真者，而后用之真；用之真者，而后证果得其真。"一真一切真。反之亦然，任一环节掺了假，一假一切假，梦幻不是真。

第五章　修持内丹之基的先天之炁

用于修炼仙家内丹术的先天之"炁"道炁，其内容十分丰富而含混，以至难以对其进行清晰的界定和认知。例如，"先天之炁"的叫法就很多："先天之炁"、"先天一炁"、"元始祖炁"、"元阳真炁"、"真阳之炁"、"太和元炁""冲和炁机"等等。对这个先天的元始祖炁，以其存在层面的不同，如初机常称之为"炁"、"金炁"或"水中金"，有时又称"水"或"真水"，也可以叫"真火"，令人莫衷一是。在古今的丹经著作中，西派祖师李涵虚等对其分析得比较详细，今择其要者加以探讨。

一　后天之炁

李涵虚真人言："初基以后天为妙用，然有可用（可以作为修持内丹之用）之后天，即有不可用之后天，仅能作为维持后天正常的生命过程、生儿育女之需者。夫不可用之后天，并不得以后天名之。以其至阴至浊，不足道也。"

吕祖说：吾人"未生之前（胎儿时期），（元阳真炁）混沌不杂，九窍不通。出生之后，炁散九窍，口鼻呼吸，元阳真炁耗尽而终"。人们平时的一呼一吸，即一生一灭，就会消耗一点元炁，直至耗尽而终。

人生命之初，命根（元阳真炁）立于肾间，真息（真息无息，能生有息）寄予脐下（正丹田、炁穴），其具体位置略居于会阴、阴跷部位，约在脐下三寸、往内二寸之虚无窟子，乃诸脉原点，为人体生命的动力中枢，丹田经络波的波动中心，系"十二经之根"、"三焦之原"、"呼吸之门"……这里关藏的"元阳真炁"，从修炼角度来看，丹家们仍视它为后天之炁，系维持后天生命过程的生命能源，为诸气之根，缕缕发出"乍动为元精"即"肾间动气"，以养五脏、滋百骸，归于丹田。

对于常人或一般后天气功有为法门习练者，阴蹻穴内的"元阳真炁"只是有规律地缕缕发出，规范着后天诸气的有序运行，维持着人体生命的正常行进，修炼者以之为初基，故称它为"后天之炁"。

二　后天的先天之炁

乾坤是先天中之先天，坎离为后天中之先天，内藏真阴真阳。

所谓真阴真阳，古人界定曰，"阳中之阴（离☲中之虚）"为真阴（汞精、月窟），"阴中之阳（坎☵中之满）"为真阳（铅炁、天根）；二者皆系可供修炼的后天中的先天之物。

入手练功，凝神炁穴，意息相融，水火互济，以离交坎——真阴交真阳，产生玉液津精，滋养五脏六腑。下丹田坎海属阴，坎卦（☵）外阴而内阳（阴中之阳的真阳），内藏"真阳铅炁"（后天的先天之炁、命炁）。上丹田离宫属阳，离卦（☲）外阳而内阴（阳中之阴的真阴），内存"木液汞精"，亦属后天中的先大之物。故丹书中常称它为"真阴之精"，皆系后天中的先天者，即后天的先天之炁。

意息相融，离坎交媾，玉液还丹，能固色身，但不能生法身。

下手兴工，"凝神入炁穴"，意息相融，以离交坎，混融后天性命而以性接命。

"离坎真交，杂念自消。"即易于入静，至虚之极、静之笃，静中一动，下玄关开，先天之太和元炁冲关而出，与坎离后天性命和合，以孕育灵丹妙药，并进行小周天采炼而去矿留金。

人过中年，进入老年期后，坎中真阳之炁日益耗损，直至竭尽而终。三丰祖师说："真阴真阳，乃同类（有情）之物"，可以相互滋生；又曰"我身彼家，海底命主"，"丹法以性接命，以我接彼"，"始以真阴（神、意）生真阳（炁、息），次以真阳配真阴（意息相融），从阴阳交感中产出真灵浩炁"而实现"添油接命"。正如《悟真篇》所述："阴阳得类（真阴、真阳先天同类）归交感，二八（铅与汞二物各半斤、八两）相当自合亲。"合成先天之炁的"真灵浩炁"而玉液还丹。真阴与真阳为先天同类，能够孕药、育胎；男精与女血乃后天同类，只能生儿育女。二者不容混淆。

经过凝神炁穴，由意息相融、坎离相交而添油接命，再历经小周天烹炼，坎中真阳渐旺，亏虚了的"坎中满"真个重新又"满"了起来，完成"玉液还丹"以坚固色身，然后才能"抽坎填离"由后天之先天重返先天之先天，至乾坤交媾的"金液还丹"而孕育道胎，从此打下可靠的长生久视之基。

师尊谆谆告诫：实修功夫重在筑基。花上十年乃至二十年，把基础功夫做牢，以后成就不过两三年间事：小周天炼精化炁，一百天成就人仙，百日筑基；大周天炼炁化神成就地仙，只需六七天；再加上沐浴温养，也不过二三年，就可以成就神仙。其中的打牢基础乃关键之关键。

真要做到长生不死，从意息相融、坎离相交的内栽接小添油法只是基础，还得修习以内接外、以我接彼、外栽接的大添油法，这里的外、彼系指"虚空阴阳"而言，即《阴符经》指明的到宇宙中当"强盗"去，"窃天地无涯之元炁，续我体有限之命根"。

三 先天之炁——先天一炁

"证到先天，始名一炁。"所谓先天，即"虚极静笃"之时，"先天一炁从虚无（静定）中来"。

《伍柳天仙法脉》一书恭参校订者静虚子先生言及其道号的深义时说：
"静则得药，虚则得全。"又补充说，"不入静得不到（命、炁），不入虚得不
全（性、神）。"

老子曰："致虚极（性光闪显），守静笃（元炁萌发）。"活子时到，静中
一动，玄关窍开，先天之炁冲关而出。冲开玄关，地覆天翻。

古人云：药产有时——玄关窍开，此其时也。

玄关亦系阴阳结构，分为存神的上玄关（真阴）与藏炁的下玄关（真
阳）。上玄关乃广义玄关、正玄关、心之玄关，关藏着先天之物性天神光，
炼丹之主宰。下玄关为狭义玄关、初玄关、肾之玄关，关藏着先天之炁真阳
命炁，炼丹之药材。先天之炁系修炼内丹的原材料，深藏于玄关之内。"未
开关，空打坐，没有麦子（先天之物）怎推磨？"古人又言，"玄关不开，
灵药不产。"

天道的代表天命元神、太极真种带着先天一炁落入后天形躯，成为吾人
"生化之理，不息之机"。当新生命体出生之后，脐带剪断，地覆天翻，后天
的口鼻呼吸启动，圆陀陀、光烁烁之先天太极即行解体，阴阳剖分，阴鱼
（性、神炁）"上潜于顶"，隐居于上丹田天中之天的上玄关——泥丸内院；
阳鱼（命、精炁）"下归于脐"，深藏于下丹田窍中之窍的下玄关——炁穴
里面。

静中一动，下玄关开；脐下火发，两肾汤煎，"先天之炁"冲关而出，
成为修炼内丹的药材——阳鱼露面。

虚中一觉，上玄关开；阳光一现，修炼灵丹的主宰出现——阴鱼显现。

此时"中宫胎息号黄婆"的元神真意即应时出面而穿针引线，令冲开玄
关的阴、阳二鱼在"玄关妙窍"内重新相会，再结良缘，恢复来时的元真本
相太极真种子。此后即正式进入修炼内丹的程序而跻攀蓬莱仙山。

由此可见，修真了道者具体之"道"不在别处，就是深藏于玄关里面的元神和元炁，因此"开关"就成了修持金丹大道中关键的关键。所谓"仙师点化"也就是点明玄关，释放出关藏在玄关里面的先天之炁而培育真种子，并修成"玄关妙窍"（道场）以产珠结丹。

下玄关开，元阳真炁萌发，经过孕、调药，药苗成长壮大，活子时至，元炁氤氲，即行"小周天"烹炼，"去矿留金"炼成小药而玉液还丹，以培补坎中之阳而使之真正的"丰满"，否则尔后的抽坎添离、乾坤交媾之金液还丹就成了一句空话。

黄元吉真人一再强调：吾人除了凝神炁穴、守中抱一与小周天河车道路，别无积精累炁之法。

四 先天的先天之炁

何为先天之先天？父精母血交媾成功，形成一个生理太极，人天相感，天命元神、太极真种以圆陀陀、光灼灼先天一点灵光形式进入生理太极，成为其"生化之理，不息之机"。此时的太极真种虽内涵真阴真阳之精，但仍浑沦为一，为"鸿蒙未判""阴阳未分"时之元始祖炁，故称其为先天的先天之炁，即太极浑沦之炁，或曰太和元炁、元始祖炁。

当新生命体呱呱坠地，脐带剪断，地覆天翻，太极剖判，阴阳分离，阴（性、神炁）潜于顶，阳（命、精炁）归于脐，夫妻别居，从此落入后天生化程序，成为后天的先天之炁；直待日后胎息"黄婆"为媒，夫妻团聚，才能还原为来时的元真本相，鸿蒙未判之先天的先天之炁，或曰纯乾的金丹大药药材。

产珠结丹，法身圣婴，无此先天的先天之炁培育，是不会成就的。

丹道修持，凝神炁穴，坎离交媾，孕育真种，再经过小周天烹炼，玉液还丹，炼成小药，坎中真阳真个"满"了，然后即行"抽坎添离"而"乾坤交媾"，由外药而内药、小药成大药，凝炼成先天的先天之炁。直至大药纯乾，金液还丹而育成道胎，还原其来时的元真本象：圆陀陀金丹一粒、光灼灼灵珠一颗的道种仙胎。

五　先天真一之炁

伍冲虚真人说过：阴阳合一则为真；不合一则不名真。真即圆满，自能生生不息。它"非性亦非命，即性亦即命"，这就是先天的先天之炁、先天真一之炁。

静中一动，下玄关开，先天真阳之炁流注，扫荡脏腑阴邪……此时若不与上玄关性神合一，合成先天真一之炁，培育真灵，则没有大智慧，仅为一长命凡夫而已。

虚中一觉，上玄关开，神光显现……此时若不与下玄关命炁合融，合成先天真一之炁，以期丹产珠圆而返老还童，并进一步炼为阳神，而是玩弄神通，认幻为真，必将遗憾终生，像某些"大德"那样，心有余而炁不足，易为命运所拘。

玄关开后，初机以炁和神，然后将性安命，最终神炁融溶，性命双了，还原为先天的先天之炁、真一之炁；日久功深，时至功成，金丹大药产也：赤水玄珠现，华池莲花香，脱去胎洲袄，春风返故乡。

六　冲和炁机

冲炁，即冲和之炁。老子《道德经》名言："万物负阴而抱阳，冲炁以为和。"

"冲炁"，负阴抱阳、阴中有阳、阳中有阴、阴阳混融、无过不及的冲和炁机，或曰阴阳相冲而又混融无间的虚而灵炁机，大宇宙之"干能量"、"干细胞"，有此炁才能生起天地万物；就人而言，才能孕成道胎，育就法身。

《列子·天瑞》具体阐释道："一者，形变之始也。（炁之）清轻者上为天，浊重者下为地，（阴平阳秘、相互冲融的）冲和炁者为人。"

"冲炁"一词在道书、丹经中用得较频，其义非真入其境者，实难体味之。这里也只能拾老祖宗们的牙慧来共同探讨之。

按"冲"字的本义，是河流中间的水流，两边之水相互冲击、互相混融，并合而为一，奔冲向前。

黄元吉在《道德经讲义》中释之曰："冲者，中（和）也。阴阳如无冲炁，则中无主而神不灵。……若无太和元炁，丹无由结，道亦难成。"这里的冲炁即太和元炁。

伍冲虚真人在回答弟子们提问时专门谈了"冲和"这一问题（《伍柳天仙法脉》第 141 页，宗教文化出版社，2007 版）："冲和者，不息之息中妙义也。"修持者只有进入初步胎息，再至不息之息（真息）境界中才能真正体会到神、炁、气"三家相见"混融无间之冲和妙义；也就是崔希范真人在《入药镜》中所说的："先天炁，后天气，得之者（冲和），常似醉。"后天有为法门不管怎样努力，是做不到混融无间的神、炁、气"三家相见"的。三家不相见，道胎何由结？

伍真人言："有呼吸则无冲和。"又言，"守中者……以有入无，合乎中道之必然而自然，故曰守中。正言所以冲和之妙用。""冲和养神炁。"伍祖又说，"世人不知调息之谓何，我则曰：调其息之和而可冲也。"并引王重阳话曰："神炁冲和成大药。"他在答复"防危虑险"时则曰："防其不和而不可冲之危险也。""唯和故可冲，不和故不能冲。采药以是，炼药以是……结胎以是，养胎亦以是也。""有呼吸（尚未进入胎息功境）则无冲和。"故必须越过庄子"凡人之息以喉"，而达"仙人之息以脐"这一道门坎，才有资格谈论冲和及冲和之炁；一旦进入"真人之息以踵"，则无不冲和矣。

总之，冲和之炁系自然中之自然，禅定中之妙味，如人饮水，冷暖自知。

如此看来，冲和的实义，如伍祖所说为神与炁、气之冲和混融，彼此"有两相知之微意"，亦即神留恋气、炁，气、炁爱恋神，你中有我、我中有你，三相依恋而难舍难分，或曰神气炁相冲相吸，须臾不离，久之真阴真阳浑沌为一，才能育成金丹大药。

七 神炁

先天一炁，没有神令之编码信息，只是自在之炁，不名神炁，炁有神才起用；反之亦然，神有炁才灵明。

伍冲虚言：父母二炁初合一于胞中，只是先天一炁，不名神炁，因为此时母胞胎中无呼吸、无神。伍真人进一步阐释：未成后天精质之先天炁名元精，先天炁即元精（静为元炁，动为元精；妄念起则化凡精）；夫此炁虽动，不得神宰之，而顺亦不成凡精；如童子辈，有真阳之炁，亦不无动静，但神无妄觉，不于宰之，何曾成凡精？不得神宰之，而逆亦不返炁炼而成丹。吕祖云："龙（神）虎（炁）不交，安得黄芽？黄芽既无，安得大药？"

父母二炁初交合成一个"生理太极"的先天一炁，此时若元神尚未入体，只名一炁而不名神炁，如此则胎胚有炁无神而不灵，生下来当是一个死胎无疑。

元神入体成为新生命体的生化之理、不息之机，此时神入炁中而灵，炁听神令而行。在婴幼儿时期，天真无邪，神炁自在功能灵用，虽终日号哭而不哑，小鸡鸡挺硬——不知牝牡之合而朘作，精之至矣。及至成年，识神替代元神，情欲生起，元炁即化为凡精外用而生人；当然，也可遵道炼精化炁、逆回丹鼎炼成金丹而成仙。

元炁化为元精外用顺而生人，或炼精化炁逆而成仙，皆视吾人之"神"的指令而定。

下编

（二）
下手立基　通天有路

金丹正道修持程序简介

过来人常说：守住自己的心，胜过一切法门！诚如是，然心如猿、意如马，难有安静之时。特别是中老年人，所谓破体入道，经络不通，气血不畅，元气亏虚，生理衰弱，每上座这里酸、那里痛，心乱如麻，何来安宁？不安宁何以修道？

对于中、老年入道的中下根人，入静困难者，宜从动练入手，辅以守窍调息，以利激活经络，活跃气血，直至体舒身安——身安则心自安。身心俱安，入道之基立矣。具体的修持过程，大体可分为九个环节：练形活气血、血活生津液、阴精化元精、无极而太极、孕药与调药、炼精生真炁、炼炁化阳神、参见本来人、功成弘大道。

业医的易教授讲，当年读医科大学时，正值气功大潮，同学们兴奋不已，集体相约练功——静坐入门。很快丹田春暖，热气氤氲回旋……正值大好春光之时，却纷纷因"阳兴"而漏丹。因无人、无法给予解决，其结果自然是一哄而上，又一哄而下。究其原因，因为下手未能动练，经络不活，关窍不通，阳气生发，无有出路，阻在丹田，必然走漏。某气功杂志曾对此类现象进行了专门的讨论，有效的解决法门就是：站桩＋打拳。故此入手练功，宜从动练下手。

1. 练形活气血。从桩功、动功入手，锻炼肢体，激活经络，强化气血运行，促助新陈代谢，使身体渐趋良性循环。本书的中编方便法门之《甩手屈膝》《站桩精义》《动练脊柱 青春常驻》可谓方便而效宏。同时辅以守窍调息，以培元补气。如此动练静养，迅速入门。

2. 血活生津液。经过初步的畅通经络、活血生津锻炼，脏腑功能强化，心肾相交，阴平阳秘，心液化津，肾气生液，当津液满口时，汩汩吞下，化为阴精，变为动气，以温暖下田，斡运全身，使色身渐入佳境。

3. 阴精化元精。阴精、动气，旨在舒调经络，滑利关节，强化脏腑功能……达此目的后，精气充足，春满丹田，必情欲旺盛，修真证道第一关来临！是顺去生儿育女，或是逆而成仙成佛，全在一念之间。修持者必须坚持正念，化阴精为元精而伏藏。

4. 无极而太极。"药产有时，玄关窍开，此即时也！"元气伏藏，身心轻安，渐趋宁静……自造一个"道源无极"，至"虚极静笃"时，静极生动，无极而太极，狭义的初玄关开，微阳嫩炁从虚无中来，药苗产矣。

5. 孕药与调药。药苗既产，丹田火炽，欲念猛增，古人形容如猛虎出林，势不可挡。此时即行"勒阳关"调药也！宜"武火炼精"，"采药归炉"——收归丹田炁穴，以文火温之养之。本书下编中有专文深入讨论。

6. 炼精生真炁。静为元炁，动为元精。孕药、调药既久，必致炁旺药灵；周天活子时到，元炁冲关而出，氤氲回旋不已，至欲找出路之际，"它不动，我不动；它欲动，我先动"，轻轻一引导至尾闾，督升任降，进行小周天炼精化炁，以烹以炼，炼成丹头，达300～360头而返老还童，或马阴藏象，或赤龙斩断，以成就人仙。

7. 炼炁化阳神。炁属阳，神属阴。阴神不得阳炁点化，仅有点小术或神通而已，不能超凡入圣而自主性命。在炼精化炁成功的基础上，进一步炼炁化神，神炁合一而"丹产珠圆"，成就地仙，立就老子"长生久视"之基。

8. 参见本来人。本来人即真人！"借问真人何处来？从前原只在灵台。昔年云雾深遮蔽，今日相逢道眼开。"丹孕为胎，仙胎育就，再经"三年乳哺"，仙胎分娩，身内生身，阳神"法身"诞生，本来人现形，此即超凡入圣之圣，明心见性之性，无极之子，太极之真，大丈夫功成名遂之时矣！

9．功成弘大道。所谓得道者，仅得个名词；如能弘大道，方名真得道。实修实证至此，应当继续弘道：师尊交代的任务，平生发下的弘愿，必须在此时完成；或在中土弘法，或去关外传道，一切随缘而行，无须躲进深山，而应像吕祖、张三丰、伍冲虚、柳华阳等真正大成就真人，随缘度世，因缘弘法。

第一章　性命双修金丹大道根本大法——清修法门

一　具体之道　太极真种

形而下宇宙大用流行之道，即可道之"道"、"一阴一阳之谓道"的"道"，由"首"与"辶"组成。当代贤人李昌锐阐释曰："首"字上两点把它平放起来，就成了八卦的阴爻，下一横就是当然的阳爻；阳爻下面的"自"字，即宇宙阴与阳这两个东西之互生互根、流行不息的自然运化；"辶"则为阴阳二物运动变化之轨迹——"天行健"。

"一虚一实道之相，一动一静道之机"，具体之道，亦即太极之道☉的生命真种子。

新生命体受孕成胎之初，道之代表天命元神"太极"（俗谓之"灵魂"）挟其相应的生命能量先天一炁，以"圆陀陀、光灼灼先天一点灵光太极真种子"形式，进入父精母血媾成的生理太极的胚胎之中，成为新生命体的"生化之理，不息之机"。此时若无太极真种、天命元神、"灵魂"入体，十月胎满，生出的必是一个"有形而无神"的死胎无疑；医疗实践中不乏其例。

父精母血交媾而成的新生命体，是后天生命之基，为先天性命寄居之体，有生有灭；它既是吾人顺化人道生儿育女之具，同时也是修真证道逆反先天道源之器，具备双重功能。故此三丰真人曰："顺则凡，逆则仙，只在中间颠倒颠。"

吾人受孕成胎之际，先天性命、太极真种带着阿赖耶识"灵魂"的"轮回种子"入胎，以了历劫之因，完成命定的"果报"。胎儿成形之后，从无息而渐有"胎息"。胎息一启动，立判性命！即圆满的先天性命分离，"性潜于顶（上丹田泥丸内院），命归于脐（下丹田炁穴玄关）"，这对从先天而来的"神仙夫妇"，阴的性灵与阳的命炁从此别居，不再互通消息。直至下丹田炁穴中的先天命炁耗尽，人老物化，先天性命不得不离体而去，呜呼哀哉，复归性海无极。可惜的是，先天性命带来的高智慧潜能"先天之炁"未能得到充分的开发利用，造成了人体生命本能的最大浪费。

胎息一启动，新生命体即进入后天生化顺序，直到十月胎圆而呱呱坠地，"脐带剪断，地覆天翻"，胎息遂化为后天口鼻呼吸，以汲取五谷精微而生长发育。此时，下丹田元气（炁）藏于炁穴，而成为后天生命的呼吸之根，名曰窍中之窍；上丹田第八阿赖耶识、元神，隐于上丹田泥丸内院，叫做天中之天；第七末那识、识神存于中丹田绛宫，称为心中之心。先天性命落入后天形身一分为三，各司其职，在生命大舞台上演出一幕幕动人的生命活剧。

先天性命、太极真种来到形而下后天意欲何为？一者以了历劫之因而异熟果报；二者为充分开发己身潜能而积功累德，升华自己，实现生命的小圆满，而画上圆满生命的半个句号；三则是回馈宇宙大母亲恩德，为大宇宙的演化贡献一己之力，"参赞天地之化育"，以"弥纶天地之道"，补画上圆满生命的另半个句号，而获得生命的大圆满。

金丹人道称为颠倒、逆修之道，即是将落入形而下后天形躯的太极真种子，被迫分开了的阴鱼（元神）与阳鱼（元炁）重新团聚，还原为一体，循着来时的路径而重返先天道海无极○。

古人常用阴阳、八卦原理来阐释上述过程。入体而来的太极真种内含阴阳二鱼，乾坤二卦，元神元炁。它们落入后天形躯之后，神（阴鱼）炁

（阳鱼）别居，乾坤异位，降为坎离，进入后天运化程序。上丹田乾卦的中爻——真阳之火，下流坎海而取代下丹田坤卦中爻的真阴之水，而成为坎中之满（☵）——水中之火；坎水得此真火则热而不凝，气化蒸腾，沿经络系统而滋养全身。下丹田坤卦中爻——真阴之水，上行离宫进入上丹田乾卦取代其中爻，而变为离中之虚（☲）——火中之水，令心火暖而不亢，灵而且敏。如此地坎离异位，水火既济，吟唱着动人的生命进行曲。

可惜好景不长。因为维持人体生命过程的生命元气（炁）坎中之满的中爻，当我们口鼻每呼吸一次，就要消耗一点这个"人活一口气"之"炁"。如此长年累月元炁一旦消耗尽净，坎中不再满而致真火熄灭，坎海即成死水一潭，寒而渐凝，丹田经络波因失去命炁而不再波动，心脏亦因失去动力而停止跳动，口鼻亦随之而停止呼吸，人体生命之灯遂而熄灭。

遗憾的是人体生命元气之"炁"乃先天之物，非五谷精微及人参、鹿茸之类后天之物能够补足，更非人类后天聪明才智所能人工合成，现代生命科学家们虽竭尽脑汁亦难入其门以窥其秘密。

二 欲点长明灯 当用添油（炁）法

欲使我们的生命之灯常明常亮，永不熄灭，就要不断地往生命之灯——坎中之满里添油（炁），以补足人们起心动念、日夜呼吸所耗损之生命元气（炁）。这是中国道家养生家们最伟大的发现。

道家养生家们在具体实践中如何往自己的生命之灯里添油（炁）接命呢？——聚津生精，炼精化炁。

精有凡精与元精，或曰阴精与阳精。具体入门修持，体虚或年龄老大者，应从聚津生精的凡精、阴精入手。阴精充足后，再化阴精为元精（动气）而伏藏于下丹田，以壮下元。

精从口入！首先要强化我们的脾胃及消化吸收系统的功能，注重培补元气、筋骨皮肉的锻炼和饮食营养的加强，以期储备强身健体所必须的凡精与后天之气。为此则在宁心调息的基础上，必要习练动功、桩功、太极拳以及饭后百步走等适度的肢体活动，从而促进人体新陈代谢而增加产能。如此持之以恒，日久功深，五脏六腑、四肢百骸得到阴精的充分滋益，生理功能遂强而渐盛。富裕的阴精就不再流注五脏六腑，便化为元精（动气）在下丹田贮存起来而显得精气充足，我们自然也就身康体健，得以重返青春。

三丰祖师曰："顺则凡，逆则仙，只在中间颠倒颠。""顺行则生儿育女，逆行则成佛为仙。"阴精充实，动气流注，丹田春暖，按人道的自然法则必然情欲兴奋……在此关键时刻，是按人道顺行让阴精化为浊精去生儿育女，或是依仙道逆行令阴精转为元精（动气）而伏藏，关键的关键就在此一举。

三　达观往昔千千圣　呼吸分明了却仙

伍冲虚真人名言："达观往昔千千圣，呼吸分明了却仙。"内丹术入手修持的聚精生津、炼精化炁，犹重火候，呼吸之息的轻重缓急十分重要；而火候的掌握又十分微妙，甚至有"圣人传药不传火，从来火候少人知"之说，只能在实践中去细细体味、揣摩（本书前文"把握呼吸　生命长存"部分对此进行了较深入的讨论，可资参考）。

四　凝神炁穴　致开玄关

"过河须用筏。"筏者法也。欲使心灯常亮的大法，就是钟离、吕祖所传承大仙止道而建立的"三成全法"，后由南五祖、北七真承传下来，并发扬光大。

南宗三祖薛道光云："昔日遇师亲口诀，只要凝神入炁穴，以精化炁炁化神，炼作黄芽（土内长）并白雪（天上飘）。"

伍冲虚真人更是强调："强议无炁穴，自己落空亡，则归根无所归，复命无所复。"

下手功夫为凝神入炁穴：混融意息，以性接命，以离交坎，天入地中，阴入阳中，火入水中；神入炁中，炁包神外，两相混融，炁藏气伏，众妙归根。心（性）乃佛之道，肾（命）是仙之道，凝神炁穴，性命混融，神炁交媾，仙佛同修。

古人曰：参透性命二字，胜读丹经万券。从大视野看，性乃天道，命为人道；性命双修，天人合一。又曰：性是天心，精神的生命，无去无来；命乃人心，肉体的生命，有修有证。修道的甚深境界是为达大圆满而获大自在：心自在，身（寿）自在，业自在，无不自在！故此首先要修命。不修命则不圆满，不能成就纯阳之体而返老还童，难得长生。面对现实，自己不能自主自己现实的生命，连小圆满都保证不了，何遑大圆满。

从具体的修持实践来讲，"性命"也分先天性命（神炁）与后天性命（意息）。后天有为法门的"意与息"为后天性命，先天无为圣境的真意元神与真命元炁乃先天性命。下手兴功从修后天性命的"意与息"入手，修持至"意息混融"、"虚极静笃"的无极道源状态，息定炁动，玄关窍开，代表先天性命的神炁冲关而出，并形成修道的道场玄关一窍，以混沌先天性命神炁与后天性命意息为一炉，此时"先天炁，后天气，得之者，常是醉"（崔希范《入药镜》），则交媾阴阳，以烹以炼。时至功成，无极而太极，"人老原来有药医"的"灵丹妙药（炁）"之灵药产矣，人如醉矣。

五　聚津生精　炼精化炁

诀曰：下手金口诀，凝神入炁穴，意与息相融，性与命相接。对境无心日，无中生有时，此般妙光景，男女无差别。

凝神聚气，修性炼命，法门众多。笔者推荐张三丰祖师的修持模式，最为直截了当。

"下手金口诀,凝神入炁穴,意与息相融,性与命相接。"

丰祖曰:"借世法而修道法,依人道而全天道。""初打坐,学参禅,这个消息在玄关。绵绵密密调呼吸,一阴一阳鼎内翻。"人的元炁在脐。脐下三寸往里二寸,为诸脉源点;所谓玄关、炁穴也就在此处,吾人下手兴功之处。

"凝神调息,调息凝神"八个字,就是下手功夫。凝神修性,调息炼命,凝神调息,性命双修。

"调息者,调度阴跷(会阴部尾闾处)之息(炁),与吾心中之气,相会于炁穴中也。"

"心止于脐下曰凝神,气归于脐下曰调息。神息相依,守其清净自然曰勿忘,顺其清净自然曰勿助。勿忘勿助,以默以柔,息活泼而心自在也。"

"心静则息自调,静久则心自定……呼吸绵绵,深入丹田。"丹家喻之曰:无孔笛颠倒两头吹。逐渐由外呼吸而致内呼吸,达息不调而自调时则初功已显,到大功告成(胎息、真息)将不远矣。

至于具体方法,丰师曰:"以眼观鼻,以鼻视脐,上下相顾,心息相依,着意玄关,即可降伏思虑。"

按此模式修持,持之以恒,丹田逐渐气盛而温暖,消化吸收功能大为增进,遂而"五谷诸味,浊化为渣,清化为津,津又化为阴精",人体机能也因之由弱转强。下一步化阴精为元精而伏藏,则为玄关窍开、炼精化炁的小周天工程做好准备。

黄元吉真人说:除了"守中(玄窍)抱一(心息相依、身心合一)、河车道路(小周天)"外,别无积精累炁之途。所谓"守中(虚窍)抱一",就是上述凝神炁穴,心息相依,神气混融而不离,化阴精为元精而伏藏。

"对境无心日,无中生有时。"日久功深,鼻呼吸逐渐宁静而深长,过度到丹田呼吸,心气合一、相恋相依,便能对境无心而渐次深入静定,进入恍兮惚兮的无极道境○。直至活子时到，息停炁动，狭义的初玄关开，潜藏的先天元炁遂萌动而出；与此同时，虚中一觉，神光闪亮，并与元炁混沌为一，无极而太极⊙，真种子产矣，为人体生命的长生久视立定丹基——根基。

玄关开，药苗生，真种产……毕竟是用后天的有为法门修成，杂质甚多，还须通过督升任降的"河车道路"小周天程式采取、烹炼以"去矿留金"，精炼提纯，使之成为精纯的"先天之炁"丹头，就能够补足下丹田耗损的真阳之炁。

如此经过 300 ～ 360 次的小周天采取、烹炼，形成 300 ～ 360 枚丹头，令下丹田耗损了的真阳之炁从而得到完全的补充，使多年耗损、已经不满的坎中之"满"，能真正地重新"满"起来而"返老还童"，其标志是男性"马阴藏相""金龟缩首"，睾丸亦缩进腹内；女性则斩断赤龙月经自断，返还到 14 ～ 16 岁时精足、气足、神足的三完足状态，达到"人仙境界"而不再老衰。功夫至此，玉液还丹，返老还童，不再老衰。但还需进一步积修，以免退行。

玉液还丹、坎中真满、重返青春、人仙成就并不巩固，还须"抽坎填离"、"乾坤交媾"，达金液还丹而胎成珠圆，成就地仙、神仙，真正跳出三界、陶铸五行，命不得而拘之，数不得而限之，真享大自在。正如古诗所述："坎离交时药苗嫩，乾坤融处丹相垂；药为玉液滋脏腑，丹为金液换骨髓。"

"此般妙光景，男女无差别。"

钟、吕二祖传下的天仙法脉金丹大道之"三成全法"，男女皆应遵此而修，没有另外的所谓"女丹功"、"男女双修功"，后来出现的林林总总的"女丹功"或所谓的"男女双修功"，皆系旁门左道。实践证明，凡以此律己者必害了自己，以此教人者又害了他人。

六　一口气在　皆可还丹

古人云：只要有一口气（炁）在，即便 80 岁老人，皆可望还丹而重返青春。首先化五谷诸味为阴精，以滋养五脏六腑、四肢百骸，转弱为强；再进一步化阴精为元精而培育成"人老原来有药医"的"灵丹妙药"之药材，并"采药归炉"而伏藏；待玄关开后与先天元气（炁）混融而孕育"真种子"先天之炁，就可以补足因起心动念、口鼻呼吸所耗损的先天元气（炁）。只要有这口炁在，丹田经络就会波动，命门就会开阖，心脏就会跳动，口鼻就会呼吸，生命就得以持续。理法简单至极：呼吸！

古圣以自己的生命为代价，历经九死一生的艰险过程，才探索出了这样一条能自主性命的通天之路，使我们得以自了生死而离苦得乐，并写成了经典著作与修持模式，这是何等的大慈悲心。只要我们有信心、有决心、有恒心，皆可以超凡入圣而自主性命。可叹世人贪恋红尘繁华、物质享受，以苦为乐，弃自主性命、离苦得乐的阳关大道而不顾，岂不怪哉！

华阳禅师曰："天地之间，富贵以及妻子皆有定分。若大道则不然，可以苦志而得；古云：'有志者事竟成。'古来多少不该成道者，而竟成之，非生来有分也。"

第二章　把握呼吸　生命长存

一　气之与息

古人曰："道在天地间，领悟在一息。"

息，呼吸之息，宇宙元始祖气（炁）的重要机能，各级生命体的存在形式。息之一字，上自、下心，自心为息。有心则有息，心动则息动；无心则无息，心静则息定。

"一阴一阳之谓道。""一呼一吸故为息，不呼不吸亦为息。"又曰，"凡人之息以喉，仙人之息以脐，真人之息以踵。"

谚曰："人活一口气"——先天元气（炁）。人们每呼吸一次，便消耗一份来至先天的元阳真气（炁）。故凡人一呼一吸，即一生一灭，通过修炼、返还至先天境界即可不呼不吸，如此就可不生不灭。大道至简！

古人曰："人禀天地之炁数有限，宜于保养：炁存数即存，炁尽数即尽。"故培元固气（炁）为禅道双安的重要法则。

生物体呼吸速度的快慢及深度与其寿命正相关。现代生命科学测定，呼吸频率快的生命体，元气（炁）消耗得也越快，因此寿命也越短。反之亦然，呼吸频率越慢的生物，寿命就越长。例如，猫狗每分钟呼吸 30 余次，其寿命也就十几年；人每分钟呼吸约 16 ~ 18 次，寿命约在 72 ~ 80 年左右；乌龟每分钟呼吸 5 次，其寿命可达 300 岁以上；曾发现有 1500 岁的玳珸；大蟒每分钟呼吸 2 次，其寿命可达 500 ~ 700 岁。因此，可以根据自己的生活环境和体质状况，把呼吸放慢到生理能够承受的极限，人就会活到生命所赋予的正常的生理寿限。

至于寿高千岁的大树、古树，它们根本就不用口鼻呼吸，主要依靠"体呼吸"来维持生命，还"嘲笑"人类只知道口鼻呼吸这华山一条道。其实，这个秘密东方道家的养生家们早已知道了。

由此可见，呼吸之道分为后天生命一呼一吸的凡息，与先天性命不呼不吸之真息——真息无息。"脐息""胎息"则为从后天生命一呼一吸、一生一灭之凡息，是过度到先天性命不呼不吸、不生不灭之真息的桥梁。无此桥梁，修真证道者即使精通天下所有的大法、秘法，神通再广大，没有"脐息""胎息"这个基础，必难以返还先天无极、圆明之道而跻身天仙果位。

这样一来，佛祖"教外别传"的长久住世之法，与老子教内真传的长生久视之道，原来至简至易，简易得仅两个字：呼吸！故而古人曰：不根于虚静者定系左道，不归于简易者必是旁门！伍冲虚真人更明确指出："达观往昔千千圣，呼吸分明了却仙。"

佛家弟子们曾经请求佛祖传予修身之法，佛祖当即答应，并说修身应该在生命存在的根本形式上进修；并问：生命存在的根本形式表现在什么地方？有位弟子说生命存在的根本形式为呼吸，有呼吸存在就表示有生命存在。佛祖说：对！修身就应该从呼吸起修；如果一口气呼出去不再进来，那就是下一世了。当即传了观出入息的安般守意法门；后来又传了在此基础上加修白骨观，一直修到白骨流光，就上台阶了。当然，除此两个基本的修身法门以外，佛祖还传了更高层次修证长生不死的命功——教外别传。只传给了摩诃迦叶。迦叶尊者后来又传了阿难、宾头卢等。

佛家这一性命双修的教外别传大法，在达摩老祖一百五十岁时传入中国。诚如他写的《了道歌》："三家法一般，莫作两样看。性命要双修，乾坤不朽烂。"

中派大师李道纯诗："谛观三教圣人书，息之一字最简直。若于息上做功夫，为佛为仙不劳力。"

二　三关之变

新生命体受孕成胎之初，道之代表天命元神、佛之第八阿赖耶识（即"灵魂"）挟其相应的生命能量先天之炁，以"圆陀陀、光灼灼先天一点灵光"形式，进入于父精母血媾成的胚胎之中，成为新生命体的"生化之理，不息之机"。此时若无天命元神、第八识"灵魂"入体，十月胎满，生出的必是一个死胎无疑；医疗实践中不乏其例。

父精母血交媾而成的新生命体，乃后天生命之基，为先天性命寄居之体，有生有灭；它既是人们顺化人道生儿育女之具，同时也是修真证道逆反先天道源之器，具备双重功能。故此三丰真人曰："顺则凡，逆则仙，只在中间颠倒颠。"

坚持性命双修、佛道双了的伍冲虚真人说过，人这个生命体顺行人道之序要历经"三关"之变。第一关受孕成胎，先天性命带着"灵魂"的"轮回种子"入胎，以了历劫之因，完成命定的"果报"。胎儿形成之后，从无息而渐有"胎息"，胎息一启动，立判性命，即圆满的先天性命分离，"性潜于顶（上丹田泥丸内院），命归于脐（下丹田炁穴玄关）"。这对从先天而来的"神仙夫妇"，阴的性灵与阳的命炁从此别居，不再互通消息，直至下丹田坎卦中的先天命炁耗尽，人老物化，先天性命不得不离体而去，呜呼哀哉，复归性海无极。可惜的是，先天性命带来的智慧和能量"先天之炁"未能得到充分的开发利用，造成了人体生命本能的最大浪费。

胎息一启动，新生命体即进入后天生化顺序，直到十月胎圆而呱呱坠地，"脐带剪断，地覆天翻"，闯过第二关，胎息遂化为后天口鼻呼吸，以汲取五谷精微而生长发育。此时，下丹田元气（炁）藏于炁穴，而成为后天生命的呼吸之根，名曰窍中之窍；上丹田第八阿奈耶识、元神，隐于上丹田泥丸内院，叫做天中之天；第七末那识、识神存于中丹田绛宫黄庭，称为心中之心。先天性命落入后天形身一分为三，各司其职，在生命大舞台上演出一幕幕动人的生命活剧，直至曲终人散，各奔东西。

通过后天呼吸，生命体滋养培育至男十六，女十四，天癸至，即后天形身补养至神全、气全、精全的三全状态，生理机能，特别是性机能成熟，能够担当顺行人道的神圣职责，从此生子育女，而生生不息。

张三丰祖师曰："顺行的时候，即逆行的时候。""捉住元初那点真，万古千秋身不朽。"道家天仙法脉的金丹之道曰逆修之道，此时将此欲顺行人道而外游的"元初精炁"，依诀收归根窍，培育温养，并进一步"还精补脑"，令下丹田元炁（夫）与上丹田元神（妻）在后天色身中重新团聚，复还其来时的本来面目，结而成丹，育而成胎（道胎），成就法身而重返先天。

要令这一对分别已久的"神仙夫妻"团圆而重铸性命，再造乾坤，必须要有"媒婆"牵线才行。这个"媒婆"非常现成，乃自己身中的"胎息""元神真意"，故而古人曰，"中宫胎息号黄婆（媒婆）"；"胎息无息，无息则三家相见"，"三家相见结婴儿"，育就道胎。

所谓三家者，黄婆（媒婆）胎息（元神真意为一家）、丹田炁、气各一家。

二　宁心与调息

入手兴功，宁心调息，自意息相融，达心息相依……为佛、道、儒、武、医诸家下手修炼的不二法门。具体理法有调心止念与调息宁心两大基本模式。

如果说佛家与道、医诸家，在下手具体修持时有哪些不同之点的话，那就是佛家一般多不主张守窍，只关注出入之息，数息、随息，至息止而观慧，见性而明心；至于色身这个"臭皮囊"不必太过于关心，心无病则身无病也。

但是，修持长久住世的"教外别传"则不止于此，与道家下手功夫可谓大同小异。

道家特别强调凝神守窍，旨在开发关藏在下丹田玄关里面的先天元炁，以对色身进行脱胎换骨的彻底改造，使之达百病难侵的金刚不坏之体，为尔后的升华生命的"三年乳哺"、"九年面壁"打下牢固之基。

"心不守窍，心息不依，神炁不注，玄关不开"，生命体的健康层次则难以向上升华。

过来人云："调息不如调心。""守住本心胜过一切法门。"对于心性容易宁静的利根之人，可参用此一模式。如《参禅日记》中的金满慈老太太，第一天上座放松入静，便心如止水，一念不生；甚至想生一点杂念起来体味一下都不可能！然而大多数人，尤其是中下根器之人，入静止念比较困难，杂念反而越止越烦；特别是静修过程中不期而冒出来的"游思杂念"，可谓防不胜防，古人谓之"家贼难防"，则宜采用调息宁心模式，以息止念而循序渐进，方可有望制服此猖狂的"家贼"。

四　降龙与伏虎

南老（怀瑾）讲，人的呼吸平均 18 次 / 分钟，24 小时共 25920 次。脉搏 72 次 / 分钟，为呼吸次数的 4 倍。有趣的是，太阳系统的运转，也是 25920 年为一周期。

人的思虑与气息是息息相关的，念头先动，气再跟着动。……念头清净了，呼吸也放慢了。识神受后天心中阴气时时流转的影响，一刻不能停留，因此我们的思想停不下来。睡觉也在想，梦幻不断，可惜好梦容易醒。

"学人欲了性宗，又必须以命为基。"心动气就动，气动心就动、念就动了，它俩是伙伴、是同类。如果不把气降住，你想做到完全的念不动是不可能的。

一个人的思虑，是随着气息而生的，气息的作用就是以念虑表现出来。《周易参同契》经典名言："同类易施功，非种难为巧。"心与息乃同类，故依息而制心，比较容易收敛。意息相融，心气合一，泊然大定，定而生慧。

心念跟气是离不开的。可是心念跟气息又有两个分途。只有当你心念专一的时候，那个呼吸一定是停止的，所以调服心念叫降龙，收敛气息名伏虎；龙降虎伏，妄念不生。

打起坐来，先注意自己的呼吸。呼吸粗的、大的叫"风"。我们的呼吸只到肺部为止的，叫"喘"，"凡人之息以喉"；入肺部再深一点，叫"气"；到丹田、肚脐那里，还只叫"炁"，此时接通了元始祖炁——"仙人之息以脐"；再进一步，好像停留了，不呼不吸了，那个才叫"息"——真息无息，也叫"先天一炁"，它是圆满无缺的，无须呼吸。伍冲虚真人说过："一呼一吸故为息，不呼不吸亦为息"，先天一炁即真息——真息无息，无出无入，不生不灭、圆满自在。

我们这个气，鼻子呼吸是很粗的；进一步是心肺部分的呼吸；再进一步，普通所谓丹田呼吸，胎息，都在肚脐或以下；再进一步，息到达足根，才叫真人呼吸——"凡人呼吸以喉，真人呼吸以踵"（南华真人庄子的名言），整个停掉而气住，不再需要呼吸，脉也极少跳动了；息停脉住，杂念则不消而自消。

"先天一炁"就是不呼不吸之息，这时候我们的后天呼吸宁静了，身、心，性、命都空了，没有感觉了，息止炁萌，此时就会发生"先天一炁从虚无中来"；要自己完全空虚到极点（虚至极、静至笃）才能发生，并不是说"先天一炁"从虚空中给你掉进来。

我们下丹田的"坎"卦中有至阳之气（炁），即坎卦中间的阳爻之炁（即水中之金炁），先把这个炁控制住，呼吸之气不动了，上丹田"离"卦中爻的思虑之心也就凝定了。所以过来人云：坎离一交，杂念自消。

"息不止则念不止，息若定则念即定。"故陆潜虚云："调息之法，自调心始。凝神之法，自调息始。"这是调息止念的辩证法。

黄元吉真人也再三告诫："苟不求养气而徒曰养心，无惑乎终身不得其心之宁者，多矣！"我们还是要充分应用"养气培元"这股绳索，迟早拴住、制服"心猿意马"而气定神闲，使水源清净而源清精真。

神与气也是同类。神动则气随，气伏则神定。如果我们的思虑之神，老是外驰于花花世界，追逐声色利禄，气亦外泄而去，久之则气虚体槁，寝食难安。故而虚靖天师告之曰："神一出，便收来，神返身中气自回……如此朝朝并暮暮，赤子自然结灵胎。"

总之，有效无效，神光内照，日久功深，自有好消息来报。当然，像金满慈那样的利根之人，从任何一个法门入手都能很快上路；中、下根人则要难一些。所以对于大多数人而言，循调息宁心模式而进，较为稳妥。

五　调息宁心　宁心调息

"心、意"这两个东西，一是猿，一是马，心猿意马，从来就不安静。制心法门虽多，多以心制心，宜利根人修。大多数中、下根人采用"以息制心"法门较为稳妥。

上座内练，可从数息开始，即入手调息宁心。为防心思外驰，每上座调息，即行数数，每呼吸一次数一息数，从 1 数到 10，数满后再从 1 起数……至不数而自然，一心随呼吸而出入，至万念俱空，即深入静定；定得愈久、愈深，定力、定果愈硕。

道在一身，其机在目。目之所至，心即至焉；心之所至，气亦之焉。数息、随息、止息，念头清净了，呼吸自深长，自然过渡到丹田呼吸——脐息、胎息，而重返先天，步入道门，进入禅定，而达禅道双安。

初阶为修，高阶为证。

六　守窍调息

《西山记》云："虽知养生之理，不悟修炼之法，则生亦不长。虽知修炼之方，不得长生之道，则修亦无验。"

道家内炼下手，"借有为之术，达无为之境"，"假世法以修道法"，则必须守窍，守窍调息、调息守窍，或曰守中抱一，以混融意息，交媾阴阳，孕育灵丹妙药。

紫阳真人也说："但识无为为要妙，虽知有作是根基。"入门守窍，凝神调息，全系有为法，"有为虽伪，弃之者佛、道难成"，有为这根拐杖须用时还是要用的。

至于练功的姿态，佛家比较强调盘坐，而仙道修持则较为自由，以舒适安泰为宜，站、坐、躺、卧均可，如陈抟老祖则以睡功闻名于世。所有的外在形式，都是为内在的初阶的"意息混融"至高阶的"心息相依"，"制服家贼"而服务；凡是有利于意息混融、心息相依、宁心止念的身相、手印、咒语、音乐等都是好的外在形式。

盘坐有盘坐的好处，尤宜于年老体虚、心功能低下者。双腿盘坐，两手交叉，使四肢活动静止，内气相互交流，便可减轻心脏的负担，所以静止的时间愈久，对于恢复心脏功能的功效愈大。双盘、单盘、散盘均可，能双盘则更妙。可根据自己的体能情况而定。身体弱者，可以背靠椅子或沙发，臀部下面置一坐垫，令尾闾虚出，以免阻碍任、督二脉气血的交换与运行。

初次练功，精神疲惫，容易昏沉，乃至很快入睡，此乃"带功睡觉"，睡得既深且沉，效果特别好，哪怕只睡十来分钟，醒后头脑非常轻灵，即行接着练功，功效犹显。

"调息"的方式，可谓多如牛毛，读者自可择其善者而从之。笔者推崇张三丰祖师的"凝神调息"法门：

"以眼观鼻，以鼻对脐，上下相顾，心息相依，着意玄关，便可降伏思虑。"总的原则是：调息凝神，凝神调息。调度阴跷之息（炁）与吾心中之气，相会于气穴——约在脐下内里的虚无窟子中。显然，凝神就是修性，调息就是炼命，凝神调息，则性命双修。

性命在人体什么地方进行双修？就在凝神守窍的窍位处，下丹田肚脐部位，"前七后三"的"虚无窟子"（外鼎）处，假设这里有一个可供凝炼"灵丹妙药"的炉鼎而意守之，即古人所说的："前对脐轮后对肾，中间有个真金鼎"，即外鼎。

伍冲虚真人说，先天元炁运行的路线，与我们后天呼吸之气运行的路线正好相反。一般保健气功修炼者采用的是"顺呼吸"方式，即我们吸气时，呼吸气由上而下行；而元炁此时则自下朝上走；呼气时，彼此正好相反。高阶养生修持方式必须顺应元炁的运行路线，以利日后火候的掌控，故应采用"逆呼吸"方式，即吸气时引肾气向上，呼气时引心气下落，两两相会于炁穴、金鼎之中而交媾之；始终不管口鼻。

上座，闭目塞听，凝神于脐下一寸三分处内里的"虚无窟子"外鼎中，假设那里就是混融神气的道场、金鼎。凝神炁穴，意照阴跷，吸气，意想肾气从会阴部阴跷处上升，进入虚无窟子，屏息闭气 3 ~ 5 秒而令心息相依，意气不离；呼气，心气下降，进入虚无窟子，与肾气混沌而心肾相交，水火互济；如此地以离交坎，滋生玉液。每坎离交媾一次，玉液必滋生一分。这样的往复循环，量变终将质变而步入佳境。

为了使"汞火不飞"，思想不向外驰，调息时可以进行数数。第一次呼吸数 1，下一次呼吸数 2……依此类推，一直数到 10 为止；数满后再从 1 数起；若数到中途思想开了小差，立即终止，重新自 1 起数。有的主张数吸，不数呼（补法）；有的主张呼时数数（泄法），吸时不数数；也有的主张呼、吸都数，以期补泄平衡，如吸时默数 1，呼时默数 2，如此等等，这些都可以在实践中经摸索、体验而确定，反正以自感效果上佳者为准。

数为有意，调为无意。息调则心定，心定则息越调，真息往来，心息相依，则息息归根。自数息而随息，到止息而心静。念头清净了，呼吸自深长，自然过渡到肚脐、丹田呼吸的"息调"而更上一层楼，"意息混融"、"心息相依"而形成炁穴、玄窍"内鼎"，从此修道有基矣。"杂念少者得道早，杂念多者得道迟。"对于杂念多的修持者，调息＋数数，是泯灭杂念的妙着。

丰祖对他自己凝神调息的修持过程进行了生动的描述："心止于脐下曰凝神，气归于脐下曰调息。神息相依，守其清净自然曰勿忘，顺其清净自然曰勿助……忽然神息相忘，神炁融合，不觉恍然阳生，人如醉矣。

"每日回光返照，子午卯酉 1～2 时，久之，下田微动，胸中热液下流，下田温暖，达于全身、四肢，渐于督脉，过关穿窍而达黄庭，血气流通。

"渐而下田异热，内肾汤煎，睾丸过热气，目前闪光，华池液流，血脉通畅，外肾不举（君火制相火），阳关紧闭，复返童身，百病不侵。"

丰祖多次提到"调度阴跷之息（炁）"这一话题："神光下照，即调息也，调度阴跷之息（炁），与悟心中之气相会于炁穴中也。即以后天之呼吸，寻真人呼吸之处。"阴跷即会阴部尾闾区，乃任督交接之处，水火聚散之乡，逐日生炁之地，是人身潜在的巨大能源库，属于丁月田管辖的范围。故有"会阴动，炁脉活"之说。

丹经中所说的"一阳初动"，并非单指阳举而言，而是指微阳初生，"阴跷初开，元炁生发"之意，产出元精嫩炁。

丰祖还说："神在炁穴中，默注阴跷，不交而自交，不接而自接，所谓

'隔体神交理最详'，古仙已言之确也。"

黄元吉真人也很重视凝神炁穴，意照阴跷："凝神要也，而调息亦不可少。苟知神凝炁穴，而不知调呼吸之息下入阴跷穴中，则神住而息不畅，无以煽风动火，使凡息停而真息见，凡心死而真心生；又况神火全凭神息，若无神息吹嘘，不唯水火不清，亦金胎不化。"

意照阴跷是大道。后来出现了一些"小术"收肾提肛，提倡者意在固摄肾气，然过分地提肛，极易把废、浊之气提入肺经、肝经，引起旧病爆发；提入头部将导致神经系统中毒而头昏脑涨。

"意息混融""心息相依"，"息深则精固"，此乃培补元炁、固养肾精的正道，旁门小术不是不可应用，但要小心从事，如发现效果不佳，即应中止。

黄元吉真人曰："下田炁壮，自能升至泥丸，销铄上田渣滓，令神炁运于周身，化掉阴气……一身毛窍晶莹，肌肤细腻。"

意到气到，气到生效。我们除了以"心光"调息之外，还应同时以"耳光"听息，听呼吸之自然，意息之混融，心息之相交，神气之和合。南华真人庄子是听息修炼法门的祖宗。观音菩萨的听海潮音法也得到佛祖的肯定。黄元吉真人也推崇听息法门："存心于听息。此个听字，大有法机。勿听之以心，而听之以气。我当凝神以正，抱意以听，此阴阳交媾之一端也。我一心以听，即耳窍常闭而众窍无音也。此个听法，第一修炼良法。"

黄元吉真人告诉修道者，随时随地都应该保持练功状态："学道人无论茶时饭时，言语应酬，微微用一点意思，凝神于虚无一穴之中，自然合气于漠，直见真炁调动，有不可名言之妙。然于此调息，则知觉不入于内，而坎水自然澄清。"

调息、听息同用，心光、耳光并存，二者相得益彰，成功指日可待。

附 古代胎息论集锦

（唐）《胎息经》：

> 幻真先生注曰："修道者常伏其气于脐下，守其神于身内。神气相合，而生玄胎。玄胎既结，乃自生身。即为内丹不死之道也。"丹经中谓神为气子，气为神母，"胎母既结，即神子自息（停息），即元气不散"。

胎从伏气中结，气从有胎中息（止息）。气入身来为之生，神去离形为之死。知神气可以长生，固守虚无，以养神气。神行即气行，神住即气住。若欲长生，神气相注（融和）。心不动念，无来无去，不出不入，自然常住。勤而行之，是真道路。

《胎息铭》（该铭列于《胎息经》后）

三十六咽，一咽为先。吐为细细，纳为绵绵。坐卧亦尔，行立坦然。戒于喧杂，忌以腥膻。假名胎息，实曰内丹。非只治病，决定延年。久久行之，名列上仙。

古人云："行则措足于坦途，住则凝神于太虚；坐则调丹田之息，卧则抱脐下之珠。"所谓："行住坐卧，不离这个。"

玄胡真人《胎息诀》

夫大道以空（灵）为本，绝相（对境无心）为妙，达本元，静定太素，纳气于丹田，炼神于金室（泥丸），定心于觉海（中丹田）。心定神宁，神宁则气住，气住则自然心乐，常于百刻之中，含守于真息。

又云，神息定而金木（元精、元神）交，心意宁而龙虎（元神、元气）会，此内丹之真，胎息之用也。

于真人《胎息诀》

凡所修行，先定心气，心气定则神凝，神凝则心安，心安则气升（顺），气升则境空（虚），境空则清净（初定），清净则无物（忘境），无物则命全（把握），命全则道生（一灵独觉），道生则绝相（万缘尽歇），绝相则觉明（内明），觉明则神通（慧）。

经云：心通，万法（虚实二境）皆通；心灭，万法（隐显事物）皆灭。……即得定法，还丹不远，金液非遥，仙道得矣。

达摩禅师《胎息诀》

夫炼胎息者，炼气定心是也。常息于心轮，则不著万物。气若不定，禅亦空也；气若定，则色身无病，禅道双安。……故三世贤圣修行，皆在此诀，名为禅定双修也。

陈希夷《胎息诀》

定心不动，谓之曰禅。神通万变，谓之曰灵。智通万事，谓之曰慧。道元合气，谓之曰修。真气归元，谓之曰炼。龙虎相交，谓之曰丹。三丹同契，谓之曰了。若修行之人知此根源，乃可入道近矣。

张景和《胎息诀》

真玄真牝，自呼自吸，似春沼鱼，如百虫蛰（冬眠）。灏气融融，灵风习习，不浊不清，非口非鼻，无去无来，无出无入，返本还元，是真胎息。

赤肚子《胎息诀》

气穴之间，昔人名之曰生门死户（下丹田），又谓之天地之根。凝神于此，久之，元气日充，元神日旺。神旺则气畅，气畅则血融，血融则骨强，骨强则髓落，髓落则腹盈，腹盈则下实，下实则行步轻健，动作不疲，四体康健，颜色如桃，去仙不远矣。

第三章 关于漏精走丹

一 漏精走丹概观

友人易教授说，当年在大学读书时，正逢气功高潮，班上许多同学集体练功，以静功为主。练到大好春光丹田温暖时，却纷纷漏精、走丹，怎么也解决不了……最后大都不了了之而放弃了。但易教授还是坚持了下来，目前已进入了较深佳境。

笔者也多次接触过这类练功者或来信者，老、中、青都有。回想起来约有几种情况：（1）年老体衰，肾精不固者；（2）青年时期就是肾虚、阳痿患者；（3）身体正常的中、青年人；（4）身强力壮的修炼者。

前二类人，由于肾气亏虚，肾精不固，修持初期漏精、走丹，自是必然；第三、四类人为何也要走漏呢？主要是由于经络不够畅通，尤其是督、任二脉不够畅通所致。其实，前二类人的走漏也多是由于经络不够畅通，气血亏虚者大多经络呈堵滞塞不通状态。

经络不够畅通，气血运行不顺，人的整体机能低下。经过练功，培元补气，精关较固，走漏情况会得到逐步改善。但要完全阻止走漏，还得费一些时日，首先把不够畅通的督任二脉逐渐疏通。

第三类身体正常的中、青年，及第四类身强力壮的修炼者们，他们很快容易修至春满丹田，如果此时未同时修持桩功、动功，督任二脉仍然不够通畅，旺盛的丹田混元气无法运化到五脏六腑去发挥它们应有的功能；找不到出路，迟早会顺行冲关而出致漏精、走丹。

笔者教学习者练功时，多是以动功、桩功、自发灵动功为主，静功为辅，不少人还上到了较深层次。迄今为止，均未出现过漏精、走丹现象。后来接触到一些在练功过程中容易走漏者，多系静多动少者，笔者皆提供上述经验供他们参考：加练站桩功！事实证明大都有效。

走漏的具体情况，一般为晚上因春梦而遗者，也有无梦而遗者，更有身强体壮、白日清光控制不住而"外射"者。至于对治的法门，丹经大多提倡"提肛收肾"、"勒阳关"等武火炼精法。

千峰老人提供了一个互点劳宫穴法：双掌掌心相对，伸出中指相互点住劳宫穴，置于腹前；吸气时提肛收肾，将元气沿督脉提升入脑内，呼气时引元气沿任脉下降于丹田；如此往复运练三十六次；然后入睡。

万籁声大师也提供了一个心肾相交法：入睡时侧身而卧，蜷曲五指、伸出中指（通心），塞住耳孔（通肾），放松入静，约在十五分钟左右，即可感到睾丸在不断收缩，将精气提升入丹田，可以防止走漏。

某青年禅师入手曾习练过道家培元补气功，至元精充盛时，外射的精液像撒尿一样浓猛，他把佛、道两家所有的"司刀令牌"都用尽了，仍未解决问题。后来他自己想出一个绝妙的办法"打巴壁、倒立法"：背靠墙壁，百会抵地，脚掌朝天，武火炼精，才解决了自己的难题。

"防重于治！"所有这些方便法门中，站桩＋自发功为第一大法。

站桩，气血从内脏流向四肢，并远达末梢，其激活、疏调经络，培补元气之功，式简而效宏，它法难与争锋。站桩，首先激活、疏调督任二脉，然后延伸至其它经脉。当丹田混元气培补充盛时，即沿畅通的督任二脉流注，并进一步流通至其他经络，深入五脏六腑、四肢百骸……不再只是聚集于下丹田，如此则可以有效防止漏精、走丹。

　　由桩功而自发灵动，迅速打通全身经脉，乃至孙络、浮络，就会彻底解除走漏现象。

　　易教授介绍了一个有效治疗遗精现象的处方：生龙骨，生牡蛎，山萸肉，各200克，研末，每天服两次，每次五克，连服两月。

　　辟谷，也是治疗遗精的有效手段。如能通过辟谷，激发出先天元气——炁，即能根除遗精痼疾，功境亦迅速上升。

　　这里介绍"固精锁窍"导引功法：

　　理：锻炼腰、肾与精窍。法：床上行功。床则要求一头高，一头低；高差约六七寸即可，厚褥上面铺一硬板。每天早晚各做一次。晚间就寝前，早晨睡足后即在床上行功。

　　坐，面向床低处，两腿平伸（无曲），脚尖朝天，身体挺直，手掌置于膝盖，做三个导引动作：（1）两手握拳，回缩、紧贴于左右两肋，肘尖尽量伸向后方；（2）两拳放开，掌心朝天，由两耳旁向上直托，似举重物，两臂伸直勿曲，使两手背覆盖头顶，两眼仰视两手臂；（3）再低头弯腰，同时将两手臂向上伸直的姿势，改为向下、向前伸直，使手指碰到脚趾尖，会阴部同时收缩，并恢复原状——双掌置于膝盖。略为休息，再做第二遍。起初可做十遍，熟练后日加一遍，直到每次做六七十遍。

　　南老在"答问青壮年参禅者"关于"遗精"问题说，学佛修道的人，遗精的人特别多。在大乘菩萨道中，漏失菩提即算犯戒，不管有念也好，无念也好，有梦也好，无梦也好，都算犯戒。所以要求得身心定力，这一点是非常困难的，而最难的是心理问题。没有梦的遗精行为，是阿赖耶识种性的习气，很微细。要做到不漏，有一个"鸟飞式"的方法可练，这是对治的一味药，现在介绍给大家：

　　每天睡觉以前，站立，脚后跟分开，前八后二（两脚后跟距离约二寸）。第一步，臀部肌肉夹紧，不是提缩肛门（肛门收缩久了容易便秘），小腹收缩；第二步，两臂作鸟飞状，自然地、慢慢地举起来，动作要柔和，嘴巴轻轻地笑开，两肩要松开，两臂各自在身体左右两侧，不要向前，也不要向后，很自然地举起来，越慢越好。两臂上举同时，把脚跟提起，配合姿势向上；第三步，手放下来时，嘴巴轻轻闭起，同时脚跟配合慢慢放下。站立时双脚的大拇趾用力，姿势要柔和，越柔和越好，重点在手指尖。手一起来，自然有一股气到指尖，到手一转，气拉住了，自然地下来（白鹤要起飞时就是这个姿势）。

每晚睡觉以前，开始时做10次，做时两腿肌肉会发痛，以后慢慢就好了，逐渐增加次数。

这个动作以后，如想使身体健康、还精补脑、长生不老，还要加一个动作。每天做这些动作，近视眼、老花眼都会缓解。动作要领：

（1）用大拇指中间骨节，按摩自己后脑的两块骨头，转圆圈，先顺时针转三十六次，再倒转三十六次，不等；（2）用食指中间骨节揉两眼间鼻侧，这里有两个小窝窝，是两个穴道；（3）两手不离开，同时揉两眼眶，即眼睛边缘骨节，顺转，越紧越好，再倒转，数量自定；（4）手不离两眼，然后移至太阳穴，压揉；（5）眼、牙齿闭合，手掌抱着头部（道家则把两耳朵用手倒转来蒙住），两手指在后脑打鼓，在后脑心用手指弹击，学武功者称鸣天鼓。如此，头脑日渐清爽，头痛也会缓解。慢慢地，可达还精补脑，长生不老。这是炼精气的动作。

鸟飞式对于遗精的毛病有大效果，心理部分则要自己慢慢做功夫去除。这些功夫都是助道品，有助于修道，也是对治法门。

"息深则精固！"一位已过花甲的退休老人，喜炼静功，多年以来一直困扰于走漏，甚为苦恼。我晓之于"息深则精固"原理，令其增加练功时、次，每次至少两小时以上，三个月后来电告我，走漏已经止住。

第四章　小周天炼精化　玉液还丹成就人仙

——兼论河车搬运的程限规则

一　小周天——老子长生久视之道的筑基功夫

《伍柳天仙法脉》指出：小周天，炼精化炁，抟炼外药为小药，玉液还丹，成就人仙，因其作用小，故曰小周天。

大周天，炼炁化神，提炼小药为内药——大药，金液还丹，成就地仙、神仙，筑固长生久视之基，以其作用大，故曰大周天。大、小周天功夫率皆重视筑基。

伍冲虚真人说："定息还精炁，谓之筑基。息定精还，谓之基成不漏。"小周天炼精化炁功成，精尽化炁而基成不漏，玉液还丹，男子马阴藏象，女性月经自断，复返至十四五岁时精足气足神足的三完足状态而返老还童，成就人仙，筑就老子长生久视之道的初基矣！

古人以坎离二卦来象征后天的生命现象，离为心性，坎为肾命。坎卦外阴内阳，即人活一口气的真阳之"炁"，人每呼吸一次，就要消耗一点肾中的元阳真炁，使坎中之"满（命炁）"因耗损而逐渐空虚。

元阳真炁乃先天之物，非人参、鹿茸等后天之物所能补足，更非现代科学技术所能人工合成，消耗一点就减少一点，直至油干灯尽，寿终正寝。

道家的大生命科学家金丹大道养生家们经过深入的探索与实践，发现了小周天河车搬运之法，能够凝炼先天一炁，"人老原来有药医"的灵丹妙药丹头，可以补充被消耗掉了的元阳真炁，重新令空虚了的坎中之满再次丰满起来而返老还童。

小周天功毕，玉液还丹，返老还童，成就人仙，但尚不牢靠，随时有退转的危险。因此，待坎中真满以后，即行"抽坎填离""乾坤交媾"而金液还丹，成就地仙、神仙，长生久视之基才敢说基础牢固。

所以说小周天功是老子长生久视之道的筑基之道，必由之道。故此，过来人黄元吉真人说："人欲长生，除此守中抱一（凝神炁穴、身心合一）与河车搬运（小周天功）二法，行持不辍，别无积精累炁之法。"

二　同类易施功　非种难为巧

众所周知，炼丹须药——灵丹妙药。《周易参同契》曰："同类易施功，非种难为巧。"故而修持金丹大道必须以"同类"为药物，否则盲修瞎炼，导致幻丹，走向反面。

何谓修持金丹大道的同类？张三丰祖师指出：先天的"真阴真阳"为同类。古人从卦象分析："人但知坎为水，不知坎中一阳，本从乾家来，正是太阳真火，阳与阳同类；故坎中真火，恒欲炎上以还乾。""阴与阴同类故，离中真水，恒欲就下以还坤。"由此可见，后天的阳中之阴为真阴，本来自坤卦的中爻，同理其阴中之阳为真阳，本来自乾卦的中爻，这一对真阴真阳正是修持金丹大道的同类阴阳——凝炼玉液、金液还丹的真正药物。

后天阴阳为坎离，下丹田属后天坎卦，坎中之满为真阳，又叫元阳真火、金炁，就是铅精；上丹田为后天离卦，离中之虚为真阴，又名灵汞木液、真水，亦即汞精。

下手功夫，神光下照，凝神炁穴，以离交坎，以汞投铅，心息合融，即名药苗："铅汞归真土（真意），凝神入炁穴，身心寂不动，妙药自然得。"

华阳禅师曰："金丹之道，从静而入，至动而取，不入静，神不灵，炁亦不真。"我曾求教华阳禅师授业弟子静虚子先生：你自号"静虚"，是否另有深意？答曰：当然。"静则得药，虚则得全！"他怕我未能深解，又重复道，"不入静得不到，不入虚得不全！"

药产有时，静极生动，玄关窍开，一阳初生，先天之炁息停炁萌，冲关而出，此其时也。古人形容修持者虚中觉明、静寂生动、阳生药产时的情景："一轮明月相为伴，午夜雷声独自知。"

"一轮明月"，虚中一觉，阳光一现，正玄关开，元神性光光圆如一轮明月高悬，汞性圆明而神光下照，凝神入于炁穴，海底产玄珠，对斗出明星；"午夜雷声"，静极生动，下玄关开，先天元炁冲关而出，电闪雷鸣，药苗产矣："铅自能引汞，汞自能寻铅，二者皆灵物，不用他人牵。"在元神真意（胎息）撮合下，两个灵物自有两相知之微意，此感则彼应，自然铅汞合融，神炁相抱，灵药发相。

伍冲虚真人言，曹祖还阳告诉他："仙道简易，只神炁二者而已。"虽说"上药三品，神与炁精"，然精炁本是一物，精在炁中，炁在精中；静则为炁，动则为精，故三宝实为二宝：元神与元炁。

道生一之先天元炁、元始祖炁，宇宙有坏它也不坏，是修炼金丹的命基；先天元性、天命元神，是修炼金丹之主宰。仙家丹道以元神（性）、元炁（命）双修而成，故曰性命双修。其间元炁为长生之本，元神享长生之果。

伍真人又曰："不以元神主乎炁，便不得真正长生之炁。然非得炁定基，而长凝神于炁穴，则神堕空亡而无所长住而不能长生。""必得真炁以不死，而后神随之以不死。""双修之理少一不得，少神则炁无主宰不定，少炁则神堕空亡不灵。"故仙道修持者神炁必须双修，性命才能双了。小周天功正好体现、实现此一目标。

三　脊柱的生理构造

小周天河车搬运的路线，通常谓之曰"督升任降"，内炁沿任督二脉循环不已。炁机循督脉上行叫做"进阳火"采取，沿任脉下行称为"退阴符"烹炼。而丹道的周天炁机循督脉上行"进阳火"之路线，走的却是脊柱里面，丹道家称之为"漕溪、黄河"，或曰天河。

人的脊柱的骨骼结构含有颈椎 7 块，胸椎 12 块，腰椎 5 块，依次位于颈部、胸部和腰部，它们上下排列成正常的颈曲、胸曲和腰曲。腰椎下面有骶骨和尾骨各一块构成骨盆后壁。每个椎骨表面都有骨膜，含有感觉神经末梢；内部有红骨髓，具造血机能。上述诸骨相互以椎间盘、关节和韧带连接成一个能减缓震动、可以活动、又限定运动、坚韧牢固的脊柱。脊柱内自上而下有一条管道，容纳着脊髓。脊神经根和脊膜，这些结构上连于脑，向外连于身体各部的皮肤、肌肉、关节和内脏，与脑、前胸、腹盆腔脏器的静脉丛直接或间接相互交通。

脊柱椎管内的脊髓表面和脊膜之下有脑脊液，是大脑和脊髓的营养液。它来自颅腔，在椎管内循环之后又返回颅腔，并进入外周神经。促进脑脊液循环，对神经组织的营养改善有积极影响。

脊柱内部与外部有着丰富的血管和淋巴管，它们是脊柱的营养循环结构。脊柱邻近或直接与其他系统的器官紧邻，或在结构上与结缔组织相连接；此外，又以关节、韧带和腱膜与颈腔，胸腔、腹腔、盆腔、头部、会阴部连接。

简言之，脊柱的椎骨终身保留造血的功能，有支持体重、抗衡引力、维持体态、体位、体性的功能；有保护脊髓、脑、心血管和内脏的功能；有自身运动和对四肢运动的支持传递功能；有维持平衡和静态的功能。静态与平衡稳定功能的重要性不次于其动态意义。在静态与动态中它都是人体应力结构的中心。脊柱运动的外延影响和脊柱外延结构运动对脊柱的影响是一个双向组合，在兴奋、调理神经系统，舒经活络、促进体液循环、坚骨状筋方面，都有积极意义。

灵峰之穴……风府
巨峰顶……脑户
郁罗台……后顶
泥丸宫……上丹田
升阳府……百会
九峰山……前顶
十二楼台……喉咙
牛郎桥星……天突
南斗六星……璇玑
田者……膻中
艮土……中脘
织女纺车……神阙
铁牛耕地……气海
安炉设晶……关元
阴阳玄车……会阴

牛郎织女……心肾相交。
五柳丛中铁牛耕地
——心液肾气，五脏
真精以烹以炼。
阴阳玄车坎水逆流
——神气合一运转周天。

丹道内经图——河车搬运路线

有 31 对脊神经和内脏神经与脊髓相连，这些神经调控着四肢和全身脏腑器官的功能和运动。人们常常因不良的生活方式与习惯，造成脊柱变形或错位，从而带来许多疾病的出现，如颈椎病、腰椎病、椎间盘突出、骨质增生等，如果压迫了某根神经，又导致四肢和某些脏腑器官或组织的严重病变。

从中医经络学说来看，脊柱背后是领气的阳脉之海的督脉，前面有主血的阴脉之海的任脉，以及调节诸脉功能的冲脉。脊柱内里的通道"曹溪、黄河"，是丹道小周天炼精化炁的必由之路，"三关九窍"都依附着脊柱。由此可见，脊柱的功能状态，对我们的生理状态，乃至炼精化炁的影响是多么重大。

总之，脊柱既是人体结构之"纲"，也是下手炼精化炁之"基"。纲举则目张，基固则体康。小周天河车搬运"进阳火、退阴符"，采取、烹炼，运用了比后天气生物能不知要强盛多少倍的先天炁——"生物原子能"，对整个脊柱、脊髓进行"升级换代"式的彻底改造，进一步强化其永久性的造血机能，产生大量的"干细胞"，以供人体生理活动之需，从而打下修持者返老还童的物质基础，促使我们的生理机能从生物能时代，进入"生物原子能"时代，成为百病难侵的金刚不坏之体，这是其他任何功法所难以望其项背的。

小周天与大周天的河车搬运过程，等于分别用玉液（生物"原子能"）和金液（生物"核能"）对整个脊柱功能进行了脱胎换骨式的彻底改造而升级换代，"炼教赤血流为白，阴气消磨身自康"，或"血今遍身是白血，已觉四季无凉热"，达到"口中吐气成云，浑身香气袭人"，仙风道骨，道骨仙风。

四 孕药与调药

道无为，先天之自然，德有为，后天之修证。修持金丹大道，就是尊道而贵德，修德以证道，修炼金丹，实证大道

"津为续命芝，炁是添年药"，先天一炁。

伍冲虚真人说："先天、始炁者，即虚之极、静之笃也。证到先天，始名一炁。"修持者日久功深，进入老子所说的"虚极静笃"的人造"道源无极"之空灵妙境，虚中一觉，静极生动，无极而太极，"先天一炁从虚无（静定）中来"，息止炁萌，微阳初生，药苗产矣。古人常以青龙喻元神，白虎喻元炁，又喻此初始的先天一炁为"首经"，炼而成丹名"至宝"。这个首经至宝，又名真铅："白虎首经至宝，先天真一之炁，初三偃月，号曰真铅、嫩药。"前人有诗为证："坎离交时药苗嫩，乾坤融处丹相垂；药为玉液滋脏腑，丹为金液换骨髓。"十分恰当地描述了玉液、金液还丹的层次和境界。

古人常以月相的变化来描摹丹道的孕、调药过程，以初三偃月刚升喻虚中一觉、静极生动，一阳生而药苗产；以十五月圆喻炁壮药盛而小药成。虚中一觉、静中一动，先天一炁从虚无（静定）中来，息止炁动，嫩药产出，孕药成功，即行勒阳关调药，文火温养，使之成长壮大。

静虚子先生言：孕、调药功古称为"簇月神功"，从初三到十五，由苗生而药产。初三、新月，月出庚方。喻修持者静定中微阳初生，情来精至，"花发拈花须仔细"，此正元炁化精之时，须防其外游而漏泄。

月明十五，小药生矣，先天一炁从虚无中来。盗机逆用，盗白虎首经，"月圆赏月莫迟延"，勒阳关采药归炉。化嫩炁阴精为元精动炁以行小周天功。小周天药产为"攒年神功"，300～360头丹头药足而止火，阴符周天之数。

练功至精满气足，玄关自开，坎中一阳真火向上延烧，到了命门的地方

刺激了肾上腺的荷尔蒙，性的欲念就来了。如果把握不住，所谓接命之日，即坏命之时。此乃修道者必须过的第一道关"情欲关"，能过此关，半个神仙！

南老的《静坐养生与长生不老》书中讲道，有位花甲老人随他一起上山修道，到达一阳来复，微阳初生，便"亢阳不悔"，想尽一切办法，甚至用冷水沐浴，阳物仍蛙怒如故；伊只好下山回家，寻找"老妻画纸为棋局"去了。另一位中年人也是这样，同他妻子一起静坐到"精至情来"时，妻子的容貌显得比平时美多了，便顺理成章地"只羡鸳鸯不羡仙"，进入凡夫境界去了……

回想二十多年前的气功热潮中，那时人们尚不知丹道为何物，有两位同修，玄关窍开，元炁激发，法论自转，炁运周天，生殖器强烈缩短，正是大好春天。可当时他们却吓坏了，这怎么得了，立即用强意念闭住尾闾穴，热流倒回即在下丹田氤氲回旋，而性欲猛增，烈火难禁，只好"超圣入凡"，夜夜做新郎而泄去积蓄……

此关不过莫言仙！办法就是调外药，勒阳关，运周天；周天运通，神炁合融内夫妻（神仙夫妇）交媾，内乐生起，其"愉悦程度"大大超过凡夫性生活之俗乐，情欲关则自然而过！

可见小周天功的采取烹炼，是修持者功夫由量变到质变的势在必行，从低层次到高境界的必由之路！

南老也谈了他自己的体验：任脉打通，坎离交媾：如果能心空清净，静待睾丸和"会阴"（海底）的自然收缩（女性子宫收缩、乳房反应），觉得有一线力量，自前向上循耻骨之内而上冲到小腹的"下丹田"部分，与"中宫"下降的炁机相接，陡然之间，促使青春线（腹部）的活力恢复，发生无与伦比的快感，即使男女两性性行为的快感，也难以相比。同时这种快感，循双腿内股而直透到两足心和两足趾。那时其乐融融，如饮醇醪而恬然舒适，这才算是真正"炼精化炁"初步的成就。

凡修持有成者，都有这样的美妙感受。功境至此，也就不再贪恋男女之间的凡乐了；但前一个情欲关必须通过才行。

内炁充盛，热至脐肾，渐至睾丸，外阳跷举，不可举足，即用神念配合呼吸之息，"武火炼精"，将暖气提向肚脐稍上的炉鼎之内，然后以"文火封固"，神光寂照，微微吹嘘；所谓"铅遇癸时须急采"。暖炁一旦进入睾丸，阳物挺举则化为浊精，已不堪用也。

马天君真人曰："一阳初动之时，运一点真汞于脐下迎之"，是为勒阳关之法。……用丹田自然之呼吸炼之，以呼吸之气，留恋元精，可谓还原之道。

说着容易做着难！"未有知机而不采者"，情来精至，武火炼精，采药归炉，一般以意念＋呼吸抽提十数次、数十次，阳物即倒；再来再采。最妙的手段就是马天君说的："一阳初动之时，运一点真汞（神光）于脐下迎之。"实行"内夫妻交"，以离交坎，神入炁中，炁包神外，神炁融溶，氤氲回旋，妙乐内生，阳物自倒。有一位"老修行"昌龄老人，根器深厚，数十年练功不辍，79岁那年，玄关窍开元阳勃发时，真如古人形容的如猛虎出林，势不可当，重做新郎，事过之后又后悔不已。最后还是采用马天君真人之办法，才过了关。如今已八十有九，精力日益旺盛，马阴藏象，自然胎息，白发也开始转灰，灰发变而为黑，精神奕奕。

华阳禅师曰：

"调外药者，药有生时，（静寂生动；活子时），有当采时，（元炁充盛，欲外游之时），如不见调，（神炁不充分混融），则老嫩无别，皆不成丹。

"回光返照凝神入炁穴，炁随神还，谓之勒阳关，调外药，调到药产神知，（有二景：神觉明、外阳举）斯谓之小药，谓真种子。

"调法：内呼吸绵绵不断，即一阳初动，凝神入炁穴，息息归根。

"调所：炁之融动处。

"调时：阳物兴动时。"

华阳禅师对孕、调药过程有过极为细致的描述：

"自始还虚（入先天无极道源状态）而待元精生（静极生动——微阳初生），以神火（真意）而化（化阴精为元精、动炁而伏藏），以息风而吹（以内呼吸气息留恋元精），以静而浑（虚静中炁、气浑一而伏藏），以动而应（药产神知、勒阳关不令外驰），以虚而养（元神性光觉照不辍），则调药之法得也（待药盛而后运小周天）。

"产药法象（由药苗孕育调至炁盛药灵）：俄顷痒生毫窍，肢体如绵，心觉恍惚。

"既知调药矣，则元精（动炁）不外耗，而药炁自有来机焉（活子时），来则采之。

"欲得药之真者，唯赖神之静虚，炁则生矣。冲虚谓之'动而觉'（动者炁也，觉者神也），以此不惧不惊，待盛而后起，冲虚谓之复觉。此时即药炁之辨机，不令顺而令逆之，斯谓之采药。鼎中既有药炁，自有周天之火候。"

黄元吉真人说："元炁发出，外肾未举，不老不嫩；炁化为精，外肾勃举，谓之药老，不可采取。"

关于老嫩，黄真人又说道："若未混沌，斯为无药；若已混沌，未与神融为一，便去阴跷采取，斯为药嫩（无神不全），不堪入炼；若混沌一觉（神知），未及时提取，待一觉之后又觉他事，一动之后又复动而外驰，斯为药老，更不可用。"

过来人云："浑身上下炁冲天，正是河车运转时。""它不动，我不动；它欲动，我先动"，轻轻引至尾闾、长强而行小周天采取烹炼。正所谓炁满任督自开，运行自有径路，动而复炼，循环不已，时至功成，自然止火。

五　小周天之天

周天，二十八宿循天左行，一日一夜运行一周，谓之周天。

天人同构，人体内炁沿任督二脉、督升任降循环一周，丹家常称之为炁运小周天。

不行周天之火，则炁不聚，丹不结。

陈泥丸曰："天上分明十二辰，人间分作炼丹程。若言刻漏无凭信，不会玄机（玄妙机小周天）药不成。"一般按地支数，将任督二脉分为十二个

1. 三百候与三百息同一路径，故未另列。
2. 进阳火"六规"，退阴符"六规"，为小周天三百六十进退次序。阳火乾用九，以四揲之，阴符坤用六，以四揲之，共三百六十（按十二规计算）。
3. 六候为：活子时一候，采药二候，卯沐浴三候，进升四候，酉沐浴五候，退降六候。

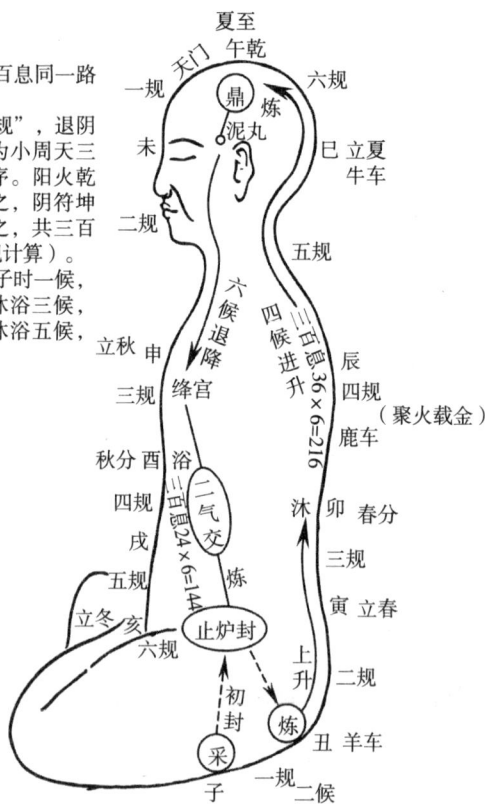

周天火候图

（本图及后面之图来自王沐《内丹养生功法指要》一书）

时位，六个阳时位与六个阴时位。这十二个时位从起到止的部位名称分别是：子位（会阴）、丑位（尾闾稍上长强）、寅位（命门）、卯位（后心、夹脊）、辰位（大椎上一节）、巳位（玉枕）、午位（百会）、未位（印堂）、申位（廉泉）、酉位（黄庭）、戌位（中脘）、亥位（气海）。

行小周天之火而烹炼灵药，将欲化精外游之炁，勒阳关使回归炁穴，故谓之炼外丹。外丹火足药成，方是至足纯阳之炁，方可谓之坎中满者。至炼精化炁功成，坎中真满后，再行"抽坎填离"之乾坤交媾而金液还丹。

古人曰：周天活子时至，得壬铅，进阳火，移至尾闾，守而不乱，真炁温温，从尾闾骨尖两孔中，透过腰脊，升至玉枕，钻入泥丸，谓之进阳火，而养真阴。

倘不明其火候之精微，虽有药而药亦不能成丹。精生有调药之候；药产有采取之候；归炉有封固之候；起火有运行之候；沐浴有停息之候；火足有止火之候；此乃小周天之密机。

华阳禅师曰："立定天心之主宰（中宫真意），徘徊辐辏之运转，内鼓橐龠（内呼吸）之消息，外依斗柄之循环，如此神炁相依而行，相依而住，则周天之造化，无不合宜矣！大凡行火之时，炁依神而行，神依炁而住。火候当行，则神炁亦当行；火候当住，则神炁亦当住；火候当止，则神炁亦当止而止。如此而炼，则金丹无不成矣！"无论升降、行止，神炁冲和始终不离。

黄元吉真人说："初关河车，犹须勉强，须遵道而行；中关河车，天人合发；到上关河车，纯乎自然。至于卯酉（沐浴）诸法，初学人须谨而慎之，若到纯熟，不须法也。"

总而言之，河车炁满则自运，元神灵知坐定中宫，元炁真知则运转斗柄，有"两相知之微意"，相依而运，遵道而行，神炁和融，真功告成。

六　河车搬运的程限规则

小周天乃金丹大道补漏筑基之初基，基成不漏之主功，可谓秘中之秘，故丹经偶露一鳞半爪，局外人摸不着头脑。

《伍柳天仙法脉》一书说，最先披露小周天火候卦爻的是东晋的许旌阳真人："二百一十六（即乾用九之积数），用在阳时。一百四十四，行于阴候。"即坤用六之积数，用于阴者。从午至亥六阴之时也，每四六记之，总六阴而虚拟一百四十四也。非真实用此数，但言有如此之理；学者当因此粗迹，而求悟精义之妙。许旌阳真君师宗于汉之谌母元君。

隋代丹家苏元朗说："天地久大，鹊桥河车，百刻上运，华池神水，四时逆流。有物之时，无为为本。自形中之神，入神中之性，此谓归根复命，犹金归性初，而称还丹也。""圣人像之，精华在乎日月，进退运乎水火，是故性命双修，内外一道。"苏元朗最先明确提出了"性命双修""鹊桥河车"，作为内丹修炼的核心内容及指导思想。

接下来的钟离真人云："丹田直至泥丸顶，自在河车几百遭。"

吕祖曰："谷神不死（虚灵不昧）玄牝门，出入绵绵道若存。修炼还须夜半子（活子时），河车搬运上昆仑。""返本还源已到乾，能升能降号飞仙。一阳生是兴工日，九转周为得道年。"

吕祖曾师事之的崔希范真人《天元入药镜》："上鹊桥，下鹊桥。天应星，地应潮。起巽风，运坤火。入黄房，成至宝。"吕祖感叹："因读崔公入药镜，令人心地转分明。"

张紫阳《金丹四百字》自序："抱一守中，炼元养素。故曰采先天混元之炁。朝屯暮蒙，昼午夜子。故行周天之火候。"

王重阳《产药章第二》："神守坤宫，真火自来。……锻炼日久，水见火则自然化为一炁，熏蒸上腾，河车搬运，周流不息。"

张三丰祖师《打坐歌》："玄中妙，妙中玄，河车搬运过三关。天地交泰万物生，日饮甘露似蜜甜。"

丘处机祖师专门写了一篇《论河车》："前降之炁，愈引后升之炁，上而复下，下而复上，玄门所谓'河车搬运'、'夹脊双关透顶门，修行径路此为尊'者也。总之是任督二脉通。"

近代西派祖师李涵虚也专门写了《三车秘旨》："第一件运炁，即小周天，子午运火也；第二件运精，即玉液河车，运水温养也；第三件精炁兼运，即大周天，运先天金汞，七返还丹、九还大丹也。此三车者，皆以真神、真意斡乎其中。"

伍冲虚、柳华阳二真人特别强调："任尔三教，是是非非，成乎其道者，不离此方。"更警真修者，"苟不用此，万无所成！此法自汉至今，秘而不泄。佛佛秘授，祖祖口传。"

由此可见，历代祖师无不重视小周天功夫，而且都亲自加以实践之，都论述过小周天功，但率皆语焉不详，只画龙而不点睛。值得庆幸的是到了明清时代出了三位真人伍冲虚、柳华阳、黄元吉，才吐露出小周天功的全貌。这一点连西方人士都看出来了。《中国古代科学技术史》一书作者，英国的李约瑟博士写道："中国的古代养生术，只有到了伍冲虚、柳华阳，才得以完善。"尽管如此，对于小周天火候之精微，几位真人仍然未将最后的窗户纸捅破，故而有"名是，事不是"、"名是，火不是"之说。这也难怪，因为内丹传授十分慎重，所传非人要遭天谴，故不敢轻传。一旦选准能承道者，即和盘托出。

钟离、吕祖提供了金丹大道典型的修持模式"三成全法"——炼精生真炁小成人仙，炼炁化阳神中成神仙，炼神合大道大成天仙，东西南北中各派无不遵此而行。其中的主功小周天河车搬运，历代大师们凡得真传者，依斯程限规则而行者，皆得大的成就。

吕祖说："莫言大道人难得，自是功夫不到头。""得遇真师，获得真传，进行真修，必获真果。"一真一切真。

《大成捷要》之《小周天度数·天机口诀》对河车搬运的程限规则极为重视："非此火符，别无结丹之理，而火珠不能现形，再无入圣之天机。"须玄关窍开而真种产出，采小药以归神炉，然后用真意封固，才接行此周天火符之玄机，"进阳火，退阴符，以烹以炼，结成大药，服食过关，超凡入圣矣"。

玄妙机小周天河车搬运之运转，围绕任督二脉，模仿天象的功法，其神念所注的十二个部位与十二个时辰相应，且河车运转总数三百六十与周天度数亦相对应。

《大成捷要》之小周天度数天机口诀，引钟离祖师的话：进阳火，退阴符，是后天之呼吸，"火逼金（炁）行颠倒转"，引动先天之炁机。该书又曰：封固已毕，第一吸，进阳火，子、丑、寅各 36 吸，到卯时沐浴，神住夹脊，默计吸数 36，再行辰、巳各 36 吸。如此五个阳时得 $5 \times 36 = 180$ 吸。再加上沐浴 36 数，共 216 吸，谓之后弦长。退阴符之呼数，同理计算得 120 呼与 144 呼，谓之前弦短。总 $216 + 144 = 360$，暗合周天度数。

丹经曰："颠倒阴阳三百息，差之毫厘不结丹。"世人却也都把此"息数"理解为"呼吸数"，三百息即三百个呼吸数。

以上两文如此理解 360 吸数或三百吸，是有问题的。而不少修持者们却是依此为根据而炼，有的一个周天分别花了 $60 \sim 75 \sim 120$ 分钟不等，乃至有 180 分钟者。真是未得正传者，不得要领，盲修瞎练，怎能结丹。

216 吸，144 呼，乃"一爻看过一爻生"的爻数，非仅指呼吸次数，故此不可混淆。

孕、调药至炁壮药灵，氤氲回旋，如不即时运转周天进行采炼，以去矿留金、炼精化炁，当有化精外溢之险而前功尽弃！一般将神炁沿督脉上升名之曰"进阳火"而采取，神炁沿任脉下降叫做"退阴符"而烹炼；在子、午、卯、酉四个正时位时，璇玑停轮、不升亦不降，称之为"沐浴"，以期妙药之冲融、巩固、提高。

华阳禅师对得灵药后进行小周天采炼有过生动的描述："功到时至，此物（先天炁）当产之时，不知不觉，忽然丹田融融恰恰，周身舒绵快乐；痒生毫窍，身心无主；丹田暖融渐渐而开，阳物勃然而举。忽然一吼，呼吸顿断；心物如磁石之相翕，意息如蛰虫之相含；不觉入于恍惚，天地人我，莫知所之。浑浑沦沦，又非今之禅家，枯寂无为。恍惚之中心自不肯舍其物（先天炁），物自不肯离其心，相亲相恋，扭结一团。其中景象，似施似翕，而实未见其施翕；似泄似漏，而实未见其泄漏；其妙不可言语形容。故《心经解》云：'一阳初动，有无穷之消息。'少焉，恍恍惚惚，心又复灵；呼吸复起；丹田之炁，自下往后而行。肾管之根，毛际之间，痒生快乐，实不能禁止。所谓炁满任督自开，此之谓也。迅时速采归源，转大法轮（运小周天）。不然此物（元炁）满而又溢，则前功废却也。盖此篇全泄天机，余三十余年方得妙道。后之修士，行功到此，切记！切记！"

华阳禅师又曰："精炁运行于十二规，全仗呼吸催运，以吸、数定其法则；自采以至于归根，不可须臾离也！离则断而不续，不成舍利矣！凡转法轮之际，意（真意）主丹田而为轮心，神运元炁而为轮爪，呼吸催逼而为轮毂，亦出乎自然而然之消息。有何难哉？不起于他见者，转法轮之际，外除耳目，内绝思虑，一点真神，领炁循环。稍有他念，炁则散于别络，空转无益。且数者，每步（时位）四撮（四个呼吸），升为阳，阳为乾，乾用九（每个阳时位吸时，默数数从1～9），四九三十六，乾策总六爻之四撮，二百一十有六（36吸、数×6个阳时位＝216爻）。降为阴，阴为坤，坤用六（每个阴时位呼时，默数数从1～6），四六二十四，坤策总六爻之四撮，一百四十有四（24呼、数×6个阴时位＝144爻）。合成三百六十数，成其法轮一转之途步。限度不差丝毫之规，则妙也哉！至也哉！是道也，苟不用此，万无所成！此法自汉（谌母元君……许旌阳）至今，秘而不宣，佛佛秘受，祖祖口传。余备全而泄尽。愿有志者，早成大道，夫三百六十数者，实非三百六十数，乃譬喻耳。"

小周天每采炼一周，炼成一个丹头——先天一炁，用以补充被耗损掉的、坎中之满的元阳真炁。炼成 360 个丹头，就能补足坎中元阳真炁使之从新"满"起来而"返老还童"，返还至 16 岁时的精足、气足、神足的三完足状态。中青年人，坎中的元阳真炁耗损不多，无须 360 头数；至于未破身的青少年童体，未曾耗损而坎中饱满，则无须小周天功，可以直行大周天功而炼炁化神。对于年过四六已臻花甲或古稀的破体之人，坎中的元阳真炁将尽，则须 300 ~ 360 个丹头，才能补足被耗损的元阳真炁，而实现重返青春。

周天火候，只一个温温神火，不即不离，不丢不弃：凝其神，柔其意。四正时位之沐浴，为炼精化炁之正功，温养培育，冲融壮大。

黄元吉真人言："当其神炁初交，炁自涌泉直上，炁欲冲天，运河车时也。于是以意引导，凝而不散，不偏不倚，而轮自旋转不息矣。运至上顶，归到极处，即为阴之初生，降至黄庭，归炉封固，杳无踪迹，是为一周。再养之，至动时又炼，如此循环不已。"

小周天功的"火"就是指行功者对呼吸的把握，呼吸的轻重叫"文武"。李虚庵云："小周天法轮，有文武之妙未言。"在小周天炁机运转过程中，"六阳后升之时，呼出为文；在六阴前降之时，吸入为文"。"所谓武者，当阳火后升之时，吸进为武；当阴符前降之时，呼退为武"（《大成捷要》），即是运转周天。

督脉上的六阳时，其中卯时为沐浴时位，不吸不呼，故计算为五阳时，每时四九三十六吸、数，共积得阳爻 180 数（36 吸、数 ×5 阳时 = 180），其中呼吸 20 次；任脉上的六阴时，其中酉位为沐浴时位，不吸不呼，故除酉之外为五阴时，每时四六二十四呼、数，共积得阴爻 120 数（24 呼、数 ×5 阴时 = 120），呼吸也是 20 次。一个周天循环共呼吸 40 次。所以柳华阳禅师对阳爻 180、阴爻 120 的回答了然之问是："名是事不是。"

卯酉二时位，乃沐浴时位。"沐浴者何也？进阳火后升之沐浴，神注夹脊为卯时，默记吸、数 36，谓卯时足矣；退阴符前降之沐浴，神注黄庭为酉时，默记呼、数 24，谓卯时足矣。"即神注此二时位时，呼吸随之停止，默数四次九（卯位）或默数四次六（酉位）。"沐浴之中，而有进退之理，可用升降之功，璇玑一时停轮"，即神定于此处，不呼不吸，就是所谓不用"火"，所以叫沐浴时位，"乃还虚入定，休息无为之功也"。但沐浴时位所数的数要加到阴阳爻总数中去的，这样就得阳爻共 216 数，阴爻 144 数，"周天合度三百六十数"。这时虽然积得这么多数，但呼吸（火）的总数还是 40 次，故曰："法是火不是。"

《大成捷要》：需加以说明的是，用这种方法练玄妙小周天，为了加强练功效果，可在运转周天时加以存想。六阳时从子时位起，存想一轮红日，由督脉而后升。每时位炼过之后再把红日移到下一个时位。"当升之时，千万不可降，只等二百一十六吸、数足。"到午位时，存想一轮皓月，依次下降，"当降之时，万不可升，只等一百四十四呼、数足"。一直降到亥时位。如上运转三百周天之数，便可发生马阴藏相，真炁只觉在阴跷脉中。生机只达于炁根，而不能达于外。从此，精尽化为炁而无走失之患了。等到阳光二现之景出现，是止火之候到了。

阴爻阳爻合计三百六十周天之数，乃宇宙圆周之数。但是历法中还存在闰月和闰日，以消除误差，所以此功后还有一个闰余周功法，以使实际数得的超过之数得以拉平，不够之数则得以补足，从而使练功者很快进入混沌状态，行无为之功，警醒寂觉，入妙静定而达慧境。其做法很简单，口诀是：吸九呼六，四揲成章。即神念在子位数四九和四六，因呼吸轻柔，故称"文火闰余"。

黄元吉真人讲到小周天之妙境："离中真阴下降，坎宫真阳上升，两两相会于中黄正位，久久凝成一炁，则离中自喷玉蕊（心液），坎中自吐金英（金炁）。……坎离交媾，身心两泰，眼中有智珠之光，心内有无穷之趣。"

至于沐浴，黄真人写道："每日行功，到阳炁一生，务要顺其上升之常，若稍有壮旺，即行沐浴；到阴炁一起，即行下降之功，恐阴炁太盛更行沐浴法。定静片晌，不行火，不退符，如此暂休，纯任自然。

"周天之功，一半天然，一半人力，学者药生之初，微微用一点力，久之者，纯乎自然，而不假一点人力。

"进阳火毕，泥丸炁满药灵，有一片清凉恬淡之象，退阴符之时至矣。不需引之下降，意注泥丸，自然下降，入于绛宫，温养片晌，寻入丹田，与炁打成一片，和合一团。静候消息，再行周天。"

真炁运转于小周天之时，沿督脉进阳火，有抽提功效，外肾及睾丸内缩；每运转一循环，它们就内缩一下。360 个循环完毕，睾丸一个或两个即行缩入腹内，阳物亦同时缩小如童子（即马阴藏相、金龟缩头），返老还童的瑞征现象，人仙成矣！成就百病难侵之"人仙"的金刚不坏之体，筑固地仙、神仙之基。

七 法论自转

法论自转，效果非凡；正转反转，顺其自然。

在实际修持中，根器上乘、元炁充盛者，可以"一箭透三关"、督升任降而法轮自转。有的修持者中途还出现过"任升督降"的反向循环，如著名丹道修持者张苏辰《修真日记》中之自良，此时则应顺乎自然。诚然，大多数修仙道者在小周天初机运炼时，还是应遵常道而行。

崂山匡常修道长描述其法轮自转曰：定静之时，忽觉丹田温暖，元炁生矣。所生之元炁自不外驰，而上入中宫，与神相交，氤氲配合而不动，恍惚之间，已入定矣。少时元炁又动，一股热气不行阳关由丹田入尾闾过夹脊，经玉枕直达泥丸，又下丹田炁穴，此时神随炁行，不由自主，非人力所能为也。此后复生如此，行之既久，继而归于大定。在定静之中，一道白光亮如水银，由任督二脉旋转不停，三百余周，自然而停。此后复生如此，谓之法轮自转矣。此时身之宿疾，不治而愈。夏不畏热，冬不畏寒，神炁充足，精神愉快，前后相比，判若两人。

《修真日记》中之自良，多病缠身，已病休多年。走起路来，步履维艰，弯腰驼背。好友老万见了笑曰：你走路都像在低头认罪。练功后"一箭透三关"，法论自转，腰胸为之一挺，走路时一改往日的弯腰驼背，而是昂首挺胸，行走如风……

金丹正道依序修持的有为步骤，到小周天为止。以后炼炁化神的十月怀胎、三年乳哺的道婴显现、九年面壁的炼神还虚，率皆在大定中进行，纯系无为法，无法之法的大法；大法贵悟，全赖修持者的悟性矣。

第五章　大周天炼炁化神——金液还丹成就神仙

一　太极真种　具体之道

道不清说不楚之形而上道，先天无极常道，本自圆满，何劳尔修。可修可证的乃形而下后天之道的太极之道、具体之道，阴阳大化之道。

我们身内的太极真种像个什么模样？圆陀陀、光灼灼、净洒洒、赤裸裸，先天一点灵光。就是吾人要修的具体之道。

自身的太极真种可爱或是不可爱？唐朝就有人发牢骚说不可爱：昔我未生时，冥冥无所知。老天生下我，生我复何为？无衣使我寒，无食使我饥。还你老天我，还我未生时。

二　移炉换鼎　炼炁化神

小周天、子午周天，大炉鼎——下丹田炁穴为炉，上丹田泥丸为鼎，后升前降，任督循环，烹炼外药为内药，玉液还丹，成就人仙。

外药、小药凝炼成内药，六根震动、阳光三现，即移炉换鼎，下丹田炁穴为炉不变，以中丹田黄庭为鼎——换为小炉鼎，进行大周天采炼。故曰小炉鼎、大周天——卯酉周天，神炁升降、团炼于中、下丹田区域，团聚内药成大药而金液还丹，丹产珠圆，点化元神的阴神为阳神，由凡而仙。

《钟吕传道集》曰："纯阳者仙也，纯阴者鬼也，阴阳相杂者人也。"也就是说，鬼是既死的人，人是未死的鬼，也是未来的仙。吾人甘愿降等为鬼，或是争取升华成仙，权柄皆操于自己手里面。

炼精之时，即有阳光一现之景，对斗明星现，海底玄珠产。经过小周天河车搬运功成，真阳之炁尽伏炁根，方得阳光二次现而止火。继续神光寂照，提纯精炼，直至真阳团聚，大药纯乾，方得阳光第三次再现，而六根震动，已有大药可采，即元神真意灵觉的不采之采。

此时息住脉停，其神寂为性，独有真觉真照。若无此小周天炼成的丹头、元炁助神，则神昏而不能常觉常照，便不能结成道胎。亦即炁不合神，则神亦不能常觉常照，即神之能常觉常照由于炁，炁归神一，而为神通（神有炁则灵），所以叫做炼炁化神。

未与炁合之神为元神的阴灵之神秉精。常言"汞火易飞"，杂念纷飞，妄念不停。今得坎中元阳真炁点化元神中之阴灵，阴灵之神赖以降伏，而念虑不起；又能培补元神中之阳明，阳神愈益阳明而昏睡全无，亦谓之炼炁化神。所谓"神足不思眠"之"神足"，即元神得到坎中满满的元阳真炁炼而合一，才能"精炁充足"而得"神足"，即使全天候工作，只需 14～16 秒打个盹就足够。反之亦然，神无炁不灵。如果不经过孕、调药及小周天采取烹炼，给元神提供充足的先天之炁，神无炁则易昏沉，如此则免谈"修道"二字。

古人曰："胎是圣胎，元神所结。息是真息，元炁所结。"炼炁化神，胎产珠圆，全赖元神真息、真意的灵照觉知，摄炁合炼，大多在"静定"之中完成。笔者在《小周天炼精化炁》一文中已经说过，丹道修持的有为法，到小周天为止，之后皆系无为法。以后的"十月怀胎"、"三年乳哺"，乃至"九年面壁"，一定就是几天、几十天、几个月……中途如果神不灵明、稍有闪失，就可能炉毁丹倾、走火入魔。谚云："修道者如牛毛，得道者如麟角。"何故？原因就在于筑基不够牢靠，小周天火候行之不精，未能给元神提供充足的"炁"能。

总而言之，阳神是由元神炼成的，而元神的根基是元精和元炁。精炁属阳，如无精炁为根基，则只能出阴神，而炼不出阳神，也就成不了地仙、神仙。

黄元吉《道德经注释》曰："大道尚愚不尚智。""智者"过于聪明，总想抄捷径，搞速成，绕开小周天这一百日筑基工程，提倡从所谓上关、天元起修，功成则连同中、下关一鼓脑解决。"只修性，不修命"者可以，"性命双修"则不能。特别是命功修持，基础愈牢愈好，最基础的就是最高级的，"愚人"的"老实巴交笨炼法"更为有效、可靠。

三　以火炼药　大药纯乾

《伍柳天仙法脉》："神入炁为胎，火炼药成丹。勿以神炁为自然归复，勿以禅定为自然交合。"朱元育《悟真篇阐幽》："真火者我之神，真候者我之息，以火炼药而成丹，即是以神驭炁而证道也。"这里有为、无为交替运用，无为为主，有为为辅，其间分寸须智慧把握。

小周天炼外药为小药，阳光二现而止火，继续以神驭炁炼小药为内药、大药。这一内药的孕药、烹炼而产生的过程，伍冲虚真人有四个方面的论述：交媾而后生——神炁和融；勾引而后生——真意撮合元神元炁；静定而后生——神炁自有两相知微意；息定而后生——真息一定，大药自生。虽曰有四，总括起来不外乎在于胎息静定之时，在于元神灵觉之中的观照功夫纯熟，大药生成。正如邱祖一偈云："金丹大药不难求，日视中田夜守留。水火自交无上下，一团生意在双眸。"

大周天金液还丹总的过程还是以元神真意的灵觉作主，识神只起辅助和保护作用。故此伍冲虚真人说："真人修炼，先以神助炁，炼得炁纯阳而可定；后以可定之炁而助神，神炁俱定；炁至无，而神至纯阳，独定独觉，即谓炁之化神。""既采得金丹大药,逆运河车,入于神室之中矣。倘其神光失照,则大药失其配偶而旋倾。故必以元神为大药之归依,以大药为元神之点化,相与寂照不离,则阳炁自能勤勤发生,与真息相运于神室,而元神得其培养而相炼也。"又说,此时"精补精全,炁补炁足,神炁俱得定机。于此时发生大药者,全不着于外,只动于发生之地,因其不离于内,故曰'内药'"。

有弟子曾问到内药调而未成是何原因?伍冲虚真人答曰:一是未遇真师而未得真传,或虽得传授但火候行之不合法度,或虽合法度但行之不精。由此可见,小周天不能高质量地完成,大周天则难以进行。

四 漕溪故道 防危虑险

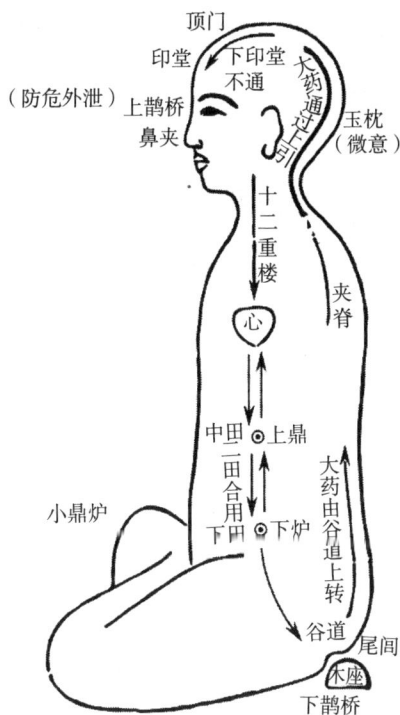

七日大药过关图

（由此完成后过渡至十月关——炼炁化神）

古人曰：“有为功竟又无为，无为亦有功夫在。”小炉鼎、大周天，虽曰无为，仍不离有为。“火炼药成丹”时，行走的仍是漕溪故道，也要过关穿窍，也有“进阳火，退阴符”这一过程，不过其主宰者乃元神真意的灵明觉知，识神充当警卫员也。

既知漕溪路上危险多，换一条路走行不行？

不行！非此不能脱胎换骨！

应用先天一炁金液“生物核能”再在漕溪路上走走，令脊柱、脊髓、骨髓、神经系统……获得“生物核能”金液，则仙风道骨得矣！正如古德诗曰：“透体金光骨髓香，金筋玉骨尽纯阳，炼教赤血流为白，阴气消磨身自康。”

玉液、金液还丹功成，全身经络，包括万千孙络、千万浮络，皆行充满精炁，体呼吸自然形成，此时“经络是肺，皮肤亦肺也”；口鼻呼吸自断，进入自然胎息佳境，乃至真息无息。“无息则三家相见”，真意觉明、先天炁藏、后天气伏，“三家相见结婴儿”，道胎孕育。

至此境界，道骨铮铮，仙风拂拂，口鼻呼吸自断，体呼吸益然，头部灵光闪闪，体外真炁环绕，人天交通，宇宙能量不采自采，进入身体真炁保护层时，有害物质被改造，而宇宙精华源源入体，此时整个经络、孙络、浮络系统充满了精炁，“万物一炁”，遂而能够合成人体生命过程所需的一切物质，从而进入长年累月“炁足不思食”的上乘佳境。达不到“炁足不须食”、“神足不须眠”功境，“三年乳哺”、“九年面壁”必难以达成。

由此可见，大、小周天的功效，非比寻常，漕溪路上艰险再多，我们也要拿出“委身于道，任凭天断”的勇气，像唐僧取经那样，虽历经九九八十一难，终将真经取还。下面我们来看看，伍冲虚真人教我们在大周天中“五龙捧圣”、引大药过关时，如何防危虑险：

　　五乃土数，真意属土；龙乃元神；元神为真意之体，真意为元神之用，体用原不相离，故云五龙。圣即大药之喻。用真意引大药过关，故云五龙捧圣也。……今亦大药初生言之，因其多经积累，始得形如火珠。此先天纯阳之炁，能生后天真息之火。火药同根而生，故言药不言火，而火在其中矣。大药发生，不附外体；只内动于炁穴。须知炁穴之下，尾间界地，有四道歧路：上通心位，前通阳关，后通尾间，下通谷道。尾间三窍髓实，呼吸不通。谷道一窍，虚而且通，乃气液皆通之熟路。又气液皆通，乃平日所有之旧事。故《直论》注中，有"熟路旧事"四字，即指此而言也。尾间谷道，一实一虚，故名下鹊桥。尾间关上夹脊三窍，至玉枕三窍，与夫鼻上印堂，皆髓实填塞，呼吸不通。鼻下两窍，虚而且通，乃呼吸往来之径路。印堂鼻窍，一实一虚，故名上鹊桥。关窍既明，则防危虑险之功尤不可不知也！盖大药将生之时，先有六根震动之景。六根既已震动，即当六根不漏，以遂其生机。大药既生后，六根即当迁入中田以化阴神，务先逆运河车而超脱之。尤当六根不漏，以裹其转轴。故下用木座，抵住谷道，所以使身根不漏也；上用木夹牢封鼻窍，所以使鼻根不漏也；含两眼之光，勿令外视，所以使眼根不漏也；凝两耳之韵，勿令外听，所以使耳根不漏也；一念不生，六尘不染，所以使意根不漏也；既能六根不漏，可谓防备之密矣！犹未已也。方大药之生于炁穴也，流动活泼，自能飞升而上腾于心位；心位不贮，自转向下由界地而前触夫阳关；阳关已闭，自转动由界地而冲夫尾间；尾间不通，必自转动，由尾间而下奔走谷道；谷道易开，大药泄出，前工废矣。此下鹊桥之危险也。即邱、曹二真人走丹之处。预用木座，状如馒首，覆棉取软，坐抵谷道，其势上耸，不使大药下奔。既外固之有具矣，又有内固之法焉。大药冲尾闾不透，自转动而有下奔谷道之势；才见其下奔，即微微轻撮谷道以禁之；斯谓内固之至严矣！内外如此固严，自能保全大药，不至于下奔谷道，只附尾闾，遇阻而不动矣。斯时也，若用真意导引则失唱随之机，纵导引频频终难过关，故有善引之正功焉。才见其遇阻不动，即一意不生，凝神不动；动而后引，不可引而使动也。忽又自动冲关，即随其动机而有两相知之微意，轻轻引上，自然度过尾闾，而至夹脊关矣。关前三窍髓阻不通，大药遇阻不动，唯是一念不生，凝神不动，以待其动；忽又自动冲关，即随其动机而有两相知之微意，轻轻引上，自然度过夹脊而至玉枕关矣。关前三窍髓阻不通，大药遇阻不动，唯是一念不生，凝神不动，以待其动；忽又自动冲关，即随其动机而有两相知之微意，轻轻引上，自然度过玉枕关，直贯顶门。向前引下，至于印堂。印堂髓阻不通，自转动而妄行鼻下，便道之虚窍矣。若非木夹为之关锁，几何而不沦于泄也？泄则前工废矣。此时上鹊桥之大危险也！故木夹之用，不可不预为防也。预防有具，则大药不致下驰于鼻窍，只附于印堂，遇阻而不动矣。唯是一意不生，凝神不动，以待其动；忽又自动冲关，即随其动机而有两相知之微意，轻轻引下，自然度过印堂，降下十二重楼，犹如服食，而入于中丹田神室之中，点化阴神，为乾坤交媾，盖通中下二田合而为一者也。此过关服食之正功也！昔邱祖偈云："金丹冲上斡天罡（真意），何患阻桥又阻关？一意不生神不动，六根不漏引循环。"斯之谓也。

......

须知初用木座抵住谷道，其势已上耸，不使大药下奔；故亦有不下奔谷道者，即不必行轻撮谷道之事，唯用过关之正功而已。

然过关正功，其行住之机，唯在顺其自然为要也！

小周天河车搬运时，在漕溪路上运行的是清清之炁，极易通关过窍，无有危险。然外药凝炼成小药、内药、大药，"浓度"高多了，而且水火双运，"形如火珠"，故冲关过窍要困难得多，因而容易走漏（从下鹊桥谷道走漏）。伍真人在本文中就提到"邱、曹二真人走丹之处"。邱真人还失败了四次，吕祖也走漏了三次；师尊也是从下鹊桥谷道走泄，一下下丹田就空空如也。

我们来看看李涵虚真人在行大周天金液还丹过程中的具体描述：

前此运炁日久，得了小药，结了丹头。以后绵绵内息，天然自在，固守丹田。每早晨间，清坐清卧，其丹如一团软绵，升于心府。……怀抱日深，忽然间丹田如春水初生，溶溶漾漾。即守自然之内息，烹之、炼之，其水忽化为热气，由两胯内边流至涌泉。须要神注两踵，真息随之，此所谓"真人之息以踵"也。

如此片时，涌泉定静，即将心返尾闾，默默守候。忽觉有物来尾闾间，似绵陀，似馒首，似气块，沉滞难行。就要调停内息，专心一志，猛烹急炼（武火）。乃有一股热汤，透出尾闾，徐徐过腰脊，滔滔上泥丸。方谓之黄河倒卷，曹溪逆运。……吕祖所谓："搬精入乚宫，不与运气同"也。泥丸宫中，水声震响，久之而水声止息，神即休于其中。持守片时，乃以舌倒舐上颚，鼻中忍气，牙关紧闭，两手反抵坐榻，头面仰对空梁，候它金液满舌，其鼻息忍而不播，伊乃咽了一声，流入气管，降下重楼十二阶梯，神水灌注华池矣（此华池在人两乳中间，名曰上气海）。

从文中可以看出，金液还丹之物，"形如火珠""忽觉有物来尾间间，似绵陀，似馒首，似气块，沉滞难行"；"有一股热汤，透出尾间，徐徐过腰脊，滔滔上泥丸。方谓之黄河倒卷，曹溪逆运"。不似玉液还丹那种轻清之炁，易行易通，而是"似气块，一股热汤，沉滞难行"，故容易在下鹊桥处走漏，必须重视而采取必要的措施。

六　大道尚愚　只管耕耘

伍冲虚真人答弟子问曰："须知大药生时，六根先自震动，丹田火炽，两肾汤煎，眼吐金光，耳后风生，脑后鹫鸣，身涌鼻搐之类，皆得药之景也。大率采药至于三四日间，真意将定未定之时，得药六景，即次第而现。若采药至于五六日间，则真息一定，而大药已生矣。故七日之期，亦大概之言耳。"

"六根震动"一般不会同时出现，多在数天内陆续发生。

笔者未经历如此大关，却有"弟子们"过此大关，皆恍恍惚惚乃至糊里糊涂而过。正像《炼精化炁小周天》文中之法轮自转一样，真是"大道尚愚不尚智"。他（她）们似乎未遇到什么危险，安然而过。先看著名丹道实修者张苏辰老人的大周天金液还丹实践：

炼内丹功 40 年。运通周天后，不由自主出现胎息。口鼻气停，内炁悠扬，后炁冲全身，毛孔出入气息。内炁充盛时，胎息遂而形成。

过关服食大周天活子午的运用，神光寂照，内炁鼓荡。从会阴上升肚脐，圆转如轮，自然开阖，一开向下田外围扩散，一阖则内聚，聚散内呼吸——活子（时）大动现象。任活午（时）神光寂照，定忘温养。七天之际，大药化为还丹，外方有象，性光闪亮，出炉机到，上下冲动，两肾汤煎，身涌鼻搐，口齿扣动，耳内有鸣。即引大药出炉，采取：意守尾间，向上提炁。药过尾间，上升泥丸，寂而照之，俟神炁化为真水，降入口中，咽入中田（大药服食），注视中田。中田炁满，用意固守一会儿，睁眼，转左升右降9圈，收功下坐。

过关服食之后，还丹归到本位，静到虚极有大周天的自然运转，有天然的火候，要任其自然的运动，不可有意为之。

真是："上品丹法无卦爻"也！（五祖白玉蟾语）

阿英，女，50岁，太极拳教师。小周天"法轮自转"完成以后，自己估计很快就会出现大周天功象。我不放心，前去为她"护道"。她的功态很特别，动、卧交替；动炼时出现一系列手印和"咒语"，六根震动相继发生，坐或侧卧时自动伸一手掌贴住会阴部，"一箭透三关"大药安然而过。一天接近午夜，她仰卧着练功，右掌覆盖于脐部，左掌则置放于身侧。一会儿她说："一团炁流在逆时针运行。"……不一会儿对换，覆盖在脐部的右掌移放于身侧，身侧的左掌却上来覆盖于脐部，同时她说"那团炁流变为反方向（顺时针）运行了"。当时想也未想到这可能是在团聚大药为内丹的卯酉大周天。故而也未叫她数一下内炁运转的圈数。但三四天后，一粒蓝光闪闪的灵珠就露面了，而且一得永得。

丹经在叙述大周天"进阳火，退阴符"之功象，都是在中、下丹田，即胸腹部进行，神炁左上右下逆时针运转36度为进阳火，然后右上左下顺时针运转24度为退阴符而止火。而阿英是否由于长年打太极拳中轴中正的关系，她的进火、退符却是在脐部横截面处进行，而且是仰卧状态。但功效皆真实不虚。

此后内炁充盛，太极拳精髓深刻领会，别人练拳是否到位，也能一眼看出。她每年去欧洲教练太极拳，过去总有一两位受益者前来拥抱她以表感谢，而现在几乎全部学员都依次来拥抱，真在热情洋溢，舍不得她离开。阿英充盈的内炁，迅速精进的拳艺，使得她过去的老师们也来取经，甚至来请她指教；推手时毫不费力，稍一用意，轻易就把块头比她大多了的男同行推出老远……

《修真日记》中的自良，原自体弱多病。练功、站桩伊始，即冲开阴跷、下玄关，元炁即破关而出，且"一箭透三关"而法轮自转，任督循环，身体迅速改善。约四十天后虚中一觉，上玄关冲开，元神性光闪亮。很快神炁合融，深入静定。那时习练过《阴阳合气法》的"划三圆"，按太极曲线于胸腹部处，在 XYZ 轴三个方向上，由小到大、由大到小地领炁划圆；较之卯酉周天的循行路线，更为细致严密，似乎效验更显。不久就感到"腹中有物"，似显似隐；约一个月"珠子"即出现了，以后，又转而在体内循行不已。

……

张苏辰、阿英、自良他们可谓大同小异，都动静兼炼，除张老外，自良、阿英甚至都未看过丹经，也不知丹道为何物……当时只要求祛病健身，皆从低处起修，然却高处自到，灵珠、道胎不求自得。不求自得，得来才真，真而且灵，灵而且神，神而且妙，妙而入道。

如华阳禅师言："天地之间，富贵以及妻子是有定分。若大道则不然，可以苦志而得；古云：'有志者事竟成。'古来多少不该成道者，而竟成之，非生来有分也。"

吕祖曰："莫言大道人难得，自是功夫不到头。"又言：得遇真师，获得真诀，进行真修，一真一切真，必获真果！

正是：

大道分明璇玑图，阳火阴符法天然。霎时火候周天毕，炼颗明珠似月圆。

一颗金丹何赫赤，大似弹丸黄似橘。人人分上本圆明。夜夜灵光照神室。

形如雀卵团团大，间似骊珠颗颗圆。一粒灵丹吞入腹，始知我命不由天。

丹圆颂

取出坎中画，补离还复乾。

纯阳命本固，灵妙性珠圆。

还元是方向，得窍是关键，

定水澄清时，性珠自出现。

定里见丹成，丹成妙趣长，

处处皆净土，心地自清凉。

坎离非交媾（不可），乾坤自（然）化生，

人能知此理，一点落黄庭。

一孔玄关窍，三关要路头，

忽然轻运动，神水自然流。

凿破玄元窍，冲开混沌关，

但知烹水火，一任龙虎蟠。

玉液滋神室，金胎结气枢，

只寻身内药，不用检丹书。

一窍名玄牝，中藏炁与神，

有谁知此窍，更莫外寻真。

万物生皆死，元神死复生，

以神归炁内，丹道自然成。

神气归根处，身心复命时，
这般真孔窍，料得少人知。

心下肾上处，肝西肺左中，
非肠非胃府，一气自流通。

妙用非关意，真机不用时，
谁能知此窍，且莫任无为。

药材分老嫩，火候用抽添，
一粒丹光起，寒蟾射玉帘。

火候通玄处，古今谁肯传？
未曾知药采，且莫问周天。

心田无草秽，性地绝尘飞，
夜尽月明处，一声春鸟啼。

造化无根蒂，阴阳有本原，
这些真妙处，父子不堪传。

炼气徒施力，存神枉用功，
岂知丹诀妙，镇日玩真空。

云散家家月，花开处处春。
几多云外客，尽是世间人。

作伴云和月，为邻虚与空。

一灵真性在，不与众人同。

三十三天天重天，白云里面有神仙；

神仙本是凡人做，只怕凡人心不坚。

无心无物亦无人，得会生前旧主人；

但于此中留一物，灵台聚下红沙尘。

风动幡动原非真，本性圆明是法身；

解得拈花微笑意，后来无处着纤尘。

未识空理莫说空，执空易失主人翁；

欲知空里真消息，尽在鸿蒙未判中。

只知著有不解空，一时昧却主人翁；

若致空有皆不住，六根自在大神通。

死生生死两相参，大事因缘不等闲；

未死之前先像死（大定），生机即在死中探。

凝神静坐水晶宫，彻骨清凉心地空；

水火金木归一处，更无南北与西东。

翻山越岭找金矿，千挑万拣费思量；

猛然失足掉悬崖，始觉原在金山上。

人情浓厚道情微，道用人情世岂知？

空有人情无道用，人情能得几多时？

我昔修行得真诀，昼夜功夫无断绝；
一朝行满人不知，四面皆成夜光阙。

白玉齿边流舍利，红莲叶上放毫光；
喉中甘露涓涓润，心内醍醐滴滴凉。

线作长江扇作天，靸鞋抛向海东边；
蓬莱此去无多路，只在谭生拄杖前。

忽然夜半一声雷，万户千门次第开；
若识无中含有象，许君亲见伏羲来。

天人一气本来同，为有形骸碍不通；
炼到神形冥合处，方知色根即真空。

达摩西来一字无，全凭心意用功夫；
若于纸上觅佛法，笔尖蘸干洞庭湖。

金满三车夺圣机，冲开九窍过漕溪；
迢迢运入昆仑顶，万道霞光射紫微。

片晌功夫炼汞铅，一炉猛火夜烧天；
忽然神水落金井，打合灵砂月样圆。

独步昆仑望杳冥，龙吟虎啸甚分明；
玉池常滴阴阳髓，金鼎时烹日月精。

河车搬运上昆山，不动纤毫到玉关；
妙在入门牢闭锁，阴阳一气自循环。

人心若与天心合，颠倒阴阳只片时；
龙虎战罢三田静，拾取玄珠种在泥（泥丸）。

大道分明璇玑图，阳火阴符法天然；
霎时火候周天毕，炼颗明珠似月圆。

不是灯光日月星，药灵自有异常明；
垂帘久视光明处，一颗堂堂现本真。

一颗金丹何赫赤，大似弹丸黄似橘；
人人分上本圆明，夜夜灵光照神室。

参透世事自定神，也无我相也无人；
劝君莫作寻常看，一道灵光贮自身。

看花容易绣花难，绣到难时莫惮烦；
待到空中云雾散，百折不回做圣贤。

劝君莫虑无知音，自有同心合德人；
只管中流作砥柱，何愁孤树不成林。

打破虚空消亿劫，既登彼岸舍舟楫；
捞得澄潭潭心日，破壁飞去弄明月。

真个佛法就是道，一个孩儿两个抱；

二气合成一粒丹，更于何处觅神仙？

画出鸿蒙始判图，碧天如洗月轮孤；
卦爻未足还须待，只问同人悟也无。

独自行来独自坐，无限时人不识我；
唯有城南老树精，分明知道神仙过。

三清剑术妙通灵，斩妖诛怪没影形；
纵横万里无遮拦，归来依旧守黄庭。

万里诛妖电光绕，白云一片空中娇；
昔时携剑斩群魔，今赠君家除烦恼。

世人错认坎离精，搬运水火成间隔；
放下万缘毫不起，此是先天真无极。

一日清闲自在仙，六神和合报平安；
丹田有宝休寻道，对境无心莫问禅。

透体金光骨髓香，金筋玉骨尽纯阳；
炼教赤血流为白，阴气消磨身自康。

生死之机两相关，世人所以有生死；
生死之机不相关，至人所以超生死。

九十九岁闯阳关，百零八岁度阴关；
梦醒方知梦中梦，人在旅途月在天。

一轮心月贴天庭，兔魄乌魂特地清；
些小闲云难作障，通天彻地自圆成。

寒光不动自天然，应变随人方与圆；
应证了之无那个，这生恰似未生前。

大道不分男与女，阴阳五行总一般；
女子更比男子易，三年五载便成仙。

借问真人何处来？从前原只在灵台；
昔年云雾深遮蔽，今日相逢道眼开。

踯跌夜半一声钟，敲破西方不见踪；
方识弥陀原是我，开帘月照万层峰。

时来自有风云会，运转岂无龙虎吟；
好个雾清天气朗，一轮红日照乾坤。

一句半句便通玄，何用丹书千万篇；
人若不为形所累，眼前便是大罗天。

闭户潜休不记年，著书立说阐真诠；
劈破鸿蒙觅妙妙，剖开太极见玄玄。

剖符晰秘通天地，采古酌今契圣贤；
阅尽丹书千万篇，末后一段无人传。

人人有卷无字经，不是纸笔墨写成；

展开原来无一字，昼夜四时放光明。

光明寂照遍河沙，凡圣原来共一家；
一念不生全体现，六根才动被云遮。

不是玄门消息深，高山流水少知音；
若能寻得来时路，赤子依然混沌心。

性命双修教外传，其中玄妙妙而玄；
簇将元始（太极）归无始（无极），
逆转先天作后天（再颠倒回来）。

一阳初动即玄关，不必生疑不必难；
正好临炉依口诀，自然有路透泥丸。

炼丹不用寻冬至，身中自有一阳生；
龙飞赤水波涛涌，虎啸丹山风露清。

昔年遇师亲口诀，只要凝神入炁穴；
以精化炁炁化神，炼作黄芽并白雪。

圣人传药不传火，从来火候少人知；
莫将大道为儿戏，须共神仙仔细推。

些小天机论炁精，吕公曾道别无真；
神仙不肯分明说，说与分明笑煞人。

辛苦都来十个月，渐渐采取渐凝结；

而今通身是白血，已觉四季无寒热。

只取一味水中金，收拾虚无造化窟；
促将百脉俱归源，脉住气停丹始结。

闲中偶尔道天台，乍见霞光五色开；
想是阴阳初变化，取归鼎内结婴儿。

形如雀卵团团大，间似骊珠颗颗圆；
一粒灵丹吞入腹，始知我命不由天。

养得金丹圆似月，未免有圆还有缺；
何如炼个太阳红，三界十方都洞彻。

一颗舍利光烨烨，照尽亿万无穷劫；
大千世界总皈依，三十三天咸统摄。

摩尼珠，人不识，如来藏里亲收得；
六般神用空不空，一颗圆光色非色。

道味浅尝

（一）

生来干什么？宇宙有不足。

补天为己任，女娲门下徒。

此时是何时？何时是此时？

行住坐卧时，修真悟道时。

拈花对大众，会意仅一人。
如此传大道，道树怎成林？

天书原无字，真经本来空。
欲识玄妙理，恍兮惚兮中。

道因气而立，气遵道而行。
虚极静笃时，大道来敲门。

气遵道而行，道因气而立。
炁气浑而伏，腐朽化神奇。

神炁真混融，性命真合一。
一真一切真，无极而太极。

调息不守窍，神气各自闹。
坎离不相交，神仙一旁笑。

守窍又调息，神恋气不离。
坎离交媾频，玉液涓涓滴。

心息静曰禅，肾炁动曰机；
禅机纵即逝，不能总恍兮。

晚年闻大道，百岁证金仙。
人情化道情，后天炼先天。

量小非君子，品高是丈夫。

淤泥污不染，白莲似仙姑。

驶惯烦恼河，此岸即彼岸。

荡起阴阳桨，随意两边看。

道以无为尊，人以有为累；

累到无为时，长伸两脚睡。

有为好拐杖，入门放一旁。

门内风光好，初识道味长。

（二）

迷云锁慧月，业风吹定海。

命不由己主，最大的悲哀！

仙诀不轻传，传与至诚汉。

勿将容易得，当作等闲看！

人有小九九，天有大算盘；

九九八十一，到底算未全。

空无不可道，有名落凡尘，

不妨作拄杖，相依伴道行。

精神与物质，兄弟同根生；

物质忒横蛮，乱打翻天印。

不依大道行，不遵师德训，

轻则令你残，重则要尔命！

一根既返源，六根成解脱；

此岸即彼岸，任游涅槃河。

闻道有先后，得道无长幼；

后来者居上，夙世功德厚。

生命无终点，风云多变幻。

世路尽羊肠，时时亮闪电。

药医不死病，佛度有缘人。

长醉不愿醒，竟日舟自横。

性命双修大道，天人合一绝学。

读尽丹书万卷，不及真人一戳！

（三）

烦恼原来躲不过，穿起袈裟事更多。

自己才能救自己，不觉高唱国际歌。

彻底有即彻底空，空有双融处处通。

识得此理圣人行，悟彻此道妙高峰。

逝去岁月不可追，未来光阴难把着，

随顺世缘消旧业，是非恩怨任人说。

无神论者怕鬼灵，不敢深夜宿坟茔。
冤有头兮债有主，鬼灵爱憎甚分明。

心净为佛妄为魔，魔来帮你度难关；
"欲坚道力凭魔力"，心空意定及第还。

尘世难逢修真侣，钟侣仙翁亦浩叹。
相互切磋同证道，龙上天来凤上天。

"无心为恶恶不罚，有意行善善不赏。"
生命本来无生死，报上一回又何妨。

冲开脑门第三眼，阴阳虚实一串串。
散则成气聚成形，大摇大摆地与天。

没有科学是跛子，没有慧学是瞎子；
瞎子跛子非至人，难入正史入野史。

妄念止歇露全真，心依息融道窍成；
此窍通时窍窍通，昼夜四时放光明。

浑身是病浑身药，心地开花心地春；
心药难医身病时，妙药一炁保全真。

万法归一一归何？不是无来便是空。
空境无乡风光妙，老子佛祖喜做东。

拈花微笑如来禅，一默如雷祖师禅。

玄关未启锁未开，菩提树下勿谈禅。

"丈夫自有冲天志，不向如来行处行。"
哪儿都可把道悟，杨柳松柏俱欢迎。

悲愿无穷生障碍，任运随缘勿攀缘。
欲度众生生妄想，不度众生怎超凡？
度与不度间，菩萨也为难。

昔日常饮无明水，生出万千差别相。
自从读懂心内经，摸着钥匙开宝藏。

千两黄金不卖道，十字街头赠故交。
前世修行积累厚，一经点破哈哈笑。

神仙智慧第一慧，只生欢喜不生愁。
尽完人道步天道，人间天上得自由。

悟了人生若梦幻，不悟世界真好玩。
酒酣耳热浩歌发，既是观众又演员。

看破放下愁和憾，天地之间自由人。
自筑桃园自逍遥，不是仙来也是神。

先天后天同一天，云遮雾蔽不见天。
慧风吹得浮云散，一轮明月耀中天。

好事多磨随它磨，磨去棱复磨去角，

磨得镜面慧光生，恍然悟觉不可说！

利根钝根隔天渊，狮子能跃驴难跳。
只管精进积资粮，愿学愚人最后笑！

人情道情都是情，两情仍然不离人；
情来精至丹信至，以情归性才入门。

南匆匆又北匆匆，恰似浮萍西复东。
展开大鹏垂天翼，无何有乡觅芳踪。

家　贼

1

空境容易空心难，家贼难防古今然。
待到心空意定时，仙机灵窍自现前。

2

空境容易空心难，法生心生自循环。
一根返源悟觉时，心法不生了大还。

3

空境容易空心难，若使不难遍地仙。
"凝神调息"四字诀，锁住意马与心猿！

4

家贼难防无须防，冷眼看它猖与狂。
且自调息宁心神，心息相依道味长。

吕祖百字碑诗颂

养气忘言守，降心为不为。

忘言气不散，守窍神不驰，

心息相依时，不为无不为。

动静知宗祖，无事更寻谁。

静极生动时，玄关窍开日，

得一万事毕，药苗生无疑！

真常须应物，应物要不迷。

得道要弘道，弘道真得道。

独乐更众乐，魔王气得跳。

不迷性自住，性住气自回。

以情来归性，人情化道情；

凡情得道用，性命自浑沦。

气回丹自结，壶中配坎离。

坎离交媾频，神气混融勤，

妙根时时灌，圣药日日灵。

阴阳生反复，普化一声雷。

隐隐雷声震，霍霍电光华，

龙虎争战罢，妙药花蕊发。

白云朝顶上，甘露洒须弥。

乾顶飘白云，坤土长黄芽，

合成紫金液，举杯饮流霞。

自饮长生酒，逍遥谁得之？

金液涓涓凉，醍醐滴滴香，

饮罢长生酒，莫负好时光！

坐听无弦曲，明通造化机。

人与天合一，天与人一体，

无弦发妙音，宇宙无秘密。

都来二十句，端的上天梯。

一念至真诚，真师自来临。

日颂诗百遍，不神而自神！

杂　咏

圣人行

圣人独具乾坤眼，阴阳虚实一串穿。

笑看风云且随缘，自由漫步天地间。

又

明知大道难与行，逆水冲波把船撑，

渡得一个算一个，留下真种徐徐生。

达人上香

磕头作揖为的啥？善男信女拜菩萨。

累坏佛祖不得了，今天我来保佑他！

生　日

贪玩好耍游人间，逢场作戏戏未完。

阎王不请自己去，走到门前碰壁还。

佛道无二

萍风吹聚总难忘，人情长兮道情长；

人情若然为道用，堪与星月共光芒。

又

萍风吹聚总难忘，佛道原本没有墙。

谁来教授破壁术？老子佛祖笑断肠。

仙乡絮影

峨眉行

初　游

辞别蓉城衣犹汗，轻风相伴游名山。

车飞争及心飞快，一思即上峨眉巅。

万年寺

万年寺前万年愁，六牙白象来挽留。

尘缘未断尘情牵，绝顶风光梦里游。

普贤菩萨

金佛白象真伟观，巧匠心血十七年。

静听溪声又江声，更喜蛙声夜弹弦。

（有著名弹琴蛙）

惜　别

不敢人前称丈夫，未临绝顶枉生蜀。

他年宽余跑步上，不然死去不瞑目！

乐山大佛

1

坐着已是七一米，起立势必与天齐。

不望西方望东方，可是佛祖西来意？

（庙门对联：大江东去，佛祖西来。）

2

独坐江边千余年，又见沧海变桑田；

绿禾万顷掀绿浪，极乐世界现眼前。

3

阅尽春秋与寒暑，川江号子听已熟；

木船帆船机动船，　一辈更比一辈酷。

4

相望不厌峨眉巅，何来铁塔云里现？

可叹俺的千里眼，不及伊的无线电！

5

自从李冰劈离堆，行船已去险九分；

思量不再江边坐，峨眉山深好修真。

再游峨眉

清音阁

牛心石伴清音阁，静听流泉已解渴。
天然屏风绿四围，为寻泉源入薜萝。

一线天

一线天处天一线，一线风光藏神玄。
黑龙江水浓似墨，流水高山谁解弹？

白龙寺

白龙寺里逢僧话，细论佛咒析读音。
前进三步退三步，自然合十拜师尊。

遇仙寺

遇仙寺里遇神仙，像前肃立气冲天！
昔贤功成化龙去，留下信灵山水间。

金　顶

金顶有多高？抬头误触天！
抚摸天肚皮，何处是玄关？

云　涛

看来今生没佛缘，佛光虹霓两未现。
霎时云涛涌上来，居然对面人不见。

又

时当正午风怒号，云涛汹似浙江潮。

大峨二峨俱沉陷，担心地摧山动摇！

珠海南平濂泉洞留影

将军山下一眼泉，清清泉水照人寒。

各级官吏干两碗，从此天下少贪婪。

崇州鸡冠山

嘻嘻哈哈溪水欢，摇摇摆摆绕山湾；

门前回流团似鉴，群峰照影头挤偏。

宿康巴大草原惠远寺

惠远寺内僧众迎，酥油酸奶涤凡尘。

活佛亲手捏糌粑，今夜有幸做藏民。

四姑娘山

引领遥望山姑娘，因何蟠然头尽白？

在山泉水本然清，不必争学人间客！

又

姑娘发白再黑年，鲜花碧草遍山峦；

阵阵清风涤尘嚣，纷纷拜倒素裙前。

嵩山少林寺

1

冒雨冲风为哪般？嵩山来参祖师禅。

继承达摩西来意，一默如雷面壁年。

2

少林武功天下闻，祖师禅意少人寻。

是非非是非非是，禅门原来没有门。

3

祖师只履西归去，尚遗一只在山中。

千余年来觅者众，谁人拾得有殊功！

武当山

1

一入山门心先快，绿树青峰迎人来。

丰祖道场今在否？武当灵气扑情怀。

2

头上高峰壮擎天，足下深涧曲回环。

鱼与熊掌欲兼得，俯听碧溪在谈玄。

3

爬过九十九道拐，翻上三十三重山。

终于登上最高点，金殿雄立峰之巅。

4

足下群峰争比肩，天风吹动涌绿澜。

未睹日出睹日落，夕阳斜照金灿然。

5

武当之巅流连罢，悬崖旅店洗汗颜。

推窗便有翠色入，群峰护道好参禅。

6

欣与祖师妙通灵，上座便觉气蒸腾！

无上内乐唯自晓，恍兮惚兮入杳冥。

7

万山来朝潮浪涌，独立浪端风吹衣。

分明非梦亦非幻，一回来过一生思！

青城山

宿农家乐

过去穷得叮当响，包谷南瓜半年粮。

今日新筑新主人，未来风光比梦长。

又

水秀山青尘不染，时有幽鸟戏树间。

不请自来游击雾，碧树摇风翠扫天。

又

农家乐中咱亦乐，乐在山中做神仙。

炼气辟谷结伴游，游遍东山又西山。

圆明宫

宫观号圆明，老子伴观音。

参禅悟道此处好，更莫外觅真。

青峰青作嶂，绿树绿成荫。

借问仙真何处隐？隔墙听棋声。

银杏与楠木

银杏三百岁，叶楠五百年。

并肩携手冲霄汉，去寻天外天。

东山杏第一，西峰楠当先。

俯视公路车乱串，竞逐名利关。

上清宫

上清宫与银汉一，诗词对联爬满壁。

"一日凌云群山低"，李杜书？苏辛题？

呼应亭在头顶立，天师洞同脚板齐。

为何不把绝顶占？满招损，谦受益！

仙女山·彭祖墓

彭祖墓

1

中秋不见月光明，相伴彭祖论古今；

古今寿星知多少，寿逾八百独称尊。

2

活在人间享极乐，归来也不落寂寞。

仙女山上仙女多，多情岷江是爱河。

3

艳福不浅仙亦羡，房中有道术超前。

高卧山中仙女伴，河声有问答不完。

4

蛙声虫声夜交鸣，争颂彭祖长寿经。

不是玉女泄秘密，寿仙一定活到今。

5

寿高八百不等闲，相与忘年论金丹。

大道道心本平常，心不虚静莫怪天。

6

会罢仙女礼彭祖，鲁班门前挥大斧。

劈破鸿蒙生死窍，长寿长生自做主。

采气场

勿须海外觅仙山，仙山原在咫尺间。

采气场中凝神时，浑身上下气冲天。

玉女像

春宵一刻值千金，留下房宝玉女经。

日日山头迎风立，谒者虽众少知音。

又

谁说大道不能诠，阳施阴受道理圆。

且从人道推天道，登天灵梯自现前。

养生殿

养生殿内授养生，七损八益慧通灵。

彭祖妙道无奥妙，说破源流笑煞人。

阴阳树

天上枝叶活相欢，地下连理死相缠。

一阴一阳离交坎，绿树有幸获真传。

宿仙女山

树静蛙鸣风止息，感谢仙女慰相思。

夜宿山中同入梦，天地大德原无私。

中秋小聚

同声相应远亦近，同气相逑道为邻。

中秋佳节会佳友，细论人情与道情。

缙云仙都·鼎湖

（轩辕黄帝炼丹、飞升处）

仙都鼎湖

离别成都访仙都，未游西湖游鼎湖。

长桥卧波宜照影，群峰插云争比酷。

又

如诗如画号仙都，仙风缥缈道气舒。

功成何必乘龙去，玉京风物未必殊！

又

岁月沧桑亿万年，罗列奇山与险峦。

龙潜湖底锋若剑，轩黄道眼果不凡！

鼎湖峰·飞天石

（拔地而起 170 米）

曾为黄帝作佩剑，当年出鞘敌胆寒。

功成归来立湖畔，倒刺青天锋依然！

火山口

鼎湖湖水碧于天，轩黄于此炼金丹。

参天石柱作护卫，炉火遗迹留半山！

仰止亭

黄帝祠堂何壮观！钟鼓齐鸣绕山峦。

仰止亭前时仰止，始祖何时驾龙还？

片云亭

片云亭前无片云，天风徐来天籁鸣。

风动籁鸣心即动，心若不动不是人！

此时无声胜有声，视而不见听不闻。

对境无心心不竞，辜负飞来一片云。

步虚亭

漫步登上最高峰，呵气成云啸生风。

鼎湖献绿曲如带，遥山掀浪拍长空。

步虚亭闻步虚声，似有仙人来问津。

碧湖仍是当年碧，选个洞府好修真。

金华黄大仙祠

依依话别赤松子，漫步来访黄大仙。

遥望宫观何巍峨，祠前碧湖映蓝天。

道字壁

大仙居处神态闲，右军"道"字仔细观：

大道至简大法易，悟透字意半个仙。

神　　仙

神仙智慧第一慧，只生欢喜不生愁。

功成名遂憩山林，任人呼作马和牛。

大仙祠

风水宝地神仙地，多情白云自来去。

动有山水静有月，唯嫌铁马放响屁！

修真洞

桃园洞又修真洞，一洞更比一洞奇；

洞腹深处八仙桌，吕祖在此曾弈棋。

迟　日

午后骄阳始露脸，云收雾霁青山现。

群峰耸翠争比肩，犹抱琵琶半遮面。

独峰书院

独峰书院访倪翁，仙翁闭关岩洞中。

亭台楼榭无人管，幸有白猿来迎送。

天台山国清寺

朝阳催我去天台，智者大师在等待。

一花五叶未放光，一心三观观自在。

不见寒山与拾得，参天古树迎远客。

愧我圭步迟迟来，静沐佛光浴佛泽。

韩国学子朝圣庭，日本信徒谢师恩。

王侯将相俱已矣，智光朗朗耀古今。

九龙湖忆

一

山庄秀雅主人贤，清风吹送过湖船。

水底天与天上天，片片白云相往还。

二

碧湖自碧天自蓝，卧看山水到眼前。

机声隆隆催早起，了却青山绿水缘。

三

九龙湖隐九条龙，潺潺溪水示龙踪。

龙船往来戏水面，风吹龙吟山谷中。

四

探险搜奇更寻幽，溪声便是好导游。

树拦岩断疑无路，妙处却在溪尽头。

五

九龙湖畔学神仙，神仙仙氛妙难言！

曲径绿荫鸟语伴，笑看红日憩山峦。

六

人生如梦有美梦，美梦梦境谁能诠？

人情道情融一体，不是尘寰是仙寰！

七

移炉换鼎大周天，上下鹊桥多险滩。

吕祖邱祖与曹祖，重安炉鼎才过关！

八

冲关道上风景异，黄庭内院运枢机。

左旋右转卦爻足，一粒灵珠至不期！

九

蓝光闪闪自天然，在身内兮在眼前！

其中有精又有信，老子之道不虚传！

十

修真道路多劫难，惊险度过生死关！

自助佛助山神助，别有天地非人间！

十一

好事多磨随它磨，磨去鸡毛与蒜壳。

定水澄清灵珠现，如来一来就解脱。

十二

管它得意与失意，得失双忘明妙谛。

漫步徜徉山水间，龙湖道梦永相忆！

西安行

楼观台

一

无上天机天已泄，河图洛书太极图。

知此道者二三子，道德五千用心读。

二

终南山下谒仙都，老子金身气象殊。

独立物表云霞外，万物繁衍道不孤。

三

仰望楼台紫气浮，道祖音容今在否?

叩问大道怎样修？跟着我的脚印走！

四

楼观台上狮子吼，金声遗韵响千秋。

全球哲人寻根底，此处才是真源头！

五

道法浩瀚如大海，灵台即是楼观台。

回廊和风轻细语，似述老子讲经来！

六

老子一心讲大道，不妨唾沫飞成泡。

侯王听得打瞌睡，不知窍更不知妙。

七

春秋战国贤哲多，著书立说扬洪波。

老子砥柱立中流，吐气成云谱道歌！

八

老子骑牛不骑马，道路崎岖羊肠滑；

青牛不惧艰与苦，大智若愚就是它。

九

女娲补天炼玄石，日月星辰有归宿。

剩下一块不自私，赠予老子好弈棋。

注：以木棒敲之，音韵铿锵空灵。

十

高峰顶上好炼丹，乾坤坎离一锅鲜，

两重天地四阴阳，日月合璧即神仙。

十一

经已讲完愿已了，有无相生没玄妙。

牛鞭一甩说再见，关外去传德和道。

八仙宫

一

人人期望学神仙，没有规矩不方圆。
读尽丹书千万篇，下手了手无人传。

二

欣喜老天从人愿，钟离吕祖述根源：
仙分五等法三成，沿途风光勿流连。

三

两重天地钟圣配，四个阴阳吕祖排。
仙道从此有规矩，通天云路现出来！

四

修道者众得道稀，大道忌智却尚愚：
一步一印踏实地，勿顾左异与右奇。

五

今日得入仙宫门，道祖招手示欢迎。
他们高高山顶立，我等深深海底行！

白云观

一

炉中炼就长生药，鼎内修成不坏身。
邱祖创立龙门派，枝繁叶茂遍地春。

二

人间有位就是神，心中有愿神即灵。

我乐众乐名极乐，极乐世界在今辰！

三

今生不能了生死，却把生死寄来生；
来生虚无缥缈甚，不要浪费好光阴！

元神·灵婴

秋水为神玉为质，道乡走来小精灵。
大耳竖听天外音，双辫长垂春风行。

天安门·故宫

一

天安门又地安门，天地之间正气盈；
大道氤氲育玄妙，玄之又玄众妙门。

二

东方圣人重精神，西方贤能格物精；
精神驾驭物质时，物欲浊浪渐平静！

三

有言人民是英雄，有曰帝王创历史；
群氓无首乌合众，愚弄人民成狗屎！

四

帝王犹如走马灯，灯光泯灭成古今。
巍峨宫殿留胜迹，游人至此感慨深。

五

天下名山僧占多，风水宝地帝王窝。
三世而衰五世斩，风水难奈气数何？

六

老子孔子两盏灯，照亮古亦照亮今。

乱世道治治世儒，日新日新又日新。

七

老子出关向西行，欧洲犹多肖子孙。

诺奖得者口一辞，灵感来自道德经！

梦

一

廿一世纪中华梦，今人梦与古人同。

四海之内皆兄弟，弟兄个个可成龙！

二

力服他人野蛮种，战胜自己真豪雄！

拨云驱雾觅大道，道在东方紫气丛。

鹤鸣山

鹤尚未鸣鸡先鸣，未闻金鸡立鹤群。

惊破幻梦难复真，从此不做梦中人。

三丰柏树树有灵，能否感通看虔诚。

祖师没有青白眼，不问收获问耕耘。

六百年来风雨沐，儿孙罗列不孤独。

树前肃立礼敬时，一束红光灌顶入！

道祖留下一眼井，井水清清照人影。

行人小憩干一杯，直贯心田梦初醒！

看破红尘有法尘，情尘愁尘清净尘；
终日都在尘中混，混到虚无不见尘。

红尘法尘都是尘，尘丝尘网尘连尘。
圣人也在尘中混，只是居尘不染尘。

天谷洞

鹤鸣山颠天谷洞，仰望只见白云封。
祖师当年辟鸟道，而今披云觅仙踪。

天谷洞高高入云，丰祖炼此大丹成。
盘膝洞中学打坐，忽闻水声脚底鸣。

三丰祖师炼大丹，山神土地轮值班。
是谁放炮炸山洞？炸烂地窍毁坏天！

泄露天机遭天谴，紫阳真人例在先。
丹经道书早已泄，他们个个成神仙！

青羊宫三清殿

礼罢元始拜老子，道祖教导牢记取：
肢体柔弱如婴儿，真正修道才开始！

既已走上修真路，努力精进勿回头！
睫在眼前长不见，道非身外更何求？

斗姆殿

斗姆赐我一支笔，剖析妙道秘密谜。

揭开阴阳五行序，逆将太极归无极。

勿患秃笔不生辉，只怕枯肠废料堆。

一旦发酵放个屁，人间平添是与非。

拜别吕祖

一

漂洋过海弘大道，临行金殿别吕祖：

三成全法太古老，因人施教勿泥古！

二

海外弘法受欢迎，勿将天机乱示人！

讲得太深人不信，讲得太浅乏道情。

三

初次出门出远门，半个地球半日程。

展翅飞过太平洋，温哥华是花园城。

四

墙内开花墙外香，外来和尚念经忙。

有声念到无声处，心心相映道味长。

五

千万不可泄天机，天谴来临悔不及！

我道老天天有眼，和我共析秘密谜！

六

学道修道证道忙，了却道乡梦一场；

自未得道先弘道，学个菩萨慈心肠。

七

传闻海外有仙山，眼前海山断复连。

无风也有三尺浪，欲觅仙踪难上难。

八

海上仙踪何处觅，海市蜃楼诱煞人。

仙源原自在心中，何劳辛苦向外寻。

九

维多利亚大花园，查克花园园中园；

园中美景美如幻，到底不是桃花源。

十

仰望瀑布云端吼，疑似银河又缺口？

吾本女娲门下徒，正好一试补天手。

十一

这儿月亮近可人，太阳刚走就来临。

若于树梢搭间屋，便与嫦娥作比邻。

十二

有人说他没信仰，有人什么都不信，

其实就是泛宗教，混世魔王前世定。

十三

迷人求佛不求心，智人求心心即佛。

心佛众生三平等，方便开门不说不。

十四

这里宗教一条街，显教密教列成排。

基督耶稣印度教，钟声经声随风来。

十五

临别之前拜吕祖，祖师法言牢记心：

不要多讲和少讲，勿忘中国是尔根！

十六

相见不难别不难，来时欢喜走更欢；

日久功深再相见，也许有人成神仙！

杭州西湖

天堂亦须实名制，杭州西湖不愧是。

阵阵清风疏疏雨，随顺人流享人趣。

苏杭天堂引梦长，曲岸荷风送清凉。

来此寻觅济公佛，多是许仙白姑娘。

虎趵寺

虎趵泉水清且甜，喝上一碗寿千年。

木桶瓦罐长蛇阵，争灌仙液长寿泉。

岳王庙

岳王浩气贯长虹，壮志未酬满江红，

还我河山华夏种，不及宵小诡计虫！

诗曰生当为人杰，死去亦须是鬼雄！

寄语神洲后来人，勿作可怜磕头虫！

雷峰塔

拾级而登雷峰塔，法海大师请来爬！

爬上塔顶何所见？济公一旁饮流霞！

塔影亭亭立霄汉，塔内浮雕耐人看。
再现人蛇情未了，玉帝政策已改变！

青蛇白蛇与许仙，演出妙剧天地间。
伊是一个酸秀才，另选同道谱新篇！

三潭印月

三潭印月月成双，水底银光接天光。
何来乌云恶作障？小人得志狂而猖！

天柱山

天柱峰高刺破天，敢于登攀勿畏险。
仰望云空红日近，俯视深谷脚打闪！

左慈敢于戏曹操，想见先生道法高。
湖水仍是当年碧，炼丹炉火映山腰。

绿荫湖畔修真洞，共证大道葛仙翁。
功成飞去不再来，行人犹自觅仙踪。

九华山·三祖寺

九华山腰三祖寺，古瓦青砖示真迹。
静心颂读信心铭，期与祖师道心契！

闭关洞

闭者首在闭身心，关者重在关六根。

炁足神足不思眠，面壁九年凡成圣！

大兴和尚不朽肉身

默默无闻劈柴僧，学得岐黄惠众生。
若言归去未归去，肉身已成不坏身！

性命双修教外传，可惜知者多不言！
达摩西来传二祖，大成就者一脉连！

苏州·寒山寺·枫桥夜泊

站在江桥望枫桥，诗人漫步双桥间。
忽然停步灵感发，千古名篇出舌端。

抚摸诗人金手指，三摸卷起桃花浪；
切记抚摸勿过四,四大皆空成和尚！

曾于南屏听晚钟，夕阳斜照云成龙。
寒山寺内钟声响，振聋发聩古今同！

无锡蠡园

春秋战国多异人，奇人异士势成群。
范蠡大师奇中异，灭吴只用一美人！

浣纱溪

东施采莲叶田田，西施浣纱水泠泠。
在山泉水本然清，慎勿出山惹红尘！

从 商

自古伴君如伴虎，卷起铺盖离相府。

泛舟太湖美人伴，重操旧业捏陶土。

二三十米打算盘

天下第一大算盘，是非恩怨算不完。

七老八十回头看，未曾虚度算赚钱！

乘　船

蠡园真是大花园，湖光秀色任流连。

杨柳垂丝荷花绽，要会西施请上船！

玉　女

秋水为神玉为质，吴越山水孕西施，

寻遍庄园伊不见，且倚玉像慰相思！

浣花西施立亭亭，与她合影多二婚？

再婚未必是坏事，携手范蠡好修真！

入　世

达摩祖师西来意，寻找东方大乘器。

面壁九年破壁时，究竟境界在入世！

积德无须让人见，行善自然有天知。

余庆余殃熟能详，始知天道原无私。

人在道中不知道，道在身中未躲藏：

布满虚空就是我，从未洗脸换衣裳！

2014-03-06

后 记

常言道：人身难得，中土难生，盛世难逢，正法难遇。

然而，人身难得今已得，中土难生今已生，盛世难逢今已逢，正法难遇今已遇；墙内开花墙外红，海外士人望神京；此身不向今生度，更于何生度此身？

已经了度此身的祖师们，将他们冒着生命危险探索到的，自主生命的性命双修无上大法，命之于笔，形之于书，以期指引人类超越世俗、跃升圣境，同时寄希望于后来之圣真，将此无上大法进一步发扬光大，照彻红尘，济度众生。祖师们既为我们树立了可望而有可即的光辉榜样，又写下了理法明晰的经典著作，铸就了方便善巧的通天灵梯，后来人不去攀登，真是岂有此理！

笔者有幸，得遇真师正法，"遇之不修遭天谴"，经过辛苦的实践，深知祖师们是"言不苟发，论不虚生"的，认真实行，句句是真！小而试之，却病延年；大而修之，超凡入圣。然而，为什么"修道者如牛毛，得道者如麟角"呢？此中必有学问。或许如吕祖所言：如果能遇真师，得到真传，进行真修，必获真果！——一真一切真！反之亦然，一环不真，必真果难证！

丹经、道书，可谓汗牛充栋，目不暇接；《周易参同契》，吕祖、张紫阳……著作，等等多以诗歌形式论著，隐喻连连，易致误解。建议同修们首先阅读下面这几本直述理法、明白易懂的经典：《伍柳天仙法脉》；黄元吉

《道德经讲义》;李涵虚《圆峤内篇》;南怀瑾《我读周易参同契》等。再加以亲修亲证,有了一定证量,再去阅读其他丹经经典,便可一目了然,而不会被隐喻及注疏所转。

本书在同仁们的鼓励下,特别是在史元朋老师的关怀下,终于问世,笔者在这里对他们表示衷心地感谢!

存诚子曾庆余于成都存诚斋　2015-03